乡村振兴的长治足迹

长治市农业农村局　编

中国农业出版社
北　京

长治市农业农村名片

2007年全国农业综合标准化示范市
2015年国家现代农业示范区
2016年全国农业先进集体
2017年全国休闲农业和乡村旅游示范市
2017年上党中药材中国特色农产品优势区
2018年全省有机旱作农业示范区
2019年中国小米之都
2021年全国农业综合执法示范单位
2018年沁州黄小米中国特色农产品优势区（沁县）
2020年中药材国家现代农业产业园（平顺县）
2022年国家农业绿色发展先行区（沁县）
2023年国家农业现代化示范区（长子县）
2023年国家乡村振兴示范县（襄垣县）

编写委员会

主　编：秦志云

副主编：郜起珍

编　委：罗　列　李晓宇　郭剑青　王建军　萨拉麦提·柯尤木
张彦斌　吴天增　刘雁军　巩素萍　范　磊　郭岢峰

编　辑：韩艳萍　任春勤　程江波　牛庆波　赵旭彪
董晓东　王　虎　郭　波　苏华军　陈伟民
白志林　马红丽　秦涛波　刘沁芳　王　芳
李文斌　侯振洲　牛军兵　王军霞　武　东
秦路军　崔　珈　杜鲜云　韩　丹　杨　洋
李慧聪　吴　荣　尹　娴　耿豆豆　王　琳

逐梦“三农”（代序）

时光为卷，奋斗作笔，在希望的田野上，描绘乡村振兴的美丽画卷。

——题记

民族要复兴，乡村必振兴。实施乡村振兴战略是新时代“三农”工作的总抓手，这是以习近平同志为核心的党中央从党和国家事业全局出发、着眼于实现“两个一百年”奋斗目标、顺应亿万农民对美好生活的向往所作出的重大决策。

2017年10月18日，习近平总书记在党的十九大报告中首次提出乡村振兴战略。2017年12月29日，中央农村工作会议首次提出走中国特色社会主义乡村振兴道路，明确了实施乡村振兴战略的三个阶段性目标任务。2018年中央1号文件，按照产业兴旺、生态宜居、乡风文明、治理有效、生活富裕的总要求，对统筹推进农村经济、政治、文化、社会、生态文明和党的建设，作出了全面部署。2018年9月，《乡村振兴战略规划（2018—2022年）》对实施乡村振兴战略作出阶段性谋划，细化实化工作重点和政策措施，部署重大工程、重大计划、重大行动，确保乡村振兴战略落实落地。2019年9月，《中国共产党农村工作条例》明确以实施乡村振兴战略为总抓手，健全党领导农村工作的组织体系、制度体系和工作机制，加快推进乡村治理体系和治理能力现代化，加快推进农业农村现代化，让广大农民过上更加美好的生活。2021年中央1号文件，把全面推进乡村振兴作为实现中华民族伟大复兴的一项重大任务，部署安排了加快发展乡村产业、加强社会主义精神文明建设、加强农村生态文明建设、深化农村改革、实施乡村建设行动、推动城乡融合发展、加强和改进乡村治理七项重点任务。2021年4月，《中华人民共和国乡村振兴促进法》，从法律层面确保乡村振兴战略部署得到落实，确保持之以恒促进乡村振兴。2022年10月16日，习近平总书记在党的二十大报告中强调，加快建设农业强国。这是党中央立足全面建设社会主义现代化国家、着眼统筹“两个大局”作出的重大决策部署，是新时代新征程农业农村现代化的主攻方向。2022年

11月28日，《乡村振兴责任制实施办法》明确举全党全社会之力全面推进乡村振兴，加快农业农村现代化。2022年12月23日，习近平总书记在中央农村工作会议上强调，强国必先强农，农强方能国强，没有农业强国就没有整个现代化强国；没有农业农村现代化，社会主义现代化就是不全面的。要铆足干劲，抓好以乡村振兴为重心的“三农”各项工作，大力推进农业农村现代化，为加快建设农业强国而努力奋斗。

习近平总书记五年三次亲临山西考察调研，都对“三农”工作提出了明确要求。2017年6月，习近平总书记视察山西时指出，有机旱作是山西农业的一大传统技术特色。要坚持走有机旱作农业的路子，完善有机旱作农业技术体系，使有机旱作农业成为我国现代农业的重要品牌。2020年5月，习近平总书记在山西考察工作时指出：山西山多地少、地貌多元、气候多样，这种独特的资源禀赋决定了山西农业的出路在于“特”和“优”。2022年春节前夕，习近平总书记在山西省看望慰问基层干部群众时指出：要统筹灾后恢复重建和乡村振兴，加强流域综合治理，补齐防灾基础设施短板，提升防灾减灾救灾能力，带领人民群众用勤劳双手重建美好家园，用不懈奋斗创造幸福生活。习近平总书记考察调研山西对“三农”工作的指示要求，为我们做好新时代的农业农村工作指明了方向、提供了遵循。

近年来，在市委、市政府的坚强领导下，我们深入贯彻习近平总书记重要讲话指示精神，全面落实中央、省、市关于“三农”工作的决策部署，按照乡村振兴二十字总要求，聚焦重点、创新举措，学习借鉴浙江“千万工程”经验，因地制宜，循序渐进，大力发展有机旱作农业，全面实施农业“特”“优”战略，全方位推进特色现代农业高质量发展，有力有效推进乡村全面振兴，农业农村主要经济指标稳居全省前列，有机旱作农业、农业生产托管、产权制度改革等多项工作位居全省前列，乡村风貌焕然一新。

农业农村经济稳定发展。我们努力克服新冠疫情、连年干旱、秋汛等重大不利因素的影响，全市农业农村经济稳中有进，持续发展。全市粮食播种面积稳定在380万亩以上，产量稳定在25亿斤左右；设施蔬菜发展迅猛，蔬菜面积逐年提升，达到45万亩以上，产量110万吨以上；生猪年出栏100万头左右，肉禽出栏4 000万羽左右，禽蛋产量12万吨左右；中药材150万亩以上，产量11万吨左右，粮食、蔬菜、肉蛋奶等重要农产品供给充盈。全市农村居民人均可支配收入由2016年的11 863元增长到2022

年的19 437元，年均增长8.6%；第一产业增加值由2016年的62.34亿元增长到2022年的97.1亿元，年均增长7.7%；农产品加工企业销售收入由2016年的208.67亿元增长到2022年的581.74亿元，年均增长18.6%；一产固投（即一产固定资产投资）连续4年高位增长，增幅均超过10%。主要经济指标稳定增长，为全市农业高质量高速度发展奠定了坚实的基础。

有机旱作农业走在全省前列。我们牢记习近平总书记的嘱托，在全省率先打造有机旱作农业示范区，2018年全省有机旱作农业现场观摩推进会在长治市召开。编制了有机旱作农业发展规划并逐年制定行动计划，布局建设了一批重点示范县、特色示范县、示范乡镇和示范村，建成了一批省级有机旱作农业示范片、市级有机旱作农业封闭示范区、市级特色产业示范园区和有机旱作示范基地，山西太行沃土农业产品有限公司承担的有机旱作羊肥小米产业发展标准化示范区成功入选第十批国家农业标准化建设项目。总结推广有机旱作农业生产模式，引进推广抗旱节水新品种，广泛应用地膜覆盖节水、秸秆粉碎还田、渗水地膜谷子穴播和水肥一体化等一批有机旱作农业技术。持续推进绿色发展，推动种养结合、农牧循环，狠抓农业面源污染治理，农药、化肥使用量连续六年保持负增长，推进农作物秸秆、畜禽规模养殖粪污和农膜综合利用，形成了一批绿色循环发展典型模式，沁县被列入第三批国家农业绿色发展先行区创建名单，《强科技　育龙头　搭平台　拓宽沁州黄小米稳产高产道路》入选2023年全国农业绿色发展典型案例推介名单。

农业“特”“优”战略深入推进。我们先后制定出台了《关于推进农产品加工优势产业集群发展的实施意见》《关于加快推进第一产业高质量发展的实施方案》《支持第一产业高质量发展补贴政策》等文件，市财政每年安排1亿多元进行奖补，做大做强道地中药材、优质小杂粮、特色蔬菜、规模畜禽养殖等特色产业，形成了武乡小米、平顺中药材、长子大青椒、壶关旱地西红柿、屯留尖椒、潞城大葱、黎城旱鸭、沁县禽蛋等“一县一业”发展格局。创建了上党中药材、沁州黄小米2个中国特色农产品优势区，平顺县国家现代农业产业园，长子县国家农业现代化示范区，争取到农业农村部旱作高粱、道地药材和山西谷子产业集群以及平顺西沟、长子宋村产业强镇等一批国家级重点项目，山西省政府在长治建设山西中药材商贸平台。

新型经营主体提质增量。我们坚持把培育新型经营主体、发展农业适度规模经营作为加快农业现代化的重要举措，实施新型农业经营主体培育工程，加快构建以种养大户与家庭农场为主力、合作社为纽带、龙头企业为引领、社会化服务组织为支撑的现代农业经营体系。制定出台农业市场主体倍增实施方案，在贷款贴息、人才培育、项目建设、联合体建设等方面加大政策支持力度，促进全市农业市场主体提质增量，发展壮大。全市现有国家级龙头企业4家、省级龙头企业63家、市级龙头企业240家、县级龙头企业329家，省级示范联合体23家；培育农民专业合作社8 578家，其中，国家示范社56家、省级示范社106家、市级示范社131家；发展家庭农场数量2 150个，累计培训高素质农民9万人次。

农业品牌建设成效显著。我们大力实施农产品品牌提升计划，着力构建“区域品牌＋企业品牌＋产品品牌”的品牌矩阵，擦亮叫响长治有机旱作农业区域品牌形象。组建营销战队，定期组织百家企业百优名品赴北京、上海、深圳等地开展“神农故里·长治好品”营销推介。深入开展长治特优农产品进高校活动，积极探索“定点采购＋产业扶持＋基地建设＋示范引领”合作模式，与武汉大学、上海市高校后勤代表团深度对接合作，使长治农产品走进32所高校，扩大了产品知名度。推动有机旱作农业“半分耕”区域公用品牌落地，推广打造“上党党参”“上党连翘”“上党高粱”“上党驴肉”等上党系列区域公用品牌，设立旗舰店、社区便利店等线下销售门店，搭建抖音、快手、京东等线上销售平台，参加中国中部（湖南）农业博览会（简称中部农交会）、中国绿色食品博览会（简称绿博会）、中国国际茶业博览会（简称茶博会）等重大活动，“沁州黄小米”“上党党参”入选中国农产品百强区域公用品牌。

新产业新业态蓬勃发展。我们大力推进休闲农业、乡村旅游、电子商务和农业社会化服务等农村新产业新业态，促进乡村振兴提质升级。作为全国休闲农业和乡村旅游示范市，编制全市休闲农业与乡村旅游发展规划，推介了10条精品线路、100个精品景点，打造了30个精品美丽乡村，创建了2个国家级示范县、1个国家级示范点、6个中国美丽休闲乡村。发展了一批农村创新创业园区、电商产业园区、电商服务平台、农特产品电商企业和农特产品微店网店，从业人员达1.04万人。发展农业生产托管服务组织951家，服务面积360万亩。创新托管模式，推广“五统一”“四到位”“三负责”等托管服务菜单，提供全程保障服务，屯留的“六核心服务、三环节套餐”和黎城的“432点餐式”模式在全国、全省推广。

2021年8月，全省深化农业生产托管现场推进视频会在长治召开。

农村生产生活条件持续改善。我们深入学习“千万工程”经验，持续加强农村基础设施和公共服务体系建设，深入实施农村人居环境整治提升行动，持续改善农村生产生活条件，乡村面貌发生巨大变化。农村基础设施和公共服务全面提升，路、水、电、网基本实现了行政村全覆盖，乡、村两级文化场站实现全覆盖。农村人居环境全面整治，“百村示范、千村整治”工程深入推进，创建117个省级、170个市级人居环境示范村。农村生活垃圾收运体系覆盖行政村比例达到98.9%，276个行政村实现农村生活污水治理。重点推进农村厕所革命，累计完成改厕21.21万座，农村卫生厕所普及率76.22%。屯留区、武乡县荣获全国村庄清洁行动先进县，上党区“旱厕通风改良＋粪污无害化集中处理站”模式在国务院农村人居环境大检查中被评为山西省三条典型经验做法之一，长子县被列入全国乡村治理体系建设试点县，襄垣县成为全国乡村振兴示范县。

农村改革全面深化。我们坚持把深化农村改革作为加快农业农村现代化的重要法宝，聚焦农村重要领域和关键环节，整体谋划，系统推进。全面完成承包地确权登记颁证工作，确权面积439.46万亩。推进土地集约化经营，全市土地经营权流转面积45.6万亩，参与户数占比13.2%。深入开展集体资产“清化收”，清理整改不规范合同5.3万份，增加集体收入2亿元；清收债权37亿元，化解债务33亿元，新增各类地源25万亩，新增地源收费7 431万元。潞城区、黎城县成为全省“三资”管理示范县。编制《长治市发展壮大新型村级集体经济专项规划》，实施村级集体经济提质增效三年行动，成立长治市农村集体经济发展有限公司和全国首家市级农村集体经济发展协会，2022年村集体总收入达17.25亿元，所有行政村村集体经济收入均突破10万元。上党区振兴村、潞州区新民村被评为全省集体经济发展“十佳村”，举办了首届山西长治新型农村集体经济发展成果展览会。

几年来，我们秉承优势、创新发展，坚持“跳出农业抓农业、三产融合抓农业、部门协同抓农业、上下一心抓农业、问题导向抓农业、现场推进抓农业、城乡融合抓农业”工作方法，从推进农业标准化、创建全国绿色有机农业示范市到发展有机旱作农业、创建全省首个有机旱作农业示范区，从推进农业结构调整、实施“特”“优”战略到五大产业集群发展、做大“土特产”文章，从美丽乡村示范建设到人居环境全面改善、“百村示范、千村提升”，从脱贫攻坚到全面小康、巩固脱贫攻坚成果与乡村振兴有效衔接，从农业现代化到农业农村现代化，从乡村全面振兴到建设农业强市和宜居宜业和美乡村……我们数年如一日，一件接着一件抓，一年接着一年干，循序渐进，稳扎稳打，一步一个脚印，步步登高。历经一次次跨越，有笑有泪，有花有果，我们始终坚守“农业强、农村美、农民富”这一逐梦“三农”的初衷，并致力走向更高更远。

推进乡村振兴是一项久久为功的系统性工程，全面实施乡村振兴战略的广度、深度、难度都不亚于脱贫攻坚，必须强化顶层设计，采取更加有力的举措、汇聚更强大的力量奋力推进。如何学好浙江“千万工程”经验，做好全面乡村振兴和建设农业强市这篇大文章，我深感责任重大，前面的路艰难而辉煌，也有一种临阵前的激奋心情。

乡村振兴为农民而兴，乡村建设为农民而建。在推进城乡融合发展的大背景下，我们要以更大的视野和格局全面谋划乡村振兴，做好顶层规划设计，做大小米、党参等“土特产”文章，推进乡村产业集聚融合发展；要补齐乡村基础设施短板，完善乡村公共服务，改善农村人居环境，优化乡村社会治理，推进宜居宜业和美乡村建设；要厚植乡土之根，既塑乡村之美，也铸乡村之魂，让乡村成为人人向往的“诗和远方”。

时值全国上下深入学习运用浙江“千万工程”经验之际，《乡村振兴的长治足迹》即将付梓，于我确是一件值得高兴的事。这本书从多角度记录了长治农业农村经济发展壮大的历程，也汇聚了我们多年来乡村振兴的实践探索和经验模式。在此，我无意褒奖过去所做的一些工作，更无意点评书中的一些案例，只是有感而发，未来的乡村发展、乡村建设和乡村治理需要一批懂农业、爱农村、爱农民、有情怀、有抱负的忠实“追梦人”。期望通过此书让更多的人熟悉“三农”，走近长治，走进乡村，也期待有更多的人回归乡村，成为未来建设和经营乡村的“弄潮儿”！

秦志云

2023年12月

前言

党的十九大提出实施乡村振兴战略，是以习近平同志为核心的党中央从党和国家事业全局出发，着眼于实现“两个一百年”奋斗目标，顺应亿万农民对美好生活的向往作出的重大决策部署，是决战全面建成小康社会、全面建设社会主义现代化国家的重大历史任务，是新时代“三农”工作的总抓手。党的二十大擘画了全面建成社会主义现代化强国的宏伟蓝图，提出了加快建设农业强国的目标，对全面推进乡村振兴作出总体部署。2022年底召开的中央农村工作会议上，习近平总书记发表重要讲话，就加快建设农业强国、推进农业农村现代化作出战略部署，向全党全社会发出了持续重农强农的强烈信号。

党的十九大以来，长治市委、市政府始终把乡村振兴战略作为新时代推进“三农”工作的总抓手，贯彻落实实施乡村振兴战略“产业兴旺、生态宜居、乡风文明、治理有效、生活富裕”二十字总要求，各级各部门紧盯目标任务，加强组织领导，强化政策支持，狠抓推动落实，因地制宜、循序渐进推进乡村振兴，各美其美、美美与共的新时代乡村画卷异彩纷呈，业兴村强、民富人和、美丽宜居、稳定繁荣的现代版“富春山居图”正在上党大地上渐次展开。

本书从市、县、乡、村及经营主体等多个维度，系统梳理了近年来长治乡村振兴工作在规划引领、粮食安全、特优产业、乡村建设、乡村治理、人才振兴、农村改革等方面所取得的成效、所做的一些探索和工作实践、经验做法，为新发展阶段全面推进乡村振兴、建设宜居宜业和美乡村提供指导借鉴。

本书具有较强的指导性和宣传性，注重政策引领和典型示范，兼顾通俗性和可读性。一方面帮助广大“三农”工作者更全面、更系统地认识了解乡村振兴的发展理念、发展路径和发展模式，另一方面也希望能使各级领导、行业专家和研究人员更多地关注和研究乡村振兴工作，更好地推动和指导长治农业农村现代化发展。不足之处敬请批评指正。

长治市农业农村局

2023年11月

目录

01 第一篇 乡村振兴综述

XIANGCUN ZHENXING ZONGSHU

长治市坚持农业农村优先发展，按照产业兴旺、生态宜居、乡风文明、治理有效、生活富裕的乡村振兴总要求，大力发展有机旱作农业，全面实施农业“特”“优”战略，建立健全城乡融合发展体制机制和政策体系，激活乡村振兴内生动力，推动农业全面升级、农村全面进步、农民全面发展，让农业成为有奔头的产业、农民成为有吸引力的职业、农村成为安居乐业的美丽家园。

逐梦田园织锦绣　和美乡村绘新景

长治市地处山西省东南部，总面积13 955平方公里，辖12个县区、128个乡镇（街道）、2 436个行政村。乡村户籍人口132.1万人，耕地面积约556.07万亩①，水资源总量19亿立方米，是华北地区相对富水区。域内四季分明，雨热同季，是全国第一个国家农业综合标准化示范市、全国休闲农业示范市、国家现代农业示范区和全省有机旱作农业示范区。

2018年以来，长治市委、市政府深入贯彻习近平总书记考察调研山西重要讲话和重要指示精神，坚持农业农村优先发展，按照产业兴旺、生态宜居、乡风文明、治理有效、生活富裕的总要求，大力发展有机旱作农业，全面实施农业“特”“优”战略，建立健全城乡融合发展体制机制和政策体系，全方位推进农业农村高质量发展，连续4年被表彰为全省乡村振兴实绩考核优秀市。

太行神龙湾风景

五年奋斗不怠，五年成果丰硕。全市粮食产能稳步提升，产量稳定在25亿斤②以上；乡村富民产业持续壮大，农村产业融合发展渐成趋势，农民就业增收渠道越来越宽，2022年，农村居民人均可支配收入达19 437元，增速为全省第一；农村生产生活条件明显改善，人居环境整治提升，社会事业快速发展，业兴人和的社会主义新乡村越来越美；乡村治理效能稳步提升，农村文化繁荣发展，移风易俗深入推进，农民精气神越来越足。一幅农村美、农业强、农民富的乡村振兴画卷正在上党大地上徐徐展开。

加强顶层设计，搭建乡村振兴“四梁八柱”

实施乡村振兴战略是党的十九大作出的重大决策部署，习近平总书记强

① 亩为非法定计量单位，1亩＝1/15公顷。

② 斤为非法定计量单位，1斤＝500克。

调，全面实施乡村振兴战略“必须加强顶层设计，以更有力的举措、汇聚更强大的力量来推进”。市委、市政府牢记习近平总书记重要指示精神，坚持把实施乡村振兴战略摆在优先位置，不断建立健全体制机制，凝聚推动乡村振兴的强大合力。

强化组织领导。成立市委书记和市长任“双组长”的实施乡村振兴战略领导小组，每年召开市委农村工作会议，印发贯彻落实中央1号文件的实施方案，对年度乡村振兴重点工作全面安排部署；制定《中共长治市委农村工作领导小组工作规则及办公室工作细则》，每季度召开一次领导小组会议，协调解决推动乡村振兴战略的重点难点问题，党委全面统一领导、政府负责、党委农村工作部门统筹协调的农村工作领导体制不断健全。

强化资金保障。5年来，市级乡村振兴相关资金累计投入15.85亿元，年均增长率5.7%；逐年提高土地出让收益用于农业农村的比例，2022年已经达到36%以上。为推动第一产业高质量高速度发展，市政府每年安排5 000万～1亿元资金，重点扶持设施农业发展、特色产业调整、畜禽规模养殖、粮食生产、种子种苗基地建设、特优农产品营销、农产品市场建设等。2022年底，全市涉农贷款余额1 358.5亿元，金融活水持续助力赋能乡村振兴。

强化人才引育。出台了《关于全面推进乡村人才振兴的实施意见》，深入实施10项乡村振兴人才培育计划，吸引高校毕业生、乡土人才、专业技术人员、基层干部投身乡村振兴。5年来，累计培训高素质农民8.6万人次，颁发职业农民技能证2.5万张，由他们领办的各类农民专业合作社等新型农业经营主体达到500余个。累计组织349名省、市、县科技专家申报山西省“三区”人才支持计划科技人员专项计划，累计下派市级农村科技特派员291名，培育认定“长治市科技特派员创新创业示范基地”189个。

强化考核落实。制定长治市实施乡村振兴战略实绩考核办法，建立市直单位和县区实施乡村振兴战略推进情况报告制度和重点工作定期通报制度，制定长治市乡镇“三农”重点工作专项考核办法，极大地调动了各级各部门抓乡村振兴工作的积极性、主动性，有力地推动了责任落实、政策落实和工作落实。

坚持规划先行，绘就乡村振兴美好蓝图

乡村要振兴，规划须先行。市委、市政府把科学编制规划作为实施乡村振兴战略的首要工作，坚持乡村振兴和新型城镇化双轮驱动，重塑乡村生产、生活、生态“三生”空间，因地制宜、分类有序地推进乡村振兴。

2018年编制完成了《长治市乡村振兴战略总体规划（2018—2022年）》，配套编制了产业兴旺、生态宜居、乡风文明、治理有效、生活富裕和体制机

制“5 + 1”6个专项规划，提出了长治市实施乡村振兴战略的路线图、任务书、时间表。

编制县域村庄建设规划，与县乡土地利用总体规划、土地整治规划、村土地利用规划、农村社区建设规划等充分衔接，推行“多规合一”“一张图”管理。2019年完成了11个县域乡村建设规划编制，初步构建了以县城为骨干、特色城镇为网络、中心村为基础，联结紧密、互动互促的城乡一体化发展空间体系。积极开展村庄分类布局，2022年引进上海同济大学团队，开展长治市乡村规划建设管理、村庄布局分类和推进路径典型示范研究，科学确定全市乡村分类体系和村庄布局，划定乡村生产、生活、生态空间，分阶段明确农村基础设施和公共服务体系建设重点。

长治市平顺县龙溪镇龙镇村鸟瞰图

开展村庄规划编制，科学把握乡村差异性，统筹兼顾农村田园风貌，因村制宜，精准施策，注重保持自然特色、体现乡村特色，突出实用功能，省级美丽宜居示范创建村、改善人居环境示范村全面实施“一图一表一说明”的实用性村庄规划编制，对村域范围内生产、生活、生态空间进行了科学合理安排。

实施“特”“优”战略，筑牢产业兴旺发展基石

农为邦本，本固邦宁。5年来，长治市坚持市场主导、政府引导，持续推进农业供给侧结构性改革，全面推进有机旱作农业，着力打造特色产业集群，积极构建现代农业产业体系。粮食连年丰收，2022年生猪出栏99.2万头，肉禽出栏3 472万羽、禽蛋产量12.8万吨，蔬菜面积达46万亩、产量113万余吨，重要农产品供给充盈。

仓廪实，天下安。市委、市政府落实最严格的耕地保护制度，以“零容忍”的态度坚决遏制耕地“非农化”，防止“非粮化”，完成549.36万亩耕地保护任务，划定永久基本农田468.65万亩、粮食生产功能区234.1万亩。至2022年底，全市累计建成高标准农田230万亩，占耕地的41%；有效灌溉面积达57.4万亩，农田灌溉水有效利用系数达0.562；农业机械总动力达139.9万千瓦，耕种收综合机械化率达77.6%；大力推广农业生产新品种新技术新

模式，主要农作物良种覆盖率达96%。2022年全市粮食播种面积383.7万亩，产量25亿斤左右。

做有机，提品质。习近平总书记视察山西时指出："有机旱作是山西农业的一大传统技术特色。要坚持走有机旱作农业的路子，完善有机旱作农业技术体系，使有机旱作农业成为我国现代农业的重要品牌。"长治市牢记习近平总书记的嘱托，在全省率先打造有机旱作农业示范区，编制了《长治市绿色有机旱作农业发展总体规划（2018—2030年）》，实施耕地地力提升、农水集约增效、农机配套融合等"十项工程"，重点布局建设了2个重点示范县、10个特色示范县、12个示范乡镇和36个示范村，建成了11个省级有机旱作农业示范片、12个市级有机旱作农业封闭示范区、150个市级特色产业示范园区和200个有机旱作示范基地。总结推广了60项有机旱作农业生产模式，引进推广抗旱节水新品种50余个，地膜覆盖节水、秸秆粉碎还田、渗水地膜谷子穴播和水肥一体化等一批有机旱作农业技术得到广泛应用。推动种养结合、农牧循环，狠抓农业面源污染治理，农药、化肥使用量连续6年保持负增长，农作物秸秆综合利用率达92%，畜禽规模养殖粪污综合利用率达79%，农膜回收利用率达80%以上，形成了一批绿色循环发展典型模式。2018年山西省政府在长治市召开全省有机旱作农业现场观摩推进会，推广长治典型经验。

抓链条，强产业。制定出台了《关于推进农产品加工优势产业集群发展的实施意见》，重点打造以振东制药[①]为链主的中药材全产业链、以长清生物[②]为链主的玉米全产业链等十大全产业链；培育振东制药、长清生物等10个大型旗舰型加工企业；谋划推进长子县宋村镇、壶关县店上镇等10个农业产业强镇；先后创建了上党中药材、沁州黄小米2个中国特色农产品优势区；建设了平顺县国家现代农业产业园和长子县、黎城县等7个省级现代农业产业园，215个市级现代农业产业园区，300多个县级特色产业示范园区，武乡县、沁县2个省级现代农业产业示范区，构建了国家、省、市、县四级现代农业产业园梯次创建格局。2020年，省政府将中药材商贸平台定在长治建设，中药材交易市场、仓储中心和大数据、质检、电商、智慧物流等平台已投入运营，推动更多农产品走出长治、走出山西。

育主体，创品牌。我们坚持把培育新型农业经营主体、发展农业适度规模经营作为加快农业现代化的重要举措，实施新型农业经营主体培育工程，在贷款贴息、人才培育、项目建设、联合体建设等方面加大政策支持力度。振东制药、长清生物、沁州黄、郭氏食品4家企业入选国家级农业产业

① 振东制药即为山西振东制药股份有限公司。

② 长清生物即为山西长清生物科技有限公司。

化龙头企业，拥有连盛农牧、栗氏番茄、聚生元、潞威农业等省级龙头企业63家，市级龙头企业240家，县级龙头企业329家；有晋汾高粱、平顺麦丰蔬菜[①]等23家省级示范联合体。培育农民专业合作社8 578家，发展家庭农场2 150个。

“品牌叫得响、质量过得硬、市场反响好”是农业供给侧结构性改革的方向。大力实施农产品品牌提升计划，着力构建“区域品牌＋企业品牌＋产品品牌”的品牌矩阵。加快推进“三品一标”认证，推广了60项绿色有机农产品地方生产标准，认证有机农产品9个、圳品[②]15个、绿色食品141个。认证沁源马铃薯、襄垣手工挂面、壶关旱地西红柿等地理标志农产品17个，认证面积150万亩。重点打造“上党党参”“上党连翘”“上党高粱”“上党驴肉”等上党系列区域公用品牌，共设立旗舰店、社区便利店、宾馆景区店等22个线下销售门店，搭建抖音、快手、淘宝、京东、微信等线上销售平台，组织参加中部农交会、绿博会、茶博会、中国（山西）特色农产品交易博览会（简称山西农交会）、“圳品入深”等重大活动，“沁州黄小米”“上党党参”入选中国农产品百强区域公用品牌。

强特色，促融合。深入挖掘太行山水、名胜古迹、红色文化特色资源，不断丰富农耕体验、旅游观光、休闲度假等新业态，促进农林文旅康融合发展。编制了全市休闲农业与乡村旅游发展规划，重点培育了振兴小镇等10个特色小镇，建设了屯留上古神都等10个田园综合体，规划建设了10条乡村旅游精品线路、100个精品景点，打造了平顺白杨坡等30个精品美丽乡村，长治市被认定为全国休闲农业和乡村旅游示范市。同时，大力发展农村电商物流等现代服务业，建设了10个乡村e镇，发展鑫凯越电商物流双创产业园等农村创新创业园区133个，钜星、易淘等8个电商产业园区，潞卓e家、山丹丹农商联盟等7个本土电商服务平台和沁州黄、晋味美、麦丰[③]等30多个农特产品电商企业，9 504个农特产品微店网店，从业人员1.04万人。

巩固脱贫成果，推动全体人民共同富裕

脱贫基础稳，振兴底气足。实施乡村振兴战略5年来，全市人民在党的

① 文中的沁州黄即为山西沁州黄小米（集团）有限公司，郭氏食品即为山西郭氏食品工业有限公司，连盛农牧即为山西连盛农牧业科技发展有限公司，栗氏番茄即为壶关县栗氏番茄农业有限公司，聚生元即为山西聚生元土特产开发有限公司，潞威农业即为沁县潞威农业开发有限公司，晋汾高粱即为晋汾高粱产业联合体，平顺麦丰蔬菜即为平顺县麦丰蔬菜产业联盟。

② “圳品”是深圳市委、市政府基于2018年出台的食品安全战略工作方案打造的高标准食品城市品牌；是指由企业自愿申报经评价符合供深食品标准体系要求的食品及食用农产品。

③ 晋味美即为沁县晋味美食品有限责任公司，麦丰即为平顺县麦丰电子商务有限公司。

领导下，心往一处想，劲往一处使，决战决胜脱贫攻坚，全市32.2万贫困人口全部脱贫，933个贫困村有序退出，完成整体搬迁自然村394个10 941户30 006人，沁源县、武乡县、沁县、平顺县、壶关县5个贫困县如期摘帽。

持续加强产业帮扶，大力实施“一县一业一品牌”“一村一品一主体”产业扶贫提升行动，建设光伏扶贫电站5 335个；建设乡村旅游扶贫示范村100个，通过旅游扶贫辐射带动5 981户23 132名贫困人口实现增收；武乡县、平顺县、壶关县获批全国电子商务进农村综合示范县，培训电商贫困户3 298户，发展创客小院，推广直播带货，贫困户“手机变成新农具、直播变成新农活”，贫困村“五有”实现全覆盖，形成了特色农业产业、光伏扶贫、电商扶贫、乡村旅游“四位一体”产业发展格局。

不断深化就业扶贫，培训贫困村创业致富带头人3 426人、“太行家政”10 997人、山西护工5 250人、太行挖机师傅2 751人。建成17个市级产业园区、45个产业基地、31个帮扶车间，带动4.2万贫困人口就近就业增收，基本实现有劳动力的搬迁脱贫家庭至少1人就业。

“脱贫摘帽不是终点，而是新生活新奋斗的起点。”打赢脱贫攻坚战后，脱贫地区坚持用发展的办法巩固拓展脱贫攻坚成果、推进乡村振兴，按照“守底线、抓发展、促振兴”要求，严格落实“四个不摘”，保持政策总体稳定，衔接资金投入只增不减，持续推进防止返贫动态监测和帮扶，巩固“三保障”及饮水安全成果，将12个县区划分为先行示范县、整体推进县、重点帮扶县“三类县”分类推进，扎实推动巩固拓展脱贫攻坚成果同乡村振兴有效衔接，牢牢守住不发生规模性返贫底线，脱贫基础更加稳固、成效更可持续。

山西平顺县岳家寨风景

推进乡村建设，打造宜居宜业美丽家园

生态宜居、乡风文明、治理有效是绘就乡村全面振兴图景不可缺少的底色。市委、市政府坚持把公共基础设施建设的重点放在农村，推动城乡融合发展，乡村建设扎实推进，农村社会事业快速发展。

5年来，全市累计建设农村道路4 312公里，具备条件的建制村全部实现通硬化路和客车。累计实施农村饮水提升工程2 354个村，受益人口247.97万人，全市农村集中供水率达到97%，自来水普及率达到96%。5年来，全市“以电代煤”完成12.3万户，农村电网改造完成481个村；先后实施了6批电信普遍服务试点项目，行政村通宽带率100%，行政村及以上4G网络全覆盖，乡镇驻地、部分行政村、景区实现5G网络覆盖；先后完成381所农村寄宿制学校标准化改造，乡村两级文化场站实现全覆盖；132个乡镇卫生院和2 940个村卫生室全部完成标准化改造，农村老年人日间照料中心发展到395家。农村基本实现幼有所教、老有所养、病有所医、弱有所扶，农民群众的获得感显著增强。

农村人居环境持续改善，农村人居环境整治三年行动圆满完成，村庄清洁行动实现常态化，绝大多数村庄实现干净整洁有序。“百村示范、千村整治”工程深入推进，创建117个省级、170个市级人居环境示范村。农村生活垃圾收运体系覆盖行政村比例达到98.5%，276个行政村实现农村生活污水治理。全面推进农村厕所革命，5年累计完成改厕21.21万座，农村卫生厕所达到76.22%。屯留区、武乡县荣获全国村庄清洁行动先进县，受到中央农办（全称为中央农村工作领导小组办公室）通报表扬。

乡村振兴既要塑形，也要铸魂。在不断完善乡村建设“硬实力”的同时，逐步提升乡村治理“软实力”，党组织领导下的自治、法治、德治相结合的乡村治理体系不断健全，治理效能稳步提升，农村社会保持稳定安宁。5年来，农村基层党组织战斗堡垒作用进一步增强，共选派337名机关事业单位干部到村（社区）任职，实施乡村振兴万人计划招聘2 442人到村工作，村党组织书记兼任村委会主任比例超过95%，村规民约、村级综合服务站实现全覆盖。移风易俗持续推进，制定出台《中共长治市委长治市人民政府关于推进农村移风易俗的意见》，推行婚事新办、丧事简办、余事不办，有效遏制了天价彩礼、大操大办、薄养厚葬等歪风陋习，积分制、清单制、数字化等治理方式得到广泛推广，文明新风尚蔚然成风。持续加强农村精神文明建设，新时代文明实践中心（站、所）实现全覆盖，县级以上文明乡镇达93.84%，县级以上文明村达74.14%，35%以上的农户达“星级文明户”标准。乡村文化繁荣发展，市、县、乡、村四级文化场馆实现全覆盖，文化惠民工程开展活动15 270场，培育乡村群众文艺小分队509支，建成乡村文化记忆馆234个，连续5年举办中国农民丰收节长治系列活动，农民群众精气神得到有效提振。

深化农村改革，全面激发农村发展动能

深化改革是解决农业农村发展面临的各种矛盾和问题的重要法宝。长治市聚焦农村重要领域和关键环节，整体谋划，系统推进，为乡村振兴蓄势赋能。

推动农村承包地确权到户。2019年全面完成承包地确权登记颁证工作，调查承包户数59.19万户，完善承包合同59.1万份，确认承包地面积439.46万亩，承包地块289万丘。通过“三权分置”，农民可以通过抵押、出租、流转、入股等方式实现经营权的交易。2022年，全市土地经营权流转面积45.6万亩，近8万户农户承包地经营权参与流转，占承包经营农户数的13.2%。

全面加强农村集体“三资”管理。深入开展集体资产“清化收”，全市2 436个行政村排查合同7.6万份，清理整改5.3万份不规范合同，通过清理合同增加集体收入2亿元；清收债权37亿元，化解率达62%；化解债务33亿元，化解率达39%；新增各类地源25万亩，新增地源收费7 431万元。潞城区、黎城县成为全省“三资”管理示范创建县。

培育壮大新型农村集体经济。高标准编制《长治市发展壮大新型村级集体经济专项规划》，实施村级集体经济提质增效三年行动，成立长治市农村集体经济发展有限公司和全国首家市级农村集体经济发展协会，2022年村集体总收入17.25亿元，村均70万元，行政村村级集体经济收入全部突破10万元。上党区振兴村、潞州区新民村被评为全省集体经济发展“十佳村”，召开了首届山西·长治新型农村集体经济发展成果展览会。

全面推行农业生产托管。全市农业生产托管服务组织发展到951家，服务面积超过360万亩。创新托管模式，推广农事安排、农资采购、种子种苗、科学施肥、技术模式“五统一”，耕、种、防、收“四到位”，烘干储藏、产销衔接、废弃物资源化利用“三负责”等托管服务菜单，为广大农户提供全程保障服务。屯留“六核心服务、三环节套餐”、黎城“432点餐式”模式在全国全省推广。2021年8月，山西省深化农业生产托管现场推进视频会在长治市召开，推广长治市农业生产托管的典型做法。

百尺竿头扶摇上，千帆竞发勇者胜。5年来，全市乡村振兴取得了阶段性成果，农业农村发展迈上了新台阶。长治市将深入贯彻党的二十大精神，围绕建设农业强市目标，以更有力的举措汇聚更强大的力量，全面推进乡村产业振兴、人才振兴、文化振兴、生态振兴、组织振兴，促进农业高质高效、乡村宜居宜业、农民富裕富足，在中国特色社会主义乡村振兴道路上，奏响更昂扬激越的“三农”乐章。

接续绘就乡村振兴新画卷

太行山水惹人醉

金秋十月，放眼上党大地，一幅金灿灿、黄澄澄的丰收图景扑面而来，处处都是“希望的田野”，释放着乡村振兴的新动能。

自打赢脱贫攻坚战以来，长治市坚持把巩固拓展脱贫攻坚成果、推动乡村振兴作为头等大事，把促进农民增收作为根本之举，把美丽乡村建设作为重要抓手，持续推进巩固拓展脱贫攻坚成果同乡村振兴有效衔接，着力在巩固、拓展、衔接上下功夫、见实效、出成果，沃野千里谱写新华章。

跑好乡村振兴“接力赛” 筑牢防返贫“堤坝”

几天连绵的秋雨过后，天气终于放晴。沁县沁州黄镇檀山村党支部书记李宏伟从田埂上走过，望着层层梯田里金灿灿的谷子喜笑颜开：“又是一个丰收年！”

然而，2022年6月，同样是在这片田地上，李宏伟却愁眉不展。当时，旱情持续，作为沁州黄镇主导产业之一的谷子长势不容乐观。

沁州黄镇是沁州黄小米的原产地和主产区。2022年，该镇获批省级示范创建项目——沁州黄小米种植示范基地建设项目，建成了2 955亩沁州黄有机小米种植基地，全镇沁州黄小米种植总面积达1.3万亩。原本指望着特色种植能够让群众增收致富，然而持续干旱却让老百姓愁眉不展。

坚决守住底线，跑好乡村振兴“接力赛”。沁州黄镇第一时间动员广大党员干部，调集各方抗旱力量，成立技术服务指导组，组织专业人员开展抗旱技术指导和服务。镇党委抽调127名党员积极投身抗旱第一线开展工作，最大限度减轻旱情对谷物生长的影响。

沁州黄镇的应急响应，起到了关键性的作用。“我们不但第一时间抗旱保苗，同时还延续原有的补贴政策，大大调动了农民的积极性，确保了沁州黄这一优势产业的良性发展，也确保了农民持续增收致富。”沁州黄镇党委书记田冠英说。

巩固拓展脱贫攻坚成果与乡村振兴有效衔接，筑牢防止返贫“堤坝”至关重要。长治市健全完善防返贫动态帮扶机制，先后出台了《长治市建立防止返贫监测和帮扶机制的实施方案》《关于健全防止返贫动态监测和帮扶机制的实施方案》等系列政策举措。

与此同时，长治市还创新性地实施一、二、三级预警监测对象，产业项目同享扶持，技能培训同享免费，就业安置同享补贴，小额信贷同享政策，防贫保险同享理赔，中医中药同享补助，低收入认定同享救助的“三级预警、七策同享”防返贫监测和帮扶机制，为脱贫人口和监测对象全部缴纳防返贫险，并针对“易返贫致贫人口”和“突发严重困难户”在全省创新出台了中医中药治疗帮扶政策。

2023年6月底，长治市对全市脱贫户98 205户250 790人、监测户7 036户16 184人、2022年新识别监测户412户1 069人，全部制定了针对性帮扶措施，有效兜牢了防止返贫的底线。

秋收时节，黎城县程家山镇北流村脱贫户刘辛安的心情格外舒畅。2023年，村集体经济合作社牵头发展了300亩优质辣椒种植产业，刘辛安不仅将自家的4亩农田流转给了集体，还在种植基地务工，一年增收5 000多元；除此之外，刘辛安还在村里担任护林看护员，每年有8 000元的收入。与以前的日子比，刘辛安很满足。

长治市坚持把增加脱贫人口收入作为巩固脱贫攻坚成果的重中之重，出台《支持脱贫人口稳定增收20条硬措施》，从加强领导、产业帮扶、奖补激励、稳岗就业、社会帮扶、兜底保障、资产收益7个方面给予针对性帮扶，千方百针增加收入。

长治市充分利用村级光伏电站收益，开发设置公益性岗位，光伏收益80%以上用于公益性岗位工资和小型公益事业支出，带动脱贫群众就近就业。稳步提高农村低保标准，人均达6 157元。为脱贫人口和监测对象全部缴纳防返贫保险，对收入不达6 500元的脱贫群众，由防返贫险一次性补足。建立完善脱贫人口数据监测体系，确保脱贫人口数据统计准确、科学。

牵牢产业兴旺“牛鼻子”　激活振兴原动力

原来闲置的荒山荒坡，如今成了仿野生党参种植基地。长期产业落后的乡村，短短半年间就引进了5家中药材企业。苦于没有就业渠道的群众，在家门口变成了产业工人。短短半年间，平顺县西沟乡韩家村、申家坪村和下井村的变化，成了十里八乡乡亲们口中的美谈，而他们的变化，来自“村级联建”的成果。

西沟乡境内中药材资源丰富，全乡面积9.42万亩，中药材面积2.6万亩，占比达到了28%。近年来，西沟乡将中药材产业作为转型发展的主要内容，规划“一带四沟”的中药材种植布局，扶持壮大中药材种植和加工实体9家，初步实现中药材产业全链条发展，但是也受到多种条件限制，产业发展难破瓶颈。

为了夯实产业基础，西沟乡依托抓党建促基层治理能力提升专项行动，指导3个村党支部根据发展实际成立“西沟乡中药材产业联盟”党委，实行对策共商、大事共议、难题共解、实事共办，逐步解决产业发展问题。

经过半年的运行，如今该产业联盟已形成了种植基地、仓储基地、加工基地、电商基地、培训基地，整个产业布局涵盖中药材育苗种植、冷链仓储、产品加工、电商销售以及技术培训，并引进平顺县绿都种养专业合作社、平顺县瑞茂中药材有限责任公司、平顺县三里湾绿色产业开发有限公司、平顺县晗烨养殖有限公司、平顺县深呼吸养殖有限公司联合经营，初步形成了产业集群效应。

牵牢产业兴旺“牛鼻子”，激活“振兴”原动力。一切围绕发展产业办，一切围绕群众致富干，长治市统筹各方面资源力量向农村、农业倾斜，形成了乡村振兴发展合力，大大激活了产业发展的原动力。

壶关县店上镇绍良村原本是一个普通的小村庄，自发展旱地西红柿产业以来，不断扩大规模，改良种植技术，提升产品品质，成为远近闻名的特色产业村。同时，还带动周边村庄一起发展，形成了规模效应。

潞州区南村风貌

壶关县因势利导，不但在店上镇打造旱地西红柿特色小镇，还把其作为兴村强县的特色产业来抓。目前，壶关县旱地西红柿种植面积达5万余亩，年产量37万多吨，带动1万余户农户增收致富。

优势产业的持续壮大，带来的不仅是农民的富足，还有思想的解放、新业态的兴起。

又到了新小米上市的季节，武乡县丰州镇兴盛垴村的乡村e镇格外热闹。

“小米乡村e镇项目的建设，让村里的小米通过电商变成‘金米’，山货变身‘香饽饽’，更为乡村振兴注入‘云’动力。”兴盛垴村党支部书记、村委会主任李红星欣喜地说。

兴盛垴村作为培育小米乡村e镇的核心区，依托驻地企业太行沃土农业产品有限公司的产业园，通过搭建“村企联建”平台，集聚发展了一批精品民宿、农家乐、“百谷园”等项目，整合特色农产品向乡村e镇集中，打造电子商务集聚高地，让更多村民跳出传统销售模式，走上电商之路。

紧紧抓住新业态崛起的良好契机，武乡县把市场主体倍增工程作为“一把手”工程强力推进，以创新营商环境为牵引，多点发力，多方联动，从人才、产业、服务、激励、品牌入手，深入推动培育乡村e镇工作，带活经济发展，助推乡村振兴。

县有品牌，乡有产业，村有产品，业业有特色，业业都兴旺，在夯实产业基础的实践中，来自各方面的智慧力量正演绎着上党大地澎湃激昂的丰收之歌。

用活用足政策“组合拳” 合力汇成“大合唱”

张强来自壶关县的农村，高中毕业后，到长治职业技术学院煤矿智能开采专业就读，不但学费全免，还在入学时签订了就业协议。张强对未来生活充满希望。

张强所享受的“订单式”培养政策，是长治市提升脱贫劳动力技能的重要举措之一。长治市采取“政校合作，定向培养”模式，帮助脱贫群众提升学历、提升技能、提升能力，全方位培养乡村技能人才，高质量巩固脱贫攻坚成果。

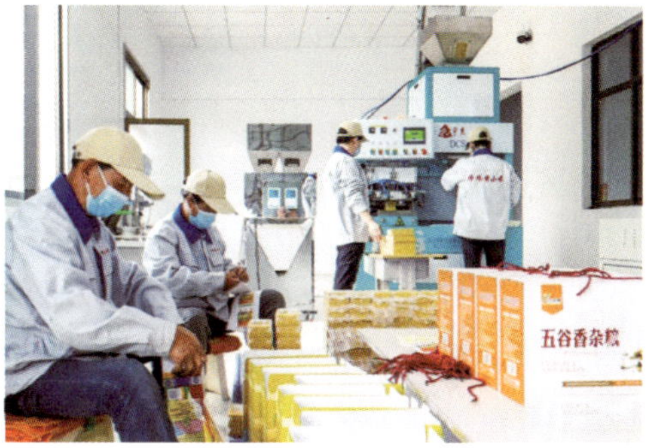

脱贫群众实现了家门口就业增收

脱贫只是新生活的起点，更好的日子还在后头。长治市充分发挥政策的杠杆作用，用活用足政策“组合拳”，切实凝聚乡村振兴的强大合力。

为进一步夯实乡村振兴基础，长治市在严格落实全省脱贫劳动力务工就业、项目开工建设、小额信贷投放、政策培训宣传、产销对接消费帮扶5个“百日攻坚”专项行动基础上，结合实际推进“推动政策创设落实”专项行动，形成了“5+1”重点任务专项行动实施方案，通过进村入户、跟踪服务等举措，使脱贫群众全面享受各类政策。

全市脱贫劳动力务工总人数达10.47万人，为上年度的105.28%。大力推进乡村振兴项目建设，2022年全市投入财政衔接资金11.33亿元，1 766个年度实施项目全部开工建设。不断加大小额信贷投放力度，全市为5 170户脱贫户和监测户投放小额信贷2.58亿元，完成“百日攻坚”目标任务的121.9%。

走进壶关县龙泉镇石堡寨村，高标准建设的旱地西红柿产业园区一派欣欣向荣的景象。“产业园区水路电齐全，我一口气承包了21个蔬菜大棚。我们种植的是晚熟品种，错峰上市，销路不用愁，1个大棚每年最少也能挣2万元。如今搬出大山，我们不但有活干、有钱赚，居住环境也好了，日子越过越红火。”承包户贾红军说。

石堡寨村由石岩头、西堡、寨上3个村合并而成，是当地易地扶贫搬迁的集中安置点之一。工作中，石堡寨村推行党组织“加强”、干部“加压”、建设“加码”、发展“加速”、工作队“加力”的“五加”治理模式，驶入了高质量发展快车道。

长治市不断强化易地搬迁后续扶持力度，聚焦199个集中安置区和10 941户30 006人搬迁人口，开展易地搬迁集中安置区就业帮扶、乡村治理等专项行动，实现了搬得出、稳得住、能致富目标。

以党建为引领，促进易地扶贫搬迁各项工作落实。长治市在199个集中安置区新成立党组织9个，加之原有的190个党组织，实现了所有安置区基层组织全覆盖；对141个脱贫村安置区和14个脱贫人口100人以上的非脱贫村安置区选派第一书记和驻村工作队，44个脱贫人口100人以下的非脱贫村安置区由邻近驻村工作队兼顾帮扶，实现了所有安置区工作队全覆盖。全市安置区共配套产业项目43个，有劳动能力的搬迁脱贫家庭6 748户，实现了每户至少1人就业。

长治市持续深化领导联系帮、单位包村帮、干部驻村帮、企业结对帮、县际协作帮的“五帮联动”帮扶机制，948支2 850人的驻村干部成为引领乡村振兴的强大力量。出台了《进一步深化市域内县际结对帮扶工作的实施方案》，开展“百企兴百村”乡村振兴行动，选择了70个民营企业作为首批帮扶单位，“一对一”结对帮扶11个县区70个行政村，推动企业与帮扶村落实帮扶工作。

用活用足政策“组合拳”，合力汇成“大合唱”。一系列帮扶政策的实施，使长治市广大乡村呈现出蓬勃而旺盛的生机。

铺就美丽乡村新画卷　颜值品质共提升

尽管“国庆小长假”期间细雨绵绵，但位于壶关县集店镇的凤凰山庄还是迎来了络绎不绝的游客，这个曾经以穷闻名的小山村，如今成了美丽乡村建设的省级示范村、远近闻名的网红打卡地。

凤凰山庄所处的位置是岭东村的旧址。岭东村整体易地搬迁之后，村委会和旅游开发商合作成立了乡村旅游专业合作社，利用岭东村旧址共同开发凤凰山庄乡村旅游，构建了“资源变资产、资金变股金、农民变股东、收益有分红”的合作经营新模式。目前，仅岭东村股金分红每年就有9.2万元，村民务工收入60余万元，土地流转年收入8万余元，村民实现了薪金、股金、租金“三金”分红。

特色民宿受到游客欢迎

特色民宿项目也吸引了省内外许多人士前来投资。如今，梧桐小院、憨乐居、古筝小院、书法小院、江南小院、琴馆等不同风格的民宿在山庄陆续“落户”。一拨又一拨游客的到访，为凤凰山庄带来了源源不断的人气。

只有乡村美，产业才能旺，才能留住乡愁，留住我们向往的诗和远方。

白云悠悠，流水潺潺，绿草茵茵，走进武乡县丰州镇五村农耕文化综合体禾田小镇，美丽的景色让人心旷神怡，流连忘返。

五村由前沟村、小庄村、百草站、崔家庄村、宏艺新村5个自然村整合而成，2017年整村脱贫后，他们积极探索新的发展之路，因村制宜，把浊漳河畔的废弃蘑菇棚作为重点项目开发成禾田小镇，倾力打造集文化旅游、餐饮住宿、休闲度假、生态养生、水果采摘为一体的综合体特色休闲旅游项目，大力培育农业产业新业态和农民增收新动能，不但巩固了脱贫攻坚成果，也开创了文旅结合乡村振兴的新模式。

如今，像五村这样别具特色的美丽乡村，在长治市正如雨后春笋般地茁壮成长。在各级各类扶持政策的撬动下，全市广大乡村正发生着翻天覆地的变化。

2021年，武乡县获中央专项彩票公益金支持。在获得相应资金支持的同时，相关部门还为相关项目建设“把脉问诊”。如今，覆盖6个乡镇10个村5大类的20个项目，已按计划完工8个，剩余的12个项目正在加速推进。国家乡村振兴局和财政部派出评估组对武乡县示范区进行考核评估时，给予其高度评价，将其评为A等次，并奖励800万元继续用于巩固提升示范区建设成果。

2022年，长治市实施省、市两级乡村振兴示范创建项目52个，其中省级项目26个、市级项目26个。省、市乡村振兴示范创建共涉及240个子项目，投入省、市、县三级财政资金2.42亿元。示范创建项目共吸纳农户10 498户26 120人增收。

“喜看稻菽千重浪”，太行之脊尽飞歌。以促进农业增效、农民增收、乡村发展为目标，长治市全市上下正激荡着前所未有的磅礴力量，使乡村美、产业兴、农民富的愿景一步步走近现实。

长治市现代农业场景

城乡蝶变满目新

城乡一体，共绘新景。

徜徉在长治大地，目之所及，城与乡宛如并蒂莲，花开两处，各有芬芳。城区内，高楼林立设施齐全，城市品质功能加速升级；乡村里，产业发展活力十足，村容村貌整洁美观，蓬勃的城市和广袤的乡野融为一体。

城乡融合发展，县域是主战场。长治市扎实推进县域内城乡融合发展，大力发展县域经济，加快推进城乡基础设施一体化，推进县域内城乡基本公共服务一体化，县城综合承载能力和辐射带动能力不断增强，为全市高质量发展提供强劲动力和坚实支撑。

做强做优县域经济　辐射带动产业集聚

走进平顺县杏城镇黑虎村，随处可见参农忙碌的身影，优良的自然条件加上当地农户丰富的种植经验，使得这里生产的潞党参根须饱满、品相优质，由平顺正来制药有限公司订单保底收购，被制作成炙手可热的潞党参口服液。

平顺县潞党参

“我们这里自然条件适合中药材种植，在政策引导和市场激励下，全县中药材种植总面积超过67.07万亩，中药材产业逐渐成为乡村振兴和全县的战略性支柱产业。”平顺县农业农村局局长王腾介绍，“平顺县以创建国家现代农业产业园和建设上党中药材专业镇为契机，不断优化产业布局，提升科技投入，大力推动潞党参全产业链发展，一条惠及农民、联结企业、连通市场的全链条产业集群已经初步形成。”

在经济大循环体系里，县域经济承担着承上启下的重要作用，是增强经济活力与韧性的基石。近年来，长治市坚持立足自身资源禀赋、区位条件和发展基础，全力做强本地既独具特色又有传统优势的重点产业，并出台促进专业镇高质量发展实施方案，大力推进“专业镇+市场主体”培育模式，充分发挥专业镇作为市场主体集聚平台的功能作用，有力推动专业镇龙头企业做大做强，带动上下游配套中小企业发展，实现“一镇带一方，一方促全盘”的集群发展。

在锻造产业发展优势的基础上，破除妨碍城乡平等交换、双向流动的壁垒，为各类商品在县域城乡之间高效流通创造便利条件，城与乡的“握手”，在此写下生动一章。

武乡县岭头村便民服务站里，黑豆、小米等农产品在货架上整齐陈列，村民张晓英正在对照手机订单进行包装，等着快递员上门收件。

“过去，物流不进村，大家寄取快递要到20公里外的县城，很不方便。现在邮政、顺丰、申通等物流点就设在村里，乡亲们在网上购物更加方便，农产品也可以从这里发往全国各地。”岭头村党支部书记、村委会主任张玉堂高兴地说，“物流畅通了，大家发展微商的信心更足了，增收致富的道路也越走越宽。”

农产品进城，工业品下乡。近年来，长治市把加快打造县、乡、村三级物流体系数字化建设作为构建城乡经济大循环的重要举措，加快整合商务、交通、农业、供销、邮政等多方资源，全力实现“统仓统配”“多站合一”“一网多用”等先进仓储物流配送模式，取得了城乡物流畅通、物流成本降低、城乡居民得到实惠的良好效果。

截至2022年底，全市已建设投入运营县级物流仓储配送中心11个、乡镇商贸中心103个、快递寄递服务点206个、村级便民服务站2 299个，逐步实现了乡乡有网点、村村有服务，便民惠民寄递服务基本覆盖，进一步优化了县域消费渠道，增强了农村产品上行动能，助力乡村振兴。

长治市将继续从完善基础设施建设、构建服务新业态等方面着手，力争到2025年，县域综合商贸服务中心数量不少于11个，乡镇商贸中心数量不少于108个，新设和升级改造村级商业网点不少于2 000个，全市乡镇商贸综合体（服务中心）覆盖率100%，区域性仓储物流集散中心覆盖率100%，快递“村村通”覆盖率100%，形成城乡互通顺畅、商品流通高效、业态要素丰富的新格局，为城乡发展要素循环更加畅通、产业衔接更加紧密提供支撑。

基础设施一体建设　城乡面貌持续改善

拧开水龙头便有哗啦啦的自来水流出，走出村庄就能看到绵延不绝的“村村通”公路伸向远方，打开供热阀门暖烘烘的热气便弥漫开来……随着农村人居环境的不断改善，一批批宜居宜业的和美乡村相继建成，城乡居民生活条件的差距正在一步步缩小。

在全局上谋篇，于关键处落子。近年来，长治市加快完善城乡供水供气供暖等基础设施建设，逐步推进县城基础设施向乡村延伸、公共资源向乡村倾斜，实现城乡融合发展。

一是引水。

有了水，发展产业才有保障。“再也不用吃旱井水啦！”“打开水龙头就能喝上‘八道水’，真是太好、太方便了！”“引来‘八道水’那可是咱们平顺人民30多年的企盼啊！”如今，说起“八道水”的“功劳”，平顺县沿线区域的群众个个喜上眉梢。

3年前，平顺县通过八道水提水工程续建改造项目，将八道水、安乐提水等管网连通，形成了“管网互通、水量互补、科学配置、合理调配、统筹运作”的“大水网”格局，每年新增供水300余万立方米，覆盖了沿线9个乡镇143个村10.62万人，也彻底解决了平顺县城“白天有水、晚上断水”的情况，这是平顺县近年来为民办成的“十件实事”之一。

二是修路。

山谷里清爽的风迎面吹来，炎热的夏天有了些许凉意，正在路上送包裹的中国邮政储蓄银行武乡县蟠龙营业所投递员巩宏飞感慨地说：“自从我们这儿修好了路，不仅送件方便，而且游客也增加了不少，尤其是来游玩的散客明显增多了。”

千里旅游路，带动沿线富。全力抓好“四好农村路”和太行一号旅游公路建设，持续完善农村公路基础设施，是城乡融合发展的重要抓手。

太行巍峨，连绵起伏。驾车一路畅行，车窗外深邃的峡谷直跃入眼。蜿蜒北上的太行一号旅游公路不仅能让游客们近距离欣赏巍巍太行的雄奇秀美，更将浓郁的乡村美景串珠成链，为高水平推进城乡融合发展勾勒出一幅生机盎然的独特风景。在全市区域内，太行一号旅游公路总规模987公里，沟通连接了全市1个5A级景区、11个4A级景区等大大小小近百个景区景点、古村落、古建筑，以及数不清的观景台、农家乐，构建起“城景通、景景通”的全域旅游格局，也成为沿线县区实现乡村振兴的重要支撑。

丹泉小镇的公路

三是供暖。

冬季供热是关乎民生的大事。潞州区堠北庄街道对辖区5个村实施了集中供热改造工程。其中，张祖村涉及村民604户。“前些年，我们这里家家户户都是烧煤取暖，既不清洁也不安全。煤改气后，虽然干净了，但费用偏高。这次集中供热改造，既绿色环保，又节省费用，让全村村民暖身又暖心。”张祖村党支部委员杜煜鑫笑盈盈地说。

近年来，各县区强力推进煤改气、煤改电以及集中供暖等工程，调整农村取暖能源结构，大力发掘集中供热热源，提高城乡集中供热比例。着力构建绿色、节约、高效、协调的清洁供暖体系，进一步改善了供暖条件，提升了村民生活质量。

四是洁居。

“白墙赤瓦，溪水潺潺，村子里屋舍错落有致，花坛菜圃郁郁葱葱，家家户户庭院干净利落……经过几年的精雕细琢，如今的家乡宛如一幅山水田园画，别有一番韵味。”端午假期，从大城市回到襄垣县王村镇杜村的大学生王敏对家乡的变化感触颇深。

近年来，长治市高度重视农村人居环境整治工作，先后印发《长治市农村人居环境三年行动实施方案》《长治市2021—2025年农村人居环境整治提升暨美丽乡村建设工作方案》，以更高标准、更大力度改善全市农村人居环境。

推进垃圾治理，扮靓美丽乡村。全市建成各类型垃圾中转站128处，开展农村生活垃圾集中收运处置自然村比例98.5%，全市925个行政村生活垃圾纳入焚烧处置，825个行政村开展垃圾分类。

“柏油路直通村口，商超开在家门口，还建了文化礼堂、居家养老服务照料中心……城里有的我们都有，城里没有的我们也有。”上党区南宋镇南宋村村民张国旗说。

公共服务普惠共享　城乡居民幸福安康

不出村就能办理退役军人优待证，大山里的孩子也能听上网课，不出乡就能让三甲医院的医生给看病……在城市踏上“时代快车”的同时，农村也悄然“蜕变成蝶”，基本服务有保障，优质资源趋均衡，城乡居民生活品质的差距越来越小。

近年来，长治市始终把县域内城乡基本公共服务一体化放在经济社会发展的重要位置，重点在行政审批、教育、医疗和养老等方面进行突破，努力让农民和市民不再有身份界限，让资源跟着需求走，服务跟着居民走，打造城乡基本公共服务一体化。

一是基层延伸全覆盖，政务服务就近办。

着力深化简政放权、放管结合、优化服务，树立全方位审批服务理念，不断推动构建布局合理、功能完备、互联互通的村、乡（镇）综合便民服务机构，让老百姓在家门口就能享受“一站式”服务，轻松办理各类事项。

潞城区翟店党群服务中心

11个县区设置了政务服务超市，“7×24小时”不打烊；132个乡镇（街道）便民服务大厅新增了畜牧、劳动保障、财政、扶贫专干等内容，可办理30项服务事项；2 217个村（社区）具备代办退役军人优待证、残疾证等20项服务事项功能。同时，为加强智慧终端建设，还在22个乡镇（街道）、村（社区）配置了自助服务一体机，平均可办事项27项，有效满足了居民就近办理公共服务事项的需求。

二是共享优质教学资源，促进教学质量提升。

2021年，启动了全面推进义务教育优质均衡发展创建工作，各县区先后形成了政府统筹、部门联动、各司其职推进全市义务教育，有力有序有效向优质均衡迈进的行动合力。

在实现基本均衡发展的基础上，启动实施第二期义务教育薄弱环节改善和能力提升计划，已完成校舍建设2.5万平方米，2022年投资1.45亿元，改造农村寄宿制学校57所，有力提升优质均衡发展水平。

三是基层医疗连成网，健康服务有保障。

12个县级医疗集团全部实现标准化建设、扁平化管理，党委、行政班子成员全部由牵头医院班子成员兼任，行政、人员、绩效、财务、业务、药械“六统一”管理体系构建全面完成。

各县区医疗集团全部建设一体化改革信息平台，全市145个乡镇卫生院、社区卫生服务中心实现了与县级医疗集团远程心电、影像互联互通，“智医助理”系统全覆盖，老百姓在家门口就能享受到三级医院的医疗服务。除此之外，全市12所县区综合医院、11所中医医院全部达到二级甲等水平，124所乡镇卫生院、21所社区卫生服务中心和2 436个行政村卫生室实现标准化建设全覆盖。潞州区、上党区、壶关县、长子县、武乡县、沁县医疗集团分别由长治市人民医院、长治医学院附属和平医院和长治医学院附属和济医院托管，市、县、乡、村四级公益卫生健康服务体系不断得到强化。

农村养老机构数量不断增加，服务能力稳步提升。全市12个县区、32个乡、78个镇，现已建好县级综合性养老服务机构13个，实现了县区全覆盖；乡镇区域性养老服务机构76个，乡镇覆盖率69%；日间照料中心453个，农村区域性养老服务综合能力逐步提升。

城乡居民医保一体化，看病报销不再分“城里人”“农村人”。2018年起，全市城乡居民医保实现统一覆盖范围、统一筹资政策、统一保障待遇、统一医保目录、统一定点管理、统一基金管理，市民、村民缴费标准一样，享有待遇一样。

基本公共服务均等化，多层次多样化服务供给。长治市构建起优质均衡的公共服务体系，加快推动城乡公共服务取得新突破、迈上新台阶，让人民群众的获得感、幸福感、安全感更加充实，更有保障，更可持续。

站在高起点上，重塑城乡关系，畅通城乡循环，长治翻开了城乡融合发展新篇章。

书写农业强农村美农民富的优异答卷

襄垣县地处太行山西麓，上党盆地之北。全县辖9镇1个省级经济技术开发区、229个行政村，总面积1 178平方公里，总人口26万人，农业人口13.2万人，耕地面积66.18万亩。襄垣县因战国初期赵襄子筑城而得名，又以“一带一路”先行者东晋高僧法显闻名，素有“中国千年古县”之称。

襄垣县是全省经济大县，多年来连续跻身全国投资潜力百强县，先后获得国家卫生县城、全国第二批创新型县等多项荣誉；该县也是农业大县，是国家商品粮基地县、全国农村集体产权制度改革试点县、全国农村综合改革试点试验县和山西省乡村振兴先行示范县。

2022年，全县一产增加值完成8.65亿元，一产固投完成10.76亿元，农村居民人均可支配收入完成22 242元，农产品加工销售收入完成65亿元，农业农村多项主要经济指标创近年新高、达历史峰值，实现了增速更增势、量增质更优。

2023年，农业农村部开展国家乡村振兴示范县创建申报评审工作，襄垣县入列国家乡村振兴示范县创建单位，成为山西省3个上榜示范县之一。

近年来，襄垣县按照“产业兴旺、生态宜居、乡风文明、治理有效、生活富裕”总要求，牢牢守住稳粮保供和不发生规模性返贫两条底线，聚焦“十稳十提”，做到“五坚持五强化”，持续巩固拓展脱贫攻坚成果，大力培育特色高效产业，扎实稳妥推进乡村建设，精心布局乡村振兴示范区，全力打造特色种植、品牌养殖示范区，全方位推动农业农村高质量发展。

坚持高位推动　强化责任落实

严格落实县、镇、村“三级书记”抓乡村振兴工作责任，认真落实第一责任人的责任。建立“书记直通车”工作机制，第一时间解决乡村振兴工作中遇到的困难和问题。

加强顶层设计。印发了《襄垣县关于做好2022年全面推进乡村振兴重点工作的实施方案》，谋划编制了《襄垣县新型农村集体经济发展专项规划(2022—2025年)》等系列文件，明确各个阶段的目标任务，细化实化了工作重点和政策措施。全县229个行政村有220个编制了实用性村庄规划，3年内实现“多规合一”的村庄规划编制全覆盖。

加强干部责任。在干部配备、驻村帮扶、人才支持上，优先农业农村发展。压实驻村帮扶责任，36名县处级领导干部带头包镇包村帮扶，3个乡村振兴示范村和16个重点帮扶村全部派驻工作队，实现了229个行政村帮扶全覆盖。常态化选拔事业编制人员、优秀村党组织书记、到村任职过的选调生、驻村第一书记和工作队员“五方面人员”进入镇领导班子。优先提拔重用现实表现优秀、熟悉“三农”工作、在乡村振兴和脱贫攻坚等工作中表现突出的干部，选派8名第一书记到村任职，选派57名驻村帮扶干部，选拔14名“五方面人员”进入乡镇领导班子，新提拔调整具有农业农村专业背景的干部10人。

加强基层建设。加强镇村班子建设，扎实整顿农村软弱涣散基层党组织，实施农村“带头人”队伍优化提升行动。持续排查整顿软弱涣散村党组织。健全常态化驻村工作机制，发挥驻村第一书记和工作队抓党建促乡村振兴作用。完善村级重要事项、重大问题研究讨论机制，加强基层监督，深化治理整治，推动监督下沉、监督落地，为深入推进清廉村居建设提供组织保障。

加强督导考核。完善实绩考核机制，建立常态化督查评估制度，综合运用常规督导、专项督导和明察暗访等方式方法，推动责任、政策、工作落细落实。召开县委农村工作会议，对各镇、各有关部门实施乡村振兴战略情况现场进行点评，并不定期进行督促检查；根据工作需要召集县级分管领导和县直涉农部门负责人到一线研究解决相关问题；把乡村振兴和巩固拓展脱贫攻坚成果纳入全县发展目标管理绩效考核体系，考核结果与干部考核结果挂钩，并作为奖惩、使用的重要依据，年初建账、年中查账、年终交账，实行“一月一研判、一月一通报”，自逼加压保完成。

坚持“三农”优先　强化资金投入

坚持把农业农村作为财政优先保障和金融优先服务领域，公共财政更大力度向“三农”倾斜，增加支持乡村振兴贷款，加大农村人居环境整治、村庄基础设施建设等重点领域支持力度。

加强财政投入。完善涉农资金长效整合机制，设立乡村振兴专项资金，集中投向第一产业、农产品精深加工产业集群等28个战略重点，2022年投入“三农”资金31 954万元，比上年同期增加6 952万元，农村综改试点试验区提标扩面投资3 000万元，巩固拓展脱贫攻坚成果投入资金2 830.9万元。2022年，全县国土出让收益用于农业农村3 412万元，比例达44.69%，投入“三农”实现稳定增长。

加强惠农补贴。出台了《襄垣县支持第一产业高质量发展补贴政策》，制定了稳粮保供、特色种植、规模养殖等22项扶持政策。落实耕地地力保护补贴，各种补贴资金通过“一卡通”方式发放到群众手中，在强化社会保障兜底政策落实、不断保障和改善民生方面发挥了重要作用。

加强金融支持。引导金融部门持续加大对农业农村基础设施投融资的中长期信贷支持，2022年小额信贷支持巩固拓展脱贫攻坚370万元。提高农业保险服务能力和保障水平，稳定粮食播种面积和产量，2020年起应由农户自行支付的玉米、小麦、大豆、油料、谷子等政策性农业保险费用均由县财政予以承担，实现了政策性农业保险全覆盖。

坚持人才保障　强化科技服务

坚持人才下沉、科技下乡，发挥县域综合集成农业科技服务资源和力量作用，引导各类科技服务主体深入基层，着力解决农村生产经营中的现实科技难题。

加强队伍建设。加强镇村科技队伍建设，各镇综合便民服务中心分专业设置农技、畜牧兽医、农经、农机等技术服务专岗，承接农业农村公益性服务职责。推进兽医社会化服务，实施了动物防疫专员特聘计划。深化农业综合执法队伍建设，强化种子、农药、兽药、饲料等领域执法。

加强社会服务。推行“政府购买社会化服务＋组队防疫”，认真落实非洲猪瘟、草地贪夜蛾等重大动植物病虫害防控，全面兜牢农业安全生产底线。持续抓好专家团队、项目工队、营销战队“三队”包联服务，提升科技保障能力。推广农业主导品种63个、农业主推技术53项，良种良技推广应用42万亩，开展专家团队培训46场，培训人员3 000余人次。

加强技能培训。深入开展“人人持证、技能社会”建设，高质量开展农民培训，完成普惠制培训5 000人。实施高素质农民培育计划，强化师资力量，坚持理论实践相结合，培训高素质农民1 000人，持证人员850人。

坚持城乡统筹　强化示范带动

优化升级农村基础设施，不断推动公共服务向农村延伸。加快构建农村特色产业体系，逐步缩小城乡差距，促进资源要素向农村流动。

加强城乡一体。推进公交、环卫、教育、医疗卫生、文化、社会保障等城乡一体化，促进基本公共服务均等化。新时代文明实践中心、“四好农村路”、4G网络等公共设施实现了“六个全覆盖”。建设村级“物流＋电商服务平台”网点230个，推进农产品仓储保险冷链物流项目3个，推动旅游基础设施和配套设施建设，县域融合发展进一步拓展延伸。

辣椒收获场景

加强三产融合。以现代化产业体系为基础，推动各产业有序链接、高效畅通，着力推进露地尖椒、优质高粱、玉米制种、设施蔬菜、有机水果、米槐种植等产业规模化发展，扶持壮大一批农产品精深加工企业集群发展，提升全要素生产率，塑造新的竞争优势，推进农村产业升级和乡村振兴。

加强统筹布局。整合小垴“知青故里”、强计“公社记忆”3A乡村旅游，推动宝峰湖“襄约·潮屿”青年网红旅社、“襄遇·栖居”湖畔生态民俗、宝峰湖康养小镇建设，全力打造“革命老区红色＋产业项目升级绿色＋襄垣民俗古色＋湖景休闲蓝色＋东湖缤纷夜色”“五色”经济。

坚持改革创新　强化活力提升

以深化农村改革为引擎，有效调动各方积极性，为规模经营提供动力，释放更多制度红利，通过改革进一步激发乡村振兴活力。

加强集体经济。持续探索“五＋五代两自主”[①]发展壮大村集体经济模式，财政扶持壮大集体经济项目25个，2022年村集体经济收入100万元以上的村达40个，全县村级集体经济总收入达18 672.5万元。推进农业托管整县试点，托管面积1.2万亩，农业生产托管服务组织达10家。

① “五＋”提振特色产业，指合作社＋国企民企、合作社＋帮建单位、合作社＋贤人能人、合作社＋专业合作社、合作社＋产业大户；“五代”提高集体收入，指工业产品“代工”、农副产品“代销”、农业生产“代管”、集体资产“代营”、后勤事务“代办”；“两自主”提升组织能力，指村集体经济组织“自主决策、自主经营”。

加强数字建设。建设数字乡村项目，覆盖9镇229个村和6个涉农单位，下载注册4.5万人，在全省率先探索出“一图全面感知”乡村“数智化”新模式，形成全域覆盖、上下贯通、服务统一、互通共享的“一张网”信息服务平台，为乡村经济社会发展注入强大动力。

加强农村综改。持续引深全国农村集体产权制度改革和全国农村综合改革，有效激活生产要素，打通资源资金壁垒，初步形成集田园观光、生态采摘、民宿客栈、红色体验为一体的宝峰湖特色旅游产业带，建设布局环宝峰湖一二三产业融合发展的乡村振兴示范区。

百尺竿头，还须更进一步。襄垣县将认真贯彻落实习近平总书记“千万工程”最新指示精神，落实省委以“千万工程”经验振兴万千乡村的工作部署，积极探索“六个新高地”[①]和“三类示范村”[②]发展路径，统筹推进农村经济建设、政治建设、文化建设、社会建设、生态文明建设和党的建设，加快推进农业农村现代化，加快推进乡村治理体系和治理能力现代化，走中国特色社会主义乡村振兴道路，全面打造国家乡村振兴示范县，努力打造“全域共富、城乡和美”新画卷。

---

①“六个新高地”：打造专业镇建设新高地，打造肉鸡产业发展新高地，打造农产品加工产业新高地，打造农文旅融合发展新高地，打造村级集体经济发展新高地，打造数字农业农村建设新高地。

②“三类示范村”：打造强统筹、傍山水的宜居生态类示范村，打造强引领、抓效益的宜业生产类示范村，打造强服务、优整治的和美生活类示范村。

从“一村美”到“村村美”

近年来，黎城县围绕“产业兴旺、生态宜居、乡风文明、治理有效、生活富裕”总要求，以全省深化乡村振兴示范创建行动为引领，把示范创建作为巩固脱贫成果上台阶、乡村振兴开新局的重要抓手。以省级乡村振兴示范创建村源泉村为基点，按照“分类定位、差别开发、一村一特色、一村一景观”原则，规划建设12个和美乡村集群，目前，这些示范集群已初具规模。黎城县正努力探索一条彰显特色、集群发展的乡村振兴路径。

“小投入”引来“大资本”

立夏时节，走进群山环抱的黎城县源泉村，看到山泉汩汩穿村而过，农家小院前老人们正唠着家常。在蓝天白云的映衬下，这个集自然风光、古色底蕴、红色资源于一身的小山村，随处可见原生态乡村的魅力，到处散发着质朴的乡风和村韵。

依山傍水、风光秀丽的源泉村

一条崭新的道路从源泉村边经过，道路另一边便是太行丹泉田园小镇建设工地，车辆来往穿梭不时发出轰鸣声，100多名工人师傅正在加班加点地忙碌着。亭台楼阁、水榭廊亭、水车磨坊等已建成，与灰瓦白墙的传统民居相互映衬，散发出独特魅力。

2022年，为高质量推进源泉村省级乡村振兴示范创建村建设，黎城县整合示范创建资金1 000万元、其他各类资金2 000余万元，对丹泉河谷内6个村庄5平方公里的乡村进行了基础设施改造，开展了水网更新、污水管网铺设、道路硬化、旅游公厕修建。

“2021年，我们对全村进行了路灯安装，对农业生产和老百姓生活涉及的道路进行了硬化和修缮，新建了群众休闲娱乐广场，解决了源泉村遇水则涝的问题。2022年，我们全面开展了乡村振兴工作，并成功创建了省级乡村振兴示范村。通过一系列乡村振兴工作，源泉村发生了翻天覆地的变化。”长治市规划和自然资源局四级主任科员，源泉村党支部委员、书记助理王杰说道。

种好梧桐树，引得凤凰来。黎城县在源泉村基础设施建设上的先期投入，既美化了村居环境，也成功吸引到河北万景文旅集团投资22亿元兴建太行丹泉田园小镇项目。该项目采取EPCO模式，由专业公司统一规划、统一建设、统一经营、统一维护。以源泉村为龙头的太行丹泉田园小镇，将连片带动周边五十亩村、源庄村、石壁底村等村发展水产养殖、庭院经济、农家乐、康养服务，全面推进源泉片区的乡村振兴工作，共同打造丹泉河谷和美乡村集群。

“太行丹泉田园小镇主要投资来自河北万景文旅集团，而吸引他们前来投资并不断加大投入的最主要因素，是黎城县委、县政府对于乡村振兴工作强有力的支持与指导。县委、县政府不断优化营商环境，以基础设施建设项目为引导，撬动社会资本大量投入，成功激活了乡村振兴发展动力。”王杰说。

“一产为主”到“三产融合”

乡村的发展一定要以改善群众生活为导向，充分激发乡村发展的内生动力，以民生问题为抓手，依托社会资本去营造乡村的市场环境，不断培育各式各样的农村产业，逐步带动群众走向富裕。

太行丹泉田园小镇通过引进专业团队管理、建设旅游设施、吸引游客消费，进而解决源泉村村民的衣、食、住、行和务工就业等民生问题。该项目中所有的产业项目都实行了“三权分置”，就是将所有权、经营权、管理权进行完全剥离，产权和效益全部归村集体所有，经营则是由第三方专业团队来进行，既符合市场需求，又保证了乡村振兴的可持续发展。太行丹泉田园小镇还成立了临时党支部，以党建为引领提高乡村治理能力，稳妥地解决了村企之间的矛盾和纠纷，确保了公平公正，保障了老百姓、村集体和企业的利益。

建设中的太行丹泉田园小镇

如今的源泉村，水车、戏台、磨坊等保留了传统气息的建筑，让人目不暇接；商业街、观景水系、特色酒店等融合了古典美和现代美的建筑，令人赏心悦目。

“为了保障整个项目的经济效益和社会效益，在充分考虑村民需求后，我们建设了源泉之家，这里将发挥便民服务中心、老年日间照料中心和游客中心的作用，让每一位源泉村人和游客都能‘带着问题进门，带着笑容出门’。这里还建有农研教室。我们认为乡村产业振兴需要现代高素质农民，农研教室除了提供研学平台外，还可以定期聘请一些专家授课，不断提高农民的专业技能。以前老百姓都是在河道中洗衣服，冬季路滑十分不安全，我们用风车将水提到洗衣房，既安全又方便。”太行丹泉田园小镇规划总监孟德虎边走边介绍。

在全面梳理了乡村发展的优势及短板后，源泉村对村内大量的“特”“优”闲置资源进行了全面盘活，以特有的泉水资源和传统文化资源建设了“玉泉醋厂”“丹泉水磨坊”等集体产业项目；以旧村废弃宅基地和闲置土地为基础，结合太行丹泉田园小镇文旅康养规划，建设了半山民宿、商业街区、房车营地、特色酒店等项目。这样就全面盘活了村内的闲置资产资源，从种植、深加工、销售等方面进行一体化统筹发展，全面促进乡村的“三产”融合发展，既壮大了村集体经济，又增加了村民的收入。

“2022年村集体收入增加了128万元，农户直接增收148万元，并带动附近农户务工收益180余万元。丹泉河谷和美乡村集群建成后，预计可再增加村集体收入200万元，实现农户人均增收3 000元。”黎城县西井镇分管乡村振兴工作的副镇长程瑞说。

“一枝独秀”到“百花齐放”

放弃千篇一律的美，抓好最亮眼的特色资源，遵循这样的思路，黎城县正在集中规划建设一个个极具个性的和美乡村集群。

“我们按照‘点—线—面’的工作思路，集中资源、资金，通盘考虑各镇规模结构和功能布局，实现‘分类定位、差别开发、一村一特色、一村一景观’的目标，集中精力打造12个和美乡村集群，促进农民群众增收。”黎城县乡村振兴发展中心负责人龚文勇介绍道。

除丹泉河谷和美乡村集群外，黎城县还依托红色文化、旅游资源、产业集聚优势等，谋划打造太行山麓和美乡村集群、红色旅游和美乡村集群、红色文化和美乡村集群、现代休闲观光农业和美乡村集群、特色产业和美乡村集群、特色种植和美乡村集群（果蔬类）、特色养殖和美乡村集群、特色加工和美乡村集群、特色种养和美乡村集群、特色种植和美乡村集群（小米）和现代服务业和美乡村集群。

同时，黎城县还结合“一主一副六特色”空间布局，对全县进行统筹规划，高标准设计，精准分类，充分发挥集聚效应，形成有效产业支撑，加快推进美丽乡村建设，着力壮大村级集体经济，集中实施村级广场、小微景点、生活污水、厕所改造、线路整治、垃圾分类、街巷亮化、道路改善等民生项目。

红石板顶、黄色土墙的村居掩映在朵朵梨花中，到处散发出原汁原味的乡村美感，这便是有着“太行红石古村落”美誉的壶山村，它与洗耳河村、彭庄村、栗家窑村一道，将依托洗耳河景区、晋道房车露营地、太行板山等旅游资源，借助西井游客集散地的优势，共同打造太行山麓和美乡村集群。

“现在，村里正在进行污水和自来水改造工程施工。之后，我们还将进行道路硬化等工程。随着基础设施和村居环境等民生项目的逐步改善，老百姓的满意度也在不断提升。”壶山村党支部书记、村委会主任岳引龙说。

下赤峪村正在与上赤峪村、小寨村依托本地自然、历史和人文区位优势，聚焦黄崖洞、小寨两大红色文化游片区，联合黄崖洞景区、壶山温泉，打造红色旅游和美乡村集群。该集群将集中力量发展旅游、农家乐、庭院经济、娱乐休闲服务，提升人居环境整治成效，大力发展乡村旅游，全力推进乡村振兴，打造兵工小镇、金融小镇、和美小镇，帮助脱贫人口增收致富。

“这个名为‘军工小院’的民宿是我们正在积极打造的属于村集体的特色民宿，一方面可以增加村集体收入，另一方面还可以满足日益增长的游客需求。”下赤峪村党支部书记郭彭鹏说。

随着黎城县聚力打造和美乡村集群工作的不断深入开展，一个个乡村将会发生美丽蝶变，一幅产业旺、乡村美、村民富的乡村振兴画卷正在黎城大地上徐徐展开。

创农旅康养品牌　铸民富村强大业

振兴村位于山西省长治市上党区东南部，总面积6.6平方公里，全村569户，农业人口2 309人，职工2 000人，现有党员123名，村民人均收入5.69万元，村集体收入6 900万元。位于振兴村的山西上党振兴集团下设农业公司、文旅公司、旅行社、人才培训中心、乡村振兴直播基地5个子公司，资产总额25.9亿元。振兴村先后荣获全国文明村镇、国家4A级景区、国家五星级企业园区、中国美丽休闲乡村、全国乡村旅游重点村、全国美丽乡村示范村、全国乡村治理示范村、全省创先争优优秀基层党组织、山西省2022年度村级集体经济发展“十佳村”、山西省首批特色小镇、省级旅游度假区、山西省文旅产业融合示范区等荣誉。

振兴村步行街

近年来，振兴村立足本地特色，坚持融合发展，催生了美丽经济、休闲农业、文旅康养、教育培训、直播基地等乡村新业态。便民服务中心让村民生活更加便利，新时代文化实践站让村民文化生活更加丰富，上党印象一条街、农业科技体验园带动了夜经济的蓬勃发展，走出了一条科技赋能、产业延伸、发展经济、实现共富的乡村振兴新路子。

强身健体，主打“引领牌”，实现组织振兴。振兴村坚持党建引领，充分发挥党员干部的先锋模范带头作用，努力做到出谋划策、组织引导、带领群众、服务村民，使振兴村各级党组织成为集体经济发展壮大的坚强堡垒。大力发扬“太行精神”，选优配强了一支富有能力、开拓进取、群众基础好的村“两委”干部队伍，一批党员干部实现了由“思想先进”到“致富先锋”的跨越，并带领身边村民走上共同致富之路。这是振兴村得以发展壮大的政治基础。振兴村着力提升基层治理水平，以支部为单位，设立老年党小组、青年党小组、妇女党小组，每月坚持开展一次活动，创新村民自治制度，推行“六制一体”机制，健全“一约四会”制度，规范婚丧嫁娶“八不能”、日常生活“八不准”、村民出行“八不要”，形成移风易俗“七字歌”，确立每年10月18日为振兴村的乡村振兴日，每月18日为振兴学习日。积极开展“三亮三做”活动，即党委领导亮身份做示范、“两委”干部亮承诺转作风、党员代表亮行动树形象。党员干部常念振兴“六字诀”，即严字当头、学字为先、干字为重、廉字为荣、贤字为尺、实字为要。

振兴村绿化风景

创新推行党委委员包村包街道包企业、支部委员包班组、党小组长包党员、党员包农户、农户包家人的“五级联包”新举措，形成了党委抓大事、支部办实事、党员做好事的新模式。新建了初心广场、初心园、党群生活馆、家风家训百家姓馆、全国村志收藏馆、村史展览馆、综治便民服务中心、新时代文明实践站、村级活动场所和5G网络云平台智慧中心，吸引了全国650余个基层党组织莅临振兴村参观学习，初心园接待参观人数累计达5.165万人次。

活血化瘀，主打“互惠牌”，实现经济振兴。如何使可开发资源变为集体资产，振兴村拓宽发展思路，破解了一个个难题。如：将承包土地、林地的经营权转化为股权，入股振兴鑫源有机农产品专业合作社，使村民每人每年可获取1 500元的保底收益和按股分红；整合利用各类闲散资金，包括闲置的各类房产、设施，以集体开发、合资合作等方式发展相应产业，建成文旅康养设施36处；与马刨泉文化旅游开发有限公司就荒山开发达成协议，确定荒山由景区开发，景区送给振兴村村民20%的旅游股份，不但激活了有限的资源，同时激发了村民参与文化旅游发展的积极性和主动性。

舒筋通脉，主打“永久牌”，实现产业振兴。乡村振兴的基础就是产业振兴，振兴村立足村企共建的集体经济发展战略，走出了一条民企村管、村企融合、创新发展的路径。规划建设了干果经济林、道地药材、无公害杂粮、优质谷子、有机蔬果5个千亩种植基地，绿化荒山3 000亩，植树1 335万株。建设了智能连栋大棚，文体中心，集中供热、供水、供气、污水处理等基础设施，改善了人居环境，有效推动了产业多元发展和村民幸福指数不断提高。

补充营养，主打“多元牌”，实现乡村振兴。振兴村不断完善多元利益主体联结机制，实现了多种要素优势互补。鼓励联合社的每位成员积极发展休闲农业和乡村旅游，支持村民开办农家乐，在自家小院上做文章、在小摊小吃上下功夫，让上党非遗传统工艺走出太行，从而实现人人搞旅游、户户来赚钱，全村群众都能分享旅游红利。2022年，振兴村发展农家乐168家，村民户均旅游红利达15万元。为加快文化旅游发展步伐，振兴村先后组建了村花棍故事会、旱船秧歌队、民俗迎亲队、振兴八音会和锣鼓队。

农旅相融创品牌，实现了经济方式快转变。振兴村紧紧围绕乡村振兴的三大功能实现了三个转变，即把农村由“粮仓”变成“厨房”、从“田园”变成“花园”，把“绿水青山”转化为“金山银山”。按照农业观光、农事体验、蔬果采摘、农艺博览等功能，统一规划、分片承包、自主经营。建设特色化农庄6处、规模化种植基地3处、农艺博览园3处，丰富了种植内容，提升了农业品质。振兴坛[①]下五谷丰登，振兴小镇游人如织。

工旅结合强内功，按下了经济发展快捷键。振兴村以精深加工、特色加工延伸产业链，以信息技术打造供应链，以丰富业态提升价值链，统筹推动原料生产、产品加工、市场消费等上下游产业有机衔接，积极培育发展新业态新模式。引导农产品加工业与旅游、文化、科普、康养等产业深度融合，实现串珠成线、集群成链。相继推出振兴手工粉皮、手工粉条、手工豆腐、豆腐皮、豆干、香醋、矿泉水、葵花油、小米、小杂粮、党参茶、连翘茶等20余种特色商品。

商旅互促扩外延，跑出了集体经济快节奏。近年来，振兴村新建民俗养生馆30处、生态酒店6处。打造振兴不夜村，推出了“品绿色土特菜肴，住俏上党精品民宿，购生态环保农产品，看农耕文化体验园，赏不夜乡村美景”旅游项目，积极构建夜游、夜赏、夜食、夜购、夜宿“五夜”旅游产品体系，让“夜经济”成为集体经济发展壮大最有力的延展。振兴村始终围绕“村企共建赋能乡村振兴”这个模式，同向发力，双向联动，为乡村振兴发展注入了强大活力。

总结振兴村乡村振兴之路的经验模式，有以下几方面。

一是以企带村谋发展。进入21世纪，振兴村以极大热情投入到以工促农、以企带村建设新农村的征程中。从2005年建设部则掌村，到2007年建设关家村，再到2013年建设向阳村[②]，依托振兴集团累计出资9.33亿元，完成了3个村的整体搬迁，广大群众过上了幸福的生活。同时，依托“夏养山西、康

---

① 振兴坛，是振兴村中一处新建的极富古典风格的建筑。

② 振兴村原名关家村，原与部则掌村和向阳村为3个自然村，后部则掌村和向阳村并入关家村，2009年，关家村正式更名为振兴村。

养山西”“太行山水名城”“清凉上党”等区位优势，融合景观、美食、文化、旅游等特色旅游资源，构建观养、食养、疗养、文养、动养、住养的康养产业体系。积极支持农户创新创业，发展休闲农业、家庭手工业、文化创意产业，不断增加农民的经营性收入，不断发展壮大集体经济。目前，振兴村已具备1 000人康养、2 000人就餐、3 000人培训的规模，直接带动周边农民就业2 000余人，年接待游客100万人次，旅游综合收入5 000万元。

二是村企融合重民生。为加快振兴发展步伐，推动村企党组织互联互通、融合共进，成立了振兴村企党总支，全力推动振兴村高质量发展，从企业收益中安排60%的利润用于乡村振兴再发展、文旅转型和民生实事，先后完成百万元以上项目115个，累计投资13.5亿元。振兴村自2008年整体搬迁15年来，由原来的1个小山村，兼并了3个自然村，流转了4个村的土地，人口由原来的865人增长了近10倍，变为现在的8 900人；村民人均收入由2008年的6 500元增加到5.36万元，增长了近8倍；职工由原来的200人增加到现在的2 000人，职工人均收入增加了15倍，达到6.58万元；村级集体经济收入增加了10倍，达到6 900万元。

三是村企同建共富裕。振兴村持续推进“五五”发展方略，以“五三模式”激发动力，以“五级联包”聚集合力，以“五个就地”迸发内力，以“五大保障”增添实力，以“五化目标”汇聚活力。通过率先发展，走出了一条村企共建、三产融合的发展道路，从过去有名的贫困村发展为乡村振兴示范村。

乡村振兴战略，振兴村恰如其名。未来振兴，会做强人才培训、研学旅游、避暑康养三大支柱产业，做好智慧数字乡村项目，做大山西乡村振兴直播基地新兴产业，建设宜业、宜居、宜游、宜养的智慧文旅康养示范村，打造全国乡村振兴的标杆。

不忘昔日的苦难辉煌，不负明天的梦想追求，承前启后，继往开来，向着乡村振兴更美好的前景奋勇前进。

02 第二篇 规划引领

GUIHUA YINLING

实施乡村振兴战略是一项长期的历史性任务，必须强化规划引领。近年来，长治市坚持规划引领，先后编制了《长治市乡村振兴战略总体规划（2018—2022年）》《长治市“十四五”农业农村现代化发展规划》等多个专项规划，制定出台了《关于推进乡村振兴战略的实施意见》《关于全面推进乡村振兴加快农业农村现代化的实施方案》《长治市农村人居环境整治三年行动实施方案》《长治市加快推进第一产业高质量发展的实施方案》等多方面推进政策，部署若干重大工程、重大计划、重大行动，为确保全市乡村振兴战略落实落地和农业农村经济发展走在全省前列提供政策指引。

长治市乡村振兴战略总体规划（2018—2022年）①

2019年1月30日下午，长治市人民政府新闻办组织召开新闻发布会，就《长治市乡村振兴战略总体规划（2018—2022年）》（以下简称《规划》）和“5＋1”六个专项规划进行发布。《规划》由长治市发展和改革委员会、长治市委农村工作领导小组办公室牵头编制完成；产业兴旺、生活富裕、体制机制创新3个专项规划由长治市原农委牵头编制；生态宜居专项规划由长治市原环境保护局、住房和城市建设局牵头编制；乡风文明专项规划由长治市委宣传部牵头编制；治理有效专项规划由长治市民政局、市委组织部牵头编制。

《规划》的编制，从新时代全市实施乡村振兴战略的历史方位、基本特征出发，顺应乡村建设发展规划，充分考虑未来五年长治市经济社会发展的趋势，一是把中央大政方针作为《规划》编制的基本遵循，二是贯彻落实省委、省政府重大安排部署，三是充分借鉴国内先进经验和做法，四是有机结合长治实际、力求突出上党特色，五是充分考虑地域和条件差异、分类有序推进。

作为长治市有序推进乡村振兴的指导性文件，《规划》对长治实施乡村振兴战略作出总体设计和阶段谋划，明确了至2020年全面建成小康社会和2022年召开党的二十大时的目标任务，细化实化工作重点、政策措施、推进机制，部署重大工程、重大计划、重大行动，确保乡村振兴战略扎实推进，走在全省前列，是引领乡村振兴战略实施的路线图和时间表，描绘了今后五年长治市乡村振兴的宏伟蓝图和走出中国特色社会主义乡村振兴的长治路径。

一、规划背景

（一）重大意义

农业是国民经济的基础，农村经济是全市现代化经济体系的重要组成部分。随着长治市农业农村发展进入新的历史阶段，当前最大的发展不平衡是城乡发展不平衡，最大的发展不充分是农村发展不充分。坚持“省域副中心城市”目标定位，打造乡村振兴山西样板，推动实现“农业强、农村美、农民富”，是对长治的重大考验和实践检验，更是长治市加快推进现代化建设、与全国同步实现现代化的时代使命。

实施乡村振兴战略，有利于筑牢农业发展基础，有利于加快农业产业结

① 此文件在收录时有删改。

构调整，有利于促进农业新产业、新业态的培育和农业产业体系的完善，是深化全市农业供给侧结构性改革，提升农业一二三产业协同性、关联性、整体性，培育乡村发展新动能，增创农业发展新优势，加快实现由农业大市向农业强市转变的必由之路。

实施乡村振兴战略，有利于把广大乡村放在同中心城区平等地位，有利于推动城乡之间、工农之间要素平等交换，有利于加快实现城乡基础设施和基本公共服务供给均等化，是补齐农业农村发展短板，重塑城乡关系，实现城乡融合、共同繁荣的必由之路。

实施乡村振兴战略，有利于加快完善农民持续增收机制，有利于持续改善农村人居环境，有利于促进农村居民生活水平与质量同步提升，是聚力增进民生福祉，使农村居民共享改革发展成果，享有更多获得感、幸福感、安全感的必由之路。

实施乡村振兴战略，能够为顺利实现农业农村现代化提供坚实物质基础，为全面建设社会主义现代化强市提供保障，推动立体式、全方位迈向现代化，从而为长治市加快实现“两个一百年”奋斗目标奠定坚实基础。全市上下要坚决贯彻落实党的十九大精神和习近平总书记视察山西重要讲话精神总要求，以更大的决心、更高的目标、更强的举措，把方向、谋大局、定政策、促改革，确保干出成效，创出经验，为实现全省乡村振兴总目标作出长治贡献。

（二）发展基础

党的十八大以来，市委、市政府高度重视“三农”工作，认真贯彻落实党中央“三农”工作部署特别是习近平总书记视察山西重要讲话精神，以创建全国绿色有机旱作农业示范市和国家现代农业示范区为目标，积极主动做好“三农”工作，努力推进农业转型升级和发展方式转变，农业农村发展取得了重大成就，为全市经济社会发展全局提供了有力支撑，为实施乡村振兴战略奠定了坚实基础。

农业提质增效成果显著。农业生产条件进一步改善。全市高标准农田占比达48%，主要农作物良种基本实现全覆盖，农业综合机械化水平达74.7%。农业产业结构进一步优化。粮食生产能力稳步提升，新增粮食产能建设项目扎实推进，设施蔬菜、中药材、干鲜果等特色优势产业快速发展，畜牧业生产能力再上新台阶。现代农业示范区建设成效显著，长治市被认定为第三批国家现代农业示范区，成功创建全省绿色有机旱作农业封闭示范区，高标准规划建设了12个绿色有机旱作农业封闭示范区和85个市级绿色有机旱作农业示范园区，全国绿色有机旱作农业示范市、上党中药材中国特色农产品优势区、太行有机小米省级特色农产品优势区以及3个省级现代农业产业园创建顺利推进。农业标准化生产体系不断健全，农产品品牌提升行动成效显著，打造了“上党小米”等一批市级区域农产品品牌和“壶关旱地西红柿”等一批县域农产品公共品牌。农产品加工龙头企业发展壮大，规模以上龙头企业发展到309个，其中国家级农业产业化重点龙头企业2个。各类新型农业经营主体不断涌现，农村一二三产业深度融合发展，农业产业化联合体发展迅速，成为创新农业经营机制、促进小农户与现代农业有机衔接的有效载体。

乡村环境更加美丽宜居。农村人居环境集中整治三年行动进展顺利，农村“五通”“五治”“五改”成效明显。长子县国家级和长治县、屯留区、沁源县3个省级农村垃圾分类试点县建设顺利推进，河道、道路沿线、城乡结合部等区域垃圾集中清理卓有成效。农村环境综合整治项目有序推进，完成61个村的环境综合整治。畜禽粪污处理、秸秆综合利用水平不断提升，乡村生态环境显著改善。美丽宜居示范村三级联创进展顺利，涌现出46个省级、79个市级和560个县级环境优美、宜居宜业、富有文化气息的社会主义新农村，美丽乡村建设呈现串点成线、连线成片的发展态势。休闲农业和乡村旅游发展迅速，全市重点打造了12条精品线路和100个精品景点，成功创建全国休闲农业和乡村旅游示范市。

农村基层治理安定有序。全市农村基层党建不断强化，基层党支部标准化规范化建设深入开展，基层组织各项规章制度进一步健全，基层党组织战斗堡垒作用和农村党员带头引领作用有效发挥。软弱涣散村整治和村“两委”离任审计工作顺利推进，县、乡、村三级矛盾纠纷调解中心和乡、村人民调解委员会规范化建设继续加强，农村基层矛盾纠纷多元化解机制不断健全，打击“村霸”问题专项整治成效显著，农村基层社会治安防控体系建设进一步完善。行政村撤并工作进展顺利。农村精神文明创建广泛开展，农村思想道德建设、婚丧礼俗公序良俗倡导和基层群众性文明创建成果突出。全市县级以上文明村镇建设和行政村“一约四会”建设持续深入，乡村社会文明不断兴盛。

民生保障水平不断提高。农民增收步伐不断加快，2017年全市农民人均可支配收入达12 705元，高于全省平均水平 1 918元，连续8年高于城镇居民收入增幅。城乡融合发展水平进一步提升，农村基础设施、社会保障、医疗卫生、教育事业建设取得扎实成效。454个村5.9万贫困人口安全饮水条件巩固改善，“四好农村路”建设和危房改造有序推进，近90%的乡镇和1/4的村庄建成县级以上文明单位。农村学校办学条件极大改善，全市农村寄宿制学校实现了六个全覆盖。城乡居民基本医保政策全面统一，全市农村建档立卡贫困人口医保参保率达到100%，县乡医疗卫生机构一体化改革实现全覆盖。

基层卫生院、卫生室基础设施标准化、规范化水平显著提升。脱贫攻坚取得决定性进展，全市未退出的建档立卡贫困村全部确立了主导产业，“五有”产业扶贫机制基本形成，特色产业扶贫模式全省领先，2017年全市贫困发生率降至3.3%。

农村各项改革持续深化。全市农村承包地确权登记颁证基本完成。以潞城“三清两顺一规范”改革试点经验为基础，农村集体产权制度改革全面推开，国家级试点襄垣县323个行政村、省级试点上党区254个行政村，全部完成清产核资、成员界定和股份合作制改革，成立了股份制经济合作社。农村集体林权、资产收益扶贫、农村闲置凋敝宅基地和闲置农房整治盘活利用等改革扎实推进。农场管理改革持续推进，国有现代农垦企业发展不断加快。

总体看，长治市“三农”改革发展站在了新的历史起点上，全面实施乡村振兴战略具备了坚实基础和优势条件。但必须清醒地认识到，长治市“三农”短板依然突出，主要表现在：农业供给质量亟待提高，农民持续增收机制亟待健全，绿色优质农产品供给不足、农业基础设施薄弱、要素配置不合理、生产组织方式落后、农业综合效益不高、农民适应生产力发展和市场竞争的能力不足；农村人居环境亟待改善，农村基础设施、社会事业发展滞后，农业面源污染、农村环境整治长效机制还没有建立，乡村发展整体水平亟待提升，支农体系相对薄弱，城乡之间要素合理流动机制亟待健全；农村自我发展能力较弱，乡村治理体系和治理能力亟待强化。

二、总体要求

（一）指导思想

以习近平新时代中国特色社会主义思想为指导，全面贯彻落实党的十九大精神和习近平总书记视察山西重要讲话精神，加强党对“三农”工作的领导，坚持稳中求进工作总基调，牢固树立新发展理念，落实高质量发展的要求，坚持“三农”重中之重地位，坚持农业农村优先发展，按照产业兴旺、生态宜居、乡风文明、治理有效、生活富裕的总要求，建立健全城乡融合发展体制机制和政策体系，统筹推进农村经济建设、政治建设、文化建设、社会建设、生态文明建设和党的建设，充分发挥国家现代农业示范区、“上党中药材”全国特色农产品优势区、全国休闲农业和乡村旅游示范市、全省绿色有机旱作农业示范区的优势，加快推进农村一二三产业深度融合，加快推进现代农业产业园建设，加快推进农业农村现代化，加快推进乡村治理体系和治理能力现代化，努力走出一条产品安全、环境友好、科技先进的长治绿色有机旱作农业之路，努力走出一条统筹发展、融合发展、全面发展的长治乡村振兴之路，打造全省乡村振兴的长治样板。

（二）基本原则

坚持农业农村优先发展不动摇。把推动乡村全面振兴作为全市上下的共同意志、共同行动，做到认识统一、步调统一，在要素配置上优先支持，在公共服务上优先安排，在体制机制上优先保障，加快补齐农业农村发展短板。

坚持农民主体地位不动摇。切实尊重和发挥农民在乡村振兴中的主体作用，充分调动农民在推动乡村振兴中的积极性、主动性、创造性，把维护和保障农民群众的根本利益、增进农民福祉作为“三农”工作的出发点和落脚点，使农民获得感、幸福感、安全感不断提升。

坚持城乡融合发展不动摇。坚决破除阻碍城乡融合发展的体制机制弊端，充分发挥长治市中心城区做强做大和城乡空间不断融合对全市乡村发展的辐射带动作用，推动城乡要素自由流动、平等交换，推动要素资源更多向农村配置，加快形成工农互促、城乡互补、全面融合、共同繁荣的新型工农城乡关系。

坚持改革激发乡村活力不动摇。始终把改革创新作为乡村振兴的根本动力，深化农业农村关键领域重点改革，激活农业农村发展的主体、要素与市场，以科技进步引领乡村振兴，以人才支撑保障乡村振兴，调动全社会力量投身乡村振兴，提升农村资源配置效率，增强农业农村自我发展动力。

（三）总体思路

一是把城乡融合发展作为贯穿乡村振兴的主线，加快建设城乡融合发展先导区，引领全市走出城乡全面融合大发展的创新之路。以“1 + 3”行政区划调整为契机，通盘考虑城市和乡村发展，系统谋划城乡空间，形成“一核多极百点”空间体系。坚持“城乡等值化”理念，加强顶层设计和改革落地，激活主体、要素、市场，推动城乡要素自由流动、平等交换，加快形成工农互促、城乡互补、全面融合、共同繁荣的城乡关系。合理引导公共教育、医疗卫生、社会保障等资源向农村倾斜，逐步建立全民覆盖、普惠共享、城乡均等的公共服务体系，创造乡村美好生活“升级版”。

二是把有机旱作农业作为推进乡村振兴的基点，加快建设绿色有机旱作农业示范区，引领全市走出优势产业提质增效的特色之路。按照习近平总书记视察山西重要讲话提出的“打好特色优势牌”的要求，集成一批有机旱作农业技术模式，打造一批高效发展典型，创建一批优质特色品牌，为全省乃至全国绿色有机旱作农业发展提供长治模式。深入挖掘农业农村生态涵养、休闲观光、文化体验、健康养老等多重功能和多重价值，推动城乡资源全域化整合、多元化增值，培育新产业、新业态。按照全产业链、全价值链现代产业组织方式开展创业创新，促进一二三产业深度融合，同步升级、同步增值、同步受益。

三是把美丽乡村建设作为推进乡村振兴的重点，加快建设上党风貌生态宜居实践区，引领全市走出农民生活富裕、安居乐业的幸福之路。坚持绿色发展理念，以点带面，连线成片，集中力量建成一批家园美、田园美、生态美、生活美和宜居、宜业的“四美两宜”乡村，推动美丽乡村建设从“点状美”向“全域美”升级，全面改善和提升农村人居环境和农民生活品质。按照抓重点、补短板、强弱项的要求，改善农村基础设施条件，提升基本公共服务保障水平，着力解决农民群众最关心最直接最现实的利益问题，满足农民群众日益增长的民生需求，让农民群众有更多实实在在的获得感、幸福感、安全感。

（四）发展目标

到2020年，全市乡村振兴取得初步进展，制度框架和政策体系基本形成，城乡融合发展体制机制初步建立，全市农业综合生产能力稳步提升，农业供给体系质量和效益大幅提高，现行标准下农村贫困人口全部脱贫，贫困县全部摘帽，与全国同步全面建成小康社会。

到2022年，全市乡村振兴取得重要进展，乡村振兴制度框架与政策体系进一步完善优化，全市城乡融合共生、共同发展繁荣的格局基本定型，形成具有长治特色的乡村振兴模式，为实现农业农村现代化奠定坚实基础。

到2035年，乡村振兴取得决定性进展，农业结构得到根本性改善，农业农村现代化基本实现。农民就业质量显著提高，相对贫困进一步缓解，共同富裕迈出坚实步伐。城乡基本公共服务均等化基本实现，城乡融合发展体制机制更加完善。乡风文明达到新高度，乡村治理体系更加完善。农村生态环境根本好转，美丽宜居乡村基本建成。

到2050年，乡村全面振兴，农业强、农村美、农民富全面实现，农业农村现代化强市全面建成。

三、优化城乡发展空间

（一）优化城乡发展布局

1.强化空间用途管控。按照主体功能区规划要求，统筹城乡空间开发保护，科学划定生态、农业、城镇三类空间和生态保护红线、永久基本农田、城镇开发边界三条主要控制线。在保证农产品供给安全和生态安全的前提下，集约高效有序布局各类开发建设活动，注重开发强度管控。引导人口分布、产业布局等与当地水土资源、生态环境承载能力相适应。树立全域规划理念，合理布局居住空间、产业发展空间、农田保护空间、生态保护空间和公共基础设施空间，形成田园乡村与现代城镇各具特色、交相辉映的城乡发展形态。

2.完善城乡空间体系。围绕太焦南北向综合通道轴线，以上党城镇群为引领，加快完善“一核多极百点”的城镇空间格局，形成“主城区—大县城—重点镇—中心村”一体化发展新格局，构建彰显太行地域文化特色、宜居宜业的新型城镇体系和乡村振兴辐射引领带动体系。加快中心城区扩容提质，促进大县城、重点镇、中心村协调发展，引导人口、产业、要素向发展条件好的城镇区域集中，开辟农村发展空间。积极推进农业转移人口市民化、公共服务均等化、基础设施标准化、产业发展集群化、资源环境集约化，引领辐射带动乡村产业发展、布局优化、人口集聚、生态宜居、生活富裕，促进全市乡村振兴。到2022年，全市常住人口城镇化率达60%，户籍人口城镇化率达45%左右。

3.加强村庄规划管理。抓好县（区）域乡村建设规划和实用性村庄规划编制，建立并完善规划编制和实施管理机制。到2020年，所有县（区）完成县（区）域乡村建设规划编制，与县（区）乡土地利用总体规划、土地整治规划、村土地利用规划、农村社区建设规划等充分衔接，鼓励推行“多规合一”“一张图”管理。加强乡村风貌整体管控，注重农房单体个性设计，避免千村一面，打造立足乡土社会、富有地域特色、承载田园乡愁、体现现代文明的乡村建设升级版。完善规划编制机制，建立政府组织领导、村委会发挥主体作用、村民广泛参与、技术单位指导的乡村规划编制机制。完善规划实施管理机制，开展乡村建设规划许可管理工作。加大乡村违法用地和违法建设查处力度。

（二）统筹乡村发展空间

1.打造集约高效生产空间。按照统筹协调发展、产业布局合理、区域特色明显、资源环境匹配的原则，分类指导、突出重点、梯次推进，打造特色优势农产品核心区和重点县，加快推进绿色现代农业产业园、太行有机小米特优区、上党中药材特优区等创建工作，促进不同类型产业集聚发展。统筹推进农业产业园、科技园、创业园等各类园区建设，探索培植乡村发展空间新载体，将乡村生产活动融入区域性产业链和生产网络之中，加快推进农村一二三产业深度融合。

2.营造宜居适度生活空间。将农村人居环境改善和美丽宜居乡村建设有机结合，加快完善乡村基础设施，促进城乡基本公共服务均等化，集中力量建成一批“四美两宜”乡村，促进“五宜”（即宜居、宜业、宜商、宜学、宜游）长治建设。推进乡村空间规划，明确用地规模和管控要求，加快完善农村居民生产生活服务，确定基础设施用地位置、规模和建设标准，合理配置公共服务设施，引导生活空间尺度适宜、布局协调、功能齐全。充分挖掘原生态村居风貌，注重融入时代感、现代性，强化空间发展的人性化、多样化，构建便捷的生活圈、完善的服务圈、繁荣的商业圈，切实提高农村居民生活质量。

3.保护山清水秀生态空间。全面加强全市重点生态功能区保护，树立山水林田湖草是一个生命共同体的理念，切实加强对自然生态空间的整体保护，修复和改善乡村生态环境，提升生态功能和服务价值。推动重点生态功能区实施产业准入负面清单制度，因地制宜制定禁止和限制发展产业目录，明确产业发展方向和开发强度，强化准入管理和底线约束。

（三）分类推进乡村发展

1.产业带动类村庄。有一定产业基础的乡村，立足比较优势，强化主导产业支撑，支持村庄的专业化发展。有序推进村庄的改造提升，进一步激活产业、优化环境、提振人气、增添活力，保护保留乡村风貌，建设宜居宜业的美丽村庄。根据县（市）域乡村建设规划要求，以“三区”同建为路径，在产业基础好、区位条件优、群众意愿高的地方推进中心村（新型社区）建设，引导农民向社区集中、产业向园区集中、土地向规模经营集中，着力打造设施完善、功能齐全、环境优美、宜居宜业宜游的多元综合体。

2.生态提质类村庄。自然生态资源禀赋较好的村庄，厚植生态优势，加强生态修复保护，开发生态资源，发展乡村旅游、森林康养等产业。完善服务配套设施，推动产品供给特色化、品质化，增强体验性、参与性，引导促进城镇居民到乡村休闲消费。村庄建设要保留和维护乡村特色风貌，传承乡土文化，推动社会资本参与，增加多元化功能，发展形成特色鲜明、功能综合的特色村镇。通过城市人口的导入推动城市文明和乡村文明融合，促进人居环境整洁化、田园化、文明化，打造美丽乡村“升级版”。

3.城郊融合类村庄。市区近郊、县城及中心集镇周边的村庄，应发挥区位优势，加快推进城乡产业融合发展，延伸农业产业链、价值链，抓好休闲农业、乡村旅游等新产业新业态。加强基础设施互联互通、公共服务共建共享，在形态上保留乡村风貌，在治理上体现城市水平，逐步强化服务城市发展，承接城市功能外溢，满足城市消费需求能力。引导部分靠近城市的村庄逐步纳入城区范围或向小城镇转变，建设成为服务“三农”的重要载体和面向周边乡村的生产生活服务中心。

4.特色保护类村庄。历史文化名镇名村、传统村落等特色保护类村庄，挖掘特色优势，把改善农民生产生活条件与保护自然文化遗产统一起来，注重保持村庄赖以生存发展的整体空间形态，注重保护历史文化资源和传统建筑，注重传承民风民俗和生产生活方式，努力保持村庄的完整性、真实性和延续性。深入挖掘传统文化遗产、农业遗迹资源价值，适度发展特色旅游业。加强基础设施和服务网络建设，在符合保护规划要求的前提下，积极引导居民开展传统建筑节能改造和功能提升，改善居住条件，保护生态环境，提高人居环境品质。

5.搬迁撤并类村庄。生存条件恶劣、生态环境脆弱、自然灾害频发等地区的村庄，因重大项目建设需要搬迁的村庄，以及人口规模过小的村庄，继续推进易地扶贫搬迁、生态移民，稳步推进村庄撤并。坚持村庄搬迁撤并与新型城镇化、农业现代化相结合，依托移民新村、小城镇、产业园区、旅游景区、乡村旅游区等适宜区域进行安置，避免新建孤立的村落式移民社区。搬迁撤并后的村庄原址，因地制宜还田还林还草还湿，增加乡村生态空间。农村居民点迁建和村庄撤并，必须尊重农民意愿。

四、推动乡村产业振兴

（一）打造绿色有机旱作农业示范区

1.科学布局绿色有机旱作农业生产基地。按照“一年起步封闭示范、两年推广初见成效、三年辐射全面发展”的路径，打造一批高质高效生产基地，创建一批优质特色园区，为全省乃至全国绿色有机旱作农业发展提供长治模式。在每个县（区）规划建设1个集中连片、规模在1万～3万亩的封闭示范区，抓好“七百”示范园（村）建设。加快农业结构战略性调整，做大做强八大特色优势产业板块。优化种植业结构，大力发展名优特新经济作物。巩固蔬菜产业优势，大力发展设施蔬菜和智慧农业大棚。加快优质杂粮品种选育，建设一批谷子、高粱等标准化生产基地。积极发展林业经济，做大干鲜果产业。发展生态高效循环畜牧业，加快肉牛肉羊等草食畜牧业发展，促进奶业健康发展。

2.集成创建绿色有机旱作农业生产技术。切实抓好农田水利灌溉工作，加快灌区灌站改造，加快推进中型灌区灌站的农水配套改造工程以及小型农田水利项目县建设，到2020年农田实际灌溉面积达149.4万亩以上，农田灌溉水有效利用系数提高到0.6以上。建立完善具有长治特色的有机旱作技术体系，推广加大轮作、休耕种植模式，研究推广“机械化＋有机肥＋统防统治＋套种＋生态环保”的集成技术。全面推进农机化进程，推进粮食作物生产全程机械化，大力发展经济作物种植及特色产业生产加工机械化技术，完善农机专业合作社的内部规范化管理和经营能力建设，到2020年，全市农机装备总动力达250万千瓦，主要农作物机械化综合水平达78%。

3.集聚构建绿色有机旱作农业全产业链。引导农产品加工企业向前端延伸带动农户建设原料基地，向后端延伸建设物流营销和服务网络，形成生产、加工、物流、营销相衔接配套的上下游产业格局，实现农业生产标准化、原料基地化、质量安全化、产品系列化、销售品牌化。以振东药业、长清生物、沁州黄、长治浩润、林盛果业、长治潞酒①等为龙头，加快构建中药材、玉米、杂粮、蔬菜、食用菌、果蔬饮料、畜禽、干果、酿造、薯类等特色农业全产业链。

4.高标准建设绿色有机旱作农业“一园三区”。围绕粮食、蔬菜、中药材、畜禽养殖等特色产业，创建并认定一批“生产＋加工＋科技＋流通”的现代农业产业园。到2022年，全市创建1个国家级、5个以上省级、30个以上市级和一批县（区）级现代农业产业园区，形成国家、省、市、县四级产业园梯次发展格局。深入推进国家现代农业示范区建设，力争到2020年底实现农业基本现代化目标。加快推进上党中药材和沁州黄小米2个国家级和太行有机小米省级特色农产品优势区建设，引领带动全市特色优势产业做大做强。建立粮食生产功能区，到2019年底完成228.7万亩地块的划定任务，做到全部建档立卡、上图入库，实现信息化和精准化管理。

（二）推进绿色有机旱作农业高质量发展

1.大力推进农业标准化。加快68个符合长治实际的绿色有机农产品生产技术操作规程和质量标准的修订，建设太行有机小米、壶关旱地西红柿、屯留绿色辣椒、平顺道地中药材等一批100万亩标准化生产示范基地，健全农业生产标准体系。大力宣传培训农兽药、肥料、饲料和饲料添加剂使用规范，加快推进经营主体按标生产。加快推进沁县创建全国绿色食品（谷子、高粱）原料标准化生产基地县，加大武乡小米和梅杏、壶关旱地西红柿、屯留和黎城核桃、沁源马铃薯、平顺花椒等绿色食品认证力度，创建全国绿色食品标准化生产基地县。

2.强化农产品质量安全监管。继续开展以农药化肥地膜农资打假等为重点的绿剑护农行动，严厉打击制假售假和违法违规使用农业投入品等行为。出台示范区（园）、标准园农产品质量监管办法，建立“黑名单”制度，实施全程动态监管，实现示范园区按标生产。建立全市农产品质量安全追溯平台，做好长子县国家级和屯留县、黎城县、襄垣县省级农产品质量安全县创建工作，在市、县、乡三级监管队伍实现全覆盖的基础之上，全面推行村级协管员队伍全覆盖，实现农产品质量安全监管“一村一员”目标。

3.加强农产品品牌建设。启动上党绿色农产品区域公用品牌建设工程，

① 文中的长治浩润即为长治市浩润食品科技股份有限公司，林盛果业即为山西林盛果业有限公司，长治潞酒即为长治市潞酒有限公司。

以“长治神谷”公用品牌为引领，带动区域公用品牌、企业品牌和产品品牌跟进，完善特色优势农产品品牌体系。开展农业品牌提升行动，打造“上党党参”“上党高粱”等市域农产品公用品牌和“沁州黄小米”“长子大青椒”“壶关旱地西红柿”等一批富有文化内涵的区域公共品牌、企业品牌和产品品牌。强化品牌质量管控，建立品牌目录制度，开展品牌遴选评优活动，实行动态管理，确保品牌“含金量”。组织农产品企业和合作社参加展示展销活动，加大品牌宣传，全方位打造长治特色农产品品牌形象。

4.促进农业科技创新。深化农业科技创新引领行动，建设农业科技创新平台，完善农业科技信息服务体系，打造国内知名的有机旱作农业科技创新高地。建立产学研融合的农业科技创新联盟，实施优质专用品种培育引进工程、优势特色产业瓶颈技术创新工程、农业科技创新体系建设工程、农业科技成果转化工程，开展重大科技攻关和技术模式创新。健全基层农技推广体系，重点培育农业产业技术带头人、村级农技推广服务员、农业科技示范主体，建设一批绿色有机高产高效农业科技试验示范基地。健全基层农技推广机构和人员激励政策，探索建立政府以市场竞争方式购买农技推广服务的机制。

5.推进功能农业发展。充分利用长治市杂粮、中药材、干鲜果等特色农产品资源优势，积极与省内外知名企业合作，加快药食同源项目建设。支持振东药业、康宝生物①、沁州黄、林盛果业等重点龙头企业，适应消费升级需求，加强与科研院校合作，开发营养健康的功能性食品。积极推进党参、连翘、松花粉等药食同源产品开发，积极引进哈药集团、修正药业集团等国内知名企业入驻长治。加大功能食品和健康食品的宣传力度，提升“谷之爱”营养米粉、“和韵清”黑苦荞茶等品牌功能食品的市场知名度，提高附加值。

（三）健全绿色有机旱作农业经营体系

1.培育新型农业经营主体。推动龙头企业做大做强，支持发展产业联盟，组建大型企业集团，推进集群集聚发展。推进国家、省级农民合作社示范社创建，促进合作社规范发展，引导农民合作社组建联合社。吸引青年返乡下乡创业，引导有一定规模的专业大户向家庭农场转型。支持家庭农场领办合作社，具备条件的向公司制企业发展。到2020年发展国家、省、市、县四级示范社超2 000家，省、市级示范家庭农场超50家，带动全市50%以上农户，农民合作社总量达到1.2万家，家庭农场总数超过500家。大力推动土地流转和规模经营，发展多种形式的土地经营权流转市场，建立流转服务平台，完善信息管理服务网络。探索鼓励新型农业经营主体成立农业产业化联合体。支持长治“山西小米”产业联盟发展，做大做强长治小米产业。

① 康宝生物即为山西康宝生物科技有限公司。

2.完善农业社会化服务体系。大力发展农业生产性服务业，培育多元化农业社会化服务组织，把经营性和公益性服务结合起来。依托基层农技推广等公益性服务机构，在病虫害防控、农业技术指导与培训等方面搞好服务。鼓励有经济管理服务职能的部门，向农村延伸农资供销、农机作业、农机维修、土地托管、统防统治、烘干储藏等服务职能，打造为民服务综合平台。支持农机、农资、种子、饲料、兽药、种畜禽等涉农企业和各类合作经济组织为农民提供技术指导、技能培训、生产资料采购等专业服务。在做好农业社会化生产服务托管试点县基础上，探索开展示范县创建工作。

3.促进小农户和现代农业发展有机衔接。处理好发展农业适度规模经营和扶持小农户生产的关系，把小农生产引入现代农业发展轨道。不断改善小农户生产条件，支持开展农业基础设施建设与管护，提高抵御自然风险能力。发展多种形式的联合与合作，提升小农户组织化程度，运用农超、农社等产销对接模式，引领小农户对接市场。鼓励新型农业经营主体与小农户建立契约型、股权型利益联结机制，发展设施农业、精准农业等现代农业新业态。支持各类为农服务组织采取土地托管、代耕代种等方式，面向小农户提供生产性服务。加强工商资本租赁农户承包地的监管和风险防范，健全资格审查、分级备案、风险保障金制度，维护小农户权益。

（四）加快发展农业“新六产”

1.大力发展农产品加工业。推动农产品加工业由数量增长向质量提升、由要素驱动向创新驱动、由分散布局向集群发展转变，加大深度开发力度，不断丰富品种、提升质量、创建品牌，提高农产品附加值。加快发展农产品产地初加工、精深加工、主食加工和综合利用。着力培育农产品加工龙头企业，打造一批标志性龙头企业。鼓励农产品加工龙头企业组建产业联盟，构建让农民分享加工流通增值收益的利益联结机制。引导农产品加工龙头企业向园区集聚，创建集标准化原料基地、集约化加工、便利化服务网络于一体的产业集群。到2020年，全市农产品加工业销售收入超过260亿元，年均增长6%以上，农产品加工业与农业总产值比达2 ：1，农产品加工转化率达60%。

2.壮大休闲农业和乡村旅游业。大力发展休闲度假、旅游观光、养生养老、创意农业、农耕体验、乡村手工艺等，促进休闲农业的多样化、个性化发展。支持发展民宿（农家乐），鼓励发展以休闲农业为核心的一二三产业融合发展聚集村。加强乡村生态环境和文化遗存保护，发展具有历史记忆、地域特点、民俗风情的特色小镇，建设“一村一品、一村一景、一村一韵”的美丽村庄和宜游宜养的森林景区。探索建设农业主题公园、农业嘉年华、摄影基地、特色小镇、康养基地等，构建近郊乡村旅游圈，形成乡村旅游带和乡村旅游集群片区。力争到2022年，建成休闲农业和乡村旅游精品点100个、休闲农业和乡村旅游跨市精品线路10条、县区区域精品线路12条、年营业收入500万元以上的休闲农业和乡村旅游点30个以上，休闲农业和乡村旅游产值18亿元以上，打造成中国北方休闲农业和乡村旅游最佳目的地。

3.培植农村新产业新业态。创新农村电商模式，发展“新零售”等业态。支持新型农业经营主体积极对接电商平台，开展长治绿色食品推介活动和“长治名优产品”网络促销。培育一批特色电商镇、电商村。着力推动农产品上线，加快培育一批农产品电商平台企业和农村电商服务企业，推进供销社基层网点、村邮站、乡村农家店等改造为农村电商服务点。积极与阿里巴巴集团、山西供销农芯乐电子商务有限公司、乐村淘网络科技有限公司等龙头电商企业对接，扶持壮大山西易淘网络科技有限公司、老魏小米等本土电商，建设市、县电商服务中心及乡村服务站。稳步发展体验农业、创意农业、光伏农业等新业态，鼓励发展工厂化、立体化等高科技农业。大力发展农村新兴服务业，鼓励发展农业生产租赁、众筹合作等互助共享经济，积极探索农产品个性化定制服务、会展农业、农业众筹等新型业态。推动乡村生活性服务业发展，完善餐饮、洗浴、文化等服务设施，加强融资、物流、通信、咨询业建设，进一步提升服务质量。

五、加快乡村生态振兴

（一）持续改善农村人居环境

1.全面开展人居环境治理。推进农村生活垃圾治理，强化农村生活垃圾分类试点建设，提高农村生活垃圾收运处置能力，明确农村生活垃圾中转站、卫生填埋场等设施建设。推进非正规垃圾堆放点整治，加强农业废弃物资源化利用。持续推进“厕所革命”，因地制宜制定农村改厕实施方案，重点开展公共厕所建设改造，加快建立运行农村改厕管护长效机制，探索利用畜禽粪污处理设施协同处置厕所粪污模式，确保2020年农村卫生厕所普及率达到85%。继续实施农村公共浴室试点示范工程，解决农民洗澡难题。实施农村饮用水源地建设工程，解决水源地管护不规范、安全难保障问题。梯次推进农村生活污水治理，推动城镇污水管网向周边村庄延伸覆盖。以房前屋后河塘沟渠为重点加强农村水环境治理，逐步消除农村黑臭水体。

2.建设美丽宜居乡村。科学规划村庄布局，突出上党文化和乡土特色，打造环村风貌景观带，促进村庄形态与自然环境相得益彰。推进农村危房改造，保障农民基本住房安全。推进村庄道路硬化和亮化，提高村庄道路硬化覆盖率，完善村庄公共照明设施。推进传统村落保护和利用，重点实施32个中国传统古村落保护项目，加强对传统民居的挂牌保护。深入开展城乡环境卫生整洁行动，形成全社会广泛参与卫生创建活动的良好格局。大力开展村容村貌整治，扎实推进“五个全覆盖”，以公共空间和庭院环境为重点，消除私搭乱建、乱堆乱放，实现村庄周边无垃圾积存、街头巷尾干净通畅、房前屋后整齐清洁。集中力量建成一批“四美两宜”乡村，打造一批美丽宜居乡村连片示范区。

3.推动千村集中整治。立足农村特色，打造城郊融合、文化旅游、农耕体验、休闲养生、绿色生态等美丽宜居示范村。坚持因地制宜，分类实施，分类整治，集中力量解决突出问题，梯次推进农村人居环境整治。坚持示范引领，以“百村示范、千村整治”为载体，以132个农村人居环境整治示范村、12个环境整治连片示范乡镇为引领，带动1 000个村开展农村人居环境整治，到2020年，建成60个省级、100个市级、700个县级美丽宜居示范村。推动建立“五有”(有制度、有标准、有队伍、有经费、有督查)、“四统一”(统一规划、统一建设、统一运行、统一管理)、依效付费、农户付费、村民承接小型项目、专业化培训、项目审批7项治理长效机制。到2020年，示范县基本建立农村人居环境管护长效机制，广大县（区）初步建立农村人居环境管护长效机制。

（二）积极推进农业绿色发展

1.强化农业资源保护。实施耕地质量保护与提升行动，落实和完善耕地占补平衡制度。实施农用地分类管理，切实加大优先保护类耕地保护力度。有序推进全市农用地土壤污染状况详查，全面掌握土壤环境现状，明确污染程度和范围，及时掌握土壤污染对农产品质量的影响。深入开展净土行动，推进重金属污染耕地防控和修复，打赢土壤污染防治持久战。大力发展旱作节水农业，推进以灌溉节水、旱作节水和水肥一体化为重点的农业节水工程措施，积极推广农田节水各项新技术新模式，提高灌溉水、自然降水的有效利用率和综合效益。全面普查全市农作物种质资源，加强动植物种质资源保护利用，推进种质资源收集保存、鉴定和利用。

2.推进农业清洁生产。加强农业投入品管理，健全投入品追溯系统。控制农业面源污染，实施化肥零增长行动，推动配方施肥替代农民习惯施肥、有机肥替代化肥、新型肥料替代传统肥料、机械施肥替代人工施肥。实施农药零增长行动，建立农作物病虫害绿色防控示范区，示范推广绿色防控集成新技术，引进筛选和示范推广新型生物农药、高效低毒低残留农药和新型植保机械，加强主要农作物病虫害的统防统治。打造工农复合型循环经济联合体，构建生态农业循环经济产业链。开展区域生态循环农业示范区建设，区域内畜禽粪污、秸秆、农产品加工剩余物等循环利用率达90%以上，大田作物使用畜禽粪便和秸秆等有机肥替代化肥达30%以上。

3.推进农业废弃物资源化利用。加强畜禽粪污资源化利用，推动规模化养殖场畜禽粪污能源化利用，积极开展大中小型沼气工程建设。深入实施秸秆禁烧制度和全量化综合利用，围绕秸秆和畜禽粪污“五化”利用，积极推广秸秆饲料、秸秆基料、秸秆发电、秸秆燃料等秸秆综合利用技术，大力推动畜禽粪污沼气利用、有机肥加工等高效生产模式。鼓励企业和社会组织组建专业化秸秆和畜禽粪污收储运机构，构建收储利用体系。推进上党区农业（农村）废弃物资源化综合利用中心建设，推广农业农村废弃物“一站式”全消纳综合处理技术。加快新型地膜推广力度，完善废旧地膜回收处理制度，推进农田残膜污染防治，积极探索废旧地膜市场化回收机制。

（三）加强乡村生态保护与修复

1.构建绿色生态网络。推进“两地保护、山上灭荒”，建设涉及潞州、潞城、襄垣、屯留、长子、上党、壶关等县区21个乡镇的环上党盆地和漳泽湿地生态经济型防护圈。推进“林业富民、干果增收”，建设涉及平顺、黎城、武乡、沁县、沁源、长子、上党、壶关、潞城、襄垣、屯留11个县市52个乡镇的100万亩连翘和30万亩油用牡丹特色经济林产业带。推进“通道增色、村镇增景”，武乡、沁县、沁源、屯留依托南沁线、汾屯线建设以经济林为重点的生态经济兼用林群，壶关、平顺、黎城依托309国道、李东线建设以森林质量提升为重点的小流域综合治理群，潞州、屯留、长子、上党、潞城、壶关、襄垣依托城际路和外环路建设以生态休闲景观林业建设为重点的“6+1”森林城镇群。推进“山河治本、资源保护”，建设太行、太岳“两山”生态防护林和沁河、浊漳河“两河”水源涵养林四大森林生态防护屏障。

2.强化水生态修复与保护。全面实施以浊漳河、沁河为重点的河流生态修复与治理。实施生态调水，保障河道生态流量。持续开展清河行动，以河道清淤、垃圾清理、违法建筑清除为重点，推动地表水断面上游河道实现全面清理。严格水域岸线管控，保护水域湿地空间，在北寨、甘村、小峧、路堡桥、东大关断面上游各建设一座人工湿地。落实最严格水资源管理制度，加强水资源“三条红线”管理。加强辛安泉域范围内水环境影响评价工作。以农村环境综合整治和煤矿矿井水处理设施提标改造为重点，强力推进水污染防治重点工程建设。全面落实河长制、湖长制，加强入河排污口排查、登记、设置审批及规范整治。加大《山西省水污染防治技术指导目录》和《长治市水污染防治技术指导目录》入选技术示范推广力度。

3.健全生态保护补偿机制。大力发展生态旅游、生态康养等产业，打造乡村生态产业链。进一步盘活森林、湿地等自然资源，允许集体经济组织灵活利用现有生产服务设施用地开展相关经营活动。深化集体林权制度改革，扩大商品林经营自主权，支持开展林权收储担保服务，探索购买式造林、碳汇造林、合作式造林、长效管护四种机制。探索建立沁河、漳河上下游横向补偿机制，推动市场化多元化生态补偿，建立健全取水权、排污权交易制度。健全生态保护补偿机制，探索实物补偿、服务补偿、设施补偿、飞地经济等方式，提高补偿的针对性。鼓励各类社会主体参与生态保护修复，对集中连片开展生态修复达到一定规模的经营主体，允许在符合土地管理法律法规和土地利用总体规划、依法办理建设用地审批手续、坚持节约集约用地的前提下，利用1%～3%治理面积从事旅游、康养、体育、设施农业等产业开发。

六、促进乡村文化振兴

（一）全面提升农民文明素养

1.加强农村精神文明建设。深入开展习近平新时代中国特色社会主义思想和中国梦宣传教育，大力弘扬太行精神，不断激发乡村振兴的内生动力。加强教育引导，搭建实践平台，强化制度保障，着力提升农村精神文明建设水平。把新时代文明实践中心打造成理论宣讲的“大讲坛”、培育主流价值的“大平台”、践行文明的“大舞台”、贴心暖人的“大家庭”。通过张贴横幅标语、绘制宣传画册、编印学习手册，发挥“两微一端”等网络载体功能，引导广大农村干部群众投身乡村振兴战略。加大对社会主义核心价值观的宣传教育，开展文化宣传活动，把社会主义核心价值观送往乡村田间地头炕头，不断提升广大农民践行社会主义核心价值观的思想自觉和行动自觉。将农村精神文明建设工作纳入年度目标责任考核，加大督查力度，确保工作落实。

2.树立乡村文明新风。广泛开展文明村镇、星级文明户、文明家庭等群众性精神文明创建活动，2022年全市所有乡镇和85%以上的行政村达到县级以上文明村镇标准。深化家庭文明建设活动，持续开展长治市文明家庭评选表彰，推动文明家庭创建活动经常化、制度化、规范化。常态化评选农村“星级文明户”、好媳妇、好婆婆等先进典型，以文明家风促进乡风文明，推动形成爱国爱家、相亲相爱、崇德向善、共建共享的社会主义家庭文明新风尚。积极开展文明村镇创建，持续开展“一墙三榜”建设工作，传扬劳动最光荣、劳动者最伟大的观念，弘扬中华孝道，强化孝敬父母、尊敬长辈的社会风尚。到2020年，所有乡镇和行政村设置“一墙三榜”。

3.推进移风易俗。积极引导广大村民崇尚科学文明，传播科学健康生活方式，教育引导农民群众建立“民风朴实、文明和谐，崇尚科学、反对迷信，明礼诚信、尊老爱幼，勤劳节俭、奉献社会”的乡风民俗。加强农村科普工作，提高农民科学文化素养。党员干部带头，从村规民约、家风家教入手，运用党纪党规、法律法规、公共政策和村规民约等多种手段和措施，建立村级主干和贫困家庭红白喜事申报和公示制度。发挥村民议事会、道德评议会、红白理事会、禁毒禁赌协会等群众组织的作用，制定出台婚丧嫁娶统一的办事标准、程序，遏制大操大办、厚葬薄养、人情攀比、封建迷信等陈规陋习，切实减轻农村群众负担。深化农村殡葬改革，杜绝违规土葬、散埋乱葬。

（二）传承弘扬上党优秀乡土文化

1.传承优秀传统文化。加大非遗保护和传承力度，实施乡村文化记忆工程，坚持非遗保护、文物保护、传统村落保护相结合，因地制宜开展特色创建。抓好非物质文化遗产传承工作，深入挖掘民族传统节日内涵，广泛开展“我们的节日”等优秀传统文化教育普及活动，广泛开展丰富多彩的群众文化活动。建设长治市非物质文化遗产展示园等一批博物馆、体验馆、传习所、大师工作室和生产性保护示范基地，大力开展文化传承活动，不断扩大上党文化的传播力和影响力。积极提供各种展示平台，利用集市、庙会、节庆活动等契机，为民间艺人提供活动舞台，实现民间文化的传承交流和提高。进一步加强非遗宣传工作，扩大非遗的知名度和社会认知度。加强民间艺术培训和教育，做好民间艺术的传承和保护工作。

2.推进传统文化保护开发。加大对民间艺术资源和各种非物质文化遗产的保护力度，加强宣传和包装，不断开发新产品。大力发展具有浓郁上党乡土特色的民俗文化、民间艺术和传统戏曲展示与演出，把地域特色鲜明的地方曲种和表演形式，与乡村文化旅游发展结合起来，培育一批特色旅游村落，建设一批文化产业特色村和特色乡镇，形成具有一定影响力的地方品牌，促进传统文化资源与现代消费需求的有效对接，提升传统乡村文化影响力。推出以“女娲补天”“羿射九日”“炎帝农耕”“精卫填海”等神话传说为题材的文化演艺剧目。促进民俗演艺与红色文化相关联，丰富文化演艺形态和内涵。规范化管理民间艺术表演团体，开发独具代表性的民间艺术曲目和红色文化项目。

3.加强农村乡土文化人才队伍建设。不断加强农村基层文化人才队伍建设，培养一批有发展潜力的农村文艺骨干和有专业特长的优秀专业技术人员，重点培养一批特色文化产业、文化创意、文化经营人才和非遗传承人才。加强对农村文化队伍的管理，在现有编制总量内，落实每个乡镇综合文化站编制配备不少于3名的要求。在村（社区）设立城乡基层公共文化服务岗位，配置由县级公共财政补贴的工作人员，负责综合文化服务中心的管理服务工作。完善文化专业技术人员和农村文化实用人才职称评定工作。

（三）大力提升乡村文化品质

1.加快推进农村文化基础设施建设。统筹市域内公共文化服务设施布局，加快推进图书馆、档案馆、博物馆、文化馆、影剧院等文化场馆建设。加强农村基层公共文化体育设施建设，健全完善广播电视直播卫星户户通、乡镇综合文化站、农村公益电影放映、农家书屋、文化活动室、室外活动场所等乡村文化体育设施。开展基层综合性文化服务中心建设试点工作，探索建设路径和服务模式，实现基层综合性文化服务中心功能基本健全，服务功能和服务水平进一步提升。积极推进县级图书馆、文化馆总分馆制建设，建立以县（区）文化馆、图书馆为总馆，乡镇（街道）综合文化站为分馆，村（社区）综合文化服务中心为基层服务点的运行模式，推动县域范围内的城乡文化一体化。

2.增强公共文化服务产品和服务供给能力。加强公共文化产品的创作与生产，重视和加强戏剧、曲艺的保护和创作，继续打造中国曲艺之乡，推动传统戏曲传承发展。积极开展文化惠民服务，推动公共文化服务资源向农村和贫困地区倾斜，巩固提升文化惠民工程建设成果。深入推进“送戏下乡”工程，积极开展“上党文化大讲堂”、周末大剧院、图书馆流动服务车进社区等文化惠民服务活动。建立广播电视村村通、户户通长效运行维护机制，保障广播电视长通、久通、优质通。推动全民阅读进农村，继续扎实推进市县图书馆、文化馆（站）免费开放，继续开展“书香上党、文化长治”系列活动，依托农家书屋开展直接面向广大农民的阅读活动。采取政府购买服务、项目补贴、定向资助等方式，支持社会各类文化组织和机构参与农村公共文化服务。

3.丰富农村群众文化生活。深入挖掘、继承、创新优秀传统乡土文化，广泛开展农民群众乐于参与的群众性文化活动，推动社区文化、乡村文化、校园文化、家庭文化建设，培育积极健康、多姿多彩的农村社会文化形态。广泛开展各类文体活动，支持成立各类文化团队，加强辅导培训和管理引导，促进群众广场文化活动健康、规范、有序开展。大力推进农村文化志愿服务，壮大文化志愿者服务队伍，积极推动农村文化志愿服务常态化、规范化、制度化，建立文化志愿者与村（社区）“结对子、种文化”工作机制。动员组织专家学者、艺术家等社会知名人士参加农村文化志愿服务，提高文化志愿服务的社会影响力。

七、提升乡村治理水平

（一）全面加强农村基层党组织建设

1.夯实基层党建基础。发挥乡镇党委抓基层党建作用，建立农村基层党建清单制度，压实农村基层党建责任。加强基层党组织规范化建设，实施三年行动计划，分类设定具体任务。选优配强农村党组织书记，积极推行书记、主任“一肩挑”，大力推进村“两委”交叉兼职。引深“三步四循环”工作法，严格执行“三会一课”等组织生活制度，强化党员教育管理和日常监督，全面推行支部主题党日活动。扎实推进软弱涣散农村党组织整顿提升，持续推进本土人才回归工程。加强农村后备干部队伍建设，继续实施“村级后备人才培养计划”，确保每村不少于2名后备干部。全面实施发展壮大村级集体经济三年行动，到2020年底，90%的村建立集体经济组织，年收入5万元以上村达90%。

2.加强党员干部队伍建设。抓好农村基层党组织带头人队伍建设，加强对基层党组织书记的培养选拔、教育培训、管理监督和激励保障，探索村党组织书记职业化管理方式。大力实施机关事业单位选派优秀年轻干部到村担任党组织书记，加大优秀农村干部培养选拔力度，把优秀人才留在农村。定期对村党组织书记开展专题培训，全面实施农村干部学历提升工程，用3年左右时间实现每个行政村至少有1名大学生村干部目标。抓好农村党员培训，选树优秀党员干部先进典型，探索党员管理教育新办法，持续做好流动党员管理工作，建立防止党员失联的有效机制，不断提高党员管理教育水平。

3.强化基层基础保障。加大基层投入保障力度，完善财政保障政策，确定村“两委”干部基本报酬。逐步提高乡村干部待遇保障，健全村“两委”干部报酬稳定增长机制，提高贫困地区基层干部岗位补贴、正常离任村干部生活补贴、困难党员和老党员生活补助、村干部社会养老保险缴费补贴标准。提升乡镇“五小”建设水平，改善乡镇干部工作生活条件。实施村级活动场所提档升级工程，实现宽带网络和取暖设备全覆盖。推进党群服务中心建设，打造党建服务平台，构建党建工作服务体系。加大抓乡促村力度，强化乡镇抓村的直接责任，为乡村治理体系建设、乡村干部履行职责创造条件，提供保障。

（二）深化村民自治实践

1.完善农村自治体系。健全完善村党组织领导下的村民自治机制，增强农民参与乡村治理的主人翁意识，积极稳妥推进基层民主，健全基层民主选举、民主协商、民主决策、民主管理、民主监督机制。进一步健全村务监督委员会制度，明确监督内容，强化监督程序，落实监督责任，继续推行“四议两公开”工作法，坚持村务财务党务“三公开”“村账乡审”，切实发挥好村务监督委员会的监督作用。健全民主决策程序，形成民事民议、民事民办、民事民管的多层次基层协商格局。

2.深入推进农村社区建设。完善农村社区共建共享机制，健全农村基层综合服务管理平台，全面推进农村社区建设，促进城乡融合发展，提升农民生活品质，打造一批农村社区建设示范点，到2020年，基本实现全市农村社区建设全覆盖。创新基层管理体制机制，打造“一门式办理”“一站式服务”的综合服务平台。在村庄普遍建立网上服务站点，形成乡村便民服务体系。大力培育农村社区社会组织，建立社区社会组织服务平台，为社区社会组织提供支持。加大农村社会工作专业人才培养力度，建立健全农村社会工作专业人才队伍建设政策体系，加大农村社区社会工作知识普及培训，推进现有社区工作者提升转换。推进“三社联动”社会治理模式试点，开展乡村治理模范村建设，加强农村治理创新。

（三）提升乡村法治水平

1.强化法治宣传教育。深入开展“法律进乡村”宣传教育活动，引导干部群众遵法、学法、守法、用法。开展“送法下乡”活动，在农民中普及必备法律知识。加大法治培训与定期轮训，提高乡村干部法治素养。开展面向农民群众的法治宣传教育，利用传统媒体和新兴媒体开展多样化的普法宣传。组织法制宣传员、法制宣传志愿者、人民调解员等，进行现场法律咨询，发放各种法制宣传资料和普法读物，引导村民学法、懂法、守法、用法，运用法律手段和方式解决问题。推广黎城在所有村（社区）建立“法治明白墙”的做法，在更广范围、更高层次上加强法治宣传教育，提高普法质量和效果。

2.建设法治乡村。健全维护农民权益、规范市场运行、“三农”支持保护、化解农村社会矛盾等方面的地方法规。完善村级事务决策、公开、监督等方面的制度机制，将政府涉农各项工作纳入法治化轨道。深入推进涉农综合执法改革，加强涉农部门执法规范化建设，推进涉农执法力量下沉。建立健全矛盾纠纷调处机制，大力加强和改进法律援助工作，推进法律援助工作联系点向农村辐射。完善矛盾纠纷多元化解机制，构建及时便捷的纠纷化解体系。继续推进县、乡、村三级矛盾纠纷调解中心和乡、村人民调解委员会规范化建设，落实以案定补激励机制。分类推进法治县（区）、法治乡村（社区）、法治单位创建活动，形成多层次、多领域法治创建格局。

3.建设平安乡村。深入开展扫黑除恶专项斗争，严厉打击农村各类黑恶犯罪活动，严厉打击黄赌毒盗拐骗等违法犯罪活动，严厉打击整治农村污染环境违法犯罪。依法加大对农村非法宗教活动和境外渗透活动打击力度，依法制止利用宗教干预农村公共事务，继续整治农村乱建庙宇、滥塑宗教造像问题。加强农村社会治安防控体系建设，深化“一标三实”活动，建立动态化、信息化人口管理模式。加快推进“雪亮工程”建设。完善县、乡、村三级综治中心功能和运行机制，推动综治中心与网格化服务管理中心同步建设、同步规范、同步运行。实施“网格化管理提质增效”工程。持续开展平安村（社区）、平安校园、平安家庭等创建活动，实行平安创建动态管理。

（四）加强乡村道德建设

1.倡导诚信道德规范。深入开展“七在农家”评选活动，以“七在农家”评选活动为载体，深入实施公民道德建设工程，扎实推进社会公德、职业道德、家庭美德、个人品德建设，引导农民爱党爱国、向上向善、孝老爱亲、重义守信、勤俭持家，不断提升乡村道德水准。深入宣传道德模范、身边好人的典型事迹，发挥道德评议和社会舆论的力量，弘扬真善美，传播正能量。加强农村社会诚信建设，建立健全农村的征信系统，开展“信用户、信用村、信用乡（镇）”创建活动，完善守信激励和失信惩戒机制，形成崇尚诚信、践行诚信的乡风民俗。

2.完善村规民约。充分发挥村规民约在解决农村领域突出问题中的独特功能，弘扬公序良俗，促进自治、法治、德治有机融合。深入推进村规民约设置工作，引导全市农村进一步修订完善村规民约，增强传统村规民约的现代价值。展示推广平顺县青羊镇莫流村、沁县郭村镇石板上村等一批好懂易记、文明向上、村民心服口服的最美村规民约。引导和组织农民成立红白理事会、村民议事会、道德评议会、禁毒禁赌会，到2020年，所有乡镇和行政村制定出台婚丧嫁娶办事标准、程序。

3.积极发挥新乡贤作用。继续开展“当代乡贤”评选活动，积极引导广大农村群众崇德向善、见贤思齐，弘扬真善美、倡树新风尚。大力宣传“当代乡贤”先进事迹、崇高精神，组织开展乡贤主题文艺演出活动，传唱乡贤事迹，歌颂乡贤风采。通过“六个一”活动，激发乡贤荣誉感，让“当代乡贤”的事迹易记易懂、入家入户，带动农民群众学习效仿。以“六个当好”为目标，鼓励、引导、支持“当代乡贤”充分发挥在核心价值引领、优秀文化传承、社会矛盾化解、农村经济发展等方面的积极作用，反哺家乡建设，投身公益事业，助力经济发展，营造新乡贤引领新风尚的浓厚氛围。

八、创造乡村美好生活

（一）加快农村基础设施建设

1.改善农村交通条件。全面推进“四好农村路”建设，充分发挥示范县的示范引领作用，按照标准打造30个示范乡镇、75条示范线路。积极推进“四好农村路”建设资金筹措，确保工程顺利开工建设。着力实施建制村通硬化路“畅返不畅”路段整治工程、撤并建制村通硬化路工程、窄路基路面拓宽改造工程和农村公路养护提质改造工程，促进农村道路的硬化、绿化、亮化、美化、净化。着力推进太行一号旅游公路建设，到2022年完成522公里的建设规模，进一步提升旅游交通服务水平。强力推进城乡客运一体化发展，加快实施乡村公交和旅游公交线路开通、综合客运服务站场建设、公交枢纽站建设和农村客运班线公交化改造。全面完成村村通客车任务，具备条件的建制村通客车率达到100%。

2.推进农村水利建设。构建农村水利基础设施网络，提升节水供水和防洪减灾能力。实施高效节水灌溉工程，加快中型灌区节水改造。统筹推进水源工程建设和抗旱应急能力建设，加快推进辛安泉供水改扩建工程，尽快完成一批小型水库建设。积极推进地下水置换，继续加快县域小水网工程建设，继续实施农村饮水工程巩固提升改造，持续推进农村千吨万人集中供水工程、自来水入户工程和备用水源工程，进一步提高农村集中供水率、自来水普及率、水质达标率和供水保证率，重点解决贫困县有建档立卡贫困户村庄的饮水安全问题。加强城乡供水一体化和农村饮水安全工程规模化标准化建设，加快推进智慧水务平台建设进程。

3.推动农村能源革命。完善农村能源基础设施网络，加快新一轮农村电网升级改造，形成综合能源设施网络体系。优化农村能源供给结构，有序发展光伏产业，逐步实现农村取暖、照明等生活用电自给。大力推进生物质能热电联产，合理布局垃圾焚烧发电项目。推进农村能源消费升级，全力实施电能替代战略，积极稳妥推进农村清洁能源替代和冬季清洁能源供热。推广农村绿色节能建筑和农用节能技术、产品，加大国家推荐的包括电锅炉、热泵、家庭电采暖厨炊、电窑炉、电动汽车、农业电排灌等电能替代技术的应用，提高农村能源消费终端的电气化水平，有效提升节能降耗水平。

4.完善农村物流网络。完善乡村流通基础设施网络布局，促进传统流通网点向现代农资综合服务商转型。加快构建县、乡、村三级农村物流节点体系，重点推进县城批发市场、乡镇集贸市场、县级仓储配送中心、农村服务点等物流网络节点建设，依托供销社、农村物流快递公共取送点、电商实体店、乡镇客运站等设施，进一步完善乡村物流体系，到2022年，每个县有物流中心，每个乡镇有物流站。支持冷链物流基础设施建设，完善冷链物流体系，打造区域性冷链物流中心。

5.强化农村信息化支撑。实施数字乡村战略，做好整体规划设计，推动农村及偏远地区宽带网络建设发展，进一步提高行政村光纤网络通达率，加快农村地区第四代移动通信网络覆盖步伐，电信服务带动农村经济和信息化水平不断提升。推进农村基层政务信息化应用，推广信息服务，缩小城乡居民数字鸿沟。建设广播电视数字乡村，构建农村广播电视传播新格局。实施网络安全工作，确保信息系统网络运行安全、重要数据安全和公民个人信息安全。

（二）提升农村公共服务水平

1.优先发展农村教育。统筹推进县域内城乡义务教育一体化改革，全面改善薄弱学校办学条件，完成全市所有农村寄宿制学校标准化建设。增加农村普惠性学前教育资源供给，到2020年，全市每个乡镇至少有1所合格公办中心幼儿园。继续实施农村义务教育学生营养改善计划。重点支持贫困地区和农村地区普通中小学附设特教班和随班就读，保障特殊群体接受义务教育。推进农村普及高中阶段教育，加强职业教育，完善城乡学校对口支教制度。扎实推进教师体制机制改革和校长职级制改革，实施乡村教师支持计划，实施好“公费师范生”和“特岗计划”。积极对接国家“教育信息化2.0”行动计划，加快农村教育信息化建设。

2.推进健康乡村建设。加强基层医疗卫生服务体系建设，推进基层医疗卫生机构规范化建设，实现村卫生室标准化全覆盖。深化县乡医疗卫生机构一体化改革，推进基本公共卫生服务精细化管理。深入实施基层卫生人才综合培养项目，加强全科医生队伍建设。加强乡村中医药服务，大力推进基层医疗卫生机构中医综合服务区建设，推动中医养生保健和特色康复服务发展。推进村卫生室与乡村老年人日间照料中心融合发展试点建设，提升医养结合工作水平。加强慢性病综合防控，大力推进农村地区精神卫生、职业病和重大传染病防治。

3.统筹城乡社会保障。完善城乡居民基本养老保险制度，提高适龄参保人员的参保积极性，保障城乡老年居民基本生活，防止老年贫困。做好被征地农民参加基本养老保险工作，推动农村基本养老保险参保全覆盖。健全城乡居民医保制度和政策，完善城乡居民医保信息系统，做好农村符合条件的重特大疾病患者的医疗救助工作。全面推行医保复合付费方式改革，进一步完善异地就医直接结算工作。全面落实农村建档立卡贫困人口医疗保障帮扶政策，积极推进“一站式”结算报销。统筹城乡社会救助体系，完善最低生活保障制度。保障妇女儿童合法权益，建立健全农村留守儿童和妇女、老年人关爱服务体系，加强和改善农村残疾人服务。

4.增强农村防灾减灾救灾能力。全面提高抵御气象、旱涝、地震、地质、火灾等灾害综合防范能力。完善乡镇全覆盖的气象灾害监测网，推进气象预报预警的精细化。实施突发事件预警信息发布能力提升工程，确保每一个村至少有一种渠道可以接收预警信息。加强防汛抗旱、防震减灾等防灾减灾工程建设。继续推进农村地质灾害治理搬迁工程和农村危房改造。全面深化森林、草原火灾防控治理。推进自然灾害救助物资储备体系建设。开展灾害应急预案编制和演练，加强农村社区救灾应急物资储备和志愿者队伍建设。完善应对灾害的政策支持体系和灾后重建工作机制。在农村广泛开展防灾减灾宣传教育。

（三）持续促进农民增收致富

1.拓宽农民增收渠道。大力发展乡村特色产业，推进乡村经济多元化、农民增收多样化。积极发展吸纳就业能力强的产业和企业，鼓励在农村兴办环境友好型和劳动密集型企业，吸纳农村劳动力就地就近就业。加强区域劳务协作，打造面向京津冀地区、中原城市群的长治特色劳务品牌，推动劳务品牌实现市场化、实体化、规模化。推进农村劳动力转移就业劳务协作基地建设，做好支持农民工等人员返乡创业试点工作，创造更多面向农民的就业机会，多渠道提升农民收入水平。

2.推动农民创业创新。实施创业带动就业工程，加强创业培训、创业服务和政策扶持，鼓励劳动者在农村自主创业，推动农村创业带动就业。进一步落实创业担保贷款政策，健全融资服务模式。鼓励和引导返乡下乡人员创办领办家庭农场林场、农民合作社、农业企业、农业社会化服务组织等新型农业经营主体。围绕长治市特色优势产业，鼓励和引导农民按照全产业链、全价值链的现代产业组织方式开展创业创新，建立合理稳定的利益联结机制，推进农村一二三产业融合发展，让农民分享二三产业增值收益。

3.加强农民技能培训。建立现代职业教育体系，健全创业就业培训服务体系，加快构建人人持证的技能社会，以强技能促就业、促增收。开展就业创业技能培训，对农村新成长劳动力和拟转移到非农产业务工经商的农村劳动力开展就业技能培训和创业培训。开展劳动预备制培训，对农村应届初高中毕业生、农业户籍退役士兵开展储备性专业技能培训。鼓励开展“送培训下乡”活动，采取灵活多样方式，满足不同群体培训需求。创新“互联网＋职业培训”模式，加快职业培训信息平台建设。

4.强化农民就业服务。加快构建公共就业创业服务体系，实现公共就业服务全程信息化。开展公共就业服务和专项活动。完善就业专项资金管理和分配办法，优化资金支出结构，提高资金使用效率。推进就业困难人员规范化认定，完善就业援助制度。鼓励引导社会资本面向农村开展就业服务，提升专业化服务水平。实施“互联网＋就业服务”工程，加快城乡一体的公共就业服务管理全程信息化建设，推进社会保障卡和就业创业证“证卡合一”，简化和规范就业失业登记手续，全面提升就业服务能力和水平。

（四）全力打好精准脱贫攻坚战

1.集中力量攻坚深度贫困。聚焦深度贫困自然村、深度贫困人口，创新举措，集中发力。持续开展市级深度贫困村“五帮联动”。实施易地扶贫搬迁，确保搬得出、稳得住、能致富。大力实施贫困村产业扶贫提升工程，突出抓好脱贫主导产业发展，累计建设300兆瓦光伏电站工程，发展农村电商，打造乡村旅游示范村，确保全市933个贫困村实现产业全覆盖。发挥龙头企业带动作用，开设“扶贫车间”，帮助贫困人口实现脱贫。认真落实教育、医疗扶持政策，扎实做好兜底扶贫，动态调整农村低保标准，稳定实现低保线与扶贫线“两线合一”，解决“支出型贫困”问题。

2.分类指导精准施策。对标脱贫退出标准，补短板、强弱项、创特色，组建特色产业扶贫联合体，在培育带贫产业、壮大村集体经济、改善基础设施、公共服务等方面筑牢硬支撑。按照摘帽不摘责任、不摘政策、不摘帮扶、不摘监管的原则，巩固提升摘帽县，明确具体支持政策，巩固脱贫成果，提升发展能力，稳定脱贫持续发展奔小康。重视非贫困县、非贫困村的贫困人口脱贫，统筹用好各类帮扶资金和帮扶政策，做到脱贫全覆盖。围绕因人因户因村施策，实施开发式帮扶，让有劳动能力的人员有志想做、有业可做、有技会做、有钱能做、有人帮做。

3.强化脱贫关键举措。抓好贫困地区基础设施和公共服务重大项目，重点加强农村公路、安全饮水、电网、物流、互联网等设施建设，全面改善贫困地区义务教育基本办学条件，加强贫困地区妇幼、老年人、残疾人等重点人群健康服务，确保贫困地区基本公共服务主要领域指标接近全国平均水平。实施贫困村提升工程，既让贫困户受益，也让非贫困户分享区域发展成果。加大培训力度，提高基层干部攻坚能力，加大对扶贫一线干部的关心关爱，激励调动基层干部带领群众脱贫攻坚的积极性与创造性。完善帮扶机制，改进帮扶方式，教育引导贫困群众自强自立，增收脱贫。

4.加大脱贫责任落实。坚持县主抓落实、乡村具体实施的工作机制，强化党政一把手负总责的责任制。深入基层调研发现问题，协调推动解决问题。加强督导，较真碰硬倒逼脱贫攻坚责任落实、政策落实和工作落实。组织开展全市扶贫领域作风问题专项治理，着力解决责任不落实、作风不扎实、工作不到位等问题，切实克服形式主义、官僚主义等“四风”问题，坚决防止数字脱贫、虚假脱贫，加强扶贫资金管理。完善脱贫攻坚督查巡查、考核评估办法，除国家统一部署的考核评估检查外，各部门不再组织其他形式的考核评估检查，切实减轻基层负担。

九、推进体制机制创新

（一）加快农村土地和产权制度改革

1.巩固和完善农村基本经营制度。落实农村土地承包关系稳定并长久不变政策，衔接落实好第二轮土地承包到期后再延长30年的政策。做好农村土地承包经营权确权登记颁证与不动产统一登记衔接工作，实现农村土地承包经营权管理信息化。落实农村承包地“三权分置”政策，探索放活土地经营权的途径和形式，不断完善土地物权保护制度。健全完善县乡农村产权流转交易市场体系，引导土地经营权有序流转，发展多种形式的适度规模经营。建立健全农村集体经济组织，发挥好农村集体经济组织功能作用。壮大集体经济，多途径多形式发展新型农村集体经济。

2.落实农村土地制度改革政策。落实国家、省农村土地征收、集体经营性建设用地入市、宅基地制度改革政策。扎实推进农村集体建设用地和宅基地使用权确权登记发证。支持农村集体经济组织使用建设用地举办农村新产业，鼓励各种所有制经济主体参与农村新业态项目。落实农民闲置宅基地和闲置农房政策，落实宅基地“三权分置”具体政策。适度放活宅基地和农民房屋使用权，严格实行土地用途管制。开展闲置宅基地整治盘活利用工作，启动凋敝村宅基地整治利用，推进空心村、无人村复垦整治。调整优化村庄用地布局，有效利用存量建设用地。预留部分规划建设用地指标用于农业设施和休闲旅游设施等建设。

3.深化农村集体产权制度改革。全面开展农村集体资产清产核资、集体经济组织成员身份确认，加快推进集体经营性资产股份合作制改革。全面加强农村集体资产管理，保护用好资源性资产，盘活用好经营性资产，管护用好非经营性资产。科学确认农村集体经济组织成员身份，建立健全农村集体经济组织成员登记备案制度。建立农村集体经济组织股权证书管理制度，有序推进经营性资产股份合作制改革。推动资源变资产、资金变股金、农民变股东，探索农村集体经济新的实现形式和运行机制。维护进城落户农民土地承包权、宅基地使用权、集体收益分配权，引导进城落户农民依法自愿有偿转让上述权益。深入推进集体林权、水利设施产权、水利制度、农业水价等领域改革。

（二）强化乡村振兴人才支撑

1.全面建立职业农民制度。实施新型职业农民培育计划，加强新型职业农民教育培训体系、师资体系、教材体系建设，研究制定全市新型职业农民教育总体规划。实施现代青年农场主、新型经营主体带头人、职业经理人和农业生产技能提升四个培育计划，加快推进认定管理，完善扶持政策。支持大中专院校、龙头企业、合作社、技术协会等主体承担培训。支持新型职业农民通过弹性学制参加中高等农业职业教育。鼓励开展职业农民职称评定试点。扶持培养一批农业职业经理人、经纪人、乡村工匠、文化能人、手工艺人、非遗传承人等。

2.创新乡村人才培养成长机制。搭建多层次乡村人才培养平台，巩固和深化与高等院校和科研机构的合作关系。充分发挥国家、省、市新型职业农民培育机构作用，办好太行乡村振兴人才学院，选择挂牌命名一批乡村人才实训示范基地，探索多样化人才培养模式。吸引长治籍各类人才柔性回归乡村，建立学历教育、技能培训、实践锻炼等农村人力资源开发机制。运用移动互联网等信息化手段，创新服务方式。研究制定农村人才培养和评价标准，注重农村实用型人才的培养任用。加强“三农”干部队伍培养、配备、管理和选拔，制定并实施培训计划，全面提升服务乡村振兴的能力和水平。

3.加强农村专业人才队伍建设和使用。建立专业人才统筹使用制度，提高农村专业人才服务保障能力。建立乡村人力资源开发、人才培养合作与交流机制。全面建立城市医生教师、科技文化人员等定期服务乡村机制，推动事业单位专业技术人员到乡村和农业企业挂职、兼职和离岗创新创业。落实好基层专业技术人才职称评聘、创业扶持、待遇保障等政策措施。健全农业科技领域科研人员分配政策。探索公益性和经营性农技推广融合发展机制。加大乡土人才的培养和扶持力度，调动激发乡土人才干事创业活力，为乡土人才扎根基层创新创业提供保障。

（三）强化乡村投融资体制机制建设

1.强化财政投入。建立健全实施乡村振兴战略财政投入保障制度，公共财政更大力度向“三农”倾斜，加快建立涉农资金统筹整合长效机制，推进行业内、行业间涉农资金统筹整合，确保财政投入力度不断增强，总量持续增加。探索建立农村产业发展基金，推动各类涉农产业基金以及政府专项债券等，加大对新型农业经营主体、乡村振兴公益性项目的支持力度。在土地出让收入、耕地占补平衡所得收益等使用上，加大对乡村振兴倾斜与支持。充分发挥财政资金的引导作用，撬动更多金融和社会资本投向乡村振兴。全面推进市县农业信贷担保体系建设，充分发挥“长治市融资担保联盟”的融资担保作用，打造“政银担”三方联动担保机制。

2.加大金融支持。加大涉农贷款投放规模，重点对农村基础设施建设、农业龙头企业中长期项目等重大工程和项目予以支持。发挥农村商业银行、农村信用社支农主力军作用，实现农村商业银行全覆盖。进一步强化普惠金融，引导金融机构持续下沉网点、下沉服务，探索设立管理型村镇银行。创新金融产品和服务方式，扩大贷款担保抵押范围和品种，降低龙头企业融资成本。加快信贷产品创新和优化升级，搭建政、金、企对接平台，促进涉农项目融资对接。加强优质农业龙头企业上市挂牌培育工作，推动涉农企业进入多层次资本市场。制定金融机构服务乡村振兴考核评估和奖励办法。

3.完善农业支持保护制度。制定完善市级强农惠农富农政策，提高政策的导向性、精准性、实效性。完善以绿色生态为导向的农业补贴制度，落实对农民直接补贴制度，提高补贴效能。加快农险产品升级改造，进一步扩大农作物保险覆盖面，逐步将杂粮、干鲜果、蔬菜、草食畜、中药材以及大中型农业机械等纳入政策性保险范围，加大保险保费补贴力度。落实国家农业再保险体系和大灾风险分散机制。积极开展天气指数保险、农产品价格和收入保险、“保险＋期货”、农田水利设施保险、贷款保证保险等试点。

4.引导工商资本参与乡村建设。研究制定鼓励引导工商资本参与乡村振兴战略政策措施，落实完善融资贷款、配套设施建设补助、税费减免、用地等扶持政策。明确资本下乡投向，建立项目库，通过政府提供周转金、财政贴息、奖补等措施，为工商资本下乡创造有利条件。

十、强化各项保障措施

（一）强化组织领导

健全党委统一领导、政府负责、农业农村工作部门统筹协调的农村工作领导机制。建立市、县、乡实施乡村振兴战略领导责任制，党政一把手是第一责任人，市、县、乡三级书记抓乡村振兴。成立中共长治市委实施乡村振兴战略领导组，市委、市政府主要领导担任组长（“双组长”制）。组建产业振兴、文化振兴、生态振兴、乡村建设、民生保障、组织人才振兴、规划和体制机制创新7个乡村振兴战略专项推进组，推进组由市领导任组长，市政府副秘书长或主要责任部门负责同志任副组长，相关部门主要负责同志任成员，构建领导有力、分工协作、统筹推进的乡村振兴战略领导体制和工作推进机制。

（二）加强队伍建设

把懂农业、爱农村、爱农民作为基本条件，健全人才培养、配备、管理、使用机制，打造一支政治强、本领硬、作风实和靠得住、敢担当、能履职的“三农”工作队伍。加强村级组织建设，提高村干部的政治素质和工作能力。推动市、县机关干部与乡镇、村干部交流，鼓励和引导更多优秀干部在推进乡村振兴战略实践中建功立业、历练成长。从政治上、工作上、生活上关心爱护“三农”干部，对在实施乡村振兴战略中表现优秀、实绩突出的基层干部，确保待遇有保障、出路有奔头、干好有激励。

（三）注重典型带动

充分认识实现乡村振兴的长期性和艰巨性，既要坚持全面振兴，也要突出重点；既要尽力而为，又要量力而行。坚持因地制宜，试点推进，切实发挥示范带动作用。精心组织，周密设计，设定时间表，绘好路线图。不搞齐步走，不搞一刀切，不搞统一模式，不搞层层加码。鼓励探索创新符合实际的乡村振兴路径和模式，及时提炼、复制、推广典型经验。

（四）做好宣传动员

发挥群团组织优势和力量，鼓励社会各界投身乡村建设。实施“乡村青年双争双兴工程”和“乡村振兴巾帼行动”。最大限度凝聚全社会推进乡村振兴的共识和力量，鼓励和引导社会各界投身“三农”工作和城乡建设。加强宣传发动和组织动员，创新宣传形式，利用各类媒体广泛开展乡村振兴宣传活动，充分展示“三农”发展新成果新成效。精心策划，广泛动员，使乡村振兴战略家喻户晓、深入人心。汇聚全社会力量和智慧，形成人人关心、群策群力、共建共享的乡村振兴浓厚氛围。

（五）严格监督考核

把乡村振兴战略推进工作纳入年度重点工作目标和绩效考核范围，明确责任主体和进度要求，实施动态管理，考核结果作为评价领导班子和领导干部实绩的重要依据。切实加强对乡村振兴工作的监督检查和具体指导，形成上下联动、各有侧重、齐抓共管的监督局面。建立规划实施第三方评价机制，委托第三方评估机构适时开展评估评价。

中共长治市委　长治市人民政府关于全面推进乡村振兴加快农业农村现代化的实施方案①

（长发〔2021〕8号）

为深入贯彻落实《中共中央、国务院关于全面推进乡村振兴加快农业农村现代化的意见》（中发〔2021〕1号）和《中共山西省委、山西省人民政府印发〈关于全面推进乡村振兴加快农业农村现代化的实施方案〉的通知》（晋发〔2021〕1号），进一步明确任务，强化措施，落实责任，举全市之力推动乡村振兴，结合实际，制定如下实施方案。

一、总体要求

以习近平新时代中国特色社会主义思想为指导，深入贯彻习近平总书记视察山西重要讲话重要指示，认真落实中央、省委农村工作会议、市委十一届九次全会精神，坚持稳中求进工作总基调，坚持农业现代化与农村现代化一体设计推进，坚持高质量发展主题，坚持创新驱动发展，深入实施农业"特""优"战略，巩固拓展脱贫攻坚成果，推进一产高质量高速度发展，启动乡村建设行动，分类指导全面推进乡村振兴，全力打造有机旱作农业"上党高地"，全省乡村振兴"长治样板"，促进农业高质高效、乡村宜居宜业、农民富裕富足，为全市转型发展提供有力支撑。

2021年，全市农业农村现代化实现良好开局。脱贫攻坚政策体系和工作机制同乡村振兴有效衔接、平稳过渡，第一产业高质量高速度发展，长治"东药材"商贸平台取得实质进展，农产品精深加工七大产业集群加快推进，乡村建设行动全面启动，农村改革重点任务深入推进，农村社会保持和谐稳定。粮食面积稳定在382万亩、产量达到12.1亿千克以上，生猪出栏98万头，第一产业增加值力争突破85亿元，农产品精深加工产业集群产值突破138亿元，农村居民人均可支配收入增长8%以上。

到2025年，农业农村现代化取得重要进展。粮食和重要农产品供应保障更加有力，有机旱作农业、长治"东药材"商贸平台、七大产业集群取得显

① 此文件在收录时有删改。

著成效，农业质量效益和竞争力显著提升。农业基础设施现代化、农村生活设施便利化、城乡基本公共服务均等化初步实现，农村生态环境得到明显改善，乡村建设行动取得明显成效，乡村治理体系和治理能力得到全面提升，城乡居民收入差距持续缩小，农民获得感、幸福感、安全感明显提高。

二、全面提升粮食供给保障能力

1.全力夯实粮食生产基础。始终把粮食安全放在突出位置，实行党政同责，强化粮食生产责任考核。加强约234万亩粮食生产功能区建设。继续开展小麦封闭示范区建设，稳定提升小麦种植面积。落实产粮大县奖补政策，加快推动对良种、病害防治等粮食生产关键环节补贴，提高单产水平。扩大小麦、玉米完全成本保险、收入保险、产量保险和未转移就业收入损失保险试点范围，提高农业抵御风险能力。实施优质粮食工程，建立粮食储备制度，提升储备应急能力。开展粮食节约行动，减少粮食生产、流通、储藏、加工、消费各环节损耗浪费。加强农田水利基础设施建设，推进灌区现代化升级改造，新增高效节水灌溉4.32万亩。加强人工增雨装备和作业站点建设，加强监测预警，提升现代气象为农服务能力，做好防灾减灾工作。

2.提升现代种业创新发展能力。编制现代种业“十四五”发展规划和农业种质资源保护与利用发展规划。扎实做好第三次全国农作物种质资源普查和全省畜禽、水产、微生物种质资源调查。加强黎城大青羊、沁源太行黑山羊、沁源中华蜜蜂等地方品种保护、开发和利用，推进平顺县潞党参原生境保护区和种猪、种湖羊2个省级原种场建设。支持以企业为主体的商业化育种能力建设，依托山西农业大学谷子研究所、潞玉种业、沁丰薯业、屯留大广、多维牧业等[①]，建设一批谷子、玉米、马铃薯、中药材、生猪、山羊良种繁育基地，加快良种选育、示范推广。支持市农产品试验示范场开展蔬菜、畜禽、水产新品种展示示范活动。强化种业市场监管，严厉打击种业违法行为，建设种业数据平台。

3.有力有效保护耕地。落实最严格的耕地保护制度，全市耕地保有量不低于526万亩。严禁违规占用耕地和违背自然规律绿化造林、挖湖造景。明确永久基本农田和一般耕地主要用途和管制措施，确保永久基本农田重点用于粮食特别是口粮生产。严格控制耕地转为林地、园地等其他类型农用地，加大农村乱占耕地建房整治力度，坚决遏制耕地“非农化”，防止“非粮化”。新建20.5万亩旱涝保收、高产稳产高标准农田。在高标准农田建设中增加的

① 潞玉种业即为山西潞玉种业股份有限公司，沁丰薯业即为山西沁丰薯业有限公司，屯留大广即为屯留大广农牧集团有限公司，多维牧业即为山西多维牧业有限公司。

耕地作为占补平衡补充耕地指标在省内调剂，所得收益用于高标准农田建设。积极推进高标准农田建设与撂荒地恢复生产试点，持续开展丘陵山区农田宜机化改造，支持襄垣仁达600台丘陵山区旱作玉米收获机和长治双特1 500台中药材农机生产项目建设，全市农作物综合机械化率达到77%。

三、加快推进一产高质量高速度发展

4.加快优化特色农业产业布局。制定出台《关于推进第一产业高质量发展的实施方案》，深挖一产发展潜力，提高农业质量效益和竞争力。优化优势杂粮作物产业布局，在武乡县、沁县、沁源县、平顺县等建设30万亩谷子、15万亩高粱、16万亩马铃薯优势杂粮生产基地。推动长子温氏、屯留大广生猪项目建成投产达效，黎城新大象、襄垣雨润[①]生猪产业化项目尽快落地开工建设，打造百万头生猪养殖基地。加快沁源乾和源[②]10万只湖羊、连盛农牧百万只旱鸭种鸭项目建设，新改扩建标准化养殖场150个。积极发展现代特色渔业，推广鱼菜综合种养及虹鳟鱼、鲟鱼等特色品种养殖。实施特色蔬菜提标扩面工程，大力发展设施蔬菜，推进老旧棚改造。加快仓储保鲜、冷链物流设施建设，新建扩建预冷库、冷藏库30万立方米，田头蔬菜市场100个，培育30个蔬菜分级分拣、净菜包装初加工主体，每个县区建设1 ～ 2个农产品交易市场。推进畜禽屠宰加工业转型升级，实施重大疫病防控工程。

5.全面推进有机旱作农业。实施农业“特”“优”战略，推进有机旱作农业与七大农产品加工产业集群一体发展，建设100万亩特色优势有机旱作农业标准化生产基地，创建一批有机旱作农业示范乡镇、示范村。实施耕地地力提升、农水集约增效、旱作良种攻关、农技集成创新、农机配套融合等“十项工程”，建设一批封闭示范区和现代农业产业示范园区。全面推广测土配方施肥和农作物病虫害绿色防控技术，推行农作物秸秆“六化”综合利用，“十四五”期间，测土配方施肥技术覆盖率达到90%以上，农作物秸秆综合利用率达到90%以上，农膜回收率达到85%以上。打响有机旱作农业“半分耕”品牌，打造一批有机旱作农业农产品品牌和技术品牌，让“有机旱作+”成为长治特色农业发展的品牌基石。

6.加快推进中药材和药茶产业发展。围绕连翘、党参、柴胡、黄芩、苦参等十大药材品种，建设种子种苗繁育基地8 000亩，中药材标准化示范基地4万亩，全市中药材种植面积达到147万亩，产量达到8万吨。布局建设相对

① 文中的长子温氏即为长子温氏畜牧有限公司，黎城新大象即为黎城县大象猪业有限公司，襄垣雨润即为襄垣县肉润未来畜牧发展有限责任公司。

② 沁源乾和源即为沁源乾和源农牧科技有限公司。

集中连片200亩以上茶园基地2 500亩，上党区药茶产业园建成并投入使用，平顺县、长子县、上党区各培育1个药茶加工重点企业，全市药茶加工能力达到6 000吨以上。推进长治“东药材”商贸平台建设，重点建设中药材交易市场、大数据平台和中医药历史文化平台等16个项目，打造华北中药材集散中心。到“十四五”末，中药材面积达到150万亩，产量达到12万吨。

7.培育壮大农产品精深加工七大产业集群。围绕打造药茶、酿品、中药材、肉制品、粮品、果蔬食品、功能保健品七大优势特色农产品加工产业集群，实施振东五和“钙果饮”研发与生产线等100个重点项目，农产品加工销售收入增长10%以上。加快建设平顺中药材国家现代农业产业园和沁县小米、武乡小米、沁源马铃薯、长子蔬菜、屯留尖椒、黎城中药材6个省级现代农业产业园，推进沁县、武乡县省级现代农业产业示范区主导产业全产业链发展，持续开展市级现代农业产业园区创建和评估认定，加快推进县级示范园区创建，力争每个乡镇建设1个500亩以上现代农业产业园。接续推进上党中药材、沁州黄小米2个中国特色农产品优势区建设，大力支持壶关县申报旱地西红柿中国特色农产品优势区，带动全市中药材、小米、旱地蔬菜等全产业链发展。到“十四五”末，国家级农业产业化龙头企业数量力争达6家，省级龙头企业达60家，市级龙头企业达200家，力争新创建1个国家级、3～5个省级现代农业产业园、100个市级现代农业产业园区和300个县级示范园区，形成国家、省、市、县四级产业园梯次推进体系。

8.大力实施农业品牌战略。坚持“质量兴农、绿色兴农、品牌强农”，新认证绿色食品、有机农产品30个以上。打造“上党党参”“上党高粱”“长子大青椒”“黎城核桃”“屯留尖椒”“壶关旱地西红柿”“潞城大葱”等区域公用品牌，带动全市农产品种植加工标准化、品牌化发展。全面推行食用农产品合格证制度，力争农产品生产企业、农民专业合作社、家庭农场三大类主体生产的产品90%以上附带合格证上市。主动对接服务京津冀、长三角、粤港澳大湾区，在北京、上海等地设立农产品展示直销中心，推动更多的优质农产品进入国内大循环中高端市场。建立特优农产品品牌名录，组织农业龙头企业参加中国高端食品展览会、广州国际食品及饮料博览会、中国（山西）特色农产品交易博览会等相关行业博览会。

四、全面实施乡村建设行动

9.实施村庄规划建设提升行动。立足“四化”同步、城乡融合，坚持城乡一体化规划，2021年完成县级以上国土空间规划编制和村庄分类布局。有序推进“多规合一”实用性村庄规划编制，重点推进集聚提升类等建设需求量大的村庄规划编制，到2025年实现村庄规划编制全覆盖。加强乡村建设规划许可，严肃查处违规乱建行为。加强乡村风貌整体管控，注重农房单体个性设计，避免千村一面。加快建立农房质量安全管理和监管办法，提升农房设计水平和建设质量，3年内完成农房安全隐患排查整治。探索建立农村返危住房动态监测长效保障机制，完成年度农村危房改造任务。加强历史文化名镇名村、传统村落民居和文化遗产遗迹保护，开展传统村落集中连片活化利用试点。

10.实施农村基础设施提升行动。紧盯"路水暖气电数链废"重点，加快城乡基础设施互联互通。实施农村道路畅通工程，因地制宜推进较大人口规模自然村通硬化路，开展"四好农村路"示范县创建活动，推行农村公路路长制，新改建农村公路300公里，完成太行一号旅游公路主线工程。实施农村供水保障工程，加强稳定水源工程建设，建立健全农村水价水费形成和供水保障工程长效运营机制，巩固提升5万名农村群众饮水安全条件。实施数字乡村建设发展提升工程，加快农村千兆光网、5G网络、移动物联网规划布局与建设，大力发展智慧农业，深入开展数字乡村试点示范，实现行政村4G网络普遍覆盖、5G网络向农村延伸并开展应用试点。实施农村电网巩固提升工程，因地制宜稳步推进农村清洁取暖。实施村级综合服务设施提升工程，加强村级客运站点、文化体育、公共照明等服务设施建设。加快县、乡、村三级物流服务网络和节点建设，构建线上线下相结合的乡村便民服务体系，提高乡村电商服务网点运营水平，全面促进农村消费。发展物流配送、新零售、电子商务等现代流通方式，推广农产品"短视频＋网红"等直播带货新模式，培育1个农村电商强县和10个农村电商强镇。

11.实施农村人居环境整治提升行动。出台《农村人居环境整治提升五年行动方案（2021—2025年）》，推动农村人居环境整治常态化、制度化、持续化、精细化。整村推进改厕3.1万户，卫生厕所普及率达到68%以上。统筹推进农村生活污水和黑臭水体治理，新开工60个村庄生活污水处理项目。推进农村生活垃圾源头分类减量，垃圾收运体系基本实现行政村全覆盖。深入推进村庄清洁行动，积极开展美丽宜居乡村和美丽庭院创建，到2025年，力争25%的村庄达到美丽乡村标准。大力开展国土绿化彩化财化行动，完成10万亩营造林和45万亩水土流失治理任务。

12.实施乡村公共服务提升行动。"一县一策"稳妥推进乡村学校布局，推进小学向乡镇以上集中、中学向县城集聚，对保留的乡村小规模学校改善办学条件，补充优秀师资力量。新改扩建农村幼儿园15所，认定扶持普惠性民办幼儿园6所，普惠性幼儿园覆盖率达到82%以上，完成51所农村寄宿制学校提档升级。支持每个县区至少建强办好1所公办普通高中，在县城新改扩建一批中等职业技术学校，面向“三农”开展职业教育和技能培训。提升健康乡村建设水平，加强乡镇卫生院、村卫生室标准化建设，采取派驻、巡诊等方式提高基层卫生服务水平。加强县级医院建设，提升县级疾控机构应对重大疫情监测和防控能力。大力推进农村地区精神卫生、职业病和重大传染病防治。加强乡村妇幼、老人、残疾人等重点人群健康管理，深化农村地区出生缺陷综合防治。加快农村社会保障体系建设，完善统一的城乡居民医保制度，实行普通门诊统筹，稳步提高基本医保政府补助标准，健全农村重特大疾病医疗保险和救助制度。积极推进城乡居民补充养老保险制度，落实城乡居民基本养老保险待遇确定和正常调整机制。加快农村敬老院提质升级，推进农村老年人日间照料中心多元化、连锁化运行。加强农村留守儿童关爱保护，市、县未成年人救助保护机构实现全覆盖。推进农村公益性殡葬设施建设。实施群众文化惠民工程，免费送戏下乡2 400场。深入实施乡村文化记忆工程。

五、全面深化农村各项改革

13.全面推动城乡深度融合发展。把县域作为城乡融合发展的重要切入点，推动城乡要素平等交换、双向流动。积极推进大县城建设，通过产业集聚、教育集中等措施引导县域内人口向县城集中，支持沁县、上党区、长子县申报创建国家农村一二三产业融合发展示范园。把乡镇建设成为服务农民的区域中心，突出抓好以业兴镇，打造一批主导产业鲜明、宜居宜业宜游的特色小镇和产业强镇。加快推进农村创业创新，鼓励建设返乡入乡就业创业园和孵化实训基地。在武乡县、壶关县、长子县开展“互联网＋”农产品出村进城工程试点，探索农企对接和产地直供销售模式。实施休闲农业和乡村旅游精品工程，支持农业科普教育、农事体验、康养基地建设，积极开展襄垣县环宝峰湖文旅康产业融合发展综合体建设，推进灵空山康养小镇、嶷山森林康养小镇等11个项目，推动康养结合、医养结合、养生与旅游结合，打造长治康养品牌。

14.全面推进农村重点领域改革。落实农村土地“三权分置”政策，做好第二轮土地承包到期后再延长30年衔接工作，健全土地经营权流转服务体系。规范开展房地一体宅基地登记颁证工作，力争年底前实现“应登尽登”。积极稳妥开展闲置宅基地和闲置住宅盘活利用，探索自愿有偿退出机制，盘活农村存量建设用地，实行负面清单管理，优先保障乡村产业发展、乡村建设用地。规范开展城乡建设用地增减挂钩，完善市级审批流程，推动县区完善结余指标调剂及收益分配机制。稳慎推进村级债务控新化旧，全面开展农村集体产权制度改革“回头看”，建立集体资产监管平台，完善农村产权交易市场，确保农村集体资产股权交易规范有序。落地落实《长治市发展壮大村级集体经济若干措施》，培育农村集体经济组织带头人300人以上，重点打造60个新型农村集体经济示范村。持续深化农村集体林权制度改革，健全集体林业运行机制。深入推进农村生产、供销、信用“三位一体”综合改革，健全服务农民生产生活综合平台。进一步推进农业水价综合改革，完成改革面积23.76万亩。

15.全面激发科技人才活力。有序推进农技、农经、农机“三支队伍”改革，进一步高效配置资源，提高服务效能，逐步形成多元互补、协同高效的新型农业科技服务体系。加快培育“三农”中介服务机构，培养农村“经纪人”队伍，引导更多的市场主体服务农村。持续深化农村金融改革，保持农信社等县域农村金融机构法人地位和数量总体稳定，做好监督管理、风险化解等工作。

16.全面激活市场主体活力。加快培育新型经营主体，实施农民专业合作社规范提升行动，创建县级以上示范社80家。建立健全家庭农场名录管理制度，鼓励组建家庭农场协会或联盟，创建县级以上示范农场75家。稳步推进集中连片农业生产托管服务，探索“托管主体+村集体经济+农户”模式，托管服务面积达到100万亩以上。扶持农业产业化联合体发展，培育市级农业产业化联合体15家。推进“人人持证、技能社会”建设工作，实施农民教育培训提质增效行动，分层分类分模块培育高素质农民2万人以上，对参加培训的高素质农民开展生产技能考核评价，颁证率达到80%以上。统筹整合农业职业院校教育资源，以集体经济组织带头人、乡村产业带头人及青年农民为重点，大力促进高素质农民学历提升。

六、扎实推进巩固拓展脱贫攻坚成果有效衔接乡村振兴

17.保持主要帮扶政策总体稳定。对脱贫摘帽县从脱贫之日起设立5年过渡期，过渡期内严格落实“四个不摘”要求，保持帮扶政策总体稳定，资金投入力度不减，投入资金50%以上用于巩固壮大扶贫产业。落实好过渡期内脱贫人口小额信贷有关政策。积极推进与金融机构合作，为巩固拓展脱贫攻坚成果和乡村振兴提供中长期信贷服务。继续对脱贫县单列建设用地计划指标，专项用于巩固脱贫成果和推进乡村振兴。延续脱贫攻坚期内各项人才智力支持政策，建立健全引导各类人才服务巩固脱贫攻坚成果和乡村振兴的长效机制。针对“一老一小一青壮”群体，强保障防返贫、抓教育斩穷根、抓培训增技能，落实好教育、医疗、住房、饮水等普惠性政策。

18.持续巩固拓展脱贫攻坚成果。加强对扶贫项目资金资产的监督管理，管好用好产业、生态、光伏等扶贫项目资产，确保农民持久受益。继续加强

对脱贫村发展特色产业基地、扶贫车间、扶贫产业园进行扶持，推广以工代赈，持续加大就业产业扶持力度，实现有劳动力搬迁家庭至少1人稳定就业。完善较大规模易地扶贫搬迁集中安置点路水电气网等配套基础设施和卫生室、老年人日间照料中心、图书室等公共服务，扎实搞好人居环境治理和社会管理，确保搬迁群众稳得住、有就业、逐步能致富。

19.建立农村低收入人口常态化帮扶机制。健全防止返贫动态监测和帮扶机制，加大对脱贫不稳定户、边缘易致贫户，以及因病因灾因意外事故等导致基本生活出现严重困难户，开展定期监测和动态帮扶，建立“一户一档”，实行“三级预警”“五策同享”。地方政府按照最低缴费档次为城乡居民基本养老保险和补充养老保险的低保对象、特困人员、返贫致贫人口、重度残疾人等缴费困难群体代缴全部保费。对脱贫人口中完全丧失劳动能力或部分丧失劳动能力且无法通过产业就业获得稳定收入的人口，继续按“单人保”政策纳入农村低保范围或特困人员救助供养范围。完善农村特困人员救助供养制度，提升特困人员供养服务机构供养能力和服务质量，确保有入住意愿的特困人员实现集中供养。进一步夯实医疗救助托底保障，探索通过分段设置救助比例和适度提高救助限额的办法，稳步提高困难群众医疗救助水平，合理控制救助对象政策范围内自付费用比例。

20.分类指导全面推进乡村振兴。按照因地制宜、分类施策的原则，综合考虑各县区资源禀赋、经济发展、财力水平等因素，将12个县区分成三类县区，精准有序全面推进乡村振兴。潞州区、上党区和襄垣县为先行示范县，加快县域内城乡融合发展，打造产业特色鲜明、基础设施完善、宜居宜业宜游、社会安定和谐的乡村全面振兴样板，2025年率先基本实现农业农村现代化；沁源县、屯留区、长子县和潞城区为整体推进县，大力发展乡村富民产业，加快提升乡村治理水平，积极推进乡村产业、人才、文化、生态、组织振兴，农业农村现代化取得明显进展；平顺县、武乡县、壶关县、沁县和黎城县为重点帮扶县，参照国家乡村振兴重点帮扶县政策，集中政策资金重点支持一批产业、就业、生态、基础设施、公共服务等重大项目，实施特色种养业提升行动，加快仓储保鲜、冷链物流、电商市场建设，因地制宜推进厕所革命、生活垃圾和污水治理，加强脱贫地区农村防洪、灌溉等中小型水利工程建设，在巩固脱贫成果方面走在全省前列。

七、加强党对“三农”工作的全面领导

21.加强党对“三农”工作领导的体制机制建设。深入贯彻落实《中国共产党农村工作条例》和省实施办法，建立健全上下贯通、部门协同、精准

施策、一抓到底的乡村振兴工作体系。市、县两级党委和政府定期研究乡村振兴工作。围绕“五大振兴”目标任务，设立由党委和政府负责同志领导的专项小组或工作专班，建立工作台账，压实工作职责。因地制宜将脱贫攻坚机构队伍调整衔接到乡村振兴机构。建立市、县党委和政府负责同志乡村振兴联系点制度。开展县、乡、村三级党组织书记乡村振兴轮训。把乡村振兴作为培养锻炼干部的广阔舞台，优先把政治过硬、本领过硬、作风过硬和熟悉农业农村工作的优秀干部选任到县、乡党政班子。优化调整驻村工作制度，对巩固拓展脱贫攻坚成果和乡村振兴任务重、力量弱的地方，继续选派第一书记、驻村工作队。将乡村人才振兴纳入党委人才工作总体部署，健全适合乡村特点的人才培养机制，强化人才服务乡村激励约束。

22.加强党委农村工作领导小组和工作机构建设。充分发挥各级党委农村工作领导小组牵头抓总、统筹协调作用，每年分解“三农”重点工作任务，落实责任部门，定期调度进展。党委农村工作领导小组成员单位定期向领导小组报告涉农工作进展情况，成员单位出台重要涉农政策要征求领导小组意见并进行备案。加强市、县农村工作领导小组办公室建设，强化决策参谋、政策指导、推动落实、督促检查等职能，落实人员编制，理顺运行机制，确保工作高效运转。

23.加强农村基层党组织建设和乡村治理。有序开展乡镇、村“两委”换届，选优配强乡镇、村“两委”成员特别是党组织书记。常态化整顿软弱涣散村党组织，对村党组织书记“无人选、人难选”的，继续从机关事业单位选派党支部书记到村任职。开展农村“带头人”队伍优化提升行动，开展农村“领头雁”培训，村“两委”主干培训实现全覆盖。加大在优秀农村青年中发展党员力度。加强对农村基层干部激励关怀，按照标准落实村“两委”成员报酬，建立正常增长机制，改善工作生活条件，帮助解决实际困难。健全完善村民议事会、红白理事会、道德评议会和禁毒禁赌会等村民自治组织体系，“四会”覆盖率达到85%。选优配强村务监督委员会成员，推进村委会规范化建设和村务公开“阳光工程”。开展乡村治理试点示范创建工作，做好长子县国家乡村治理体系建设试点县中期评估，启动实施100个市级示范村创建。开展“民主法治示范村”创建，实施农村“法律明白人”培养工程，配齐一村一法律顾问。推进乡、村两级调解中心规范化建设，探索在村（社区）每个网格至少配备1名专职网格员，提高矛盾纠纷预防化解能力。深入开展“零上访、零事故、零案件”村创建，达标行政村比例占到75%。加强县、乡、村应急管理体系建设，做好对自然灾害、突出公共卫生事件、安全隐患等重大事件的风险评估和监测预警。推进平安乡村建设，巩固扫黑除恶专项斗争成果，大力推行“一村一辅警”，推行乡村警务与基层治理新模式。

24.加强农村精神文明建设。依托新时代文明实践中心（站、所），加强农村思想道德建设，持续开展感党恩、听党话、跟党走活动。积极推进文明村镇创建，90%以上的乡镇和60%以上的村达到县级以上文明村镇标准。广泛开展星级文明户创建，35%以上家庭达到星级文明户标准。持续推进农村移风易俗，引导和鼓励村民委员会制定具体约束性措施，对红白喜事大操大办、厚葬薄养等进行教育规劝。推广积分制、道德银行等做法，对婚事新办、丧事简办、余事不办的家庭，给予精神和物质奖励。积极开展“文化进万家”等活动，推动优质文化资源下沉，挖掘各地优秀历史文化、家风家训，利用牌匾楹联、家训格言等民间文化，逐步引导形成公序良俗。加快推进县级融媒体中心建设，着力提升融媒体功能和服务水平。加大对农村非法宗教活动和境外渗透活动的打击力度，依法制止利用宗教干预农村公共事务。

25.健全农业农村投入稳定增长机制。“十四五”期间，市、县两级土地出让收益用于农业农村的年增幅平均达到6%以上，确保到2025年底提高到50%以上。进一步健全完善涉农资金长效整合机制，县级设立乡村振兴专项资金，集中投向第一产业、农产品精深加工产业集群等战略重点。发挥财政投入的引领作用，支持以市场化方式设立乡村振兴基金。积极争取发行地方债券，用于现代农业设施建设和乡村建设行动。积极争取“三农”专项金融债券资金，主要集中用于支持巩固拓展脱贫攻坚成果和乡村振兴。鼓励市、县构建域内共享的涉农信用信息数据库，发展农村数字普惠金融。大力开展农户小额信用贷、保单质押贷款、农机具和大棚设施抵押贷款等业务。开展常态化政金企对接，推动优质农业龙头企业上市挂牌。实施最优惠存款准备金率，鼓励银行业金融机构加大对农业农村基础设施投融资的中长期信贷支持。健全农业再保险机制，增强服务乡村产业发展作用。

26.健全乡村振兴考核落实机制。县、乡党委和政府每年向上级党委和政府报告乡村振兴战略实施情况。各级党委农村工作领导小组及其办公室建立重点任务工作台账，及时掌握工作进展。各有关部门对其所负责重点任务应当分年度制定工作方案，创新政策举措，狠抓推动落实，并及时向同级党委农村工作领导小组办公室报送工作进展。每年组织开展实施乡村振兴战略实绩考核，考核结果作为县级党政领导班子和有关领导干部综合考核评价的重要依据。加强对乡镇“三农”重点工作考核，压实乡镇责任。建立常态化约谈机制，对考核排名落后、履职不力的县、乡党委和政府主要负责同志进行约谈。按照规定对在农村工作中作出突出贡献的集体和个人进行褒扬，对乡村振兴绩效显著的县、乡，在财政资金安排上给予奖励。

03 第三篇 粮食安全

LIANGSHI ANQUAN

粮食安全是“国之大者”，一头连着国家战略，一头连着百姓生活。近年来，长治市坚决扛起粮食安全政治责任，深入实施“藏粮于地、藏粮于技”战略，层层压实粮食生产责任，强化耕地用途管制，加快高标准农田建设，开展农业关键核心技术攻关，补齐种业发展短板，提升机械化水平，出台扶持政策……政策不减弱、措施落到位、投入有增加，加上科技赋能农业生产、畅通农资配送渠道等，多措并举、众志成城，持续探索粮食产量、质量和效益稳定提升的空间和潜力。

提升粮食生产能力　扛稳粮食安全责任

“农为政本，食乃民天。”习近平总书记强调，“实施乡村振兴战略，必须把确保重要农产品特别是粮食供给作为首要任务”“要始终把保障国家粮食安全摆在首位，加快实现农业农村现代化，提高粮食综合生产能力，确保平时产得出、供得足，极端情况下顶得上、靠得住”。

近年来，长治市深入贯彻习近平总书记关于“三农”工作的重要论述和考察调研山西重要讲话重要指示精神，认真落实耕地保护和粮食安全责任制相关要求，把粮食生产摆在农业农村工作的首要位置，压紧压实粮食生产责任，聚焦关键要素，强化科技支撑，落细配套措施，做好防灾减损，不折不扣推动粮食生产各项工作落实到位，连续多年实现粮食持续稳定增产。

2023年，全市粮食播种面积386.2万亩，比2022年增加2.5万亩，增幅0.65%；粮食总产量25.04亿斤，比2022年增加0.2亿斤，增幅0.83%；单位面积产量648.3斤，比2022年增长0.17%。夏粮秋粮捷报频传，面积单产同步提升，全市粮食生产迎来又一个丰收年。

这一年，全省关乎粮食生产的一系列活动在长治举办。7月5—6日，全省高标准农田建设工作现场培训会在长治召开；8月14—15日，全省种植业高效发展培训班在长子县举办；8月23—24日，全省大豆玉米带状复合种植观摩培训在武乡县举行；9月18—20日，全省农作物种业基地提升暨品种展示评价培训会在黎城举办……

政策引领、技术创新、科技加持，释放出重农抓粮的强烈信号，种粮农民信心倍增，粮食生产绘就了粮满仓、谷满缸、金色玉米堆成行的丰收画卷。

党政同责　把牢重农抓粮“定盘星”

保障粮食安全，习近平总书记反复强调“责任”二字。在2020年底召开的中央农村工作会议上，总书记明确提出：“粮食安全要实行党政同责，‘米袋子’省长要负责，书记也要负责。”2021年底的中央政治局常委会会议上，总书记再次强调：“保证粮食安全，大家都有责任，党政同责要真正见效。”2022年底召开的中央农村工作会议上，总书记响鼓重槌：“粮食安全党政同责要求很明确，现在关键是要严格考核，督促各地真正把责任扛起来。”总书记一系列重要指示，将重农抓粮工作重要性提升到前所未有的新高度，为进一步强化我国粮食安全保障体系、筑牢稳粮抓粮的制度基石指明了方向和路径。

长治市是典型的雨养农业、旱作农业区，境内山地、丘陵、盆地、河谷交错纵横，平均海拔1 000米，年平均气温9.7℃，日照时数2 500小时，平均年降水量549.2毫米，无霜期188.5天。全市有556.07万亩耕地，旱地498.18万亩，占全市耕地的89.64%，“十年九旱”的生态条件是制约粮食生产的最大瓶颈。2017年，长治市请示创建全省有机旱作农业示范市，全市大力推进有机旱作农业发展，粮食产能稳定，产量稳步提升，高产作物玉米种植面积大幅度攀升，全市粮食产量与粮食消费量总体保持平衡。

悠悠万事，吃饭为大。全面落实粮食安全党政同责，主产区、主销区、产销平衡区要饭碗一起端、责任一起扛。抓好粮食生产既是经济问题，更是政治问题。把粮食安全作为党委、政府头等大事，是实行党政同责所要承担的政治任务。

长治市委、市政府以高度的政治自觉扛起稳粮保供责任，把落实粮食安全生产责任列入国民经济和社会发展规划、政府工作报告、推进乡村振兴重点工作任务。《长治市国民经济和社会发展第十四个五年规划和2035年远景目标纲要》提出，到2025年全市粮食综合生产能力要达到26亿斤。市、县、乡三级党委、政府层层签订粮食稳产增产责任状，拧紧压实粮食安全责任链条，逐级落实粮食生产任务，积极采取措施，主动担当作为，推动“藏粮于地、藏粮于技”落实落地，打出政策扶持、技术支撑、体制创新等一套组合拳，对落实耕地保护和粮食安全责任作出一系列部署安排……

坚决实行最严格的耕地保护制度，这是总书记长期强调、反复强调的一件事情，用“长牙齿”的硬措施保护耕地，分级落实各级党委和政府责任，严厉打击违法违规占用耕地行为，坚决防止耕地“非农化”、基本农田“非粮化”。加强对耕地占补平衡的监管，坚决防止耕地占补平衡中出现的补充数量不到位、补充质量不到位问题，不能占1亩良田补1亩劣地、占1亩整田补1亩散地。

逐步把永久基本农田全部建成高标准农田，这是党的二十大提出的战略任务。加快高标准农田、大型灌区建设，明确建设内容和投入标准，真正把永久基本农田建成适宜耕作、旱涝保收、高产稳产的现代化良田。加快上党盆地区50万亩大型灌区建设。这50万亩大型灌区连同别的县区零零散散的水浇地，大概共有60万～70万亩水浇地，将每亩水浇地都搞成吨粮田，每年完成国家下达的基本任务，就是有可靠保障的。

调动农民种粮积极性，推动现代化集约化农业发展，发展多种形式的农业适度规模经营，提高生产效率，进一步总结经验、扩大种粮规模，增加粮食种植的比较收益。重视发挥农村集体经济组织、农业社会化服务组织的功能，推广农业生产托管服务，因地制宜把撂荒地种好用好。

保障粮食储备安全和供给稳定，一是要有数量，二是要有质量，三是要有效益（也就是成本不能高）。所有涉及粮食安全工作的部门，包括农业农村局、发展和改革委员会等，牢牢扭住“量、质、效”三个字，统筹兼顾好数量、质量和效益，确保长治市能够完成国家下达的任务，为国家粮食安全做出贡献。

同时，强化粮食生产责任考核，每年制定出台《长治市县区党委政府落实耕地保护和粮食安全责任制考核办法》《长治市实施乡村振兴战略实绩考核方案》《长治市乡镇“三农”重点工作专项考核办法》等考核文件，将粮食面积和产量列为政府重要考核指标，压实各级党委、政府粮食安全生产责任，确保粮满仓廪，饭碗装得更满、端得更牢。

在市委、市政府的领导下，全市粮食生产一年一个台阶，2019年以来，粮食生产面积从379.01万亩增长到386.2万亩，增长1.9%；粮食产量从21.48亿斤跃升到25.04亿斤，增长16.57%，实现了连年稳产增产，粮食安全生产责任得到全面落实。

藏粮于地　种好粮食生产“责任田”

民非谷不食，谷非地不生。耕地是粮食生产的命根子，是中华民族永续发展的根基。

长治地处黄土高原东南缘，从全市整体地貌看，山峦起伏、地形复杂。武乡腹地洪水镇，山连着山、沟连着沟，平整连片土地少之又少，发展现代农业先天不足，高标准农田建设有效改善了山地农业生产基础设施条件，扎实提高了粮食产能。

“原来这里是一片河滩地，地里都是石块、沙子，通过实施高标准农田建设项目，填了60厘米的土壤，增添了肥力，打了深井，实现了灌溉。”武乡县洪水镇白和村党支部书记梁斌指着一片耕地说：“我们村共改造建设高标准农田350亩，前段时间刚收割完玉米，通过对比测算，改造前河滩地生产玉米500斤/亩，改造后生产玉米1 200斤/亩，增产效果明显。”

武乡县是山区、革命老区，山多平地少，种粮耕地尤为珍贵。近年来，武乡县实施耕地质量保护提升行动，扎实开展高标准农田建设，2021年建设高标准农田2万亩，2022年建设3.5万亩，2023年建设2.8万亩。通过整合盘活农村分散、闲余的土地资源，昔日撂荒地变成今朝“致富田”。武乡县解决了土地分散、各自为战以及“无人种地”“种不好地”等问题，有效提升了粮食播种面积，保障了粮食安全。

高标准农田建设是全方位夯实粮食安全根基的关键举措。长治市大力推进高标准农田建设，潞城区一马当先，跑出了高标准农田建设“加速度”。

潞城区成家川街道中水利用高标准农田示范区充分利用天脊化工生活污水处理后的中水为灌溉水源，以原潞城区天脊农灌中心原有水利设施为基础，引入大水网水源，形成了一个以高标准农田建设为基础，以工业废水再利用和智慧节水灌溉为支撑，以“PPC生物降解地膜种植先进技术”为依托的“高标准、高产出、高效益”的良性运作模式，通过推广“两年三作”或“一年两熟”种植模式，走出了冬季种谷子、冬闲变冬忙、粮食稳增产、农民稳增收的农业种植新路子。

近年来，潞城区积极探索“高标准农田＋”模式，多措并举，务实创新，全区耕地面积36.6万亩，截至2022年底，已建成高标准农田13.3万亩，占比达36%，筑牢乡村振兴“耕”基，让“粮田”变“良田”。张家河村丘陵山区高标准农田示范区以“高标准农田＋特色产业”为主题，与潞城大葱、冬播谷等特色产业相结合，通过田块综合整治、修建田间道路、配套集雨设施等工程措施，建设1万亩高标准农田，实现了玉米、大葱和冬播谷“两年三作”，带动农民增产增收。

2023年7月5—6日，全省高标准农田建设工作现场培训会在长治召开，与会人员现场观摩了潞城区高标准农田建设成效。这是对长治市近年来推进

市领导调研屯留区粮食生产情况

耕地质量提升工作的一次检阅，同时也是长治市大力实施“藏粮于地”战略的一个工作缩影。

落实“藏粮于地”战略，坚决守好耕地保护红线。根据长治市第三次国土调查数据公报，长治市第三次国土调查工作历时3年，近千人参与汇集调查图斑72.62万个，全面查清全市国土利用状况，形成全市2019年12月31日时点数据。全市现有耕地面积556.07万亩，比2009年耕地“二调”数据增加17.12万亩，其中耕地保护面积549.36万亩，划定永久基本农田468.65万亩，全面完成耕地保有量和永久基本农田保护目标任务。

落实“藏粮于地”战略，完成粮食生产功能区划定。2017年，屯留县被列入全省粮食生产功能区划定试点县，先行一步，率先完成45万亩粮食生产功能区划定任务。到2019年，全市10个县区108个乡镇共划定玉米、小麦粮食生产功能区234.1万亩，所有划入地块、片块全部建档立卡、上图入库，并与土地确权信息平台整合建设了市级粮食生产功能区信息管理平台，基本实现了信息化和精准化管理。同时，加大政策宣传力度，引导粮食生产功能区重点种植目标作物。

落实“藏粮于地”战略，大力推进高标准农田建设。坚持新增建设和改造提升并重、建设数量和建成质量并重、工程建设和建后管护并重，健全完善投入保障机制，建立健全日常管护和专项维护相结合的工程管护机制，加快推进高标准农田建设。2023年，全年完成高标准农田建设28.1万亩，全市累计建设高标准农田面积266万亩，占耕地总面积的48%，为保障粮食安全和重要农产品有效供给提供了坚实基础。农田基础设施建设得到持续加强。

落实“藏粮于地”战略，扎实推进土壤肥力保护提升。在全市大力推广秸秆还田、测土配方施肥、增施有机肥、深松整地等技术措施，截至2022年底，全市秸秆综合利用率达92.39%，测土配方施肥技术覆盖率达90%以上、主要农作物肥料利用率达41%，主要粮食作物统防统治覆盖率达到44.2%、绿色防控覆盖率达57%，化肥农药实现减量增效，耕地质量得到进一步提升。通过对监测点位土壤理化性状、养分状况等质量变化情况、施肥情况及作物生长情况进行监测调查，全市耕地土壤有机质平均含量为22.91克/千克，土壤全氮平均含量为1.24克/千克，土壤有效磷平均含量为18.06毫克/千克，土壤速效钾平均含量为199.22毫克/千克，土壤缓效钾平均含量为855.51毫克/千克，pH为8.15。

长治市以永久基本农田保护区和粮食生产功能区为重点，分类分区域大规模开展高标准农田建设和提质改造，有力促进耕地集中连片，提升耕地质量，优化土地利用结构和布局，完善基础设施，改善产粮大县的生产条件，大幅提升粮食综合生产能力。

科技赋能　强化丰产丰收“硬支撑”

长子县鲍店镇东街村，这个秋天“火出圈”。

东街村玉米单产提升中重点推广“一免五增”艺机一体化技术模式，应用山西农业大学玉米研究所选育的德育丰919高产耐密品种，“晋技”+“晋种”创出平均单产2 447斤的旱地“吨粮田”。

2023年8月14—15日，全省种植业高效发展培训班在长子县举办，全省各地市县区100多人现场观摩长子县玉米单产提升工作成效。

“我们合作社今年实施玉米‘一免五增’艺机一体化技术760多亩，最明显的效果是种地变得更简单了，一个机器完成了3个机器的秸秆归垄、旋耕施肥、探墒沟播等作业环节，而且苗齐苗壮、非常抗旱，目前每亩已节约成本120元，预计亩均可增产40 ～ 60千克，真是一个好技术。”长子县节源农机合作社负责人王建堂为前来观摩的全省种植业高效发展培训班暨有机旱作观摩会与会嘉宾介绍“一免五增”艺机一体化技术实施情况。

玉米“一免五增”艺机一体化技术，又称“玉米秸秆归垄沟播抗旱艺机一体化技术”，是2023年省农业农村厅主推技术、长子县玉米单产提升整建制推进项目的核心技术模式之一。该技术模式依托一体化农机具，集成品种优选、减免深翻旋耕整地环节、增加秸秆归垄处理、增加探墒沟播深度、增加10%种植密度、增加有机菌肥同播、增加中耕除草追肥培土，通过艺机一体化融合和保护性耕作，提高了抗旱出苗、蓄水保墒和水肥利用率，秸秆自然腐熟，增强了抗病性和抗倒性，实现了降本提质增效。

2023年，长治市农业农村局与山西农业大学有机旱作农业研究院合作开展“一免五增”艺机一体化技术的推广，在长子县鲍店镇、宋村镇、石哲镇3个镇共推广5 300余亩，在潞玉种业位于襄垣县王桥镇、古韩镇、侯堡镇3个镇的5个基地，推广高粱种植3 300余亩，在武乡县丰州镇推广玉米600余亩。通过一年的示范应用，有力促进了示范区粮食稳产高产，为长治推进粮油作物大面积单产提升提供了一条简便易行的技术路径。

玉米单产在“一免五增”技术的应用下，实现“吨粮田”，而谷子在全生物降解渗水地膜机穴播技术的应用推广中也获得了大丰收。

在长治市屯留区岗上村联友农机服务专业合作社院内，金黄的谷子铺满了整个院子，机房内机声隆隆，通过机械脱壳加工后的谷子变成金灿灿的小米从机口流出，工人们在忙着装包、充氮、打包、发货。

“2021年选用晋谷21和长杂466，用的是‘三行五微沟膜上全覆土机穴

集中连片谷子基地

播’谷子冬播技术模式，试种成功，亩均增产200斤，2022年一次种了300亩。”联友农机服务专业合作社负责人常联有指着一片覆盖地膜的田地说：“这是前几天刚播种进去的，今年冬天管护好点，明年就有个好收成。”

“为实现‘两年三作’，我们收了谷子，用山西农业大学姚建明老师的全生物降解渗水地膜覆盖技术种了2 000亩小麦。”山西沁州黄小米集团副总经理李昱中站在定昌镇烟立村土垣上，望着涨势正旺的小麦说，“沁县独特的气候种谷子好，种小麦应该也不错。‘两年三作’不仅可以增加粮食产量，给公司带来收益，也让当地农民多了一份收入。”

充分利用光热水土资源，因地制宜创新种植制度，沁县与山西农业大学经管学院、谷子研究所等科研机构合作，推广“冬播谷＋冬油菜”“冬小麦＋夏播谷”“冬小麦＋马铃薯＋露地蔬菜”等模式，提高粮食作物复种指数，推动粮油生产“一年两作”“两年三作”。2023年推广冬播谷子6 000余亩，实收测产达800斤以上，实现了产量效益双提升。

为增加粮食产量，长治市开展粮食生产技术集成示范推广，并制定出台了粮食作物生产技术指导意见，发布旱地小麦“一优四改”探墒沟播绿色栽培技术、谷子全程机械化生产技术等粮食油料主推技术8项。

为进一步响应国家“稳粮扩豆”政策，切实提高大豆种植面积，破解大豆玉米争地矛盾，2022年以来，长治市积极推广大豆玉米带状复合种植，在潞州区和武乡县大豆玉米带状复合种植示范田采用全生物降解渗水地膜覆盖全新技术，实现了玉米稳产、大豆高产。武乡县大豆玉米带状复合种植示范田代表山西省参加2022年全国大豆高产竞赛，取得第8名的好成绩，荣获大豆玉米带状复合种植高产竞赛“金豆王”。2023年8月23—24日，全省大豆玉米带状复合种植观摩培训在武乡县举行，各地种植户纷纷参加培训，学习武乡大豆玉米带状复合种植经验。

丘陵山区大豆玉米带状复合种植取得高产丰产，与农机设备制造有很大关联。襄垣仁达、平顺双特华益、神禾永成等农机设备制造企业因势而动，针对丘陵山区大豆玉米带状复合种植、谷子等特色杂粮生产特点，研发出轻简化的玉米机收机播、谷子精量穴播等专用机具，得到广大种植户的一致好评。

种子作为农业的"芯片"，是农业科技的重要载体。长治市依托山西农业大学谷子研究所等科研机构和潞玉种业、振东种业等企业，选育玉米、谷子、小麦、大豆等旱作良种100余个，建设农作物品种试验点26个、农作物新品种展示基地10个、"三新"集成示范基地3个。加快抗逆抗旱优良品种示范推广，2023年发布农业生产主推品种69个。优良品种选择加上肥料筛选、测土配方施肥、控肥减药、病虫害防治、机收减损等技术措施及组织开展技术培训、现场指导，切实提高技术普及率，为粮油作物单产提升奠定坚实的基础。

"坚持良田、良种、良技、良机、良制、良策'六良'协同，重点推广玉米'一免五增'艺机一体化、宽窄行种植、品字形栽培、膜侧播种等技术模式。推进种植制度创新，大力发展冬播谷子、夏播谷子，开展粮豆间作、粮菜轮作试验示范，通过科技赋能、创新加持，推动长治粮、豆、油、菜种植再上新台阶。"长治市农业农村局三级调研员郭剑青如是说。

有机旱作　牵住农技服务"牛鼻子"

"我是武乡县故县乡十里坡村人，小名狗小。我种的小米，不打农药，不上化肥，全部用的是农家肥。羊肥小米，良心小米。"武乡种粮大户韩登科用一口浓厚的武乡话正在对着手机直播。如今，"羊肥小米"已销往北京、天津、上海等20多个城市，深受广大消费者青睐，最远卖到了美国和澳大利亚，让外国人也吃上了十里坡的小米。

近几年，随着"羊肥小米"标准化种植技术的应用，配套良种良法，武乡小米的产量品质得到全面提升、名气大涨，谷子每亩可增产200多斤，有机旱作技术的推广直接带动武乡丰州镇五里坡、十里坡、赵家凹及贾豁乡龙王沟、下西庄等村500多户农户种植6 000亩谷子，户均增收3 000多元。

"羊肥小米"声名鹊起，壶关晋庄小米也保持着连年丰产丰收。晋庄村在谷子种植上以蓄水、保水、用水为中心，坚持山水林田路综合治理，以梯田平整为载体，秋耕壮垡纳水，三墒整地（耢耙保墒、镇压提墒、浅犁塌墒）保水，抗旱优种省水，适期播种赶（雨）水，头伏耕地蓄水，田间精细管理节水，最大限度提高了耕地蓄水保水用水能力。2019年，长治遭遇重大旱情，壶关晋庄“灾年无灾相”，谷子亩产超千斤，高出全市平均水平300～400斤，实现了大旱之年稳产高产。“晋庄通过开展谷子新品种示范，将优良谷子新品种、渗水地膜、化控除草高产栽培技术与传统‘秋耕壮垡、三墒整地’等传统农耕文化相结合，同时适配先进农机具，一次性完成施肥、精密穴播、宽膜覆盖、镇压等作业程序，进一步降低劳动成本，提高谷子产量，提升米质和商品性。”闫联兵对谷子新品种栽培技术很是满意。

“有机旱作农业是山西农业的一大传统技术特色，要坚持走有机旱作农业发展的路子，完善有机旱作农业技术体系，使有机旱作农业成为我国现代农业的重要品牌。”习近平总书记在山西视察时的重要指示精神为山西现代农业指明了发展方向，提供了根本遵循。

长治市学习贯彻习近平总书记在山西视察时的重要指示精神，加强顶层设计，成立了创建绿色有机旱作农业示范市领导小组，编制完成了《长治市绿色有机旱作农业发展总体规划（2018—2030年）》，明确阶段目标任务，出台年度行动计划，市、县两级将长远规划与短期目标紧密结合，细化时间表、任务书和路线图，有序推动各项工作任务落实。组建全市有机旱作农业发展专家指导组，邀请中国农业大学、山西农业大学等专家坐镇指导，不断完善有机旱作农业生产技术体系和示范推广机制，努力走出一条技术集成配套、产业集群发展、生态绿色循环的路子。

2023年，长治市积极推进有机旱作农业生产示范基地建设，重点实施了4个省级、5个市级生产示范基地建设项目，有机旱作农业技术示范面积达到10万余亩。通过以点带面、辐射推广，全市测土配方施肥、病虫害统防统治和主要农作物良种覆盖率明显提高，玉米探墒沟播、谷子降解地膜穴播以及水肥一体化等一大批有机旱作农业技术得到广泛应用，全市有机旱作标准化生产技术辐射推广面积达230余万亩，农业现代化发展水平稳步提升。

为做好重点技术推广示范，宣传展示好的经验做法，营造比学赶超的良好氛围，长治市将高产创建作为展示单产提升的主阵地，组织各县区开展观摩学习交流活动，展示技术集成效益和成果，让种粮大户看得见、学得会、跟着干。组织各县区有机旱作农业封闭示范区主体及示范乡村代表，“走出去”学习考察特色产业发展、粮食高产创建等先进典型和经验做法。在壶关县召开了全市有机旱作农业发展现场观摩推进会，对晋庄谷子、旱地西红柿等典型模式进行示范推广，有效推动了有机旱作农业示范创建工作的深入开展。组织各县区农业农村局有关人员及有机旱作农业示范基地负责人，在上党区振兴小镇进行有机旱作农业发展培训，聘请中国农业大学、山西省农业科学院、山西省农业农村厅专家授课。通过“走出去”和“请进来”相结合，开阔了视野，拓宽了思路，明确了方向。

扶持小农户、提升小农户是发展现代农业的关键。为加快有机旱作农业技术推广，长治市积极培育农业社会化服务组织，推广农业生产托管服务，探索开展单环节托管、多环节托管、关键环节综合托管和全程托管等，把先进适用的品种、技术、装备等现代生产要素通过生产托管导入千家万户，促进有机旱作农业提质增效。近年来，全市共培育农业社会化服务主体4 981个，在托管模式上，创造了“543”的长治模式，实现了农事安排、农资采购、种子种苗、科学施肥、技术模式“五统一”，耕、种、防、收“四到位”，烘干储藏、产销衔接、废弃物资源化利用“三负责”等托管服务全覆盖。截至目前，全市农业生产托管服务面积达到1 329万亩次。其中，“耕”环节托管服务544万亩次，“种”环节托管服务298万亩次，“防”环节托管服务248万亩次，“收”环节托管服务237万亩次。农业生产托管服务对象31万户，占总农户数39%；其中服务小农户29万户，占总农户数36%。

值得一提的是，长治市以农业生产托管服务为抓手，集成玉米生产减免深耕、秸秆归垄、探墒沟播、密度调控、有机菌肥施用、中耕除草等技术，通过农艺农机结合、良种良法配套，实现节本提质增效和绿色可持续生产，成为推动山西省有机旱作农业高质量发展的又一高效创新技术体系。

政策加持 把准强农惠农“方向盘”

“我在吾元镇、余吾镇等村共流转了3 000亩土地，机械化种植玉米、大豆、高粱。购置小麦联合收割机、茎穗兼收玉米收获机、铡草机、植保无人机等70余套（台）机械设备，有专业农机、无人机操作手20名，实现了农业生产耕种管收全程机械化，同步开展农业生产托管服务。”屯留区晋园绿色农林科技开发公司负责人呼建军笑呵呵地说，“国家鼓励规模化经营，扶持我们这些种粮大户，2022年，在国家补贴的推动下我购买了一套玉米烘干设备，有利于玉米储藏、减少损失。2023年，风调雨顺，粮食大丰收，明年我计划再扩大种植规模。”

长治市梳理强农惠农补贴政策，畅通“一卡通”补助发放程序，严格按照政策要求落实耕地地力保护补贴、实际种粮农民一次性补贴、农机购置与应用补贴、农业保险保费补贴、玉米大豆生产者补贴等中央、省级惠农政策，充分保护和调动了农户和经营主体规模化生产的积极性。2023年，落实耕地地力保护补贴面积400余万亩，执行实际种粮农民一次性补贴面积390余万亩，落实大豆玉米带状复合种植补贴面积10.41万亩；补贴各类农机具5 152台，其中，补贴耕整地机械2 194台、种植施肥机械236台、田间管理机械

215台、收获机械800台、收获后处理机械8台、农产品初加工机械708台。玉米收获面积320余万亩，谷子、高粱、马铃薯、大豆等杂粮收获面积达60余万亩，粮食作物耕种管收综合机械化率达78.2%以上。

市政府在惠农政策上，按照全面顶格、能出尽出、精准高效的原则，在政策力度上做“加法”。2021年出台《长治市支持第一产业高质量发展补贴政策》，“十四五”期间，每年安排0.8亿～1亿元专项资金支持第一产业高质量发展，对粮食生产、标准化特色高效农业产业园、种粮大户等实施补贴。潞州区、潞城区、上党区、襄垣县、平顺县、壶关县、长子县、武乡县、沁县、沁源县10个县区，先后出台奖补政策，支持粮食生产规模化发展。沁县定昌镇福村福顺苗木专业合作社2023年规模化种植1 200亩玉米，实收测产单产超过当地平均单产10%以上。合作社负责人张利红激动地说：“如果没有各级的惠民补贴，我就不会去流转1 200亩土地，大面积种植玉米。”张利红在中央、省、市、县各种奖补政策的支持下，鼓起勇气，租耕地、购机具、学技术、做示范、带农户，把合作社经营得红红火火，风生水起。

在政策引导保险兜底、全面落实上级政策的基础上，长治市深入挖掘政策空间和潜力，多环节强化保障机制，一手抓政策性保险落实，一手抓地方特色保险推广。2023年政策性保险承保面积320余万亩，基本实现了玉米政策性保险全覆盖，地方特色保险面积近80万亩，其中，大豆玉米带状复合种植10万亩实现了地方收入保险全覆盖。2022年，市农业农村局联合市财政局、中国银保监会长治监管分局出台《长治市大豆种植收入保险实施方案》，保险金额为每亩687元，政府保费补贴比例超过90%，为全市大豆和大豆玉米带状复合种植保“价”护航。

粮食安全是“国之大者”。下一步，长治市将坚决扛牢粮食安全生产责任，以玉米、谷子、高粱、大豆等粮食作物为重点，进一步突破生产制约瓶颈，挖掘粮食增产潜力，以绿色高质高效、单产提升行动、有机旱作农业等项目实施为抓手，以点带面、整市推进，努力实现粮食大面积增产，全方位提升粮食综合生产能力，为保障国家粮食安全、加快建设农业强国贡献长治力量。

典型引路　整体推进
聚力打造有机旱作农业发展典范

2018年以来，长治市贯彻落实习近平总书记视察山西重要讲话重要指示精神，紧紧围绕全省发展有机旱作农业部署要求，整市推进有机旱作农业示范区建设，构建完善有机旱作农业技术体系和示范推广机制，走出了一条技术集成配套、产业集群发展、生态绿色循环的有机旱作农业新路径。

全省有机旱作农业现场观摩推进会现场

一是精心谋划强保障。市委、市政府高度重视有机旱作农业发展，成立了创建绿色有机旱作农业示范市领导小组，编制了《长治市绿色有机旱作农业发展总体规划（2018—2030年）》，明确阶段目标任务，出台年度行动计划，市、县两级将长远规划与短期目标紧密结合，细化时间表、任务书和路线图，有序推动各项工作任务落实。市政府连续5年将示范区创建奖补资金列入财政预算，累计投入4 880万元，撬动社会资本投入有机旱作农业发展。市直各单位整合涉农项目资金，重点支持有机旱作农业生产基地和示范园区创建。组建全市有机旱作农业发展专家指导组，邀请中国农业大学、山西农业大学等专家坐镇指导，开展常态化进村入企服务，为有机旱作农业发展提供支撑服务。

二是示范引领提质量。以封闭示范、产业示范、区域示范为抓手，以点带面、整体推进有机旱作农业示范区创建。按照“十个全覆盖”建设标准，每年在各县区遴选有稳定区域、有成熟技术、有生产标准、有注册品牌的有机旱作农业示范主体进行扶持，重点布局建设了2个重点示范县、10个特色示范县、12个示范乡镇和36个示范村，总结推广了四大类60项有机旱作农业技术模式，通过"点"上提质辐射带动全市有机旱作农业发展上水平。围绕粮食、蔬菜（食用菌）、中药材等主导产业，先后认定了沁县沁州黄小米等25个市级现代农业产业园，批准创建黎城县黎瑞水果等201个市级现代农业产业园和特色产业示范园。绿色有机产品认证率每年增加30%，累计申请农产品地理标志登记17个，认证圳品11个，建成了全国绿色食品标准化生产（谷子）原料基地，有机旱作标准化生产技术辐射推广面积达230余万亩。

三是科技支撑夯基础。坚持用地养地结合，实施"藏粮于地"战略，5年累计建成高标准农田109万亩，强化农田水利配套设施建设，实施高效节水灌溉11万亩。大力推广精耕细作、秸秆还田、地膜覆盖、增施有机肥等旱作农业技术模式，促进耕地地力水平提升。坚持集雨节水补充，以提升土壤蓄水保水能力和减少土壤蒸发为方向，因地制宜推广高效节水灌溉模式，全市农田灌溉水有效利用系数达0.555；重点推广玉米地膜覆盖、渗水地膜谷子穴播、渗灌、滴灌等节水农业设施，提升农水利用效率。坚持良种良法配套，积极推广新品种新技术新模式，推进抗旱节水新品种繁育，启动玉米制种基地回归行动，全市玉米制种基地达8 000余亩，谷子、马铃薯等特色杂粮制种基地达5 000亩，中药材种子种苗基地6 366余亩，发展蔬菜集约化育苗基地30个，有效保障农业生产和农民需求。坚持农机农艺融合，引进推广耕、种、管、防、收机械化装备，2021年全市农业机械总动力达129.5万千瓦，农业综

有机旱作农业封闭示范区

合机械化率达77.6%；以农业生产托管为方向，推广现代农业生产技术，全市托管面积达146万亩，带动服务小农户约20万户。

四是聚焦特色创品牌。实施农业“特”“优”战略，以特优区建设为引领，做大做强小米、中药材2个市域特色产业，重点培育壶关旱地西红柿、长子大青椒、武乡小米、屯留尖椒、潞城大葱、沁源马铃薯等县域特色产业，构建“一县一特色”产业布局。延伸产业发展链条，大力培育农业产业化龙头企业，全市规模以上农业产业化龙头企业达309家，其中，国家重点农业产业化龙头企业6家，省级农业产业化龙头企业58家。积极推进山西（长治）中药材商贸平台建设，努力打造功能完善、特色鲜明、业态集聚、高效便捷的中药材交易平台。推进农业品牌战略，深入挖掘“上党千年、梯田旱作”农耕文化，以“半分耕”为主题元素，重点推广“上党党参”“上党连翘”“上党高粱”“上党驴肉”等上党系列区域公用品牌，设立旗舰店、社区便利店、宾馆景区店等22个线下销售门店，搭建了抖音、京东等线上销售平台。同时，组织农业龙头企业“走出去”参加大型展销推介活动，定期组织百家企业百优名品赴上海、深圳、杭州等地开展营销推介，全力打造长治有机旱作农业名片。

五是完善服务聚合力。强化有机旱作农业技术指导和培训，健全农业社会化服务组织，结合高素质农民培育工程，对农资经营主体、农机专业服务主体进行专业培训，引导主体开展社会化服务，形成了“专业社会化服务企业＋专家＋农技人员＋农户”的服务模式。延伸基层农技推广服务，建立了干部入企帮扶和专业技术人员入园服务的常态化工作机制，动员和组织市、县、乡三级专业技术人员进村进户进田进棚进园区，推动强农惠农政策落实和新品种、新技术、新模式推广应用。建立专家技术服务体制，大力推行“行政领导＋农业专家＋农技指导员＋基地＋合作社＋示范户＋辐射户”的包联责任制，行政领导负责项目推进、任务落实，技术专家负责产业发展、试验示范，农技人员负责跟踪服务、技术推广。支持各县区与中国农业大学、山西农业大学等科研院校开展“院县共建”，强化有机旱作农业技术支撑。

风劲正足，当扬帆破浪；任重道远，须扬鞭奋蹄。长治市将深入学习贯彻习近平总书记关于“三农”工作的重要论述，坚持走有机旱作农业的路子，积极探索具有长治特色的产出高效、产品安全、资源节约、环境友好、科技先进、融合发展的现代农业强市之路，全力将长治有机旱作农业打造成全省、全国现代农业的重要品牌和发展典范。

聚力品质提升　打造酿品基地

长治市土壤资源丰富，日照充足，独特的农业自然条件造就了多样的杂粮生产。近几年，长治市因地制宜，通过调整产业结构，下好“小杂粮、大产业”这盘棋，高粱特色种植发展得红红火火，在带动群众增收致富、助力乡村振兴中发挥着积极的作用。

树品牌，把基地建设作为主攻方向

长治市农业生产条件得天独厚，素有“米粮川”之称。土壤有机质含量丰富，被专家称为优质高粱生长的黄金地带。所产高粱颗粒饱满、淀粉含量高，富含对人体有益的各种微量元素，用其酿制的酒风格纯正，味道醇香，是高品质酿造专用高粱的理想生产地。尤其是沁县、武乡、襄垣、潞城、黎城、长子、屯留等广大丘陵、山地、坡地，没有污染源，适宜建立规模化优质高粱原料生产基地。2017年全市高粱规模种植将近5万亩，一批大中型酿造、种植龙头企业采取“公司＋基地＋农户”的订单生产经营模式，成为长治市高粱产业转变发展方式、适应市场需求、增加农民收入、提升农业效益的一大亮点。

为保护好长治市高粱种植业发展势头，进一步引领产业升级，2018年10月，“上党高粱”申报实施农产品地理标志登记保护，2019年6月获得认定和证书，沁县、武乡、襄垣、黎城、长子、壶关、潞城、屯留8个县区的68个乡镇被认定为“上党高粱”农产品地理标志保护区域，为高粱生产注入了新的发展活力。同时，长治市制定出台了《“上党高粱”地理标志的使用及监督管理办法》，明确了地理标志使用申报及监督管理事项，并将管理办法通过相关媒体向社会公布，吸引更多农业生产经营主体使用“上党高粱”地理标志农产品标识，共同提升区域公用品牌效应。2020年，山西潞玉种业股份有限公司、沁县晋汾高粱开发有限公司被授权使用“上党高粱”地理标志。

护品牌，把监管保护作为主要手段

为规范“上党高粱”地理标志使用，保证地理标志农产品的品质特色，山西潞玉种业股份有限公司、沁县晋汾高粱开发有限公司作为区域公用品牌使用主体，树立“一荣俱荣、一损俱损”的母子品牌意识，坚持创新驱动，标准生产，严格执行《“上党高粱”地理标志的使用及监督管理办法》标准规范，合力打造区域公用品牌价值共同体。

长治市农业技术推广中心作为持标单位，定期组织专业技术人员深入高粱种植基地，针对实际种植地域与地标保护区域范围是否一致、产地自然生态环境与保证产品品质所要求的特定环境是否一致、是否按照“上党高粱”质量技术规范进行生产、使用标志标识是否规范等进行监督检查，对整个生产过程实施全程跟踪调度。

2021年5月，长治市农业技术推广中心和山西潞玉种业股份有限公司共同承担实施“上党高粱”地理标志农产品保护工程，强化“标准促品牌、品牌带产业”的发展理念，以独特地域、独特生产方式、独特品质和独特历史文化的“上党高粱”地理标志农产品为基础，重点围绕生产标准化、产品特色化、身份标识化、全程数字化四个方面进行深化建设。

做优品种，从源头保障持恒动力

高粱是酿造业的主要原料，是决定酿品品质的关键性因素，对白酒品味、加工工艺至关重要，所以引导专用高粱品种培优，从源头保障持恒动力，成为推动上党高粱产业飞跃的根基。山西潞玉种业股份有限公司、沁县晋汾高粱开发有限公司与山西农业大学高粱研究所建立科研战略联盟，以酿造企业需求为导向，广泛收集高粱种质材料与品种，建设专业的高粱品种筛选引进、示范展示平台，规范高粱品种的科技培育、鉴定筛选、良种繁育，通过育种科技创新与联合攻关，优选出一系列高产、多抗、高淀粉酿酒专用新品种，引领推动产业高质量发展。

做精品质，以模式带动生产能力

唯有品质如馨，方能芳香久远，聚力品质提升是上党高粱产业发展的核心。构建“订单农业＋生产托管＋粮食银行”的生产运营模式，通过订单基地开好头、技术集成种好地、统一收购把好关、烘干加工出好粮“四步走”，稳定订单原粮种植基地，配套农机设施设备，集成耕种管收机械作业、病虫草害绿色防控、高精度远程作业监控智能数据采集等先进实用性技术，以水分、容重、杂质为核心制定质量标准有序收购，应用现代化、专业化、领先化的加储设施，实现生产加工全环节“七统一”，提升上党高粱规模化、集约化、标准化、专业化水平，推动高粱产业绿色、有机、高效、循环发展。2022年，全市酿造业年产值达20亿元，高粱种植面积10万亩，总产量7万

上党高粱基地进行病虫害绿色防控

吨，良种覆盖率达97%，机械作业面积达90%，订单生产达80%以上。上党高粱种植面积占全市高粱种植总面积的78%，成为酿造企业的优质原粮车间。

做好市场，拓渠道增强产业实力

"粮乃酒之肉，好粮酿好酒"。作为酿造原粮，高粱虽未直接成为舌尖上的口齿留香，但又如灵魂般地镌写着那抹芬芳。上党高粱要在隐形的赛道成为产业的标杆就需要扎实做好市场。以需求引领，专业提供优质产品；以精耕细作，专业提升服务能力；以协同合作，专业创造持续价值；以创新拓展，专业焕发新的光芒。立足山西市场，以潞酒、黎侯宴、鹿鸣等本地酿造企业为基础打好根据地；与山西神农集团构建联合运营模式，为进入山西汾酒供应渠道做好基本盘；增进与贵州茅台、四川剑南春、泸州老窖、重庆江小白等全国知名酒企的战略合作，为拓展省外优质供应渠道筑好增量池；稳定"龙头带基地、基地连农户"的合作机制，强化"科研院所育种＋合作社种植＋生产企业初加工＋酿造企业深加工"产业链不同环节协同合作。通过市场化运营，打造涵盖生产、加工、流通、科技、旅游服务深度融合的高粱产业集群，延长产业链、优化供应链、提升价值链，让更多的"红色功能"融入产业发展，助力乡村振兴。

推进农机化高质量发展
谱写乡村全面振兴新篇章

5年，在漫漫历史长河中不过一瞬。但对于农业机械化发展而言，却足以留下浓墨重彩的一笔。

2018—2022年，长治市农作物耕种收综合机械化率从74%提高到77.6%，全市农业机械总动力从115万千瓦提高到139.9万千瓦，一组组数据，显示出全市农业机械化发展的澎湃活力。农用车替代了繁重的运输体力劳动，极大地解放了农村劳动力，推动了农村经济快速发展。“雷诺曼”大马力拖拉机配载北斗导航系统，实现了动力换挡、自动驾驶。青饲料收获打捆机实现了收获、切碎、打捆“一站式”作业。

长治市屯留区北岗联友农机合作社

5年来，在市委、市政府的坚强领导下，在全市“三农”工作者的共同努力下，农机化发展为农业发展注入机械动能，全市农业综合生产能力稳中有升，乡村振兴全面推进，乡村面貌焕然一新。

政策牵引提升农机装备水平

农业机械化和农机装备是转变农业发展方式、提高农村生产效能的重要基础。农机装备的快速发展离不开政策支持。农机购置补贴政策已连续实施15年，极大地调动了广大农民购机用机的积极性，促进了农机装备水平快速提升。

近年来，长治市进一步优化调整补贴范围，科学测算补贴金额，将粮油、生猪生产急需机具全部列入补贴范围。政策支持的方向也逐步转变为优先支持规模化新型农业生产经营主体购置智能、精准、复式作业等高端农业机械，满足农业“特”“优”战略实施和绿色农业发展需求。不断深化农机购置补贴便民化改革，严格执行补贴对象公示制度，做到公开、公平、公正，2022年全市通过手机App申请办理补贴率达98.5%。为提高资金使用效益，长治市不断加快补贴申请受理和资金兑付工作，2022年全市资金兑付比例达99.27%，兑付进度位居全省第一。

2021年，为推动全市农机节能减排，鼓励引导农机户报废更新农机装备，保障农机安全生产，长治市按照省厅文件精神结合本市情况出台了《全市农业机械报废更新补贴实施方案》。2022年，全市各县区开展报废补贴工作，共报废机具41台（套）。

龙头带动促进社会化服务提档升级

农机专业合作社和农机大户是农机化发展的中坚力量。近年来，长治市以培育农业服务业战略性大产业为目标，出台一系列政策措施，指导和推动农业社会化服务发展。农业生产托管，老百姓又亲切地称它为“土地托管”，是农户等经营主体在不流转土地经营权的条件下，将农业生产中的耕、种、防、收等全部或部分作业环节委托给农业生产性服务组织完成的农业经营方式。

“把地交给合作社托管，省时省力，轻轻松松就能种好地……”种地越来越省心，种地的成本不但没有增加，反而比以往减了不少。保姆式的托管服务，不仅解决了村民的种地之忧，而且大面积连片作业也降低了农机大户的作业成本。近年来，长治市积极引导和鼓励服务主体创新服务模式和组织形式，探索形成了屯留“五全”托管、黎城“432点餐式”、壶关“点线面全覆盖”等一批可复制可推广的典型做法。2021年，全省深化农业生产托管现场推进视频会在长治市召开，长治市的农业生产托管工作受到省委、省政府和农业农村部的充分肯定。

2022年底，全市农机合作社达300余个，拥有价值20万元以上农机具的农机大户达1 000余个，农机专业合作社和农机大户承担了全市70%以上的农机作业任务，并且通过土地流转、土地托管、代耕代种等模式，在土地适度规模经营中发挥了主力军作用。

农机推广助力农机农艺融合发展

近年来，农机技术推广系统紧紧围绕保障粮食安全和重要农产品有效供应，以推进主要农作物全程机械化为目标，着力补短板、强弱项、促提升，不断加快先进适用技术应用，持续拓展农机技术服务领域，奋力创新推广工作机制，有力促进了农业机械化全程全面和高质量发展。

持续开展机收减损大宣传、大培训、大比武活动，推动机收作业实现精细高效、提质减损。全力开展大豆玉米带状复合种植技术指导、专用作业机械试验验证等工作，为全市完成大豆玉米带状复合种植推广任务提供了机械装备支撑。不断提升农机装备水平，推进农业生产全程机械化。大力推广玉米、小麦、谷子、高粱、马铃薯、中药材生产全程机械化技术，对农作物播种、中耕除草、节水灌溉、收获等机械装备进行优化集成配套和技术集成应用示范。组织开展农机推广参与式体验式互动式田间日活动，辐射带动周边农作物生产机械化水平快速提升。强化示范引领试验验证，展示推广“艺机种”一体化技术模式。以新品种为基础引领，配套展示玉米秸秆归垄沟播抗旱艺机一体化、高粱全程轻简化栽培、谷子全程机械化等实用技术，实现耕整地、播种、植保、收获、秸秆处理等关键环节的机械化作业和新品种新技术新机具的配套应用。

机装备研发加强农机化生产能力

围绕全市急需装备和技术，积极构建产、学、研相结合，多部门协调联动的农机装备创新研发体系。引导支持农机生产企业增加研发投入，加强与科研院所、新型经营主体对接，探索建立“校企合作”“企业＋合作社＋基地”的农机产品研发、生产、示范推广新模式，积极发展适合丘陵山区地形及农艺措施的技术成熟、性能可靠、节能环保、农民买得起用得上的机械，有效提升农机装备水平，增强机械化生产能力。

近年来，针对长治市大部分土地属于丘陵山区的实际情况，结合当地独特的气候特点和特色农业，全市涌现出一批本土农机生产制造企业。襄垣县仁达机电设备有限公司从2007年开始转型生产农机产品，研制开发自走式玉米收获机等产品，现拥有发明专利2项、实用新型专利32项；自主研发生产的两种机型（4YZX-2B型玉米收获机、4YZ-3型玉米收获机）通过省级专家成果鉴定，也是山西省唯一拥有自主知识产权的玉米收获机制造厂家。长治市孚斯特轴承制造有限公司于2012年成立农机技术研发中心，针对全省广大丘陵山区的种植条件和作物种类，成功研制出大豆玉米复合种植播种机、中药材播种机、中耕锄草机、土壤净化机、中药材采挖机等10余种30余款农业机械。

农机安全为农业生产保驾护航

农机安全生产是农业发展的重要影响因素，也是现代农业科学水平提升的体现。做好农机安全生产工作关系到广大农民的根本利益，推动农机安全生产具有现实影响意义。

近年来，按照管行业必须管安全、管业务必须管安全、管生产经营必须管安全的“三管三必须”安全生产要求，长治市落实属地监管职责，明确部门监管责任，对监管的机具、人员、场所、单位等基本信息实行动态掌握，加强源头管理；农机安全监管部门和执法机构落实各自职责，做到分工明确，形成合力，生产中预防和遏制一般生产安全事故，杜绝较大以上生产安全事故发生，全面提升农机安全生产管理水平，切实保护人民群众生命财产安全。

长治市连续几年在全省农机安全生产工作中排名第一。2021年，长治市在全省率先完成变型拖拉机清零工作，将排查并确定的在册存量250台变型拖拉机全部办理注销手续，历时4年多的变型拖拉机专项整治工作全面完成，在山西省范围内率先实现注销“清零”，为长治市农机安全生产和道路交通安全形势持续平稳向好奠定了坚实基础。

建设良田沃土　守护粮食安全

上党从来天下脊，这是对长治地形地貌的高度概括。长治市地处太行之巅，丘陵山地占全域面积的84%，旱地占80%以上，是典型的丘陵旱作农业区。近年来，长治市深入贯彻落实“藏粮于地、藏粮于技”战略，坚持把高标准农田建设作为提高粮食综合生产能力、加快农业农村现代化的重要抓手，强化示范带动、连片推进、高效发展，自2019年以来新增高标准农田82.82万亩，为乡村振兴提供了支撑，注入了活力。

高标准农田航拍图

高位推进落实，对标对表编规划

保障粮食安全，关键是要保粮食生产能力，确保需要时能产得出、供得上。长治市委、市政府紧紧围绕粮食安全，扛稳扛牢政治责任，高度重视高标准农田建设工作，多次召开高标准农田工作推进会，并在市委、市政府重要会议上研究部署，高位推动项目建设。市、县两级财政及时足额落实高标准农田配套资金和工作经费，为高标准农田建设提供了坚实保障，有力推动了各项工作的顺利开展。

2019年，全市开展了“十二五”以来高标准农田建设评估工作，对各县区、各部门实施的高标准农田全部上图入库，摸清了家底。在此基础上，坚持规划先行，综合考虑建设成本、面积规模和群众意愿等因素，既重点围绕粮食主产区打造集中连片的示范工程，集中连片、整乡整村推进，又充分考虑边远山区农业生产的实际需要，推动高标准农田建设规划、乡村建设规划和乡村振兴工作等有机衔接，确保项目规划设计精准、科学、实用、接地气。依托《山西省高标准农田建设规划（2021—2030）》，编制了《长治市2021—2030年高标准农田建设十年规划》，提出10年累计建成高标准农田109万亩，提质改造62万亩，高效节水灌溉农田38万亩。届时全市耕地宜建高标准农田的地块将实现全覆盖，粮食产能将得到进一步提升。

创新建管路径，有力有序抓进度

由于持续多年推进高标准农田建设，市内基础条件好、集中连片的农田大多已进行过项目建设，剩余的农田基本在丘陵山区，给建设和管护带来了困难。长治市坚持因地制宜，多措并举，不断创新模式，着力解决建管难题。长子县充分总结历年高标准农田建设经验，创新建设模式，自2020年起采取“EPC + O”总承包模式进行项目建设，遵循公开、公平、公正原则，进一步提高了投标人的整体实力、财务状况和履约能力等竞争门槛，实现优中选优，有效确保了项目实施质量；总承包模式将原来需要走2 ~ 3次招投标程序减为1次，为项目建设争取了时间。潞城区采取“金融保险 + 建后管护”模式，与太平洋财产保险公司签订了管护协议，对主要工程设备管保10年，是管护制度创新的有益探索。平顺县、潞城区利用辖区内大型引水工程优势，引水上山自流灌溉，有效解决了地下水资源不足的难题。黎城县将高标准农田建设与大中型灌区配套改造紧密结合，利用县内3个灌区改造的契机，配套建设和改造了田间末级渠系，使群众过去的旱田也能引流灌溉，为群众带来实实在在的效益。

在创新模式的同时，长治市委、市政府坚持进度质量并重的方针，做到了“五个统一”，即统一规划设计、统一组织实施、统一建设标准、统一验收考核、统一上图入库。严把“三关”，即规划设计关、工程质量关、程序关。坚持“两个加强”，即：加强工作考核，将高标准农田按时完成情况及成效纳入对县区党委政府粮食安全、乡村振兴等实绩考核内容，切实发挥了考核风向标作用；加强工作调度，坚持每周定期调度和适时通报制度，对建设进度偏慢的项目县，通过通报、督办函、约谈提醒等方式，督促项目保质保时推进。确保各年度工作有序推进，2020年验收全部完成，2021年工程全部完工，2022年项目全部开工。

坚持示范创建，善作善成提标准

逐一查看每块田地的墒情指数，通过手机小程序开关灌溉设备。自从建设了高标准农田，潞城区店上镇河湃村的村民种地也用上了智能化设备。来到潞城区高标准农田示范区，满满的科技感映入眼帘，高标准农田面积、土壤墒情、虫情、气象等信息应有尽有，这里的每一寸土地都散发着智慧农业的现代气息。

这是长治市高标准农田建设示范创建的一个缩影。自2019年以来，长治市在潜力大、基础条件好、积极性高的县区，遵循集中连片、整体推进的原则，按照“田、土、水、路、林、电、技、管”综合配套、设施齐全、旱涝保收、高产稳产的基本要求，开展了高标准农田建设示范区创建活动，引导县区创新“高标准农田+”建设模式，以项目建设为载体，加强农田建设与农村基础设施的衔接，与农村产业发展、人居环境整治等有机结合，创建了一批高标准农田建设示范区，以点带面推动了全市高标准农田建设提质提标。据统计，自实施高标准农田建设以来，示范区内粮食平均亩产达600千克以上，较实施前平均每亩增产70千克，为稳定粮食生产作出了突出贡献。

突出产业发展，良田粮用增效益

田间道路纵横交错，田成方、土成型、林成网……长子县鲍店镇南常村高标准农田建设后，作物由一年一作变为两年三作，当地田头市场交易红火，粮食作物和经济作物成交量持续增长，促进了产业发展和农民增收。村党支部书记介绍，通过实施高标准农田建设，加快了土地流转，提高了农民收入。

在高标准农田建设中，长治市始终坚持与项目区产业发展相结合的原则，因地制宜设置建设内容，加快了农村产业发展。平顺县根据当地山区田块细碎、粮食作物单产低的实际，发展中药材产业，高标准农田项目配套建设了田间道路，促进了当地现代农业示范区建设。潞城区将农田建设与项目区生态环境有机结合，在浊漳河沿岸素有“上党小江南”之称的辛安泉镇西流南村建设节水灌溉农业，形成了当地独有的农田景观，带动了观光农业的发展。武乡县与当地小米产业发展紧密结合，在谷子种植重点地区集中连片建设高标准农田……在结合产业发展的总体思路下，各县区积极发掘自身优势，走出了不同的融合路径，实现了“建成一片、用好一片、受益一片”。

奋进新征程，建功新时代，担当新使命，展现新作为。长治市将以实施乡村振兴战略为主线，大力推进新一轮高标准农田建设和已建高标准农田改造升级，在上党大地上绘就沃土良田壮美画卷，不断夯实粮食安全根基，持续助力乡村振兴。

实施五大行动　推进种业振兴

为推进全市现代种业发展，长治市以种质资源保护为基础，以良种示范推广为关键，以基地建设为重点，以种业企业为主体，以净化市场为保障，深入实施种业振兴五大行动，加强政策引导助推种业产业发展，全市玉米制种基地达1万亩，谷子、马铃薯等特色杂粮制种基地达1.3万亩，旱地西红柿、青椒、尖椒等特色蔬菜年育苗量5亿余株，食用菌年制棒1 000万余棒，党参育苗达5 000亩。

建立市级部门工作协调机制，推进种业振兴落地见效

一是领导重视，为贯彻中央和省委、省政府关于种业振兴的部署要求，长治市于2022年成立了由副市长担任组长的全市种业振兴行动领导小组，19个市直单位组成部门共同推进种业振兴各项工作，先后多次召开专题会议研究种业振兴工作。二是政策引导，制定涉及粮食、蔬菜、食用菌、中药材、种畜禽等多个种业领域的一产高质量发展种子种苗基地补贴政策，对70个粮食作物制种、蔬菜育苗、食用菌菌棒、中药材种苗基地和种畜禽场等种业主体进行了资金奖补，补贴资金达800余万元，有力地促进了全市种业产业的发展。三是规划引领，印发《长治市种业振兴行动方案》《长治市现代种业发展规划》(2023—2030)，明确全市种业发展的工作目标、主要任务、支持政策和组织领导措施，擘画了未来8年的发展远景。

加强种质资源保护利用，夯实种业发展基础

制定农业种质资源保护与利用政策，由市政府办公室印发《长治市加强农业种质资源保护与利用的实施方案》，明确了长治市种质资源保护的工作目标、主要任务、支持政策和保障措施。一是全面开展农业种质资源普查。从2020年启动农作物种质资源普查，12个县区完成农作物面上普查，普查队员走访了78个乡镇、211个行政村、1 208名群众，行程5 241.76公里，共征集种质资源414份，入国家库293份，完成了全市任务量的122.08%，其中粮食作物165份（56.31%）、经济作物56份（19.11%）、果树资源37份（12.63%）、蔬菜资源35份（11.95%）。发现有地方特色的优异种质资源10个，分别为沁源紫红山药、黎城穗状核桃、长子潞麻、长子河岸红薯、襄垣

荞麦“官尝”、上党区文冠果、上党区河豆、潞城小麻籽、潞城马枣和潞城西流南村红薯。其中沁源紫红山药、黎城穗状核桃、长子潞麻入选省级优异种质资源。畜禽方面完成全市2 683个行政村的面上普查任务，完成率100%，普查出地方品种3个、培育品种1个、引入品种4个，其中地方品种太行山羊群体规模20.32万只；水产方面完成普查主体55个，普查出养殖品种28种；微生物方面完成征集任务231份。二是加强种质资源基础设施建设。全市构建起了山西省玉米种质资源分库、市级桑树种质资源圃、振东中药材种质资源圃、平顺潞党参原生境保护区的“一库两圃一区”作物保护体系，共保存玉米、桑树、党参等作物种质资源6万余份，其中玉米种质资源1.12万份。潞玉种业玉米种质资源库入选首批省级农作物种质资源库。

推进育种科技攻关，加大良种试验示范推广

一是品种选育。依托山西农大谷子研究所等科研机构及潞玉种业、振东种业等企业，选育出长单511、潞玉1403、潞玉1525、长生07、长农47、长麦6990、长麦3897、长豆35、潞峰11、潞峰33、振苦1号、振苦2号等玉米、谷子、小麦、大豆、辣椒、苦参等旱作良种100余个。潞玉公司作为全省6家之一的育繁推一体化企业，其种质资源通过神舟十三号载人飞船搭载获得太空辐射材料并种植于南繁育种基地，开创了太空育种的先河。长治和海南乐东2个玉米转基因中间材料转育基地获得农业农村部批准。二是推广示范。围绕“产业急需、农民急用”，参与全省玉米、谷子、高粱、马铃薯、中药材等良种联合攻关，选育旱作良种。为加快抗逆抗旱优良品种的示范推广，建设省级农作物品种试验点26个、省级农作物新品种展示基地5个、省级“三新”集成示范基地3个，市级农作物新品种展示基地5个。2022年试验玉米、大豆和冬小麦品种249个次，展示玉米、谷子、高粱品种263个次，配套使用耕种管收全程机械化生产、谷子高粱膜侧播种艺机一体化技术等9项技术。在长治三农微信公众号、市农业农村局官网、《长治日报》等媒体平台发布长治市农业主推品种69个，其中玉米品种10个，引导农业生产经营者科学选用良种。

建设绿色标准化制种基地，扶优育强种业企业

一是建基地。为认真贯彻省委、省政府关于玉米制种基地回归的部署安排，长治市在全省率先启动玉米制种回归行动，全市玉米制种基地达1万余亩，在黎城县规划建设了占地35亩的种业园区，建设产能1 000吨的玉米果穗烘干加工中心。以潞玉种业、中农赛博种业、大槐种业、龙生种业等制种

省、市领导调研种业发展情况

企业为主体，“县企共建”推进国家级玉米制种基地县建设。同时，立足本地资源禀赋和区域农业发展需要，以沁州黄谷子、沁源马铃薯、长子青尖椒、壶关旱地西红柿、平顺潞党参、潞城大葱等为重点，入选省级良种繁育基地5个，建设市级良种繁育基地1个。以生猪、肉羊为重点，布局建设畜禽良种繁育基地，山西润景昇养殖有限公司（潞城）、山西立云农牧科技有限公司（沁县）入选省级畜禽良种扩繁推广基地。二是重培训。为扶优做强各类种业生产经营主体，开展种业企业摸底，实地调研企业发展需求。2022年9月24—28日，长治市种业振兴带头人培训班在潞玉种业公司举办，采取集中授课和外出实训的方式，对全市粮食作物、蔬菜、中药材、畜禽、水产等种业生产经营主体负责人、管理人员、技术骨干等进行集中培训，培育种业振兴骨干力量。

加强市场监管，营造良好种业发展环境

一是持续开展种业监管年活动。印发《长治市2022—2023年种业监管执法年活动方案》，深入开展春、秋季种子市场检查，抽检县区覆盖率100%，经营主体资质合格率100%。二是畅通投诉举报渠道。全市设立了12部投诉举报电话，统一号段，专人接听，坚决做到“有案必接、接案必查、查必到底”。三是建立“一地发现、全市联打”执法办案联动机制，实现市县联动执法。长治市种业专项执法监管作为“护奥运保春耕”专项行动典型经验，入选农业农村部法治动态。2023年2月24日，《农民日报》报道了长治市农业综合行政执法队潞城大队打击防范农资忽悠团做法。

强科技　育龙头　搭平台
拓宽沁州黄小米稳产高产道路

沁县位于山西省东南部太岳山以东、太行山以西、长治市北部，平均海拔1 000 ~ 1 121米。全境没有污染和污染源，水碧山青生态好、土肥农耕底蕴厚，是一个农业自然资源十分优越的区域，是中国名米沁州黄的出产地，素有“中国小米在山西，山西小米数沁州”之美誉。自2022年农业农村部批准沁县创建国家农业绿色发展先行区以来，县委、县政府把实施沁州黄小米产业“品种培优、品质提升、品牌打造、标准化生产”，全面实现绿色生产、全链发展、品牌提升、产能提高、农民增收“五位一体”目标作为建成国家农业绿色发展先行区、提升沁州黄小米中国特色农产品优势区、全国绿色食品农产品原料（谷子）标准化生产基地、国家级出口食品农产品质量安全示范县等国字号招牌工程来抓，强力推进沁州黄小米产业稳产高产与高质量品牌化绿色发展。

沁州黄小米丰收在望

培优品种，实现优良品种全覆盖

沁县政府与以国家谷子品种鉴定委员会主任刁现民为首席科学家的国家

谷子产业技术体系、国家级产业化龙头企业山西沁州黄小米（集团）有限公司，联手提升山西金谷粟元种业有限公司沁州黄谷子品种培优功能，创建了绿色标准化沁黄2号育种基地1 200亩。首席科学家刁现民率领国家谷子产业技术体系谷子育种岗位专家，紧紧围绕沁州黄小米“本来品质”这一核心，实现了沁州黄种子的100%培优和全县谷子优良品种100%覆盖的目标。

一是提纯复壮传统品种。谷子育种岗位专家针对沁县历史品种沁黄2号，按照“家谱”系统选育后代方法，单株（穗）选择、分系比较、混合繁殖选择后，采取选优去劣、定向繁殖和扩繁、筛选等一系列技术手段，培育出沁黄2号优质后代，使沁黄2号这一传统品种焕发勃勃生机。

二是培育不同区域的适宜品种。国家谷子产业技术体系谷子育种岗位专家针对谷子基地区域不同的土质、海拔等立地条件，对长生07、长农47号、晋谷21、晋谷40等品种种质资源开展了鉴定评价，遴选出优异育种材料，在适宜区域定向繁殖，为不同区域培育出了适宜的不同优势品种。

有机旱作，保障沁州黄小米原有品质

长治市创建全国有机旱作农业示范市的强有力措施，促进沁县形成了以农业骨干企业和新型经营主体为龙头的绿色有机旱作农业发展新格局。

一是集成有机旱作农业技术推广体系。在国家谷子产业技术体系引领下，沁县充分发挥省、市、县有机旱作农业专家咨询指导组作用，大力推行“行政领导+农业专家+农技指导员+基地+合作社+农户”包联责任制，行政领导负责项目推进、任务落实、督促检查，专家和技术人员开展常态化指导服务。同时，指导乡镇、村组建起了有机旱作“土专家”技术队伍，实行技术负责人责任制，设置有机旱作基地标牌，严肃责任、严明标准；适时组织技术培训、现场观摩等活动；全面实施新品种、新技术、新模式的试验示范和展示；按照有机、绿色生产要求，完善生产记录、档案资料；从产业体系、生产体系、技术体系、经营体系等方面，对沁州黄小米生产进行全过程封闭管控，严格执行小米成分、色泽与无害成分标准。探索建立了基地环境标准、基地建设标准、谷子品种标准、肥料投入标准、耕作规程标准、过程控制标准、产品品质标准、产品品牌标准和轮作倒茬标准等相关标准模块，形成了一套完善的有机旱作农业技术标准集成体系。

二是全面推广有机旱作农业配套技术模式。全面实施秸秆粉碎还田，增加土壤有机质。全县30.04万亩谷子基地全面推广了秸秆粉碎还田，耕地有机质逐步提升，土壤物理性状得到明显改善，促进了微生物活力和作物根系发育，土壤肥力在农业生产中的贡献份额提高了3个百分点。推广地膜覆盖种植，发挥增温、保墒、除草、增产、节水等作用，全县增产幅度达18.6%。增施生物有机肥，通过项目奖补和农户自购，增加了土壤有机质和土壤养分含量，保障了谷子在整个生育期的养分供给和谷子品质。机械深松、深耕，深松打破了犁底层，深耕加厚了耕作层，对提高产量和抗逆性增加发挥明显作用。“四水”有机旱作，针对春季风多水分散失快状况，通过顶凌耙耱（耢），破除地面龟裂，弥补裂缝，保蓄土壤水分；在播前6～10天浅耕，以除草活土，提温保墒；视土壤墒情，在播前、播后进行镇压，使土层下松上实，促进下层水上升，保障了全苗满垄；针对谷子生长过程消耗氧气、释放二氧化碳、土壤含氧量不断减少情况，进行中耕松土，切断土壤表层毛细管，减少了土壤水分向土表运送，使大气中的氧气不断进入土层，二氧化碳不断从土层中排出，提升了谷子的呼吸功能，促进了新根萌生，提高了生长能力。

提升品牌，增强品牌公信力

沁县将沁州黄小米生产“三品一标”提升行动和独特优越的产地环境、人文历史等作为提升品牌的重要内容，在现代农业产业示范区建起了沁州黄小米质量安全追溯数据平台，推动沁州黄品牌进入“信息服务在线化、产业管理数字化、产品质量可追溯、产品品牌靓丽化”的智慧物联网技术传媒领域，提升了沁州黄小米从产地到生产、市场到餐桌、食用到健体的全链条品牌公信力。启动申报沁州黄小米中国重要农业文化遗产，充分挖掘小米历史文化，科学编制中国重要农业文化遗产保护规划，编制出版《中国小米发展报告》。启动小米农耕文化园建设，以实物、图片、影像展示沁州黄小米产业及品牌发展历史，开设谷子品种、标准化加工企业及加工产品展示与体验，谷子种植与加工场景光影互动体验，打造一二三产业融合发展的样板。

坚持全链条推进，实施标准化生产

建设2 300亩标准化谷种繁育基地，推进种业振兴。完成800亩早春播谷子示范种植，开展新技术试点示范；建设1 000亩高标准数字农田，科技赋能小米产业。在原米加工方面，扶持企业进行技改扩能，增加色选机、精选机，产出更多优质好小米。在产品开发方面，在现有米粉、锅巴、饼干、挂面、米醋、米酒等产品基础上，扶持沁州黄集团上马“小米奶”生产线，向药食同源领域拓展；扶持攻关小米速食粥等快餐食品，迎合新消费需求。推广谷子产业全程可追溯体系建设，保障小米品质，引领长治小米占领高端市场。沁县全面落实沁州黄小米《农产品地理标志质量控制技术规范》，无缝执行《有机产品生产、加工、标识与管理体系》（GB/T 19630—2019）、《绿色谷子生产标准》，全面开展“地标+有机、绿色”的沁州黄小米标准化生产。各企业都健全了标准化生产组织体系，按照《生产过程标准质量手册》《标准化技术操作规程》及管控要求等采取一系列措施，保障沁州黄小米全过程标准化生产。

强力扶持，九大政策激发动能

在建设国家农业绿色发展先行区中，落实中共沁县县委农村工作领导小组《关于高质量高速度推进沁州黄小米品牌提升的实施方案》《关于2022推进“沁州黄”产业高质量发展的扶持政策》和《2023年关于优势产业高质量发展的扶持政策》，对种植沁州黄谷子的农户，每亩补助80厘米可降解地膜1卷（4千克）和铺膜费用40元；对有加工生产线企业或与加工生产线企业签订订单的经营主体种植有机沁州黄谷子的，每亩补助价值300元的生物有机肥；对发展沁州黄谷子种植基地的企业、合作社、家庭农场等主体，通过施用谷子专用肥，改变耕种模式，开展“一喷三防”、机械化收割等方式帮助农户实现单产提升的，每亩补助100元，为重点示范村购置谷物收割机；对获得国家《有机产品认证证书》和《有机产品转换认证证书》的，给予认证及检测费用50%的扶持；对有机沁州黄谷子种植轮作倒茬的，每亩补助300元，用于自购生物有机肥、腐熟农家肥；对建成绿色生态农场的，给予1∶1的资金支持；对当年被评为市级、省级、国家级的农业产业化龙头企业、示范（优秀）农民专业合作社、现代农业产业园、家庭农场的经营主体，分别给予1万元、3万元、10万元的资金扶持；对到北京、上海、广州、深圳、太原、长治等地建设电商网店拉长供应链的，给予大力扶持。

“三品一标”全面行动，收到了绿色生产、全链发展、品牌提升、产能提高、农民增收“五位一体”效果。2022年，全县12.88万亩谷子基地和当年种植的谷子加工，都获得了国家有机产品认证证书；7.71万亩谷子和小米加工都通过了绿色食品认证；登记的6.16万亩农产品地理标志沁州黄小米，都达到了农业农村部《农产品地理标志质量控制技术规范》标准；带动农户3.18万户，户均增收3 350元，带动农民就业3 040人；沁州黄小米在全国28个省份200多个地级市1万多个终端销售店的供应体系，以及美国、加拿大等国际市场的销量稳步提升；沁州黄小米产量达2.58万吨，沁州黄小米及米粉、锅巴、米醋、饼干等深加工产品产能达3.3万吨，产值达57 792万元，年销售收入实现72 240万元，利润达14 448万元，税金达766万元。

探索“高标准农田＋”模式
推动现代农业高质量发展

近年来，潞城区认真贯彻落实习近平总书记重要讲话重要指示精神，深入实施“藏粮于地，藏粮于技”战略，立足特色产业发展实际，积极探索“高标准农田＋”模式，2019—2022年累计建成高标准农田6.67万亩，有效推动全区农业规模化、机械化、集约化发展。

高标准农田现场会观摩点

聚焦产能提升，落实“藏粮于地”战略

成立了以党政主要领导为组长的高标准农田建设工作领导小组，统一指挥、高位推动，将高标准农田建设作为现代农业的基础工程和粮食安全的重要保障。通过“田土水路林电技管”等农田基础设施综合配套，解决了过去灌排水系不畅、工程不配套、道路不宜机等问题，项目区耕地质量平均提升0.5到1个等级。围绕提升粮食产能目标，严格高标准农田建设标准，不断提升耕地质量，项目实施后亩均增产约100千克，全区粮食产量增加480万千克。高标准农田建设推动了机械化种植、规模化生产、产业化经营，项目区内村级集体经济增收400万元，农民亩均增收200多元，土地租金亩均增加180元，带动农户户均增收千元以上。

聚焦要素支撑，探索乡村振兴发展模式

一是“高标准农田＋智慧农业”，实现智能化管理。依托浊漳河水源优

势，建设4 000余亩高效节水灌溉示范区，运用喷灌、滴灌等多种方式对不同作物实施节水灌溉。依托物联网技术，全面实时监控土壤墒情、温度湿度、光照降水及病虫害，通过远程控制水泵等灌溉设备，实现按需灌溉、精准灌溉、智能灌溉，灌溉水利用系数提高至0.88，较明渠漫灌节水23%，为高产高效创造了条件。二是“高标准农田＋社会资本”，创新投融资模式。引导社会资本参与高标准农田建设，山西大地控股产业发展集团投资6 700余万元修缮和改造天脊工业用水农灌中心部分灌溉设施，在周边4个乡镇25个村打造2万亩高标准水浇地，新增耕地100亩，增加粮食产能7 400吨。三是“高标准农田＋品牌产业”，推动产业化发展。坚持高标准农田与农业产业发展有机结合，打造“机田证”一体化示范区，以“全流程托管＋示范区创建”，实现农田标准化、生产机械化、农民持证化、销售订单化，打造“万亩高粱”“万亩大葱”品牌农业，推动了农业产业化发展。四是“高标准农田＋休闲旅游”，坚持融合式发展。将高标准农田建设与项目区生态环境建设有机结合，在浊漳河沿岸有“上党小江南”美誉的南流村，利用其水资源条件和秀丽的自然风光，新建2个1 000立方米高位蓄水池，将浊漳河水引至蓄水池后自流灌溉，同时强化路水林田综合治理，打造农田景观，发展观光农业，带动周边4个村的农民增收致富。

聚焦长效管护，建管用并重形成综合优势

一是从资金来源入手，运用“先建后补”理念，利用高标准农田建设形成新增耕地和产能指标市场交易作为回报，撬动社会资本参与高标准农田建设，解决钱从“哪里来”的问题。二是从模式创新入手，推行“设计—采购—施工—管护”一体化总承包模式，发挥社会资本先进管护经验，同时试点开展高标准农田水利、电力等易损毁设施商业保险，增加保险公司作为管护第三方，双向发力解决项目“怎么管”的问题。三是从后续经营入手，依托高标准农田及“机田证”一体化项目建设，摸索土地托管、土地整村流转、种植结构整村调整等多种经营模式，形成规模化经营、产业化种植、品牌化销售基础，解决农田“怎么种”的问题。

高标准农田建设是巩固和提高粮食生产能力、保障粮食安全的重要举措。潞城区把高标准农田建设与实施乡村振兴战略紧密结合，做好整县推进各项工作，创新建、管、护、用一体推进机制，大力推动一二三产业融合发展，让农田真正变成农民增收致富的“丰产田”，为乡村振兴蓄势赋能。

创建种业大县　助力产业振兴

黎城县地处晋冀豫三省交界，境内有“绝壁长崖、奇峰幽峡”的山地景观，有“百里赤壁，万丈红崚”的丹霞地貌，还有覆盖全县14万亩的“三大灌渠”和40多处小水小泉，独特的地域地形构成了天然的种子繁育隔离屏障，相对充沛的水利条件为发展玉米制种提供了良好的保障条件。近年来，黎城县把种业振兴作为乡村振兴的重中之重，充分发挥玉米制种优势，积极创建种业大县。

三级书记亲自抓，“一号工程”强推进

黎城县抢抓国家省、市种业振兴政策机遇，成立县种业振兴工作领导组，书记、县长亲自挂帅，抽调精兵强将组建工作专班，县委带头三级书记亲自抓，其他县处级领导包联推进，率先在全省启动玉米制种回归行动。2023年，黎城县进一步将种业基地建设作为全县“一号工程”，高位推动、顶格推进，加快构建玉米制种全要素、全产业链集群，推动玉米制种基地高质量发展。

坚持规划重引领，一张蓝图绘到底

深入贯彻习近平总书记“下决心把民族种业搞上去”和“打好种业翻身仗”的重要指示，聘请国内行业权威科研机构深入调研并编制《黎城县现代种业发展规划（2023—2027年）》和《黎城县2023年制种基地县建设实施方案》，高点规划、科学布局，明确发展方向、谋划重点项目、强化关键技术攻关，分年度列出任务书、时间表和施工图，为示范推动全县现代种业发展实现新突破提供指导依据。

要素保障再强化，龙头带动延链条

以现代农业产业园区为平台，投资9 000余万元，进一步完善园区水、电、路、污水处理等基础设施及配套服务建设。引进潞玉、瑞德丰、大槐、中农赛博等种业公司，分布全县发展玉米制种基地1万余亩。投资5 500万元，实施玉米种子加工中心建设项目，为玉米杂交种果穗烘干、脱粒、精选、分级、包衣、包装、储藏等提供全流程加工服务。投资2亿元，加强全县三大灌渠各支渠管网等农田水利设施建设，玉米制种基地灌溉水费由政府承担一

半，基地管理费用在原基础上，政府每亩再补贴100元，做到“农户应种尽种，政府应补尽补”，大力推进玉米制种全环节提升、全产业融合、全链条增值、全要素保障。

“春种一粒粟，秋收万颗子。”种业是粮食之基，种子是农业的“芯片”，是具有战略意义的“国之大者”。黎城县将对标对表中央及省、市种业振兴部署，扎实开展种业振兴五大行动，力争通过3～5年努力，在全县8镇40余村发展制种基地7万亩以上，注重自主知识产权，打造独特种业品牌，培育产销规模亿元以上种业集团，力争玉米制种全产业链产值突破3亿元，带动农户9 000余户增收，真正把黎城县建设成全省一流的高标准玉米制种基地县、区域性粮食（玉米）作物良种繁育基地，力争早日将其创建成为国家级（玉米）制种大县。

上遥镇靳曲村玉米制种基地播种现场

做强特色优势产业　打造第一小米品牌

山西沁州黄小米（集团）有限公司成立于1990年，是一家以沁州黄小米为基础产业，以小米深加工产品为主导方向，集畜禽养殖、谷种繁育、基地种植、科研开发、产品加工、市场营销于一体的农业产业化国家重点龙头企业，是全国谷子标准化生产示范区建设单位，带动沁县农村展现出家家种谷子、户户沁州黄的壮丽景象。

沁州黄小米基地航拍图

科研引领，多措并举，基地生产水平进一步提高

一是谷种科研有新成果。特聘育种专家、植保与营养专家和病虫害防治专家，加大沁州黄谷种科研。新选育沁州黄原原种谷子品种11个品系、沁黄2号原原种8个品系，建立并完善2个环境良好的固定的良种繁育基地，引进国外适合改善谷子品质的叶面肥6个种类。二是谷子品质得到大幅提升。基地连续多年稳产，亩产平均达300千克，最高亩产达400多千克。三是构建基地生产管理新体制，与全县13个专业合作社联合，组建了沁州黄集团小米产业联合体，形成了利益链接、优势互补、种养加相融合的生态循环产业链。四

是高标准建设示范基地和试验点，发展规模连片种植基地6个、核心优质基地2个、有机旱作试验示范基地1个，高标准打造优质沁州黄谷子有机旱作示范基地。五是强化服务促进基地生产效率提高，初步实现了从种到收全程机械化的新里程。充分利用高素质农民培育工程，有效提高了农民的品牌、质量意识和种植技术水平。公司带动1.6万余农户发展订单基地6万亩，带动3 232户贫困户脱贫增收，按不同等级优质优价收购谷子，绿色谷子7 ～ 8元/千克，有机谷子达20元/千克，以全国最高的价格收购确保种植农户利益。

品牌营销，渠道创新，好米卖出好价格

一是加强高层次营销队伍建设，销售团队综合竞争力得到大幅提升。招聘一批经验丰富的高端营销人员，新设立了品牌销售部、新媒体部，夯实了市场营销团队基础。二是大力塑造品牌，品牌影响力持续扩大。聘请专业策划公司再次进行全案品牌营销策划、顶层规划设计，强化品牌塑造，为产业发展规划了路线和航标。近年来，沁州黄小米冲出红海，再展名米风采，被评为山西好粮油产品、山西百姓放心食品、山西放心粮油产品、中国好粮油产品、小米感官品鉴上榜产品、小米营养鉴评上榜产品、功能营养小米等；山西沁州黄小米（集团）有限公司被评为省级粮食产业化龙头企业、中国百佳粮油企业、中国好粮油工程实施单位。三是建设自营渠道，构建出营销新格局。着力打造平遥沁州黄文化体验店和太原沁州黄餐饮体验粥店，使销售展现出新的生机和活力，业绩逐年攀升，当年销售同比增幅达17%，电商销售同比增幅达31%。

完善体系，严管严控，产品质量再提档

山西沁州黄小米（集团）沁县小米加工有限公司和谷之爱食品有限公司同时获得HACCP食品安全体系认证。一是质量管理体系进一步完善，公司发挥“山西小米”产业联盟成员的职责作用，对“山西小米”质量标准、种植规程、加工技术规范、运输仓储规范的制定积极建言并严格执行。二是完善生产设施设备以及检测化验设备，使产品质量进一步提高。小米加工精度由原来的97%提高到99%以上。2018年新建了检测中心，建筑面积700平方米，总投资1 050万元，按照国家标准对小米和米粉质量进行检测，同时也为科研提供服务，是公司科研工作的重要支撑。“谷之爱”牌小米粉产品出厂时43项指标已实现自主全项检验，确保了出厂产品合格率达100%。

聚力项目，高标建设，产业高质量发展的后劲显著增强

一是狠抓中国好粮油建设项目。新建成库容量6 000吨高标准沁州黄谷子储藏库和4 000吨沁州黄谷子低温储藏库；新建2 700平方米谷子晾晒场，新购一批优质粮食清理和干燥设备，提升了企业的储粮能力，实现了优粮优储，为企业的增产增效创造基础条件。二是狠抓乡村振兴战略杂粮全产业链开发项目建设。开展培育杂粮标准化生产基地和农产品品牌建设，推进有机旱作农业发展。三是狠抓亚行贷款包容性农业产业融合项目。年产2万吨的“谷之爱”中老年营养小米粉生产线投产后产能扩大2倍以上，加快了沁州黄产业升级和公司高质量发展步伐。

深度合作，强力攻关，科研工作成果丰硕

一是入驻农高区[①]，助力科研速度。公司在农高区成立山西农谷沁州黄生物科技有限公司，把公司的发展战略与“山西农高区”的土地、科技、人才、资金、政策和交通等优势相结合，抢抓发展机遇，更好地推进沁州黄小米产业的转型升级，大跨步实现沁州黄小米产业高质量发展。二是加大与高校、科研单位的交流合作力度。联合江南大学、中国中医科学院积极研发成长型和益智型两款儿童功能小米米粉，以及健脾和胃类型、柔脉化斑类型两款成人药食同源功能食品等产品。产品配方已获得成功，即将试车投产。三是产品优化，不断推出新品。改进生产配方，推出谷之爱畅贝乐无糖新品；新增调糊、冲乳米粉9个新品上市；完善了早餐米粉配方。四是加大技改，进一步提高品质。通过降低小米加工过程中温度，提高小米品质；改造小米真空包装设备，提高了生产效率和包装质量；改进了冲乳米粉粒径，改善了小米粉的冲调性；沁州黄技术中心实现升级，成功获批为省级企业技术中心。

① 农高区，即山西晋中国家农业高新技术产业示范区。

04 第四篇 特优产业

TEYOU CHANYE

产业振兴是乡村振兴的重中之重。长治市坚持把产业振兴作为全面实施乡村振兴的有效途径和重要抓手，实施“特”“优”战略，发展有机旱作农业，大做“土特产”文章，致力开发农业多种功能、挖掘乡村多元价值、推进一二三产业融合，强龙头、补链条、兴业态、树品牌，推动乡村产业全链条升级，增强市场竞争力和可持续发展能力，构建起中药材、粮品、果蔬食品、肉制品和酿品五大特优农业产业集群，培育乡村振兴的新支撑、农业转型发展的新亮点，为乡村振兴赋能增效。

沃土蕴希望　处处好“丰”光

连片的农田里，玉米、谷子、高粱颗粒饱满、丰收在望；蔬菜大棚里，红艳艳的西红柿、嫩绿的豆角长势正旺；果园里，红的苹果、紫的葡萄、黄的梨挂满枝头，香气四溢；交易市场里，农户们正将包装好的农产品整箱装车，运往全国各地……沃土蕴希望，处处好风光。

种植户们在翻晒红辣椒

近年来，长治市认真贯彻落实中央、省委“三农”工作部署，聚焦稳产保供、增量增效、提质培优，扎实推进现代农业转型升级。全市农业生产能力稳步提高，农业结构调整步伐加快，农民收入持续增长，农村面貌焕然一新，老区大地激荡着现代农业发展的澎湃热潮。

聚焦稳产保供，打好产能提升“硬底子”

在沁县定昌镇烟立村的示范基地，近500亩农田正在进行谷子品种提纯复壮、品种选育以及测土配肥等研究试验。“发展现代农业的过程，就是改造传统农业、转变农业发展方式、提高农业生产效率的过程。”基地负责人李圈平说，“这就需要解决在哪里种、谁来种、怎样种的基础问题，从根本上积攒发展现代农业的力量。”

稳产保供是发展现代农业的首要任务。长治市制定防止耕地“非粮化”稳定粮食生产实施方案，落实各项强农惠农政策，压实各县区粮食生产责任，提高农民种粮积极性。

大力实施高标准农田建设，全面完成2021年建设任务，2022年新开工建设31万亩高标准农田，在3个县整建制推进粮食稳产保供项目，以机、田、证为切入点，打造百万亩优质粮食生产基地。

聚焦农机农艺融合、良种良法配套，开展小麦晚播、谷子冬播等新技术试验示范，主推玉米膜侧播种、谷子渗水地膜机械化穴播等实用技术。

推广60个有机旱作农业生产模式，抓好1个省级有机旱作农业科研示范基地创建，与武汉大学、北京农学院、中国农业大学等高校签订战略合作协议，解决产业发展技术难题。

培育发展一批带动力强的家庭农场、农民合作社，新培育示范家庭农场30家、农民专业合作社示范社50家。强化典型示范带动，开展家庭农场、农民专业合作社质量提升行动，不断提升规范化水平，增强服务带动能力，开展“空壳社”专项清理。

依托供销合作社的组织体系和经营网络，围绕农业生产服务、农产品流通服务、城乡社区综合服务、农村合作金融服务，构建为农服务体系。发展壮大各类农业社会化服务组织，培育农业生产托管服务组织180家以上。依托市农作物统防统治服务联盟，培育了20个市级病虫害统防统治示范服务组织。建设各类农产品冷藏保鲜库，逐步完善农产品冷链物流体系。

近年来，长治市坚持稳字当头，聚焦稳产保供，着力稳政策、稳面积、稳产量，落实藏粮于地、藏粮于技战略，坚决打好农业生产“硬底子”，现代农业发展基础进一步夯实。

聚焦增量增效，培育特色产业集群

天高云淡，在平顺县龙溪镇东彰村，村民们正在地里忙着给党参除草去叶。

“平顺县地形复杂、气候多样，独特的自然条件孕育了丰富的中药材资源且品质优良，堪称天然的药材宝库。”在全县大力发展中药材产业的大环境下，赵学良成立了山西金山谷农业科技有限公司，种植党参300余亩，并建起了加工生产线，“现在，我们的中药材产业链逐步完善，由于集群效应，销售渠道不断拓宽，产品附加值稳步提高。”

近年来，长治市主动适应经济新常态，发掘优势特色资源，聚力全产业链建设，培育特色产业集群，加快构建现代乡村产业体系。打造了平顺、沁源、壶关党参种植加工集聚区，平顺、屯留、长子连翘种植加工集聚区。依托中药材商贸平台建设，构建了集中药材种植、加工、研发、包装、仓储、追溯、销售为一体的现代产业体系，培育了振东制药、正来制药等产业集群

标准化蛋鸡养殖

领军企业。

以长清生物为龙头，积极争取山西玉米产业集群项目，推动高淀粉玉米、饲用玉米、高油玉米等优质专用玉米生产基地建设，开发以玉米为原料的休闲保健食品，延长玉米加工产业链。

依托沁州黄小米、太行沃土①等产业化龙头企业，开发以小米为原料的功能性食品，完善谷子种植加工销售产业链条。

依托平顺麦丰、潞卓商贸②、长子浩润等蔬菜生产加工企业，做大屯留尖椒、壶关旱地西红柿、长子大青椒、上党50白菜等传统优势产业，发展潞城大葱、长子西兰花、沁县芦笋等特色蔬菜种植。

抓好沁源乾和源10万只湖羊养殖、山西润禾③3 600头种猪繁育等73个项目建设，尽快投产达效。着力打造以长子温氏、屯留大广为龙头的百万头生猪产业，以武乡绿农农牧、连盛农牧为龙头的5 000万羽肉禽产业，以山西瑞康源、沁县宇辰为龙头的千万羽蛋禽产业，以沁源乾和源、宁瑞农业为龙头的50万头（只）牛羊产业④。

依托潞玉种业、晋汾高粱等高粱种植加工企业，发展高粱订单种植10万亩以上，打造优质原料标准化基地。重点实施黎侯宴白酒生产线搬迁建设项目二期、圣堂食醋产品新工艺研发项目等酿品项目，推进康宝功能食品（压片糖果、方便食品）新设备引进扩建和新产品市场推广项目。

全市现代农业产业集群化发展取得一系列成效，带动效应日渐增强，农业增效、农民增收日趋明显。

聚焦提质培优，把握市场主动权

在未来的农产品竞争中，谁抢占了“绿色农业”“有机农业”的制高点，谁就赢得了市场的主动权。

来到壶关县紫辉生态庄园，园区负责人奎临猗正在认真检查阳光玫瑰、茉莉香等葡萄的长势，“绿色有机是市场的需求，是现代农业发展的趋势。我们的水果从种到收，严格按照绿色生产标准抓质量，产品品质高，市场反馈好。”奎临猗介绍。

提质培优，是现代农业发展的新引擎和方向。

---

① 太行沃土即为山西太行沃土农业产品有限公司。

② 潞卓商贸即为山西潞卓商贸集团有限公司。

③ 山西润禾即为山西润禾农林牧发展有限责任公司。

④ 文中的武乡绿农农牧即为武乡县绿农农牧科技有限公司，山西瑞康源即为山西瑞康源禽业有限公司，沁县宇辰即为沁县宇辰农业综合开发有限公司，宁瑞农业即为山西宁瑞农业开发有限公司。

一是质量安全管起来。长治市大力开展农业全产业链标准化试点，推广绿色有机农产品地方生产标准，认证绿色有机农产品40个以上，积极开展国家级标准化基地创建。抓好“治违禁控药残促提升”三年整治行动和农资打假专项治理行动，深化农产品质量安全县创建和乡镇网格化管理，农产品质量监测合格率达98%以上。

二是化肥农药减下来。开展化肥农药减量增效、畜禽粪污资源化利用、秸秆综合利用等工作，建设60个农作物病虫害绿色防控示范区和12个植保新技术展示片，测土配方施肥技术覆盖率达90%以上，畜禽粪污利用率提高1个百分点，实施潞城区、黎城县秸秆综合利用示范县项目，农作物秸秆综合利用率达92%。

三是品牌形象树起来。重点打造“半分耕”长治有机旱作农业区域公用品牌，建立特优产品品牌名录，叫响“上党党参”“上党连翘”“长治小米”“壶关旱地西红柿”“长子大青椒”等品牌。打造沁州黄小米、浩润脱水蔬菜、沁县芦笋、晋襄林盛梨等十大出口农产品和好乐草莓、云海外贸肉兔、南莎姆干红葡萄酒、太行沃土小米等“圳品”。

不仅如此，长治市还成立了特优农产品销售联盟和12个县级销售联盟，2021年共举办各种营销推介活动64次，签订订单35个，现场销售农产品近万吨。同时，设立品牌旗舰店，打造区域公用品牌、企业品牌和产品品牌相结合的品牌矩阵，整合线上线下资源开展品牌推广，推动农产品不断走向更广阔的市场。

香菇种植基地

一家家龙头企业热火朝天，一处处农业产业园区应运而生，一个个新农村示范点快速成长，农业生机勃勃，农村繁荣美丽，农民笑逐颜开……在长治，传统农业已悄然蝶变，现代农业发展正风劲帆满。

推进蔬菜提质扩面　助力乡村产业兴旺

近年来，长治市以推动蔬菜产业“品种培优、品质提升、品牌打造和标准化生产”为抓手，调结构、扩规模，提标准、保质量，稳供给、增效益，加快构建布局合理、绿色安全、优质高效、产销协调的产业格局，不断推动蔬菜产业高质量发展。2022年，全市蔬菜播种面积46万亩，蔬菜总产量113万余吨。夏秋冷凉蔬菜面积39.09万亩，新建设施农业面积5 201.61亩，任务完成率全省第一、完成量全省第三，2020—2021年度“菜篮子”市长负责制考核等级为优秀。省考核组总体评价长治市“菜篮子”产品生产水平较高，流通体系基本完善，质量安全监管机制较为健全，调控能力稳步提升，在保供给、保安全、保民生方面发挥了重要作用。

规模化设施蔬菜基地

一是压实“菜篮子”生产保供责任。切实落实“菜篮子”市长负责制，把“菜篮子”工程建设工作列入政府工作议事日程，将推进蔬菜产业发展摆在突出位置。制定下发了《长治市加快推进蔬菜产业发展的实施意见》，逐年制定长治市蔬菜产业发展行动方案，把年度市级发展任务分解到县区，月调度，季通报，年考核。各县区结合县域产业发展实际，对照市级任务指标，层层压实责任，层层落实乡镇村，有效保障了目标任务的完成。

二是落实强农惠农政策。全面落实省、市蔬菜生产惠农政策，争取省级蔬菜产业发展补助资金450万元。同时，市政府出台支持一产高质量发展补贴政策，对新建改造设施大棚、集约化特色蔬菜育苗场、集中连片发展50亩以上的大葱等露地蔬菜育苗基地、食用菌菌棒生产基地实行补贴。各县区参照市级一产高质量发展补贴政策，制定了县级扶持政策，对蔬菜产业实行市县同补，极大地推进了蔬菜产业的发展。

三是党建引领推进蔬菜产业发展。全市在抓党建促基层治理能力提升专项行动中，抓支部、抓党员、抓产业，采取村集体联农户、联社会资本、联市场订单的模式，大力发展设施蔬菜大棚，涌现出长子县鲍店镇草泊村、沁县故县镇、屯留区张店镇等一大批以党建引领发展产业的先进典型，蔬菜产业增加了广大村民的收入，发展壮大了村集体经济，增强了基层党支部的组织力、凝聚力、向心力。

四是持续跟进产业科技服务。成立了产业发展市县工作专班，细化了工作方案，制定具体措施，组织召开全市春季农业生产及第一产业高质量发展潞城现场推进会，以“三联三送三服务”和“三队”包联活动为载体，组织市县专家、技术人员深入田间地头“手把手”“面对面”开展技术培训与指导。推广下发了长治市蔬菜作物推介品种，示范推广了蔬菜生产主推品种16个，在全市推广了新优蔬菜良种、工厂化穴盘育苗、增施有机肥、银黑反光除草膜覆盖、五合一栽培、高垄配合膜下滴灌、防雹网覆盖、绿色综合防控8个技术集成方案，为全市蔬菜产业高质量快速度发展奠定了坚实的基础。

五是全面推行标准化生产。制定修订了60项绿色有机农产品地方标准，全市建设集中连片规模在50亩以上的标准化设施园区285个，部省级蔬菜标准园达61个。全市绿色和有机农产品的认证达87个，“三品”认证有效用标企业317家、产品552个，认证面积188.44万亩。集中打造了“沁州绿”“生贵”“熬脑”“辣妞”“紫团”“百素珍”等知名品牌，特色蔬菜长子大青椒发展到6万亩、潞城大葱发展到2万亩、壶关旱地西红柿发展到6万亩，屯留尖椒发展到10万亩。

蔬菜产业园

六是不断强化蔬菜生产防灾减灾。与气象部门建立联席会商工作机制，针对全市农业生产可能发生的倒春寒、干旱、雨雪等自然灾害天气，及时发布农业气象预警与防范简报22期。针对农时不定期发布《农田土壤墒情简报》，制定发布《长治市2022年春季蔬菜生产技术指导意见》《低温雨雪天气设施蔬菜稳产保供技术指导意见》《谷雨节气蔬菜生产技术意见》《蔬菜生产应对暴雨灾害技术指导意见》等技术方案措施，及时指导蔬菜生产。针对暴发性病虫害，建立了病虫害监测网络，发布《病虫情报》11期，病虫长期预报准确率达85%以上、短期预报准确率达95%以上，全市建设农作物病虫害绿色防控示范区48个、植保新技术展示片12个，有效应对病虫害蔓延。

果业提质增效　赋能乡村振兴

把中国人的饭碗牢牢端在自己手中，是国家重大战略需求，要做好“这碗饭”，不仅需要“粮袋子”“菜篮子”，还需要品类多样的“果盘子”。为把“果盘子”牢牢端在中国人手中，长治市立足“稳存量、优品质、提效益、促发展”，以绿色有机旱作为底色，创新发展机制，强化科技赋能，狠抓四新示范，积极推进低效老果园改造，探索出一条果园优质高效的新路子。

长治市自然资源得天独厚，海拔高、光照足、温差大、降雨适中、水资源洁净，是符合苹果生长7项气候指标的最佳优势区之一，适宜多种水果栽培。2022年，全市水果种植面积14.65万亩，产量11.79万吨，产值7.74亿元，极大地丰富了全市人民的“果盘子”，为促进农民增收和乡村振兴作出了积极贡献。

旱作技术，助推山地果园发展

果树上山，推动武乡梅杏规模发展。武乡县是太行革命老区。近年来，武乡县把梅杏产业作为巩固拓展脱贫成果和全面推动乡村振兴的主导产业，梅杏面积达5.24万亩，遍布故城、贾豁等12个乡镇131个行政村，年产量8 040吨，年产值8 520万元，带动千余农户脱贫。2021年“武乡梅杏”成为地理标志农产品，梅杏产业成为独具特色的农产品品牌。政府整合多方资金，制定长期发展规划，全力打造梅杏产业。严格执行耕地保护政策，新增果树全部上山。加强技术培训，大树高接换优，小树确保成活，规模效益显著。引入旱作生态种植技术，用有机质、矿物质和微生物替代化肥农药，不用激素除草剂。重视电商、直播销售，扩大营销途径，不断提升“武乡梅杏”地理标志品牌效应。

不争粮地，干石山区花果飘香。上党区炎帝岭水果种植合作社自2007年成立以来，在干旱贫瘠的山坡上，引进试种苹果、梨、桃、大樱桃等8大类50余个名特优干鲜水果品种，打造出“三季见花、四季见绿、花果飘香”的生态果园，总结出一套干石山区水果生物覆盖高产种植综合配套技术，将生态效益转化为经济效益。一是将苗木浸泡沾泥浆栽植，成活率达90%以上；二是每年7—9月，树盘每亩压青草1 500 ～ 2 000千克，通过生物覆盖增肥节水保墒；三是采用“物理＋生物”绿色防控方式，使农药减量，保障果品无公害；四是老树高接换优，新优品种不断替代更新；五是优化树形结构，用足光热资源，提高优果品质。

因地制宜，推广旱作节水技术。果园实行免耕生草制，提高土壤有机质含量和基础肥力，改善果园微生态环境。采取油豆轮作、行间自然生草和有选择人工育草等模式，增加害虫天敌，育草增肥，改善土壤活性。此项技术在全市10万余亩果园推广应用，取得了培肥、节水、省力的显著效果。铺设防草地布特别是黑色园艺地布，可增温保墒，延长根系的生长期，促进微生物活动，活化土壤有效养分，利于果树后期的养分积累。坚持"截住天上水、保住地下水、补充外来水"，因地制宜实施树盘覆盖、孔穴式肥水调控、滴灌、水肥膜一体化、小流滴灌双膜技术等方式多重组合，提高水肥利用率。加大有机肥施用量，适时秋施基肥、生物菌肥，养根壮树，提高果树抗寒抗旱抗病虫害能力。

"四新"引领，打造现代果业示范基地

以黎瑞农业生态发展有限公司为代表的水果示范园，坚持以工业化理念推进果园集约化发展，突出矮砧技术支撑、设施防灾保障、网络智慧化管理、产后分级筛选、文旅融合发展，推动水果产业转型升级，打造现代果业示范基地。

引进新品种。引进皇家嘎啦、华硕、维纳斯黄金、首富系列等优良品种，选用抗性强的矮化自根砧，实现了品种和砧木"双脱毒"。

集成新技术。采用现代苹果矮砧集约栽培六大核心技术，即以高纺锤形树形为主的简化修剪技术，以生草覆草为主的生态果园建设技术，以滴灌平衡（配方）施肥为主的水肥一体化技术，以机械施肥除草打药为主的宜机化管理技术，以绿色防控为主的病虫害防控技术，以防灾防雹为保障的设施栽培技术。

运用新模式。采用大苗建园，宽行密植，通风透光，便于机械化作业，实现了省水、省肥、省力、省地，稳步实现"一年栽树、二年挂果、三年丰产"目标，建园4年的苹果树亩

草莓种植新模式

产近4吨。

融合新功能。以800亩品类多样的规模果园为依托，以紧邻旅游景点为优势，建成集赏花品果、采摘体验、休闲娱乐、旅游观光为一体的生态休闲采摘观光园，提升了果园的综合生产能力。

科技赋能，实现果业提质增效

科技是引领果业高质量发展的驱动力，是建设现代果业体系的战略支撑，要充分发挥科技创新的关键变量作用和支撑引领作用，不断强化科技赋能果业高质量发展。

绿色生产。坚持绿色发展理念，积极开展以“减肥、减药”为主要特点的绿色生产模式的集成示范和推广应用。大力推广果树专用肥，建立分种类、分品种的施肥配方，有序推进肥水一体化发展。构建病虫害绿色防控技术体系，综合运用农业、物理、生物、化学等防治措施，推广“四挂防虫”技术、健树抗病技术、严禁使用除草剂，严禁喷洒高毒剧毒农药，促进果业发展与生态环境保护协调统一。

安全管理。水果常年遭遇倒春寒、干旱、大风、冰雹等威胁，必须把安全作为产业发展的重要保障。以春季花期“倒春寒”、夏季冰雹、花期高温、成熟季阴雨寡照等为重点，加强果园避雨棚、防雹网、防鸟网等设施建设力度，完善果园基础设施、加强树体管理、合理负载等，提高抗风险能力，完善果业防灾减灾技术体系，促进果业生产安全、果品质量安全。

标准栽培。编制印发苹果、梨、杏等优质水果栽培技术规范手册，修订了12个绿色有机果品生产技术规程，提高果园精细化、标准化管理水平。强化农机农艺结合，推行轻简化标准化小型农机具。平川规模果园集成应用无人机、弥雾机、作业平台、机械耕作等新装备50多台（套），提升果园机械化水平。

智慧果业。黎瑞农业公司、好乐草莓[①]等精品示范果园坚持把“互联网+”作为现代果业发展的基础性工作，围绕土、肥、水、机、绿、销等重点发力，加大水肥一体化系统、虫情检测系统、智能灌溉系统、智能分拣系统的智能化设备和技术应用力度的推广使用，融合推进智慧果业发展。

网络营销。积极发展电子商务，广泛开展各类网上促销活动，通过同城速递、水果直播、短视频营销等方式，加强果农网红培养，实现新一代果农把手机变成新农具、直播变成新农活。

---

① 黎瑞农业公司即为黎城县黎瑞农业生态发展有限公司，好乐草莓即为沁源好乐草莓种植股份有限公司。

水果产业园

聚合多要素，改造提升老果园

对树龄20年左右、果品质量和经济效益双下降的老化果园，武乡、平顺、长子、沁县等县区通过“改土壤、改品种、改树形、改密度、改设施”等技术，使果实品质和果园效益得到较大提升，亩均增收1 000元以上。

肥力提升。增施有机肥或腐熟羊粪，配施三元复合肥，增施微生物菌剂进行土壤改良，提高土壤有机质，增强树势。行间间作油菜、豆类等绿肥植物，改善土壤通透性，提高土壤肥力。

品种培优。对树龄在20年以内，但品种落后、经济效益差的苹果、梨、葡萄园，实施枝接为主的高接换头技术，引进瑞香红、鸡心果、维纳斯黄金、秋月梨、烂漫红颜等20多个优良品种，力求差异化发展，减少同质化竞争。

树形高效。针对密闭果园，重点采用改形、间伐等技术措施，降低栽植密度，提高光效利用。山区果园采取提干、落头、控冠等管理技术，对于主干上距离地面1米以下的侧枝进行疏除改造，将树冠高度控制在3.5米左右，便于管理。平川果园采取隔株间伐或隔行间伐技术，改善果园通风透光条件，配合精细化修剪，提升果品品质。

设施升级。果园隔行间伐后，行距拓宽，便于割草、施肥、打药等机械操作，降低劳动力成本，增设水肥一体化设备，提高水肥利用率。

做大中药材产业　助力全面乡村振兴

长治市是全国著名中药材“北药”主产区，上党中药材中国特色农产品优势区，被誉为“神农故里、中药之乡”。近年来，长治市委、市政府紧紧围绕山西省中药材崛起工程和中医药强省战略，突出规划引领、示范引导、规范管理、政策扶持等重点，加快建设规模化道地药材基地、山西（长治）中药材商贸平台，积极打造山西中药材产业转型升级的新引擎和未来发展的新名片，取得显著效果。2021年，中药材产业创新驱动发展受到国务院督察组肯定和省政府通报表扬。2022年，全市中药材种植面积达152.05万亩，产量10.83万吨，农业产值33亿元，带动药农4.79万户。中药材产业已成为长治市促进农民增收和乡村振兴的重要抓手。

平顺连翘种植基地

加强规划引导，创优发展环境

2018年以来，市委、市政府高度重视做强做大中药材优势产业集群。在组织保障上，成立由分管副市长担任组长的中药材产业发展领导小组，统筹协调相关单位以及各县区政府；组建长治市中药材产业发展中心，专门负责中药材产业发展工作，聚力在太行山、太岳山两个区域重点打造中药材优势片区。在顶层设计上，先后出台《长治市中药材产业发展规划》《长治市促进医药产业健康发展若干措施》《上党中药材中国特色农产品优势区建设方案》。在集群发展上，制定出台了《关于推进农产品加工优势产业集群发展的实施意见》，获批建设山西道地中药材产业集群和上党中药材省级重点专业镇。在资金支持上，制定出台了《关于加快推进第一产业高质量发展的实施方案》和《支持第一产业高质量发展补贴政策》；山西（长治）中药材商贸平台交易市场为入驻商户提供三年免房租、仓储租赁补贴等政策，入驻商户还可享受上党经开区及相关部门贷款担保、贴息政策；上党区规划建设的中医药加工产业园区，为入驻企业提供标准化生产厂房，享受租金优惠政策，推动中药材加工优势产业集群高质量发展。

搭建共享平台，助推产业发展

搭商贸平台。重点建设山西（长治）中药材商贸平台，开展标准化生产服务、为农贸易服务、市场信息服务、仓储流通服务，形成以长治为核心、集散全省、辐射周边的中药材商贸平台，打造华北中药材集散中心、大宗道地药材价格形成中心。

搭科技平台。助推中药材企业与中国科学院朱有勇院士团队、中国中医科学院等科研机构建立长期合作关系，重点开展党参、连翘等道地药材原种保存、传统品种提纯复壮、选育和良种扩繁工作。支持长治大健康产业研究院致力于中药材有效成分提取、药食同源等健康产业发展，并逐步完善以企业为核心的产学研合作模式。

搭金融平台。与建设银行、工商银行、农业银行等开展战略合作，通过定期召开政银企座谈会、出台金融扶持政策、向银行推介优质项目、创新金融产品等措施，支持中药材产业高质量发展。与商业银行、人寿财险和省、市农业担保公司合作，在平顺县建立中药材保险及担保试点，构建与金融部门的利益联结机制，拓宽融资渠道。

适度规模经营，构建产业生态

强龙头。依托振东制药国家农业产业化龙头企业和山西正来制药、太行药业等8个省级龙头企业，带动中药材产品由初加工向精深加工转变，形成了中药饮片、中成药、药食同源产品、功能保健食品、药茶、中药化妆品、中兽药等9大类500余种产品体系。

扩基地。重点打造了58个中药材和药茶原料标准化生产基地，建设了平顺振东、壶关邦仕得等5个市级中药材产业园，黎城丰鑫、壶关一颗心等12个市级中药材示范园，先后在平顺、沁源等地建设野生中药材抚育基地70万亩，中药材种子种苗繁育基地4 067亩，建立了党参、山茱萸、连翘等野生资源保护区，形成了一批特色中药材村镇。严标准，制订了15个有机中药材生产技术规程，努力完善党参等9个品种的育苗标准、种植标准、加工标准、仓储标准；山西振东集团、山西邦仕得中药材开发有限公司等重点企业先后建设了中药材产地标识管理和产品条码制度、数字化实时管控等质量溯源系统；加大农业执法力度，严格管控中药材投入品使用。

建仓储。全市共建设中药材仓储库200余座，仓储面积达20万平方米，仓储能力达6万吨。平顺振东3.8万平方米的中药材仓储中心，是商务部授牌的全国五大中药材仓储物流基地之一，仓储容量达2.6万吨，配备了全国统一的中药材物流信息公共管理系统。

树品牌。以“上党党参”和“山西药茶”区域公用品牌为核心，编制并落地实施《上党党参区域公用品牌战略规划》，在长治高铁站、机场、公交站、客运站等投放广告，充分利用电视、报纸、网络等扩大宣传。组织中药材、药茶企业参加中国（山西）特色农产品交易博览会、全国药品交易会、山西药茶品鉴会、中药材基地共建共享交流大会等展会，拓展销售渠道，提升品牌知名度。鼓励企业申请使用“山西药茶”省级区域公用品牌，全市有9家药茶企业获得授权。全市中药材产业发展氛围浓烈、态势良好，取得了阶段性的成效。

寻找问题差距，明确产业发展方向

标准缺失，规范化发展滞后。在中药材种植、采收和质检等标准体系建设方面，职能部门虽然起草过一些标准，但至今未发布使用，致使药农、药企和药商无标可依，带来诸多不规范操作。品种选育和种子种苗培育无标准，种苗企业无规可依，行业监管缺乏标准。种子种苗“散、乱、小”和“野蛮”发展的混乱现状亟待解决。药材历来讲究采收时节，但是受利益驱动，野生连翘、酸枣、山桃等几乎年年发生抢青现象，黄芪、白芍等也被提前采挖，严重影响了药材品质和药用疗效。

规模偏小，示范带动作用不强。中药材资源开发利用不够，资源优势没有完全转化为产业优势和规模效应。产业园区规模不大，龙头企业偏少偏小，加工转化能力弱，产品附加值低。中药材生产加工企业以初加工为主，精细加工、高附加值产品少。

品牌杂乱，产品缺少竞争力。全市区域公用品牌和企业品牌缺乏有效整合。以党参为例，全市有平顺潞党参、上党党参、壶关紫团党参、沁源沁党参和黎城天党参5个品牌，没有形成一个拳头，而且规模有限，经营分散，各自为战，品牌影响力被削弱。

人才短缺，技术支撑有限。从事中药材种植加工的本地技术人才缺乏，多数技术人员是从河北、甘肃等地聘请的。本地高等院校、科研机构对中药材研发能力弱，没有形成有效的产学研联结机制，对生产、加工、流通领域支撑不够，带动园区发展不足。经营主体研发能力有限，从业人员素质参差不齐，除振东集团、太行药业、正来制药等具有一定研发能力外，其他经营主体研发能力有待整体提升。

保障措施不完善，扶持力度不够。科技投入不足，除少数企业有一定的研发投入外，多数企业不注重科技投入。缺乏产业发展引导资金，中药材产业投入大、风险高，市级引导中药材产业发展的扶持政策和补贴资金还有待增加，县区除沁源县、平顺县、上党区等有一定的种植补贴外，多数县区未出台扶持政策和扶持资金，同安徽亳州、吉林抚松、甘肃陇西、湖北蕲春等中药材产业发展相比，在政策鼓励、资金扶持、土地审批等方面严重滞后。

中药材种植基地

补齐发展短板，增强产业发展后劲

长治市按照全省“东药材”产业布局，以建设特优区“三基地三体系”为主要内容，积极推进山西（长治）中药材商贸平台建设，打造百亿中药材产业集群，力争把长治打造成中药材生产的聚集地和产品流通的集散地。重点在市场和品牌体系、道地药材保护利用、中药材品质等方面补齐短板。

稳步扩大种植加工规模。建设优良种子种苗繁育基地，建立野生中药材有序开发利用制度和机制，推进创建中药材标准化示范园，推广标准化种植、采收和加工。鼓励开展产地初加工，做强中药材精深加工，以发展药食同源产品、中药饮片和中成药为主攻方向，支持重点企业开拓日用品、饲料添加剂、生物农药等领域。

加大市场和品牌体系建设。加强“上党党参”区域公用品牌建设和知识产权保护等，扩大市场影响力。积极推进山西（长治）中药材商贸平台市场建设，形成以长治为核心、集散全省、辐射周边的中药材商贸平台，打造华北中药材集散中心、大宗道地药材价格形成中心。

加强道地中药材保护利用。加快党参、黄芪等大宗道地药材进入药食同源目录，增加中药材进入新资源食品目录数量。加强道地品种种质资源保护，建设党参、黄芪等重要品种原生境保护区。推进山西长治党参栽培系统（长治市平顺县、壶关县）中国重要农业文化遗产保护。强化质量监管，加快推进中药材标准体系和溯源体系建设，提升中药材质量监管能力。

提升中药材品质。完善道地药材标准体系，建立科学的品质评价体系。努力建设国家级中药材检验检测中心，支持中药材产业集群发展。完善先进信息技术在种植、加工、仓储、流通领域的运用，打造一批“智慧中药园”“智慧中药房”，加强中医中药融合。建设中药材全产业链大数据平台，巩固和完善中药材全程溯源系统。

强化人才和政策支撑。加强中药材人才队伍建设，培育造就一批中药材生产加工经营企业家队伍和从业人员队伍，提升研发和加工水平。加大财政扶持和信贷支持力度，拓宽中药材保险覆盖面，设立中药材产业发展专项基金，撬动社会资本投入中药材产业发展。

加快畜牧业转型升级　助推一产高质量发展

近年来，长治市坚持以习近平新时代中国特色社会主义思想为指导，落实全方位推动高质量发展总体要求，牢固树立新发展理念，立足国内大循环和国内国际双循环新发展格局，大力实施畜牧业发展“五五”战略，不断优化区域布局和产业结构，加快畜牧业转型升级，提升畜牧产业标准化规模化水平，促进全市畜牧业高质量发展。

标准化规模化养殖水平不断提高

适度规模养殖是现代畜牧业发展的大方向，也是破解畜牧业发展面临资源环境瓶颈制约的有效途径。近年来，生猪疫病防控、环保政策、饲料原料价格上涨等因素对生猪养殖提出新的要求，推高了养殖成本。规模养殖场具备规模效应，生产规模扩大有利于降低平均成本，从而增加收益。与生猪散养户相比，规模猪场在机械化生产、生物安全防控、精细管理、生产效率等方面有着显著优势。全市规模养殖场达1 690多个，规模化养殖占比约70%。2022年，全市畜禽年饲养量达5 843万头（只），比“十三五”末增长了30.6%，肉、蛋、奶总产量分别为13.5万吨、12.77万吨、1.62万吨，比“十三五”末分别增长了46%、9.5%、22%。全市畜牧业发展总体运行良好，产业布局进一步优化，综合生产能力明显增强，畜禽饲养量和肉蛋奶总产量显著增长，为畜产品有效供应提供了有力保障。

生猪产业。先后建成了长子温氏、屯留大广等一批种猪场项目，促进了全市生猪养殖业快速发展。长子温氏种猪场存栏母猪1.3万头，采用“公司＋基地＋代养户”模式，发展代养户64家，年出栏生猪达13万头左右。屯留大广农牧有限公司投资1.2亿元，先后流转集体土地750多亩，建设存栏基础母猪1.2万头、年出栏29万头

沁源坤泰奶牛养殖

养殖项目，形成存栏母猪6 000头、年出栏仔猪16万头的生产能力。通过建立企业与生猪代养户的利益联结机制，既保障了代养户的利益，也促进了生猪养殖产业化发展。2022年，全市生猪饲养量达161万头。

牛羊产业。充分发挥长治山地丘陵区域广、饲草资源丰富的优势，大力发展牛羊产业。建成了屯留宁瑞肉牛养殖项目，存栏肉牛900多头；沁源立惠牧业肉牛养殖项目，存栏肉牛1 400多头；沁源城南坤泰乳业奶牛养殖项目，存栏新西兰进口荷斯坦黑白花奶牛1 080头。沁源县建成了山西乾和源牧业科技发展有限公司10万只湖羊养殖项目，总投资3亿元，规划建设标准化羊舍96座、干草库6 000平方米、青贮池6.3万立方米、办公科研楼3 500平方米，配套建设10万吨饲料及10万吨有机肥加工厂。标准化羊舍、干草库、青贮池、办公科研楼等基础设施已建成，存栏湖羊2万余只。

特色畜禽养殖业快速发展

在武乡县绿农农牧科技有限公司等龙头企业的带动下，长治市的肉禽养殖得到快速发展。2022年，全市肉禽养殖企业达70多家，肉禽出栏量达3 472万只，比“十三五”末增长了38.5%，占全省肉禽出栏量的16.5%，全省排名第三。特别是武乡县、沁县两县的肉禽出栏量占到全市肉禽出栏量的60%。黎城县百万旱鸭全产业链项目总投资6.73亿元，规划建设了存栏100万只的种鸭养殖场、孵化1.5亿羽的鸭苗孵化场、存栏600万只的商品鸭养殖场、年屠宰加工4 200万只的商品鸭屠宰场，生产成品85 000吨。项目建成后，年销售收入达14.6亿元，上缴税收3 000万元，带动就业3 000人。

沁县宇辰肉鸡养殖

黎城连盛旱鸭养殖

家禽产业。长治市先后建成了沁县潞宝金和生肉鸡养殖项目、年出栏肉鸡1 500万羽，武乡大象肉鸡养殖项目、年出栏肉鸡1 000万羽，肉鸡出栏量全省排名前三。以山西富康源禽业有限公司、沁县宇辰农业综合开发有限公司等蛋鸡龙头企业为引领，大力推进1 000万羽蛋鸡产业基地建设。目前，山西富康源存栏蛋鸡50万羽，沁县宇辰存栏蛋鸡30万羽。黎城县百万旱鸭全产业链项目建成标准化种鸭养殖棚舍114栋，种鸭养殖规模达到68万只，年产蛋1.5亿枚。

动物疫病防控体系更加完善

重大动物疫情应急能力全面提升。建立健全了市、县两级应对突发重大动物疫情应急指挥体系，出台了《突发重大动物疫情应急预案》，明确了指挥部各成员单位职责，建立了24小时应急值班和领导带班制度，落实每日“零报告”制度，确保一旦发生疫情，能够做到依法依规、科学有序、及时果断应对。

动物疫病常规化防控措施全面落实。扎实开展口蹄疫、高致病性禽流感、猪瘟、鸡新城疫等重大动物疫病强制免疫；持续抓好非洲猪瘟防控，落实疫情排查、疫病监测、企业自检、调运监管、联防联控、消毒灭源、应急演练等常态化综合防控措施；加强检疫检测，强化黎城县动物及动物产品入晋道口监管；建立了长邯两市八县区防治重大动物疫病联防会工作机制。

动物疫病防控队伍建设全面加强。全市重新确认官方兽医资格人员452人，制定了官方兽医学习培训计划，组织开展线上线下培训学习，全面提升了官方兽医履职能力。常态化组织开展技术人员动物防疫、检疫、家畜繁殖大练兵活动，防疫队伍的素质和能力得到了极大提升。在山西省第三届动物防疫、检疫职业技能竞赛活动中，6名参赛选手分别获得了动物防疫技能竞赛一等奖、三等奖和优秀奖。在山西省第一届家畜繁殖职业技能竞赛中，3名参赛选手分别获得了一、二、三等奖的优异成绩。屯留区防疫技能选手焦洁婷、市疫控中心王红杰分别代表山西省参加了全国第三届动物防疫、繁育职业技能竞赛，均获得了“全国技术能手”称号。

“十四五”时期，随着乡村振兴战略的深入实施、农业农村现代化的加速推进，经济发展新旧动能加速转化，畜牧业结构持续优化，人民生活水平不断提升，食品结构不断改善，动物性食品消费比重将进一步扩大，为畜牧业的高质量发展提供了良好机遇。长治市将按照全省畜牧业“五五战略”部署，加快推进畜产品生产基地和加工龙头企业向主产区聚集，打造特色鲜明、竞争力强的畜牧产业集群。

以绿色理念推进渔业高质量发展

“十四五”时期是长治市渔业发展的关键转型期，全市渔业以“提质增效、减量增收、绿色发展、富裕渔民”为目标，落实产业发展政策，优化水产养殖结构，科学规划养殖空间，创新推广绿色技术模式，不断提高水产品质量安全水平，推进渔业产业高质量发展。2022年底，水产养殖面积3 206.39公顷，水产养殖企业62个，水产品产量5 710.4吨，总产量全省排名第三。

长子县申村水库

落实产业发展政策，优化水产养殖结构。“十四五”以来，长治市坚持将渔业作为重点产业来抓，全面构建渔业绿色发展工作体系。优化政策支持，在第一产业高质量发展补贴政策中，将水产规模养殖场列入补贴范围，对新建或改扩建池塘养殖、设施渔业、大水面生态渔业等进行补贴。联合发改委、财政局等10局委制定《加快推进水产养殖绿色发展实施意见》，规划了2022年和2035年工作目标，从优化养殖生产布局、拓展水产养殖业发展空间、推广生态健康养殖模式、推进养殖尾水治理、提高养殖设施和装备水平、发挥水产养殖生态修复功能、加强水生动物疫病防控等方面推进水产养殖业绿色发展。跟踪推进抓落实，将渔业绿色发展工作纳入“乡村振兴”考核评价体系，对区县和重点乡镇进行考核排名，持之以恒推动各项工作落细落实。

科学规划养殖空间，促进布局集聚集约。坚持“集聚、集约、集成”，全面调优区域布局、产业结构和要素配置。抓产业平台，于2019年完成《长治市养殖水域滩涂规划（2018—2030年）》，对全市水域滩涂承载力深入分析，合理规划各县区养殖水域滩涂功能区，分别为禁养区、限养区、养殖区，合理开发利用和保护养殖水域滩涂资源，严禁在禁养区内新增水产养殖，持续加强养殖区、限养区管理，稳定水产养殖面积，保障渔业生产空间。抓科研平台，加强校企对接，积极推进沁县德顺水产养殖、沁湖生态渔业等五大行动骨干基地与山西农业大学（山西农业科学院）、山西省水产技术推广服务中心进行技术对接，派出技术联系人，建立技术联系，推进科技创新服务。抓种业平台，以建设水产种业强市为目标，重点推进沁县德顺水产养殖省级良种场基地建设，推广大口黑鲈鱼、福瑞鲤2号等增产增效品种。

聚力模式创新，推动渔业提质增效。大力发展标准化生态高效养殖模式，推进渔业增效增收。一是设施循环水养，推行陆基高位圆池、陆基推水式养殖等环境友好型设施养殖模式，建成高位圆池30多座，如长子县红日河壮渔菜种养公司设施鲈鱼产品与餐饮对接，订单销售，售价高于市场价格20%。二是稻渔综合种养，在沁县探索推广稻－虾、稻－蟹等稻渔综合种养模式，建成稻渔综合种养基地115亩，实现亩均增收2 000元以上，比传统单一种植模式增加60%以上。三是物联智慧养，示范推广物联网智能养鱼模式，推广运用渔业物联网3户，养殖主体实现生产信息动态监测，设施装备自动控制渔业生产、捕捞。四是产业融合养，把水产品加工业和休闲渔业作为推动产业融合发展的动力，充分发挥水产品加工业接一连三、休闲渔业接一连二作用，延长产业链，提升价值链。长子隆洋食品有限公司投资524万元改造水产品加工线，将年水产品加工能力提升到1 350吨。休闲渔业产业规模逐渐扩大，建成漳泽水产、石泉海休闲渔业示范基地2个，形成环漳泽湖农家休闲渔业群。

实施水生生态修复，总结推广绿色技术模式。以水产健康养殖“五大行动”为抓手，示范推广陆基设施化循环水养殖，多营养层级综合养殖，大水

潞州区匙吻鲟流水养殖

面生态养殖，稻渔、莲渔综合种养等生态健康养殖模式，推进水产养殖用药减量、养殖尾水治理、配方饲料替代幼杂鱼、种业提升等绿色技术模式。以“五大行动”骨干基地为重点，加强良种示范推广应用，开展水产新品种试验示范、评价和推广推介工作。目前上党区漳源水产养殖有限公司、潞州区漳泽水产养殖有限公司、长子县紫金山渔业专业合作社、沁县德顺水产养殖公司示范推广基地被农业农村部授予国家级技术骨干基地称号。

发挥大水面资源优势，推进生态综合养殖。充分利用长治市丰富的大水面湖库资源，根据生态环境状况、渔业资源禀赋、水域承载力、产业发展基础和市场需求等情况，科学布局规划水库养殖区面积5 896公顷，主要放养花白鲢、鲤鱼、草鱼、鲫鱼等鱼种，实施生态养殖。“十四五”以来，结合中央渔业资源项目，在沁县梁家湾水库、武乡关河水库、襄垣合漳水库、黎城阳南河水库等水库增殖放流82.5万尾鱼苗，促进了水生生物资源修复。在关河水库开展大水面生态示范增养殖，投放大规格鲤鱼、草鱼、鲢鱼、鳙鱼40万尾。鼓励经营主体承包的漳泽水库、后湾水库投放鱼苗576吨，扩大大水面渔业养殖规模。

加强渔政管理，提升产业治理能力。坚持人民至上、生命至上，统筹渔业产业发展和安全，强化渔业行政执法和安全应急处置。全面落实黄河、海河禁渔制度，清理取缔涉渔“三无”船舶和“绝户网”等违规网具，2021—2022年处理屯留区、襄垣县违法偷捕行为举报8起，严厉打击各类涉渔违法违规行为，维护了渔业生产秩序。积极开展水生野生动物保护和规范利用专项执法行动，组织各县区入渔区、景区、社区、学区积极开展科普宣传。加强养殖水域管理，推进养殖规划落实和养殖证核发。加大对市级养殖水域滩涂规划落实的督促、检查，强化对养殖持证情况执法，严格执行持证养鱼。开展水产养殖执法，对全市水产养殖场用投入品和生产记录进行执法检查，对无生产记录、用药记录和销售记录或记录不全的渔场提出整改意见。2021年市县出动检查人员380人次，发放宣传资料1 500余份。突出渔业安全生产制度建设和专项整治，进一步强化督查检查，推动渔业安全监管向事前预防转型，推动渔业更高质量、更加安全发展。

多措并举绘就农业龙头企业发展新蓝图

近年来，长治市把农业龙头企业发展作为推进全市农业转型发展的重要抓手，大力实施农业“特”“优”战略，重点打造中药材、粮品、肉制品、果蔬食品、酿品和功能保健品五大百亿特色优势产业集群，推进一产高质量发展，有效带动全市农业增效、农民增收和经济发展。2022年，新培育连盛农牧、栗氏番茄、聚生元、潞威农业等省级重点龙头企业，省级农业龙头企业达63家；新认定市级龙头企业76家，市级农业龙头企业达240家；新申报平顺麦丰蔬菜、武乡大象肉鸡、天下襄襄垣手工挂面、北方水城沁州黑杂粮、沁县吴阁老沁州黄小米5家省级示范联合体，省级联合体发展到23家，全市农业市场主体达28 927家。围绕龙头企业建链补链强链延链，成立了农业产业化龙头企业协会、药茶联盟、中药材协会、中药材商贸平台等中介服务组织，带动全市企业、合作社以及中小微企业加快发展，形成了农产品加工优势产业集群发展的产业生态。

加大支持力度，打造政策洼地。高度重视农业龙头企业倍增工作，制定出台《关于推进农产品加工优势产业集群发展的实施意见》《长治市支持第一产业高质量发展补贴政策》和《关于支持农业市场主体高质量发展的实施意见》。市财政每年安排8 000万元高质量发展专项资金，重点对设施农业、标准化特色高效农业产业园区、标准化畜禽水产规模养殖场、种子种苗繁育基地、粮油种植、撂荒地复耕复种、农产品田头市场和集贸市场、农产品营销推介及出口、地膜回收利用等关键环节实施奖补。市财政连续3年共安排5 000万元产业集群奖补资金，重点扶持产业集群重点项目的标准化原料基地建设、产品研发、生产线升级、品牌宣传打造、冷链物流设施等关键环节。认真落实高学历人才引进、龙头企业贴息、经营主体培训等扶持政策，争取资金815万元，引导促进新型农业经营主体不断增强发展实力、经济能力和带动能力，吸引更多社会资本进入农业、发展农业、壮大农业。

加快引资上项，助力产业提速。抓好农产品加工产业集群项目库建设，引导优质项目向现代农业产业集中。2022年全市共谋划储备了投资200万元以上产业集群项目111个，项目总投资30.06亿元，年度投资15.04亿元。加大招商引资和项目建设力度，推进农业产业化重大项目建设，积极培育链主企业，扶持农业产业化联合体，强化利益联结，打造产业强镇，聚合县域产业生态，全市“特”“优”农业产业逐步实现集群发展。成功申报2022年农业农村部山西道地药材产业集群项目、壶关县店上镇2022年省级农业产业强镇项目、2022年壶关县农林文旅康产业融合试点县、沁县蔬菜全省农业全产业链重点链项目，争取中央、省级资金3 000余万元，推动种养结构不断调优、加工能力不断调强、经营规模不断调大、产业链条不断调长，实现全产业链开发、全价值链提升的发展目标。加快谋划实施了农业农村部山西旱作高粱产业集群、长子宋村产业强镇、平顺国家现代农业产业园等一批国家和省级重点项目，山西长治中药材商贸平台、山西连盛百万旱鸭全产业链开发，以及正来制药道地中药材（潞党参等）产业精深加工等重点项目，有力地促进了要素集聚，产业链连接联合耦合。着力打造了一批农业产业链主企业。2022年，全市农产品加工企业销售收入完成582亿元，增幅36.62%，综合排名全省第一。

强化融资保障，提升服务水平。围绕加快推进农产品加工企业高质量发展，创新金融产品，完善农业信贷担保，全面提升服务水平。积极搭建融资平台，与建设银行、工商银行、农业银行等开展战略合作，向建设银行、农业银行、担保公司等金融机构推荐111个产业集群重点项目和135家有贷款需求的农业企业，帮助晋味美、小河堡[①]、沁州黄等企业争取银行优惠贷款，累计为全市1 052余户农业经营主体争取融资贷款1.6亿元，解决了农业市场主体“融资难、融资贵”问题，助力农业企业高质量发展。

狠抓服务带动，破解发展难点。全市深入开展专家团队、项目工队、营销战队“三队”包联服务，为农业企业和市场主体提供常态化服务。实行专家包村工作机制，汇编印发《长治市2022年农业生产主推品种主推技术手册》，遴选推广引进各类适宜品种245个（种），遴选主推技术265项，农业主推技术和品种示范推广面积达68万亩，主推的畜牧技术品种示范推广覆盖畜禽49万头（只），解决技术难题143个，服务农户2 599人。19个项目工队立足项目单位诉求，开展政策宣传，帮助解决项目建设难题，共计服务900余人次。积极组织市场主体开展营销推介活动，先后组织企业参加2022年中国农民丰收节山西主场（忻州）、第二十三届中国中部（湖南）农业博览会、脱贫地区农产品产销对接活动专场推介活动（长沙）、2022年山西省绿色食品宣传月（临汾站）、第十九届中国国际农产品交易会（广州）等国内农产品展销博览会，助推农产品走向国内国际大市场。深耕线上线下渠道，组织开展2022年长治市特色农产品新春展销会暨半分耕线上展销推介活动，在京东平台开设了长治农特产馆，34家企业入驻，销售额达上百万元。打造“半分耕”

① 小河堡食品即为山西小河堡食品有限公司。

长治有机旱作农业区域公用品牌，组建线上线下销售网络，打造“上党高粱”“上党党参”“沁州黄小米”“上党驴肉”等上党品牌矩阵，构建品牌发展体系。

山西长清生物科技有限公司（国家级农业龙头企业）

山西沁州黄小米集团（国家级农业龙头企业）

严把农产品质量关
筑牢食品安全第一道防线

近年来，长治市全面贯彻习近平总书记"四个最严""产出来""管出来"等重要指示精神，坚持"守底线""拉高线"同步推、"保安全""提品质"一起抓，持续强化农兽药残留攻坚治理、稳步增加绿色优质农产品供给，扎实推进农产品质量提升行动，为全面推进乡村振兴、加快农业农村高质量发展夯实农产品质量安全基础。紧盯创建全国绿色有机旱作农业示范市，农产品质量安全工作创新监管方式、提升监管效果，坚持从生产和监管两端发力，推进农业标准化生产，提高农产品质量安全水平。全市农产品质量安全保持了较高水平，农药残留例行监测合格率稳定在98%以上。长治市农业农村局连续两次被省人社厅和省农业农村厅联合表彰为"农产品质量安全工作先进集体"。

改善监管方式，完善监管体系

在全市2 436个行政村全面普及了农产品质量安全村级协管员队伍建设，明确由村级协管员负责本村农产品质量安全知识的宣传学习，协助对本村农资市场进行日常管理，加强对村民农业生产活动的指导和监督，协助对本村农产品进行抽样检查工作，初步解决了农产品质量安全监管"最后一公里"的问题。公开招录了112名本科以上毕业生（含21名硕士研究生），充实到市检测中心和乡镇监管机构，解决了检测工作和基层监管工作没人干、不会干、不愿干的问题。制定并实施了《长治市农产品质量安全"黑名单"管理暂行办法》和《长治市农产品质量安全问题通报和约谈办法》，通过两个办法的实施，倒逼属地主管部门和生产主体提升责任意识、诚信意识和自律意识，为严厉打击违法

长治市组织抽查农产品质量

违规行为提供了政策依据。加大监督抽查力度，多年来，坚持将监督抽查作为改善监管方式的重要手段，多次组织监督抽查，抽查样品1 320余个。组织监管、执法、检测队伍联合启动监督抽查程序，检测出上党区某基地1个番茄样品氧乐果超标，以此案例作为突破口，全面开展“治违禁、控药残、促提升”行动。

探索长效机制，初建追溯体系

为了更好地推进农产品质量安全追溯“四挂钩”工作，提升农产品生产主体参与追溯、认证的积极性，作为全省唯一的农产品质量安全追溯点建设整体推进示范市，长治市集中对136家种植基地、110家农资门店统一安装了追溯设备，随后又逐步在安全县的生产基地配备了58套速测设备。制定了《长治市农产品质量安全监管追溯体系建设试运行实施方案》，成立了以分管领导为组长、相关业务科站为成员的工作领导组，负责全市农产品质量安全追溯的组织实施、运行管理和综合协调。对市、县监管机构工作人员进行业务培训，对追溯点主体进行集中培训和多次点对点、手把手的技术指导，完成县、乡级机构和追溯点主体信息采集工作。2022年底，全市已有912家主体在国家和省农产品质量安全追溯信息系统完成注册，其中安全县生产主体和“三品”认证企业100%完成注册。

壶关县溯源蔬菜与金威超市签订战略合作协议，全市首批可溯源蔬菜正式入驻大型商超，壶关旱地可溯源蔬菜实现了从“地摊价”到“精品价”的飞跃，整个产业的价值空间也得到较大提升。沁州黄公司运用网络和信息技术建立了“从农田到餐桌”的食品安全追溯系统，具备即时查询和追溯功能，可对问题小米进行有效控制和召回，实现了“来源可追溯、去向可查证、责任可追究、质量有保证”，为食品安全提供有力保障。

发挥示范效应，狠抓安全县创建

以农产品质量安全县创建为突破口，以点带面，逐步推广，推动农产品质量安全水平整体提升。在长子县成功创建国家级农产品质量安全县的基础上，襄垣县、屯留区、黎城县、潞城区、壶关县也顺利通过了省级农产品质量安全县验收，武乡县正在开展省级农产品质量安全县创建，全市农产品质量安全县创建数量达7个。长子县自农产品质量安全县创建以来，共落实监管、检测、执法等各项配套资金597万元。襄垣县召开专题会议，成立农产品质量安全专项整治工作领导组，建立“政府主导、部门协同、乡村推进、主体落实”工作机制，在人、财、物各个方面全力保障，初步形成县、乡、村三级齐抓共管、农产品质量安全可控、各类农产品有效供给的良性发展局面。

压实主体责任，推进合格证制度试行

制定出台《长治市试行食用农产品合格证制度实施方案》，市农业农村局和市场监管局联合出台《关于强化产地准出与市场准入有效衔接进一步推进食用农产品合格证制度试行工作的通知》，12个县区全部制定出台实施方案，召开动员部署会议，印发宣传资料21 852份，张贴告知书3 500余份。在《长治日报》《上党晚报》、长治三农微信公众号平台及各县区媒体平台广泛宣传，市县累计投入资金50余万元。2022年，有495家主体的食用农产品累计开出合格证5万余张，附证上市农产品3万余吨。其中，安全县生产主体已全面实施，“三品”认证主体实施率100%。全市试行范围内的上市农产品，合格证开具率达90%以上。

注重源头治理，落实标准化生产

标准是质量的核心，质量兴农要标准先行。联合长治市市场监督管理局对60项绿色有机农产品地方标准进行评审，发布了一批符合长治市实际、指导性强、适应性广的绿色有机农产品生产操作规程。山西省人民政府门户网站评论说：此次农业地方标准评审是继长治市2004年一次性审定33项农业地方标准以来，评审标准最多、审定规模最大的一次评审会，标志着长治市绿色有机农产品标准体系进一步趋于完善。制定出台了《长治市关于深入推进农业标准化工作的实施意见》，围绕农业供给侧结构性改革，以“三品”认证为抓手，倒逼品质提升，带动产业升级。在屯留区召开了全市农业标准化暨创建全国绿色有机农业示范市现场推进会，对全市推进农业标准化生产进行了动员部署。把发展农产品“三品一标”认证作为调整农业产业结构、推动绿色农业发展的助推器，打造了一批绿色优质的农产品品牌和生产基地。全市“三品一标”认证面积达188.44万亩，认证面积占比35.3%，高于全省平均水平。特别是绿色食品和有机农产品的认证数量达154个，比2017年底翻了两番。沁县获批创建全国绿色食品（谷子）原料标准化生产基地，创建面积7.8万亩。农产品“三品一标”认证数量和质量的双双提升，是长治市农产品品牌建设的具体举措，也是有机旱作农业示范市创建成果的生动体现。

培育农产品品牌　做大“土特产”文章

近年来，长治市坚持将农产品品牌建设作为转变农业发展方式、推进农业供给侧结构性改革、提高农产品市场竞争力的重要举措来抓，大力实施农产品品牌提升计划，品牌建设成效显著，品牌优势作用明显增强，品牌效益日渐显现，为全市农业转型和现代农业发展发挥了重要作用。

长治市有机旱作农产品参加展会宣传

农产品地理标志登记17个

长治市地处东经111°55′—113°45′、北纬35°49′—37°10′，属于暖温带半湿润大陆性季风气候，雨热同季，优良的自然生态环境孕育了丰富的物产。作为华夏文明的最早发祥地，上党孕育过播谷稼穑的民族祖先，文明的曙光最早在这里初现，人文历史传承悠久。自2008年农业农村部开展农产品地理标志工作以来，长治市先后有17个农产品获得农业农村部颁发的农产品地理标志证书，分别是黎城核桃、长子大青椒、沁州南瓜子、沁州核桃、熬脑大葱、平顺潞党参、洪井三皇小米、上党土蜂蜜、沁州黄小米、襄垣手工挂面、武乡小米、平顺连翘、上党高粱、平顺花椒、沁源连翘、沁源绵黄芪、武乡梅杏，累计认证面积达149.6万亩。所有地理标志登记产品均具有一定的生产规模、厚重的人文历史、鲜明的地域特色，有很高的登记保护价值。

“有机旱作·晋品”品牌培育7个

按照《山西省农业农村厅办公室关于开展2022年“有机旱作·晋品”省域农业品牌评选工作的通知》，积极组织各县区农业农村局对符合要求的企业、合作社进行“有机旱作·晋品”申报，经审核申报材料和实地调研考察，推荐山西沁州黄小米（集团）有限公司等24家企业申报“有机旱作·晋品”省域农业品牌。山西沁州黄小米（集团）有限公司的沁州牌沁州黄小米、山西太行沃土农业产品有限公司的羊肥小米牌小米、山西潞玉种业股份有限公司的潞玉牌上党高粱、长子县生贵大棚技术推广有限公司的生贵蔬菜牌青椒、壶关县栗氏番茄农业有限公司的栗小番牌西红柿、山西振东五和医养堂股份有限公司的五和医养堂牌蓝莓桑菊茶、长治市浩润食品有限公司的丹朱绿牌蒲公英茶7个产品获得“有机旱作·晋品”称号。

农产品地理标志保护及运用经验

加强地标持有人和用标单位培训。从2008年开展农产品地理标志工作以来，长治市每年都会组织农产品地理标志持证单位和用标单位以及有申报意向的主体，参加农业农村部和省厅组织的农产品地理标志培训。通过培训，强化了各单位和主体对地理标志保护重要性的认识，规范了持证单位对用标单位的管理，提高了农产品地理标志管理人员的业务能力和管理水平。

加强地理标志农产品宣传推广。积极组织农产品地理标志产品参加国家、省级农产品展示展销会、推介会、博览会等，鼓励企业走出去，积极宣传展示地标产品，增强地标产品的市场竞争力和知名度。积极引导和支持符合条件的农业龙头企业和农业经营主体，以多种形式推广宣传地理标志农产品。

加强地理标志农产品技术指导。组织地标持证单位，积极引导生产者严格按照农产品地理标志质量控制技术规范生产地理标志农产品。通过培训，宣传普及农产品地理标志质量控制技术规范。强化监管，督促地标持有者加强对用标单位的技术指导。

严格地理标志标识使用管理。为切实保护地标持证单位和用标单位的利益，加大对农产品地理标志的保护力度，积极指导标志使用人规范合理使用农产品地理标志，保护农产品地理标志持证单位和标志使用人的合法权益。

加大地理标志登记支持力度。积极争取省级财政资金，支持地理标志农产品的生产发展。连续4年成功申报了武乡小米、襄垣手工挂面、上党高粱、黎城核桃4个农业农村部农产品地理标志保护工程项目，强化产品的标识化和数字化体系建设，争取中央扶持资金1 161万元，显著提升地标产品的综合生产能力，提高产品质量及品质，进一步提升产品的品牌知名度。

“神农故里·好品长治”。长治市将利用各种契机积极开展引资引智引技、品牌推介、贸易洽谈、产销对接及交流合作，大力宣传农产品品牌，发挥会展优势，做大“土特产”文章，推动长治农产品走出山西，走向全国，助力全市第一产业高质量发展。

“园镇”共建强产业 “药草”飘香富万民

平顺县是全国中药材“北药”主产区、上党中药材中国特色农产品优势区核心区、全国唯一潞党参原生境保护区、国家现代农业产业园、山西省上党中药材专业镇。近年来，平顺县以创建国家现代农业产业园为契机，坚持“布局大基地、推进大融合、发展大健康、做实大科技、叫响大品牌”发展思路，坚持“传统、特色、专业、优势”发展要求，坚持“五化”联动，延伸产业链，提升价值链，推动中药材全链条、集群化高质量发展。全县中药材种植面积达67.07万亩，其中连翘50万亩、潞党参2.3万亩。2022年全县中药材产值达20.37亿元。

平顺万亩潞党参标准化基地

全域布局，壮大产业基础

实施农业“特”“优”战略，突出“奖”“补”撬动，充分激励广大种植养殖农户和各类新型经营主体发展中药材产业的积极性和主动性，采取粮药间作、药林间种、林下种植、野生抚育等方式，持续扩大中药材种植面积，确保中药材种植面积稳中有增。加大科技创新力度，成立潞党参研究院，引进知名潞党参专家学者，以科研合作、人才培养、基地建设等方式，在种质种苗、地力提升、专用肥研发、绿色有机防控等方面持续发力，提升潞党参全产业链科技研发水平。

多元发展，延伸产业链条

完善“龙头企业＋中小企业＋合作社”梯次增值的多元加工模式，加大对专业镇重点项目的资金支持力度，加快推进道地中药材产业精深加工，提高中药材价值赋能。加大市场主体倍增工作，在引进振东、正来、修正3家制药龙头企业的基础上，每年引进1～2家省级以上龙头企业，每年培育中药材专业合作社10家以上，努力实现五年“三个翻番”主体倍增目标。加大仓储物流建设，新建仓储物流基地6万平方米；继续推进中药材交易市场建设，努力打造全国“北药”交易集聚区。继续实施“中药材＋”战略，推进中药材与旅游、休闲、康养等产业融合发展。

数智赋能，搭建电商平台

坚持党政推动、政企互动、政策驱动、市场撬动合力发展，形成全领域、全过程、全覆盖、全链条的电子商务公共服务体系，为中药材售卖、提升产品价值提供强有力的数字平台。累计投资1.8亿元，建设太行电商小镇，建成AI人工智能大数据标注基地，发展电商400余家，培育电商达人500余名，使中药材产品覆盖淘宝、京东、抖音等各大网络平台，产品价值倍增。2022年，中药材线上单品交易额达2.8亿元。

强化宣传，叫响道地品牌

积极构建“区域品牌＋企业品牌＋产品品牌”品牌矩阵，加强产供销对接、宣传推介，每年举办高质量宣传推介会1～2场，积极进驻央视广告平台、“823”脱贫地区农副产品网络销售平台，高质量举办“三节”（平顺县潞党参文化节、平顺县花椒节、中国农民丰收节），通过积极的宣传推介，推动上党中药材不断打开销路、占有市场，擦亮“生态平顺、党参故里”名片。

园镇共建，双轮驱动。平顺县重点围绕中药材种植、收购、仓储、加工、销售、农文旅融合产业链条，实施专业镇和产业园项目攻坚行动，聚焦中药材产业延链补链强链目标，全力引进落地一批高端优质项目，力争把国家现代农业产业园和上党中药材专业镇这两块“金字招牌”擦得更亮、叫得更响、做得更大。

“融合”赋能　实现西红柿产业集群发展

近年来，壶关县依托得天独厚的自然资源禀赋，大力发展旱地西红柿产业，实现了壶关旱地西红柿的品牌化、标准化、规模化和产业化发展。经过数十年精耕细作，全县旱地西红柿种植面积达5万亩，种植区域覆盖全县10个乡镇200余个村，旱地西红柿及相关产业产值达7.5亿元，带动农户户均增收1万元。壶关县被评为国家级旱地晚播西红柿标准化示范区，壶关旱地西红柿通过“国家地理标志证明商标”认证，店上镇、绍良村获得旱地西红柿产业全国“一村一品”示范镇、示范村荣誉称号。

壶关县旱地西红柿规模化产业园区

立足产业优势，夯实发展基础

完善政策支撑。为推动壶关旱地西红柿产业发展，壶关县委、县政府将旱地西红柿产业作为全县重点工作之一，出台《壶关县巩固拓展脱贫攻坚成果有效衔接乡村振兴产业发展扶持政策》，对旱地西红柿种植全方位扶持，有力推动了壶关旱地西红柿产业化发展。县财政每年对规模种植旱地西红柿农户每亩补贴300元种苗款，承担50%的种植业保险和设施农业灾害险。科技赋能助发展。引入“院县合作”机制，开展新品种研发，设立示范基地，推动产业提档升级。依托省农业科学院等科研院所，实施“5万亩旱地蔬菜标准化种植”“旱地蔬菜高效栽培技术示范与推广”“冷凉区蔬菜高效栽培技术示范推广”等一系列农业重点项目，不断推动成果转化落地，支撑壶关旱地西红柿高质量发展。强化技术培训。依托高素质农民培训、农技下乡和三队包联服务等，充分利用农闲季节开展旱地西红柿种植技术专题培训，针对农户在种植过程中遇到的育苗、施肥、病虫害等疑难问题进行技术指导，将旱地西红柿生产、销售等信息第一时间送达种植户，为广大种植户提供全方位服务。

壮大产业集群，促进三产融合

合理规划产业布局，壮大产业经营主体。按照壶关县“十四五”规划思路，对壶关旱地西红柿产业进行全面科学规划布局，规划以培育乡土经济、乡村产业和规范壮大产业生产经营主体为重点的一二三产业融合发展体系。形成了以山西大民汇农业科技有限公司、壶关绍良村阳光种养专业合作社等为主的种苗繁育基地，石堡寨村、林青庄村、乌集头村等一批示范种植基地，壶关县栗氏番茄、金百润、豆豆食品等电子商务销售及加工集聚基地。经过多年发展，旱地西红柿产业初步形成集种苗繁育、种植、加工、仓储物流、电商销售、文旅康养、招商引资等于一体的全产业链体系。不断延伸产业链条，产业融合发展初见成效。壶关旱地西红柿产业紧扣产业融合发展大趋势，大力发展农技服务业、农产品加工业和休闲文旅康养业，积极探索“西红柿＋”产业发展模式，不断延伸产业链条。建设了店上镇绍良村、百尺镇寨河村、龙泉镇水池村等一批村集体旱地西红柿酱及附加产品的精深加工厂，店上旱地西红柿交易市场和种植基地田头市场，建成多个冷藏保鲜库。成立了壶关县旱地西红柿农旅电子商务服务中心，结合“互联网＋”打造电商销售平台，完善镇域电商服务功能。目前，全县拥有育苗基地4家，农业产业园、休闲农业采摘园10个，旱地西红柿酱初加工厂4家，农产品交易市场1个，田头交易市场56个。发挥主体带动作用，建立利益联结机制。进一步发挥龙头企业的示范带头作用，充分拓展企业、合作社、家庭农场的联合优势，积极引导和带动农民发展以旱地西红柿为主导的种植业和加工业。积极创新发展“农民就地变工人”的就业模式，以土地入股、订单种植、解决就业等方式参与旱地西红柿产、加、销多个环节，建立了“企业＋农户”“合作社＋农户”“村集体＋农户”等多种联农带农利益联结机制，吸纳农村留守人员、老人家门口就业，促进农村劳动力就近就地就业，形成稳定收入来源，实现农户稳定增收。

加强品牌建设，扩大产品知名度

加强宣传营销。抢抓消费扶贫商机，按照“组织找渠道、合作社跑市场、群众得实惠”思路，通过参加中国（山西）特色农产品交易博览会等展会“走出去”推销，举办壶关旱地西红柿文化节和农民丰收节“请进来”展销，依托淘宝、新媒体、抖音等平台“借媒体”促销等方式，打通产销对接通道，销售范围已由周边市县扩大至北京、上海、湖北、山东、安徽、河南、河北等省份，与京东山西农特产馆、北京学校基地直供等多家企业平台签订了战略合作协议。同时，通过邀请专业团队进行营销策划，拍摄《旱地西红柿之歌》《红动壶关》等宣传片，安装西红柿雕塑和景观灯，设计西红柿主题墙体彩绘，开发体验式营销、互动式营销等方式大力宣传推介品牌，有效提升了壶关旱地西红柿的整体形象与知名度。打响区域品牌。针对壶关旱地西红柿产业合作社多而小、各自为政、品牌杂乱、果品品质参差不齐等问题，通过政府指导监管和行业自律，逐步统一品牌、统一技术、统一标准、统一包装、统一营销。借助“国家地理标志证明商标”认证优势，积极推进“三品一标”认证申报，打造旱地西红柿区域公共品牌，发布统一LOGO标识，设计高端品牌包装。“壶关旱地西红柿”成为市域公用品牌全省13种之一，“栗小番”牌旱地西红柿成功入选山西省首批66个“有机旱作·晋品”晋菜。

种植户正在采摘西红柿

旱地西红柿产业发展迅速、态势良好，成为支撑全县全面推进乡村振兴的重要力量之一。壶关县将坚持“产业+新主体+新平台”理念，按照“扩规模、树品牌、拓市场、强带动”思路，进一步把壶关旱地西红柿产业做大做强。

政策引领产业兴　特色养殖走在前

沁源县位于长治市西北部、太岳山东麓，属黄土高原区，太岳山系主脉，平均海拔1 400米左右。国土总面积2 554平方公里，辖6镇6乡181个行政村，总人口16.2万人。县域内牧草资源丰富，牧坡面积120万亩，其中300亩以上的连片牧坡72万亩，四边草地（河边、路边、村边、地边）5万亩，人工草地3万亩，可开放林地100余万亩，年产农作物秸秆6 000吨，载畜量达42万羊单位。

沁源县湖羊养殖场

独特的自然条件、丰富的牧草资源、低廉的饲养成本、较短的饲养周期、成熟的养殖技术，加上县、乡、村三级完整的畜牧兽医服务体系，使草食畜养殖业成为全县农业提质增效、农民增收脱贫的主导特色产业之一。尤其是近几年，县政府出台了发展畜牧业的奖补政策，大大提高了广大养殖户的养殖积极性，涌现出乾和源湖羊、立惠牧业肉牛、坤泰乳业奶牛、天一生态肉驴、沁和堂林麝养殖等多个大中型草食畜养殖企业。

坚持政府推动，畜场牧养殖业行稳向好

县政府连续出台发展畜牧业奖补政策，在养殖场圈舍建设、畜禽优良品

种引进、饲草青贮利用等方面给予项目资金扶持，累计安排畜牧业扶持资金6 000余万元，推动了乾和源湖羊养殖2万只、立惠牧业肉牛养殖1 000头、坤泰牧业奶牛养殖800头、红明黑山羊养殖3 000只、天一肉驴养殖700头、沁和堂林麝养殖500只等一批草食畜养殖龙头企业的发展。畜牧养殖业整体行稳向好，着力培育壮大龙头企业，以龙头带动全县畜牧养殖业走扎实、走稳健。未来5年，全县牛羊等草食畜的养殖量将再上一个新台阶，到2028年，羊存栏量将达到30万只以上，牛存栏量将达到2万头以上。

加强良种繁育，畜禽品种提纯复壮

加强沁源黑山羊提纯复壮，建立以沁源黑山羊为主体的肉羊良种繁育体系。沁源黑山羊与四川金堂黑山羊杂交繁育取得成功，解决了沁源黑山羊单产单胎的发展瓶颈。大力引进优良品种，发展以湖羊为代表的肉羊产业体系，转变传统养殖模式，提升肉羊养殖效益。持续加强西门塔尔牛冻精冷配，全县西门塔尔牛优良品种改良坚持40余年不间断，品种优良率达95%以上，加快全县草食畜良种化步伐。

龙头企业带动，畜牧养殖持续壮大

依托乾和源湖羊养殖龙头企业，采用“羊去羊回”的模式，即“龙头企业+养殖场户”的畜牧业经营体系，大力推动村集体经济和小微养殖企业积极参与畜牧养殖业，持续壮大畜牧养殖业，提高畜牧养殖产出，2023年带动村集体经济发展湖羊养殖1万余只，到2025年，村集体经济和小微养殖企业湖羊养殖量达到5万只以上。

加强饲草秸秆利用，发挥转化资源优势

鼓励农民种植青贮玉米，加大青贮机械购置和大型青贮窖池建设资金补贴力度，提高青贮饲料的专业化、社会化和机械化水平，加大玉米秸秆转化利用力度。到2025年，全县玉米秸秆转化利用率将达到90%以上，全县多年生牧草留床面积将达到2万亩以上，当年生牧草和特色牧草种植面积将达到3万亩以上，为加快草食畜牧业发展提供饲草料保障，将沁源的生态优势转化为产业优势。

加强技术队伍建设，提高技术服务水平

加强畜牧兽医技术人才引进。县级先后引进专业硕士研究生7名、本科专业人员4名，乡镇引进本科专业人员3名，充实了技术队伍力量，全县畜牧兽

医专业化率达90%以上。完善县、乡、村畜牧兽医服务体系，全县三级畜牧兽医服务队伍完整，机制运行正常，技术服务不间断。畜牧兽医专业技术人员实行包乡、包村、包场和包户责任制，切实做好畜牧养殖业技术服务工作。

延伸畜牧产业链，促进立体农业发展

在畜牧养殖业发展的同时，上延至秸秆种植、收割、打捆、揉丝、青贮等产业，下延至屠宰、分割、加工、包装、冷藏等产业，衍生至粪污加工有机肥、沼气利用、种植业发展，形成循环农业产业体系。目前已建成有机肥加工企业2个，乾和源牛羊屠宰项目正在筹备，牛羊产品交易市场建设已列入计划。

风劲帆满，蓄势待发。沁源县把畜牧业结构调整的重点落实到草食畜牧业发展上，把草食畜牧业发展的重点落实到牛羊产业发展上，统筹兼顾，做强养殖，做大加工，搞活流通，确保安全，力争在5年内形成以龙头企业养殖为基础、带动农户养殖为重点，种养加一体化草畜循环发展新格局，把草食畜牧业打造成为农村经济发展的主导产业和乡村振兴的支柱产业。

做大做强第一产业　全面推进乡村振兴

武乡县位于山西省东南部、长治市最北端，全县总面积1 610平方公里，辖6乡6镇269个行政村，常住人口15.54万人，农村人口9.97万人。全县耕地58.16万亩，粮食播种面积稳定在42万亩。近年来，武乡县坚持农业“特”“优”战略，重点打造小米、梅杏两大特色产业，培育壮大米、菜、菌、肉、饮、销六大品牌，推动酿品、饮品、主食糕点、肉制品、果品、功能食品、保健品、药茶农产品加工优势八大产业集群发展，建设6个特色产业示范乡镇、20个特色产业示范村、100个特色产业村和庭院经济示范村，全面推进农文旅体康跨界融合发展，持续壮大村级集体经济，为乡村全面振兴提供有力支撑。

武乡梅杏成熟了

加强规划引领

把产业发展列入乡村振兴和村庄编制发展规划中，因地制宜，适合村情，充分考虑农村发展特点和短板优势等要素，加大前期调查研究，找准产业发展脉络，持续推进。武乡东部乡镇发展中药材种植、畜牧、红色旅游、企业劳务等，中部乡镇围绕城郊经济发展种养、商贸服务业，西部乡镇大力发展特色种养业。编制武乡县特色产业发展规划和梅杏产业集群项目，举全县之力重点提升打造小米、梅杏、农产品加工等特色产业。

做强农产品加工业

依托全县小米杂粮、梅杏、核桃、中药材等特色产业优势，持续推进小米饼干、小米锅巴、小米咖啡、核桃粉、梅杏干等农产品精深加工八大产业集群，推进特色优势产业全产业链发展。助力推进“上党中药材”中国特色农产品优势区建设，发展党参、连翘等道地药材产业，新种植中药材1.2万亩。推进太湖豆制品厂、晋蕾爱果农业科技有限公司、山西太行涌泉酒业有限公司和武乡县红色酒业有限公司特色产业至产业链项目建设，带动全县农产品深加工向规模化、标准化、市场化、品牌化发展。

加快全产业链融合发展

打造特色农产品品牌系列方阵，培育“武乡小米”“武乡梅杏”等特色品牌，支持多维牧业①、绿农农牧、太行沃土等龙头企业提升品牌价值。新增省级龙头企业2家、市级龙头企业10家。推进农业产业园区建设，武乡小米现代农业产业园通过省级认定，培育壮大了一批养殖加工园区、物流商贸服务园区、农副产品加工交易园区、康养农旅综合体、绿色蔬菜种植园、特色小镇、智慧农业园。重点抓好梅杏产业集群项目，争取资金5 000万元，以县城为中心打造武乡梅杏技术研发交易中心，打造了故城、贾豁2个乡镇集散中心，重点在种苗繁育基地、交易分拣、梅杏深加工、品牌营销推广等方面实施提质增效，全县梅杏产值突破1亿元。

大力培育新产业新业态

拓展农业多种功能，发挥乡村多元价值，发展休闲农业、乡村旅游、康养健身等多元业态，推动休闲农业与乡村旅游融合化、品牌化发展。在休闲农业上，重点打造山西太行沃土“百谷园有机旱作农业公园”“前沟之恋”“菊花小镇”、兴盛垴村民宿等。发展乡村旅游，推进古台、魏家窑、下北漳、砖壁、王家峪、李峪、枣烟等22个乡村振兴示范村建设，努力打造文化旅游引领乡村振兴的样板。推进康养旅游，加快完善五村农耕文化综合体、古台农耕体验园、泉之头多摩康养基地等康养项目建设，推动康养结合、医养结合、养生与旅游结合，打造武乡康养品牌。

“乡村富不富，关键看产业”。要想让群众真正富裕起来，关键在于“产业兴不兴旺”。武乡县将坚持党建引领，充分发挥农村基层党组织战斗堡垒作用，选优配强“领头雁”，做好产业发展提质增效，带动群众增收致富，让产业成为群众致富的法宝。

① 多维牧业即为山西多维牧业有限公司。

整合资源抱团发展　平台联动多方共赢

壶关县店上镇地处旱地西红柿种植的黄金地带，从20世纪80年代末开始，店上镇开始种植旱地晚播西红柿。经过多年的探索，旱地西红柿产业蓬勃发展，搭建了全县首家农业发展平台，培育了一批旱地西红柿企业，打造了一批知名品牌，建立了一些合理的产业功能区，形成了完善的旱地西红柿产业链，规模化、标准化、产业化、集约化的旱地西红柿产业呈现强劲的发展势头。旱地西红柿产业成为店上镇农业增效、农民增收的朝阳产业、特色产业、品牌产业。

壶关县店上镇位于壶关县中部，辖38个行政村1.1万余户2.98万人。镇域总面积96.55平方公里，其中耕地面积4.96万亩，是一个以种植业、养殖业为主的农业大镇。店上镇属暖温带大陆性气候区，温度、光照、降水等条件都十分适宜旱地西红柿等蔬菜的生长发育。多年来，店上镇坚持把旱地西红柿作为兴村强镇的特色主导产业来抓，旱地西红柿种植已覆盖全镇38个村，种植面积上万亩，有春秋大棚2 213个、日光温室大棚110个、育苗基地3个、农业产业园3个、西红柿酱初加工厂3家、农产品交易市场1个、小型蔬菜交易点14个。全镇西红柿总产量7.5万吨，总产值2.4亿元，占全镇农业生产总值的56%；年加工西红柿0.5万吨、贮藏保鲜0.2万吨、运输50万吨、销售7.5万吨。产品远销至山东、河南、河北、江苏、浙江、安徽、上海等10多个省份。2020—2023年，店上镇先后荣获“全国第十批‘一村一品’示范村镇”“全省农业产业强镇”“长治市‘十佳’特色农业乡镇”称号。

着力打造好产业基础。店上镇旱地西红柿采取露天种植方式，品质上严格落实国家相关规定，从基地建设、土壤改良、日常管理、采摘储运等各环节入手，确保产品绿色、有机、无公害，生产过程中禁止使用人工合成的农药、化肥、色素等化学物质，保证了产品品质。注重对旱地西红柿品牌的申报认证，先后获得了“国家地理标志证明商标”“绿色食品”认证，注册了“栗小番”“金百润”“峡谷山珍”等品牌。同时，通过举办农民丰收节、西红柿丰收节，参加农产品展销会，有效提升了店上镇旱地西红柿的整体形象，“西红柿小镇”品牌已初具雏形。着力打造“一村一品”，2020年成功申报第十批“全国‘一村一品’示范镇”、长治市“十佳”特色农业乡镇，长林村、绍良村分别荣获第一批、第九批“全国‘一村一品’示范村”称号。

培育多元产业新业态。支持发展镇域范围内产业关联度高、辐射带动力强、多种主体参与的融合模式，扶持壶关县红太阳农旅开发有限公司做大做强，鼓励壶关县绍良村阳光种养专业合作社、壶关县绍良黑红种养专业合作社等合作社进一步扩大经营规模，加大对能人大户的创业就业支持力度，培育生产型、技能型、服务型的高素质农民，实现优势互补、风险共担、利益共享。积极探索“西红柿＋”产业发展模式，不断延伸产业链条。建设了绍良、麻要西红柿深加工厂。成立了壶关旱地西红柿农旅结合电子商务服务中心，嫁接“互联网产业＋”技术，积极打造销售电商平台，完善了镇域电商服务功能。依托田园风光、绿水青山、村落建筑、乡土文化、民俗风情等特色资源，创建农村产业融合发展示范园，形成多主体参与、多要素聚集、多业态发展格局。在固村建设了种苗优化繁育基地，在林青庄、固村建设了两个标准化春秋大棚园区，在龙郡池投资建设了农产品深加工厂，发展了林青里民宿、店上羊汤馆等三产融合项目、固村乡村e镇项目。

店上镇红太阳农旅开发有限公司固村园区

创新联农带农联结机制。组织龙头企业与种业公司、收储企业、种植大户、家庭农场、小农户和社会化服务组织共同组建农业产业化联合体，通过契约型、分红型、股权型等合作方式，推广“订单收购＋分红”“农民入股＋保底收益＋按股分红”等模式，与新型农业经营主体和农户建立关联紧密、分工明确、链条完整的联结关系，实现优势互补、风险共担、利益共享。

提升产业竞争力。通过旱地西红柿产业标准化建设，改善西红柿育种基础设施，优化旱地西红柿育种栽培管理条件，加大了新品种、新产品、新技术研发应用力度，进一步提高优质精品西红柿产量，促进旱地西红柿产业提质增效，促使西红柿生产、加工、物流、销售全产业链快速发展，并带动农业休闲旅游、商贸物流、印刷包装、餐馆民宿等衍生产业以及龙头企业、农业种植专业合作社等新型经营主体蓬勃发展，提高了市场竞争力。

推动产业融合发展。在发展旱地西红柿产业的同时注重与旅游、包装、物流、餐饮服务等行业的协同发展，并为二三产业提供更多的就业岗位，推动多要素集聚、多产业叠加、多领域联动、多环节增效，助推实现一二三产业融合发展。

促进农民创业增收。通过平台公司和村集体按比例分红、农户参与增收形式，店上镇与周边农户建立以土地流转、农企对接为主的利益联结机制，形成“风险共担、利益均沾”的利益共同体，极大地推动了周边农民增收。2022年，店上镇依托平台公司、7个村集体和1个移民小区共分配收益23.4万元，带动园区承包户种植收益达260万元，684户土地流转收益达163万元，500余人务工收入人均1.2万元，社会化带动2 000余人人均年增收5 000 ～ 8 000元；2023年带动11个村集体和1个移民小区分配收益44.4万元。

直播带货助力乡村振兴

“互联网+”的飞速发展，为乡村带来了翻天覆地的变化。随着人们消费方式的转变，“网农”正在崛起，“农民网红”“带货乡长”跃入人们的视野。

赵溪正在通过“助农小溪”直播带货

“大家好，我是你们的老朋友，平顺县阳高乡乡长赵溪。今天，我将带大家走进平顺县第二届大红袍花椒文化节，看看现场有哪些好吃好玩好看的东西。”8月18日，平顺县为期一个月的大红袍花椒文化节暨2023消费帮扶活动正式启动，被誉为“花椒乡长”的赵溪，通过“助农小溪”直播间的镜头，让来自全国各地的观众记住了大红袍花椒的家乡——长治平顺。

“触电”入网 “花椒乡长”带货忙

8月24日上午10时，走进赵溪的办公室，两根油条、一个鸡蛋摆在办公桌上。看到来人，赵溪匆忙将早餐收起来：“直播完忙到现在，还没来得及收拾。”这位“花椒乡长”举止间尽显阳光与自信。

作为土生土长的平顺人，赵溪热爱着这片土地，也为乡村发展费尽心思。“短视频、直播已经走进千家万户，改变着大众的消费习惯。只有跟上节奏，才能真正做到助农兴农。”2022年10月12日，赵溪首次通过“助农小溪”直播带货，既新奇又兴奋，“最初开直播只是为了打开花椒销路，现在县里给了许多支持政策，我想通过直播让更多人了解平顺、了解阳高。”实践中，赵溪有了更长远的规划。

近年来，平顺县推动农村电商提质增效，持续加大电商直播、网络营销等方面的培训力度。全县发展了20个电商主体，培养了150名带货达人和“乡村振兴新农人”。

“目前，‘助农小溪’账号粉丝已经超过6万人。2022年，我在淘宝注册了‘花椒乡长’账号，希望能够借助互联网，让更多人知晓当地农特产品。”赵溪表示。

开辟新路 助农直播浪潮涌

直播间里，赵溪形象干练、思路清晰。直播间外，她带着机关干部对全乡花椒种植情况进行实地调研，深入田间地头、农户家中、加工车间请教学习花椒种植技术，聚焦以花椒为原料的农副产品，并结合当地古建、山水、民宿等元素拍摄制作成小视频，展示阳高乡的风土人情和秀美风光。

如今，阳高乡机关干部、选调生、大学生村干部、“三支一扶”高校毕业生都积极参与直播带货，推荐当地特产，历练了一批会直播、擅直播、精直播的新时代农村基层干部。

乘势而上，一时间阳高乡“直播大潮”浪起潮涌，阳高村“大美平顺花椒姐”、奥治村“花椒姐妹”、迴源头村“三姐花椒”等6名乡土网络主播竞相登台，形成了全乡直播宣传推介合力。“线上+线下”营销模式拓宽了花椒销售渠道，年销售花椒60万斤，“大红袍花椒”真正成为全乡富民增收的主要来源。

“通过直播带货，大家对长治、对平顺有了更全面、更深入的了解。”赵溪表示，她希望可以借助云端让更多人知道家乡的历史风光和美食特产。

“云端”推介 大美风光在太行

阳高乡既有赤壁悬流、月亮山、恐龙谷等绝美的自然风光，也有淳化寺、佛头寺等全国重点文物保护单位，这些都为当地文旅融合发展奠定了坚实基础。“我们不仅要坚持把大红袍花椒产业作为强农富民的主打产品，全链条打造高精深产业发展，还要以‘椒’为媒，通过不同形式，展现当地的文旅康养魅力。”阳高乡党委书记王利军说。

平顺县充分发挥生态文化旅游示范区等牵引作用，推动旅游与文化、生态、康养、医养、研学深度融合；推进传统村落集中连片保护利用，筹建中国古建筑主题公园；积极推进A级景区创建，完善乡村旅游专线，持续提升旅游服务功能。

“这个暑假，阳高乡民宿迎来许多游客，其中不乏采风研学的师生、研究古建筑的专家和特意来感受自然风光的游客。”王利军表示，阳高乡将借助全市“加快建设国内一流、国际知名的生态文化旅居目的地”这股东风，乘势而上，吸引更多游客，为乡村振兴赋能添翼。

05 第五篇 乡村建设

XIANGCUN JIANSHE

乡村建设是实施乡村振兴战略的重要任务，也是国家现代化建设的重要内容。2018年以来，长治市把乡村建设摆在推进农村现代化的重要位置，顺应农民群众对美好生活的向往，以普惠性、基础性、兜底性民生建设为重点，强化规划引领，统筹资源要素，动员各方力量，加强农村基础设施和公共服务体系建设，深入实施农村人居环境整治提升行动，持续改善农村生产生活条件，乡村面貌发生巨大变化。

乡村处处绘新景

宽阔平坦的水泥路，规划整齐的居民小院，整洁有序的村容村貌……人居环境整治让今日的农村有了新的模样。一幅幅天蓝地绿水清、村美院净家洁的秀美新画卷，正在生动地诠释着农民群众幸福感和获得感的丰富内涵。

长子县花家坪村村景

近年来，长治市认真贯彻落实中央和省委、省政府关于农村人居环境整治的总体部署，坚持绿水青山就是金山银山的发展理念，深入学习浙江省“千村示范、万村整治”工程经验，以乡村振兴为统领，以建设美丽乡村为方向，以“百村示范、千村整治”为抓手，扎实开展了以拆违治乱、垃圾治理、污水治理、厕所革命、卫生乡村、村庄绿化为重点的农村人居环境整治六大专项行动，着力补齐农村人居环境突出短板。经过三年集中整治，全市农村人居环境明显改善，共创建了117个省级、170个市级和500余个县级人居环境示范村。并以人居环境整治为基础，对示范村进行提档升级，集中连片打造了一批美丽宜居示范村，具有地域特色和现代气息的和美乡村不断涌现，美丽乡村处处是景，农民群众幸福感、获得感与日俱增。

科学规划高位推进

农村人居环境整治，是一个惠及千家万户、庞大复杂的工程。工作实施以来，长治市先后出台了《长治市农村人居环境整治三年行动实施方案》和《年度行动计划》，行动计划中明确了各部门工作职责，确保各部门各司其职，有序开展工作。2020年，在原来六大专项行动基础上，结合实际工作，增加为示范创建、农村“厕所革命”、村庄绿化、农村生活垃圾治理、农村生活污水治理、村庄清洁、卫生乡村建设、农业生态环境治理、村庄规划管理、农村补短板十大专项行动，以更高标准、更大力度改善全市农村人居环境，全面推进乡村振兴战略实施，建设美丽宜居乡村。

为带动更多金融机构、保险资金加大对农村人居环境整治项目的支持，长治市积极创新工作机制，先后与建设银行、工商银行合作交流，为农村人居环境整治项目和PPP项目融资提供征信支持。鼓励信贷、保险机构加大金融产品和服务创新力度，开展投融资模式试点，推动形成一批可复制、可推广的成功模式。同时，鼓励支持社会资本投入农村人居环境整治，参与农村“厕所革命”、农村生活垃圾治理、农村生活污水治理等项目建设运营，开展村庄清洁行动、美丽宜居村庄和最美庭院、最美乡村等创建活动，推进农村人居环境整治与美丽乡村建设、乡村旅游等有机结合。

在全市干部群众的团结努力下，长治市农村人居环境整治各项工作屡次获得国家、省级部门的褒奖。2018年，全省第一个改善农村人居环境现场会在长治召开。同年，长治市成为首批国家黑臭水体治理示范城市。上党区改厕模式在2019年底的国务院人居环境大督查中被列为典型经验。2020年，屯留区被农业农村部授予“全国村庄清洁行动先进县”。

因地施策协同治理

小康不小康，厕所算一桩。改厕不是小事，而是事关农村经济发展、事关农民身体健康的大事，旱厕改造的成功与否，关键在于是否让广大群众的生活切实得到改善。为把旱厕改造工作做成一项一劳永逸的工程，长治市多次召开专题会议研究农村改厕工作，各地因村因户施策，宜水则水、宜旱则旱，选择适合当地实际、经济适用、适应“寒”“旱”环境、群众接受的改厕模式。

走进屯留区丰宜镇西夏旺村，视线所及，分类垃圾桶随处可见，空气中闻不到污水的异味。这与人们印象里农村“简易茅厕遍布，垃圾遍地倒，污水满地流”的环境大相径庭。

屯留区坪村村景

“改厕改变了村民的卫生观念，改出了群众的新生活，也树立了文明新风。”很多村民深有感触地说，“改厕之前，总觉得在农村没有必要讲究，也没办法讲究。现在不仅厕所干净，家里整体也干净多了，看着心里也舒服。”走进农户家里，灶台不见灰尘，厕所、圈舍没了臭味，院落里也打扫得干干净净。

全市农村户用厕所总量57.139 7万座，已完成农村户厕改造46.527 9万座，卫生厕所普及率达81.43%。

旱厕填埋了，生活垃圾怎么处理？生活污水往哪里倒？为此，配套建设了农村生活垃圾收运体系和农村生活污水治理设施，递次推进、协同治理，确保整治成果。全市12个县区基本建成农村生活垃圾收运体系，农村生活垃圾收运体系覆盖行政村比例达98.5%。全市已录入全国非正规垃圾堆放点排查整治信息系统的542处非正规垃圾堆放点已整治并销号542处，整治率100%。其中非正规生活垃圾堆放点共计405处，已整治并销号405处，整治率100%。各县区按照一处一策的原则确定整治技术方法，建立整治滚动销号制度，完成一处，销号一处，有效防止了发生垃圾污染转移现象。全市建有集中式、分散式农村生活污水治理设施或纳入城镇污水管网的行政村323个，占比10.98%。截至2023年底，全市国控地表水优良断面比例为100%，累计完成370个农村环境综合整治任务。

提质增效示范创建

每逢周末，驱车外出，我们会欣慰地看到：武乡县故县乡五村风景秀美、历史风情浓郁；长子县琚村、襄垣县郄家烟村环境古朴、独具特色；沁源县紫红村、潞城区石梁村、黎城县佛崖底村、沁县石板上村等如诗如画、游人如织……近年来，长治市美丽乡村建设取得了重大突破，美丽乡村串点成线、连线成面，旧貌换新颜。

这幅宜居宜业宜游的美丽乡村画卷背后，处处体现着长治市委、市政府立足民生、改善环境的魄力和智慧。多年来，市农业农村局在市委、市政府的领导下，始终把美丽乡村建设作为提升城市人居环境的重点，从便民利民的角度，采取分级创建、分类示范、分批实施的办法和规划引领、奖补促进、资金整合、培训指导、单位帮建等措施，在全市深入开展省、市、县三级美丽宜居示范村联创活动，整合资源、项目、资金，集中力量重点打造了以环漳泽湖滨河新区为核心，以环市区城郊休闲乡村片区、太行山水风景片区、红色文化传承片区、太岳生态康养片区为重点的“一核心四片区”集中连片美丽示范乡村。

基础设施逐步改善，山、水、林、田、路、村、房日臻融合，生产生活生态功能协调发展，长治市农村逐渐步入产业、村寨、景观、旅游互动发展新格局。

潞州区五马街道北董村历史悠久，人杰地灵。古时的北董村总体建筑布局为凤凰东南飞形状，历史上称为凤凰村。站在东山往下望，南为凤头，北为凤尾，东西为凤之双翅，谓“凤凰双展翅”。

近年来，北董村大力整治周边环境，着力打造碧水蓝天。实行“垃圾不落地”，对南外环路两侧、东山旅游路及田间地头荒草进行了集中清理；出动车辆、人力对村中及外环路两侧树木、路沿、墙壁等进行白化、彩化，并对辖区范围内的裸地进行石子铺设，主街道及小巷全天清扫保洁；完善了村民污水排放，并全部接入了城市排污管网；同时，制定出台了北董村环境卫生工作条例，建立长效机制，实行专人专管。环境的改善，使村民素质、品位、涵养得到全面提升。该村还充分挖掘旅游文化内涵，发挥特色资源优势，依托塔岭山上百亩树龄几十年的老桃树，于每年4月中旬举办“魅力北董桃花节”，除赏花外，还有上党名吃展示、民俗风情表演、手机摄影、绘画比赛、古筝表演、模特展示等活动；每年7月中旬举办的“魅力北董葵花节”，成为潞州区乡村旅游的一张金名片。

作为全国乡村旅游示范市，长治市推出了12条精品乡村旅游线路，“田园景区化、景村一体化、旅游全域化”的格局已初具雏形。

如今的上党盆地，乡村美丽蝶变，成效有目共睹，绿色经济发展，内生动力十足。

雄关漫道真如铁，而今迈步从头越。在太行山区广袤美丽的青山绿水中，长治市将实施农村人居环境整治三年行动作为实施乡村振兴战略的第一仗，按照市委、市政府“十四五”时期全力打造生态引领的太行宜居山水名城的发展战略定位，深入践行绿水青山就是金山银山的发展理念，全面开展农村基础设施完善、农村生活垃圾治理、农村生活污水治理、农村旱厕改造、乡村特色风貌、农业生态环境治理、村庄清洁、卫生乡村、乡村旅游、村庄规划管理十大提升行动，一张蓝图绘到底，谱写乡村发展壮丽新篇章，打造一个更加亮丽的新长治！

以“三四三三”工作法推进“厕所革命”

小厕所，关系大民生。怀着对百姓福祉、城乡文明的高度关切，习近平总书记多次对“厕所革命”作出重要指示，强调要将这项工作作为乡村振兴战略实施过程中的一项具体工作来推进，努力补齐这块影响群众生活品质的短板。长治市坚持整体谋划、上下联动、试点先行，充分发挥农民主体作用，推行“三四三三”工作法，全力推进厕所改造，确保厕所改造改出实效。

农村改厕技术试验示范观摩展示现场会

做到三个“坚持”，解决农民不主动的问题

一是坚持群众愿意。农民需求是第一选择。改造前，充分听取农民意见、建议，农民愿意改造且符合改厕条件的，优先改；符合改厕条件但农民不愿意改造的，暂缓改，通过宣传教育、示范引导，待农民同意后再改；不符合改厕条件的，坚决不改，杜绝“替民做主、代民决策”和层层压指标、村村搞摊派。充分调动村“两委”和群众的主动性和积极性，以群众满意为工作的出发点和落脚点。二是坚持整村推进。按照农业农村部和省农业农村厅工作要求，坚持整村推进原则，积极实施农村改厕“整村推进”计划。三是坚持程序规范。采取四议两公开、一事一议、工程招标或议标等必要的工作程序，确保程序合规。

下好“四个功夫”，解决农民不认可的问题

一是在宣传教育上下功夫。在发挥各类媒体作用的同时，通过农民群众喜闻乐见的多种宣传方式，加强改厕政策宣传，将宣传工作做深做细做透，调动群众的积极性和主动性。二是在技术培训上下功夫。施工前，对施工人员进行改厕施工规范知识培训，做到先培训再施工、不培训不施工，让施工

人员熟悉每个施工环节、每道施工程序。市、县（区）两级组成改厕技术专家组赴各县区广泛开展技术指导和培训，培训范围实现全覆盖，各级改厕负责人员和施工人员全部参加，培训重点从模式方法、施工建设向技术规范和管护机制上转变。施工时，不贪多求快，每个行政村选择一户先改，施工队在改造第一个厕所时，户主、镇村干部、监理人员、技术人员、群众代表全程参与现场监督，确保每个节点、每道程序都严格按照户厕改造技术规范施工；待厕所改造完成、农户签字认可后，再按照统一标准逐户推开，避免“蜂拥而上”“齐步走”，防止“走弯路”“翻烧饼”，确保改一个、成一个、用一个、群众满意一个。三是在模式选择上下功夫。从实际情况出发，从群众利益出发，选择群众乐于接受、满意度高的改厕模式，实现由“要我改”到“我要改”的转变。在污水管网覆盖地区，以及饮用水水源保护区、风景名胜区、生态保护区（带）内和其他有条件的村庄，推广使用完整下水道式水冲厕所；在污水管网覆盖不到的地区推广使用三格化粪池式厕所；在山区、丘陵等不适宜三格化粪池施工的地区，以贮粪池不渗不漏、粪便不暴露为基本要求，因地制宜推广使用“通风改良＋集中无害化处理式”等其他卫生厕所；倡导和鼓励农户选择微生物降解ECO生态厕所、内置式等新技术、新模式。四是在改厕质量上下功夫。质量合格是第一标准，在选购预制产品时，广泛听取村民代表意见，由村民代表、技术人员、监理人员随机对材料设备进行现场抽样送检，发现质量不合格的，一律退回，接受农民群众监督。从产品质量、施工质量、技术规范三方面着力，建立厕所改造质量管理制度，严格按照技术标准施工，落实工程质量，层层压实责任，加强施工现场质量巡查与指导监督，确保改厕质量。

把好“三个关口”，解决农民不满意的问题

一是把好过程监督关。强化施工全过程监管，探索建立由乡镇政府主管、第三方监理、村民代表监督的全方位监督体系。将《农村户厕建设技术规范》通过顺口溜、大白话等形式告知农民群众建设标准和规范要求，发动农民群众参与改厕全过程监督。同时，各县区抽调专门力量组成督查组，采取包镇包村的形式定期对改厕工作进行指导监督，发现问题立即整改返工，确保实效。二是把好建档立卡关。开发农村改厕信息化管理系统，运用“互联网＋”技术，推行“一图、一码、一册”制度。“一图”指绘制村庄改厕平面示意图，用不同的颜色和图案标明厕所是否改造，以及改造时间、改造类型、能否正常使用等，使村庄改厕情况一目了然。“一码”指对改厕户实行二维码管理，一户一码。县、乡建立管理平台，管理人员通过信息化系统，采集厕所

改造前、改造中、改造后信息上传，进行网上验收，完成实时管理。群众在家通过扫描二维码，可以实时呼叫清掏或维修业务，方便群众需求。“一册”指县、乡、村三级分级建立纸质工作台账，切实做到“一县一档、一村一档、一户一档”，完成一个、销号一个，做到信息全面公开。三是把好考核验收关。改厕完成后，改厕主管部门组织有关单位及人员对农村改厕工作进行全面考核验收。主要对组织领导、资金配套、模式选择、整村推进、群众满意度、奖补资金绩效评价和卫生厕所普及率等方面进行考核。未通过验收的，不能享受财政奖补资金。

建立“三个机制”，解决农民不管护的问题

一是建立排查整改机制。市、县（区）两级深入开展改厕大排查，发现问题即行整改，对不符合卫生厕所标准要求的已改造户厕，全部整改到位，并建立问题排查台账，全程留痕。二是建立资金落实机制。把改厕配套资金列入财政预算，足额落实到位，对及时配套资金、试验推广ECO生态厕所等新技术、新模式的县区在奖补资金安排上予以适度倾斜。统筹使用好省、市级奖补资金，加强拨付、使用、监管等流程管理，强化资金使用效率，做好资金使用绩效评价。三是建立长效管理保障机制。不断探索建立健全厕所长效管护机制，建立完善市、县（区）两级农村改厕数据管理平台和调度报送机制，及时全面准确掌握全市农村改厕工作。镇、村做到“五有”，即：有制度，制定维修维护、粪污抽取、粪污资源化利用等相关管理办法；有标准，明确维修、抽取、转运、处理的具体要求；有队伍，配备专职抽粪司机和维修服务人员；有经费，保障日常管护工作的开展；有督查，成立督查组，定期督查，防止厕所出现不卫生、使用不当等现象。做好后续管护工作，确保设施坏了有人修、管道堵了有人通、粪污满了有人抽、抽走之后有效用，消除农户在改厕前的诸多后顾之忧，确保农户厕所长期正常使用。

“小厕所”折射“大文明”，坚持不懈推进“厕所革命”，努力补齐影响群众生活品质短板，让农民群众彻底告别了“土茅坑”，真正改善了农村卫生条件，提高了群众生活质量。

“大交通”建设助力乡村振兴

农村公路是服务“三农”的公益性基础设施，是实施乡村振兴战略的重要内容。持续推进农村公路建设，是巩固拓展脱贫攻坚成果、全面推进乡村振兴的一项重要举措。近年来，长治市高水平推进“四好农村路”建设，大力修建产业路、富民路，为助力乡村振兴、增加农民收入提供了重要支撑和保障。

早谋划　早行动

建立了项目清单、市县乡三级责任清单和工作台账，落实责任单位、责任领导和责任人，明确完成时限，为实现乡村振兴、加快推进农业农村现代化、助力广大农民致富奔小康提供了更好保障。2022年底，全市公路通车里程12 416公里，其中高速公路382.172公里，普通干线公路1 301.973公里，农村公路10 732公里，基本建成“内通外联、通村畅乡、客车到村、安全便捷”的农村交通运输网络。

抓落实　快推进

着力从强化领导和规范程序上发力，12个县区都成立了以县区长为组长的“四好农村路”建设领导组，将“四好农村路”建设与当地产业发展、乡村旅游深度融合，进一步完善审批、许可和政府监督等建设程序，规范招投标程序，严把监管关，科学安排工序，严格施工和验收工序及标准，全市农村公路新改建项目一次交工验收合格率持续保持98%以上。将“路长制”与爱路护路村规民约相结合，分类有序推进农村公路养护市场化改革，与城乡环境卫生一体化管理体系紧密结合，建立了县区有路政员、乡镇有监管员、村有护路员的路产路权管护队伍，确保农村公路养护管理无死角。完善财政养护资金保障机制，落实养护资金地方配套政策，每年安排足额地方配套资金用于养护工作，切实做到有路必养。

新模式　新方向

打通主干线，畅通大循环。近年来，市交通局把建好“大交通”作为夯实“三大基础”、推进“四大发展”的重点工程来抓，持续推进“以国省干线

景观公路

为主干、县乡公路为分支、村村通公路为脉络”的全域交通体系贯通与升级。初步形成内通外联、四通八达的现代交通格局，为县域经济高质量发展打下坚实的交通基础。

推动实施“农村公路+”产业发展新模式。长子县围绕青尖椒产业核心区改造提升农村公路63公里、田间道路32公里，实现农村公路与高速公路及国、省道顺畅连接。青尖椒主产区15分钟即可进出高速，半小时即可运到国际货运班列发运站，有效盘活了地方资源，带动了蔬菜种植、农产品仓储加工、客货运输等产业发展，增强了农村地区的“造血”功能。平顺县2022年10月完成拓宽改造下井至三岔口旅游公路，路面铺设了绿色沥青的乡村公路，将淙上村、佛堂岭村等道地潞党参主产地相串联，不仅便捷了群众外销潞党参等农副产品，更为沿线村庄打开了发展延伸产业的窗口。

同时，全市12个县区还依托已建成的县、乡、村三级物流点站，搭建起快递、邮政、电商“三站合一”的农特产品收购和运输网络，一条条便捷畅通的农村道路已经成为服务老区乡梓、发展特色产业、承载致富梦想的“绿色通衢”。

优化提质，道路升级，景美客来。2022年，平顺县启动道路优化提质工程，对2009年竣工通车的太行天路进行改造升级，原先的灰色柏油路面被彩色沥青混凝土所代替，并按照观光旅游路标准完善了标识标牌、路边绿植美化、临时停车区等配套基础设施，让这条连接起岳家寨、北秋房等多个旅游网红村，年均吸引上万名游客的山间公路真正成为“网红路”。

太行天路

道路“颜值”和配套设施的提升带来的是连锁反应。2022年8月，第二届京津冀晋房车巡游活动在平顺县举办，来自4个省份的60多辆房车、200余名车友汇聚青羊大地，沿着长平高速、太行一号旅游公路等国省道干线组成的全域旅游网，一览通天峡、天脊山等地的旖旎景色，还通过房车营地宿营、特产集市采购、地道美食品尝、新媒体短视频推广等活动，宣传了平顺的大美风光，带动了沿线特色农副产品的销量，为平顺建设国内知名的生态旅游目的地再添新动能。

建一座桥，连通致富希望；修一条路，迈向幸福生活。“四好农村路”建设连通了农村通往城市的通道，带给群众的不仅是出行方便，更为重要的是给农村带来了经济活力，带来了文明，带来了新的观念。

长治将立足新发展阶段，贯彻新发展理念，围绕“交通+生态旅游”“交通+特色产业”“交通+电商物流”等主题，着力“完善大动脉、畅通微循环”，打造新发展格局战略支点，以巩固拓展脱贫攻坚成果、全面推进乡村振兴为目标，在解决农村通行的基础上带动农村餐饮、休闲养生、旅游观光、特色农业等第三产业的兴起，在乡村本地增加就业岗位，就地解决农村剩余劳动力，使农村能留得住人、留得住人才，做强做大乡村产业，真正给广大农民带来长远收益。

让“方寸地”有“看头”更有“赚头”

走进长治市平顺县、黎城县等地，一处处错落有致的农家、依山傍水的民宿独具一格，房前屋后或繁花似锦，或药香扑鼻，穿行于一条条石头路之间，一幅美丽的田园画卷在眼前徐徐展开。

黎城县壶山旅游度假区民宿

长治市在推进乡村振兴过程中，紧紧依靠群众，强化激发群众内生动力，围绕“家”和“庭”做文章，将发展庭院经济作为推动乡村振兴、农民致富的有效载体，深入探索“庭院经济＋人居环境提升”发展模式，积极引导村民群众利用房前屋后的“方寸地”“巴掌地”，因地制宜发展种植养殖业等庭院经济，激发农村经济“新活力”。

庭院盛开“致富花”

庭院虽小，却别有洞天。庭院经济的发展，让大山深处绽放出朵朵“致富花”。

平顺县东寺头乡有着丰厚的自然资源，绿浪滔天的林海、碧波荡漾的深潭、刀削斧劈的悬崖、千姿百态的山石、引人入胜的溶洞，吸引了全国各地的游客纷至沓来。

“今年的游客特别多，我利用自家的小院办起了农家乐，虽然辛苦一点，一年也能收入十几万元。”东寺头乡神龙湾村村民元俊高兴地说。作为最早一批尝试庭院经济的农户之一，元俊通过改造使房屋提升了“颜值”，开办起了农家乐。他的庭院虽然面积不大，却遍布绿植和花卉，布置简朴但别有情趣，处处展现出原汁原味的太行山风情。东寺头乡依托自家庭院开办农家乐的已达110余户，每户年均收入可达10万余元。

独特的气候环境使得东寺头乡拥有种植中药材得天独厚的条件，政府引导村民利用自家庭院发展特色种植和养殖，让农家小庭院成为百姓的“聚宝盆”。

“我在院子周边种植了一亩多连翘，一年下来能收入七八千元。”羊老岩村村民高建斌说，“连翘浑身都是宝，春天采连翘叶制茶，夏天采摘青翘，秋天采摘老翘。这几年中药材的价格高，我索性就把院子周边都种上了中药材，收成还不错。”

东寺头乡聚焦上党中药材专业镇建设，率先在羊老岩村成立了中药材种植专业合作社和农业开发有限公司，积极吸纳群众入社，想方设法让农家小庭院种植中药材，使农户有了新的收入增长点。如今，羊老岩村已有20余户村民参与种植中药材，共种植700余亩，年收入可达140余万元。

“方寸地”成增收沃土

庭院不大，却魅力无限。庭院经济的壮大，让广大乡村既有“看头”更有了“赚头”。

漫步在武乡县石北乡型庄村的小巷，房前屋后的一簇簇、一盆盆各色花卉竞相怒放，玫红色的花儿如炎炎赤焰，嫩黄色的朵儿如彩蝶飞舞……细雨如烟，好似为娇艳的花儿们披上细纱，处处迷人妖娆。

花卉种植大户史俊红乐呵呵地说：“早先，院子里堆放了很多杂物。自从开始培育苗木盆景，院子内外种植了三角梅等，不仅赏心悦目，而且收益颇丰！”

武乡县沿街开放的花卉

年届七旬的村民周茂功更是动员全家为盆景摆造型，兴致盎然。村民郝荐斌不仅精心培育了200多盆盆景花卉，还向大家伙儿分享种植经验，让盆景美景走进更多庭院，托起更多村民的“致富梦”。

2023年以来，型庄村坚持因“院”制宜、自主发展、指导先行的原则，积极引导鼓励农户利用自家庭院发展特色种植养殖业，让庭院经济逐渐实现产业增效、百姓增收。

走进黎城县赵家山村村民赵黎川的庭院，空气里、角落里都散发着记忆中那股回甘的老醋香。“这是老一辈传下来的做醋配方，我从年轻的时候起就跟着家里老人学习做醋，按照传统步骤进行加工，经过40天的熬制，醋才能做出又香又醇的味道。”赵黎川说。现如今，他的老陈醋已销往河南、河北等地，年收入达4万元。

2023年，黎城县立足本地自然资源，对不同产业模式的庭院经济进行分类指导，逐步实现了“小庭院”与“大市场”的有效对接，实现了产购销一体化，增强了庭院经济的发展活力和市场竞争力。把美丽乡村建设与发展庭院经济相结合，在不断深化庭院经济建设的同时，也在打造农村新“气色”，让广大群众在增收中获得更多的幸福感。

聚合力带群众富裕

庭院虽小，却大有可为。庭院经济的推进，释放出其蕴藏的广而深的巨大潜力，成为乡村振兴的新动能。

2023年，长治市设立庭院经济发展专项资金，支持脱贫地区高质量发展庭院经济，促进乡村特色产业发展，鼓励引导脱贫群众就近就地就业创业，持续稳定增收。重点帮扶壶关、平顺、武乡、沁县、黎城5县发展100个市级庭院经济重点村，发挥当地资源优势和地域特色，打造出各有侧重的高质量庭院经济发展模式，形成“一乡一特、一村一品、一户一业”，力争培育出一批庭院经济示范村。对整体推进县和先行示范县进行资金补助，用于支持发展高质量庭院经济。

壶关县采取“嵌入式”“订单式”“定向式”模式，根据农户现有技术和资源，按需“一对一”精准开展培训，对庭院经济中涉及的农家乐、种植养殖、采摘、园艺盆栽、传统手工艺制作、特色民宿、电商销售、快递代办、小超市、修理店等开展培训，培育了一批经营有方法、养殖有经验、种植有技术、销售有路子的农户。培训农民9 803人（次），进一步提高了农户发展庭院经济的技术能力。

沁县牛寺乡多次组织开展赏花节活动，吸引了众多短途游人的关注。沁州黄镇轻城村从药材等经济作物到小藤架等园艺作物种植，再到米槐等果木种植，从小禽舍养殖到小作坊工艺品制作，再到农家乐经营，立体式发展、交叉式融合开发庭院经济，实现了良好的庭院经济效益和生态效益。

发展农家小庭院，实现乡村大振兴。长治市把发展庭院经济作为强村富民的突破口，以农民增收致富为核心，以建设和美乡村为关键，把美丽院落与产业发展相结合，灵活多样发展种养业，坚持因“院”制宜、自主发展、指导先行的原则，通过“村集体股份经济合作社＋基地＋农户”的模式，积极引导鼓励有意愿、有条件的农户在房前屋后发展庭院经济，让原本普通的农家小庭院变得更加多姿多彩，让群众在家里就可畅享庭院经济带来的丰硕成果。

抓建设强管理 让百姓吃上“幸福水”

长治市地跨黄河、海河两大流域，由于境内地形地貌较为复杂，水资源分布极不平衡，农村饮水问题历来比较突出。多年来，在市委、市政府的坚强领导和省水利厅的正确指导下，长治市从初始的打旱井、修旱窖、蓄天水，到如今的开水源、建工程，大力实现管网自来水供水。特别是2000年以来，集中人力物力财力，先后实施饮水解困、饮水安全全覆盖、饮水安全巩固提升工程，使全市农村饮水困难和不安全状况得到了基本解决。

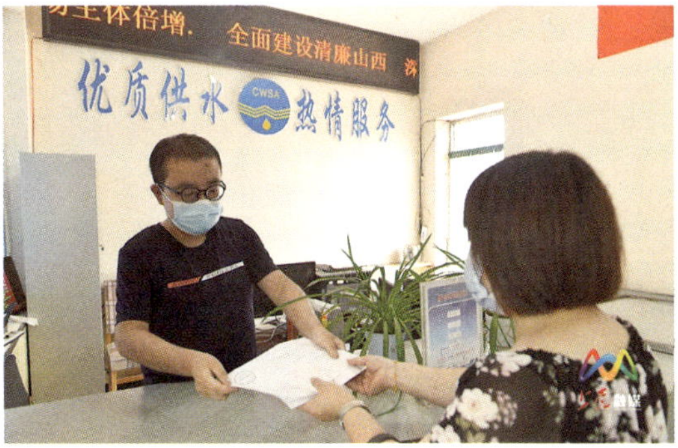

健全乡村供水服务网点

全市现有农村供水工程2 193处，受益人口246.9万人。其中，集中供水工程2 076处，受益人口242.3万人，占总人口的98%；分散供水工程117处，受益人口4.6万人，占总人口的2%。全市农村集中供水率达98%，自来水普及率达96%，形成了以平顺县润泉、潞城区自来水为代表的水务一体化示范工程，以潞州区黄碾、屯留区麟泉为代表的城镇自来水工程，以长子县岚源和南源为代表的地表水净化工程，以上党区八义、襄垣县古韩南部、壶关县韩庄为代表的深井泵站提水工程，以黎城县洗耳河、沁县漫水、沁源县沁河源为代表的自流引水供水工程。全市农村千吨万人集中供水工程现有36处，受益人口达62万人。

锚定目标，一茬接着一茬干

“十三五”期间，在全市脱贫攻坚工作中，重点完成脱贫摘帽县、整体脱贫村和脱贫人口的饮水安全巩固提升工作。全市共投资约4.75亿元，全面保障了农村饮水安全。

2018年，保障武乡、沁县两个整体脱贫县以及全市297个整体脱贫村饮水安全达标。经过排查，全市共投资1.75亿元，对存在问题的702个村庄实施了农村饮水安全巩固提升工程，解决了潞州、上党等12个县区34.69万农村人口（9.03万贫困人口）的饮水安全问题。

2019年，保障全市63个整体脱贫村，壶关、平顺两个整体脱贫县，以及2.22万贫困人口的饮水安全达标。全市投资2.49亿元，实施饮水安全巩固提升工程383处，覆盖720个村庄，巩固提升40.77万农村人口（9.66万贫困人口）的饮水条件。另外，市、县两级投资2 459.8万元，改善了潞州、潞城、壶关、平顺、黎城、武乡、襄垣7个县区118个村庄（含贫困村18个）的饮水条件。

2020年，巩固提升3.96万农村人口（1.55万贫困人口）的饮水安全标准，全市投资3 452万元，实施饮水安全巩固提升工程82处，覆盖86个村庄。另外，市、县两级投资6 522.59万元，改善了潞城、壶关、平顺、黎城4个县区166个村庄（含贫困村138个）的饮水条件。

“十四五”以来，重点实施农村供水工程设施配套项目，全市累计投资1 651万元实施智能村表的安装和联网，实现了覆盖村庄用水总量计量，并进行数据收集和分析，促进农村供水高效配置和使用，提升农村饮水安全管理和保障水平。

责任到人，严格实行分组包县制度

为了扎实做好农村饮水各项工作，市水利部门制定了处级领导分组包县制度，由6名处级领导分组包干12个县区，督促指导所包县区工作开展，协调解决遇到的问题，通过常态化开展工作，推动各县区农村饮水安全高质量落实。同时，针对农村饮水工程实行一周一报表、一周一核查、一周一汇报、一月一反馈、一月一总结的“三周两月”工作推进制度，动态掌握工程进展情况，及时发现问题并予以解决。

提高标准，全面改善担水或旱井吃水村庄条件

2019年，针对全市284个集中供水点和旱井吃水村庄问题，市委常委会专门研究通过工作方案，提出由市、县两级政府按照1 ： 1比例安排资金，分类分批迅速全面解决。2019年，市、县两级投资2 400余万元，改善了潞州、潞城、壶关、平顺、黎城、武乡、襄垣7个县区118个集中供水点和旱井吃水村庄饮水安全条件。2020年，市、县两级投资6 500余万元，改善了潞城、壶关、平顺、黎城4县区剩余166个村庄的饮水安全条件。全市集中供水点和旱井吃水村庄全面实现了自来水入户，全市农村饮水安全工作迈出重要一步。同时，为保证工程质量，市水利局编制印发《长治市改善农村集中供水点和旱井饮水安全巩固提升工程质量控制要点》，规范工程实施标准，严格把控工程质量底线。

全员培训，切实规范供水工程运行管理

为了提高全市农村供水基层管理人员的运行管理技能，市水利局编写了《长治市村镇供水工程运行管理培训资料》，印制5 000份分发给12个县区，组织各县区对全市近5 000名县级供水管理人员和村级供水管理人员集中开展运行管理培训。此外，为了进一步提高县区运行管理培训效果，市水利局邀请行业专家对县区负责农村供水的技术骨干进行培训，重点讲解供水工程运行管理实务操作、工程信息化建设及智能计量设施应用等实用知识，以点带面，以示范带全部，进一步巩固和提高了县区培训质量。

强化管理，健全工程维修养护长效机制

为了确保中央、省、市三级农村饮水安全工程维修养护资金合理规范使用，在维修养护项目申报条件上，严格执行受益村庄必须出具水费收缴承诺书，并加盖其所属乡镇政府公章，强化水是商品、用水交费观念，逐步营造良好的社会氛围。规范维修养护工程实施内容，主要用于农村供水单位日常保养、定期维护和大修理“三级”维护检修，确保工程良性运转，长久发挥效益。

“一体化”实现城乡供水同质、同网、同价、同服务

结合统筹推进“五水综改”，积极推进城乡供水一体化、区域供水规模化、小型工程标准化建设，按照“能大则大、能延则延、能并则并”的思路，凡是能够纳入城镇管网延伸或区域规模化供水工程范围的村庄，全部纳入县级供水企业统一的服务管理体系，实现城乡供水同质、同网、同价、同服务，提升农村供水保障水平。实施上党区城乡一体化试点工程，以点带面，稳步推进城乡一体化建设。同时紧紧抓住国家加强水利基础设施建设的重要政策“窗口期”，谋划农村供水保障项目23个，规划投资63亿元，积极与万家寨水控集团以及国家开发银行、中国农业发展银行等对接，争取更多成熟项目早日落地实施。

数字乡村让乡村振兴插上腾飞的翅膀

数字乡村是伴随网络化、信息化和数字化在农业农村经济社会发展中应用的，也是农民现代信息技能提高而内生的农业农村现代化发展和转型进程。它既是乡村振兴战略方向，也是建设数字中国重要内容。山西移动长治分公司全面贯彻落实习近平总书记考察调研山西重要指示精神及山西移动《数智乡村振兴计划》工作要求，依托“网络＋乡村振兴”模式，改善农村区域通信基础设施建设，通过建设数字乡村，全面助力乡村振兴。

推进乡村5G网络和宽带覆盖

山西移动长治分公司积极推进乡村5G基站和宽带网络建设，助力信息闭塞小山村变成四通八达新农村。通过增强农村区域通信网络覆盖，千里之外的儿女们向远在家乡的父母以视频方式送上了美好祝愿，村民通过网络销售平台将山里的木耳、核桃精美包装后销往全国各地，信息网络基础设施建设改变了农村区域生产生活模式。

一是全面完成第五批、第六批电信普遍服务。山西移动长治分公司2020年承揽第五批电信普遍服务，在偏远农村开通基站177个，宽带覆盖6个行政村。2021年承揽第六批电信普遍服务，在偏远农村开通基站127个，建设及验收进度均位居全省第一，为乡村振兴做出标杆。

农村5G基站施工现场

二是打造覆盖领先、品质一流5G乡村网络。致力打造5G精品网络，紧盯5G五年工程三年完成目标，紧锣密鼓地推动工程建设。2020年以来累计建设开通1 192个5G乡村基站，完成建设5G组网所需配套资源（汇聚机房、配套电源、SPN、传输光缆），建设进度领跑全省，打造了“分场景、分区域、分节奏”优质5G网络，实现了从县县通5G向乡乡通5G、村村通5G迈进。

三是打造村村通高品质乡村宽带网络。宽带覆盖实现村村通，2020年以来累计完成713个乡村宽带网络覆盖，建设乡村宽带端口9万余个。全市乡村宽带端口达65万个，建设进度全省领先，全力保障乡村人民享受宽带网络带来的生活便利。

推进“数字乡村”建设

山西移动长治分公司积极落实中央1号文件要求，履行央企责任，发挥云网融合、安全可信数字化能力优势，全面推动数字乡村建设。数字乡村功能由山西移动智村通管理平台承载，从基础设施建设、应用创新、信息惠农服务三个方面，实现了乡村治理、三务公开、治安管理等方面数字化，促进村民家庭网络升级，满足农村家庭客户需求，推动乡村全面振兴。

一是智能监控进村入户，全面提升治安水平。农村现有的“天网工程”“雪亮工程”造价高、点位少，且未覆盖到村民家门口，为不法分子在农村藏匿造成了潜在可能。由于缺乏技术手段，当农村发生偷盗、治安、诈骗、拐卖等案件后取证困难。农民工常年外出务工，家中留守老人无人照料，留守儿童缺乏亲情管教。针对农村区域这一现状，数字乡村作为“雪亮工程”延伸，实现了智能监控进村入户，做到了“房前屋后有监控、重点区域全覆盖”，极大改善了农村监控薄弱环节，提升了社会综合治理技防水平。

二是连接村委村民，为群众办实事。公安、派出所等政府安全管理部门通过数字乡村，可提升区域综合治理效果，解决综合治理人手不足问题。借助整合社会资源，降低末端监控点位投资，实现了联网监控、平安联防，使公安破案更便利，断公道更有依据，“纠纷不激化、矛盾不上交”，提升了管理效能，实现了“天网工程”“雪亮工程”资源整合，促进了资源效能更大发挥。村委通过打造数字乡村，提升了社会治安水平，使村内管理更有效，断公道更容易。村民通过数字乡村，可满足防偷盗、看家护院需求，即使犯罪分子发现并破坏了监控摄像头，也能通过云端储存数据调取破坏前录像。

数智未来助力乡村振兴

2023年，山西移动长治分公司主动融入乡村振兴建设大局，以一对一、一对多方式，面向1 082个村委介绍数字乡村建设内容，同702个村委达成建设意向，累计有17个乡镇299个村实现了村委建档。

张井村隶属平顺县青羊镇，全村面积1.405 2亩，共有712户1 972人，其中，脱贫户147户328人。为全力打造“数字乡村平顺县特色样板”，山西移动长治分公司聚焦乡村发展实际，全面梳理乡村基础设施、乡村经济、乡村生活、乡村治理、乡村安全等数字化现状与需求，以物联网、云计算、大数据和移动互联网等新兴信息技术为依托，促进数字化与农业农村农民生产生活各领域深度融合，以乡村经济社会数字化转型助推乡村振兴创新发展新形态，建设了乡村治理、乡村产业、乡村民生、人居环境、乡村安全五大数字化系统。

成功实现镇街领导、乡村领导“一键知天下，一屏览全局”。利用大数据、信息化能力支撑，帮助基层网格员减负，促进了群众共治。村级事务全面电子化台账管理，实现对重点人员精细化全程管理。“线上＋线下”联动助力，有效提升公共安全、公共危机、突发事件的源头治理、风险防范、事前预警、动态监控和应急处置能力。统筹建设乡村治理服务平台，以“大数据·大平台·大系统”避免投资重复和浪费，发挥大数据资源集中汇聚和部门业务集中开发规模经济效益，大幅度提高信息化投资回报率。

武乡县蟠龙镇胡峦岭村为山西移动长治分公司乡村振兴结对帮扶对象。全村共有158户502人，由4个自然村组成，总面积4 228.2亩，其中耕地面积258亩。该村对外交通不便，村里以留守人口为主，大部分青壮劳力外出务工。2018年以来，该村以集体合作社模式种植芦笋300余亩，亩产约1 000斤，年产约150吨，配套建设冷库700立方米，用于鲜芦笋存储，并注册“荟禾芦笋”商标，带来经济收益80万元。2022年，建设了集环境智能监测系统、水肥一体化系统、大数据管理云平台为一体的5G智慧芦笋种植应用基地。

基地通过数字农业平台建设，利用全维度环境数字化智能监测系统，可就环境变化第一时间预警通知用户，为构建最佳青芦笋水肥气热环境智能调控提供决策依据；利用青芦笋数字化智能水肥一体化系统，可根据青芦笋灌溉施肥制度、土壤水分监测阈值或天气数据自动生成控制指令，实现青芦笋灌溉电磁阀阀门、水泵和施肥机开关设备的远程无线自动控制。基地综合管理云平台通过1 ∶ 1建模或航拍高清图片，实现了线上线下应用场景高度有机融合统一，用户通过手机、iPad或电脑可随时随地登录云平台管理界面，通过设置选择生产管理制度实现整套系统智能运行。

同时，村干部使用乡村全要素数字化平台，可对管理全域进行全要素分析、决策、规划、评比；村民可办理日常需要的各种表单，参与党建学习、积分、讨论、投标、乡村建设、积分兑换等；网格人员可实现服务村民清单制服务、事项及时汇报、积分审批和上传下达等，提升了乡村治理效能。

加快国土绿化步伐　推进森林乡村建设

为深入贯彻落实习近平总书记关于改善农村人居环境的重要指示精神，认真落实省关于乡村绿化决策部署，长治全市上下积极行动，以推进森林乡村建设为主线，以通道绿化和村庄绿化为重点，在全市掀起了“百村示范、万户参与、党员带头、全民动手、增绿添景、改善环境”大行动，努力打造了一批“百花迎春，绿荫护夏，红叶扶秋，长青伴冬”的美丽乡村。

科学规划、总体布局，绿化“全覆盖”

根据全市实际情况，结合各县区不同特点，科学规划，总体布局。以本地乡土树种为主，坚持生态效益、经济效益、社会效益三者有机结合，优先选用易栽、易活、易管的树种进行绿化。以村庄通道绿化、环村林带、公共场所、街巷建设、庭院美化为重点，适地适树，乔灌结合，常绿搭配，花草点缀，宜乔则乔，宜灌则灌，公共场所注重乔、灌、花、草搭配，体现观赏性。将山、水、林、田、湖、草、村、路、户结合起来统一整治，同步推进净化、硬化、绿化、美化、亮化、文化“六化”工程，努力实现村在林中、林在村中、三季有花、四季常青、房在景中、人在画中、生态宜居、美丽乡村。

在森林村庄绿化建设实施过程中，首先，坚持因地制宜、科学规划。以绿化、彩化、财化为总思路，将森林乡村建设与村庄原有农业和旅游业发展规划、文化特色产业相衔接，相互影响、互相促进。利用不同村庄森林景观、田园风光、山水资源和乡村文化特点，发展休闲旅游、特色庄园、风情民舍、农事体验等不同主打方向的乡村旅游产业。另外，有的村根据其不同的公社文化、知青文化，发展特色旅游，打造爱国主义教育基地。其次，坚持三效合一、生态优先，展示森林乡村生态特色。遵循自然规律，选择本土树种搭配观花观叶树种发展生态环境，实现全市重点区域山、水、林、田、湖、草、村、路、户综合治理，全面推进农村人居环境持续改善，围绕农村生态经济、生态环境和生态文化，发挥生态特色优势，打造森林乡村。

近年来，全市共投入资金1 470万元，完成省级森林乡村建设113个。各县区在完成省级森林乡村建设的同时，积极主动作为。襄垣县自筹资金4 000余万元，完成50个森林乡村示范村建设。武乡县所有行政村全覆盖进行绿化建设，每个行政村拿出3万～5万元，充分发动群众，探索多种模式，采取有效举措，因地制宜、节俭务实开展乡村绿化，全县村庄绿化率达35%以上。长子县按照试点先行、示范引导、突出重点、整体推进的思路，全面开展村庄绿化工作，全县13个乡镇（服务中心）根据属地现状，优先选择45个示范村庄和900个示范户高标准规划、高标准实施，推动村庄绿化行动。黎城县自筹资金1 000余万元，完成县级森林村庄建设41个。

抓紧时效、切实推进，做到“三个抓”

科学规划抓绿化。在森林村庄绿化工作中，牢固树立全市“一盘棋”思想，坚决摒弃“边干边规划、心中无底、干到哪算哪”的做法，统筹通道、企业、小区、校园、机关、村庄、湿地、公园、游园、庭院等各种绿地建设，突出特色，注重层次，总体规划，整体推进。公园游园广场绿化，通过拓展绿地、增加绿带、添加花坛等方式，对园林景观进行改造；机关、学校、社区、企业绿化，按照“拆墙透绿、见缝插绿、破硬还绿、立体挂绿、增绿造景”的要求，让能绿的地方都绿起来；街巷道路绿化，按照“一街一景”要求，实施主干道景观绿化提升工程；乡村绿化，按照“村在林中、房在树中、人在景中”的要求，引导群众在房前屋后、院内院外、道路两旁种植花草树木和经济树种；景观廊道绿化，以国、省干道和县、乡公路为重点，建设树种（层次）丰富多样、生态功能显现、景观效果优美的绿色廊道；荒山荒地绿化，在空档断档、裸露区域，对符合条件的都进行绿化，打造生态屏障。通过因地制宜、分门别类统筹抓，真正实现了各有特色的全域绿。

统筹结合抓绿化。在造林绿化过程中，聚焦加快乡村振兴，全市始终坚持与农村人居环境整治相结合，大力推进改水、改厕、改暖、改厨、改房、治违、治乱、治脏、治污、治堆等工作，使农村环境更加宜居宜业。坚持与农村经济发展相结合，大力发展玉露香梨、晚秋黄梨等经济林果产业，加快连翘、苦参等经济作物规模种植，辐射带动田园观光、品果采摘、休闲娱乐、餐饮住宿等第三产业发展，带动农民增收致富。坚持与倡导乡风文明相结合，发动广大群众开展学雷锋志愿服务造林绿化行动、绿化家园党员先行活动，激发广大群众植绿、爱绿、护绿的参与热情，以造林绿化为载体，积极践行社会主义核心价值观，培育文明乡风。通过统筹结合，努力实现环境改善、经济收益和基层治理“三效合一”。

凝聚合力抓绿化。大力宣传引导全民参与义务植树活动。长治日报社、长治电视台等新闻单位到造林绿化一线进行采访，在报纸和电视上专门开辟了造林绿化专栏，对典型事例进行宣传报道。市县工会、共青团、妇联组织广大群众踊跃认建花草林木、认养绿地游园、认管古树名木，积极开展种植纪念林、志愿林、奥运林、夫妻林、三八林、学子林等造林绿化活动，形成了植绿、护绿、爱绿、兴绿的良好风尚。特别是2019年，为隆重庆祝新中国植树节40周年，配合做好全国义务植树系列宣传山西站活动，按照“全省统一行动，领导带头植树”要求，全市上下同步组织开展了声势浩大的全民义务植树活动，受到社会各界一致好评。

通过市、县共同努力，全市的生态农业、生态旅游业得以进一步快速发展，精致高效农业更加突出，人居生活环境得到明显改善，农民增收渠道明显拓宽，人民生活水平稳步提升，农村生态文化日益繁荣，健康文明的生活方式初步形成，更多村庄成为宜居、宜业、宜游的美丽乡村。

守正创新、继往开来，让绿色扮靓和美乡村

新时代新征程，长治市将深入贯彻习近平生态文明思想，继续秉承林业生态建设的使命和担当，充分发扬“四敢”精神，充分激发全市林草队伍和广大群众活力，不断提升村庄绿地覆盖率，持续打造宜居宜业生态环境，为推进全市高质量发展、建设现代化太行山水名城做出新的更大贡献。

以“十四五”规划为指引，以乡村振兴为主攻方向，持续推进森林村庄绿化建设工作，稳步提高全市绿化美化水平，形成“四季有花，常年有绿”的绿色格局。

加大管护力度，争取做到“植一片、绿一片、活一片”，从而实现森林快步走进村庄、让绿色持续装点村庄。通过森林村庄绿化建设工作逐渐形成以乡村振兴为契机助力发展壮大村集体经济的新思想、新模式。

通过人才引进、社会招聘等方式吸纳一批林业专业技术人才，健全林业人才培训体系，抓好人员业务培训，配强队伍建设，补齐工作短板，为森林村庄绿化工作可持续发展提供人才保障。

长治市乡村、庭院、道路绿化颇有成效

“千万工程”的长子实践

长子县位于山西省东南部，因尧王大儿子丹朱受封于此而得名。全县共辖9镇2乡2个服务中心，286个行政村6个社区，国土面积1 029平方公里，常住人口29.8万，是炎帝桑梓、精卫之乡、尧王故里、丹朱封地、西燕国都、千年古县，是全国文明城市、国家卫生县城、中国曲艺之乡。2023年以来，长子县认真学习贯彻习近平总书记关于“千万工程”经验的重要批示精神，严格落实中央和省委、市委决策部署，深入挖掘长子县资源禀赋，先行先试、大胆探索，初步形成了“围绕一条主线、实施双轮驱动、聚力两翼齐飞”的乡村振兴发展路径，有力推动“千万工程”经验在长子落地落实。

长子县宜居乡村环境美

围绕“一条主线”，凝聚强大合力

“一条主线”就是协同推进“五大振兴”。坚持把扎实推动乡村产业、人才、文化、生态、组织振兴作为“三农”工作的主线，创新建立体制机制，成立由县委书记和县长任双组长的乡村振兴战略领导小组，对应“五大振兴”组建由县处级领导牵头的5个工作专班，细化目标任务，压实工作责任，促进县、乡、村三级干部把主要精力放在“三农”工作上，全力推动力量向农村集中、政策向农村集成、资源向农村集聚。近两年来，累计发放涉农补贴3.3亿元，涉农融资贷款8亿余元，着力推进农业全面升级、农村全面进步、农民全面发展。

实施“双轮驱动”，助力行稳致远

“双轮驱动”就是“特色产业驱动和人居环境驱动”。产业发展是“千万工程”的生动外延和坚实根基，改善农村人居环境是“千万工程”的出发点和切入点，两者也是实施乡村振兴战略的重要举措和关键抓手。实践中，长子县牢牢把产业发展和环境整治作为学习践行“千万工程”经验、深入实施乡村振兴战略的“车之双轮”，确保“三农”工作行得远、跑得快。

以产业赋能带动民富村强。立足产业基础和丰富资源，充分发挥比较优势，大力发展以青（尖）椒为主的现代设施农业和以农文旅融合为主的全域旅游产业。一是在现代设施农业方面，聚焦高严标准和全产业链发展，从选苗育苗、设施建设、土地流转、资金补贴、品牌打造、标准体系、技术服务、质量检验、基地建设、市场流通、购置保险、举办赛事12个环节系统发力，使群众由过去的“不敢种”“不愿种”变为现在的“抢着种”“种得好”，两年新建以高标准大棚为主的设施大棚6 000余座，发展设施农业4.9万亩，占到全市总面积的41%，其中，青（尖）椒种植达5万亩，未来两年预计将突破7万亩，进一步擦亮叫响了“中国青椒之乡”金字招牌。通过发展设施农业，新增就业岗位1.75万个，带动农民增收6.7亿元，引领160多个村平均每年增加集体收入10万元左右。2023年8月，长子县成功入选国家农业现代化示范区。二是在全域旅游方面，通过制定旅游规划、完善旅游设施、创建A级景区、举办多形式节庆活动等措施，进一步盘活资源、叫醒历史、延展文化，带动民宿、农家乐、生态园、农事体验等多种旅游业态全面发展，增加了农民收入，激发了农村消费活力，全域旅游态势强劲。特别是在规划三年打造9个国家A级景区方面，仅第一年就成功创建了4个，带动以旅游业为主要收入的村达到19个，让农民在家门口吃上了“旅游饭”。2022年全县接待游客34万人次，旅游综合收入42.3亿元。2023年10月，长子县成功入列省级全域旅游示范区创建县。

以环境蝶变实现村美民乐。认真贯彻落实中央和省、市关于农村人居环境整治提升的安排部署，以村庄绿化提档升级为主抓手，以点带面，示范引领，全域推动乡村面貌持续改善。一是坚持试点示范，在全县精心筛选了45个先行试点村，从村庄规划、产业定位、业态布局、设施配套、公共服务、景观提升、村容村貌等多方面进行高标准建设打造，实现了“一村一品一特色、一村一景一韵味”，为全县推进人居环境整治积累了经验、提供了样板。二是开展全域整治，在试点示范基础上，整治范围逐步向更多乡村、更大区域拓展。在城中村新建了一批主题植物园、口袋公园、小微绿地，新增绿地面积20万平方米，绿地率达40%，超过前10年的绿化面积总和；开展国土绿化行动，实施生态保护修复1.1万亩、造林绿化8 000亩、森林抚育3 000亩、四旁植树130万株。2023年1—10月，全县环境空气质量综合指数3.66，同比下降8.3%，全市排名第二，取得历史最好成绩。同时，协同推进基础设施、配套公共服务、垃圾转运清理、农村厕所改造等多项行动，全方位、全覆盖、全维度提标提质农村人居环境，努力使广大乡村成为“望得见山、看得见水、记得住乡愁”的美丽家园。全县累计改造农村户厕7.04万座，卫生厕所普及率达87%；建成投用垃圾转运站14座，形成“户分类、村收集、乡转运、县处理”运行模式；新建改造“四好农村路”940.9公里，基本形成内畅外联的农村交通基础设施体系；清理整治河道60公里，铺设污水管网25公里，建成污水处理厂站17座，3个省控断面优良率100%。三是统筹城乡融合，以“县城提质”和“乡村提速”为目标，全面启动15项城乡一体化工作，强力推进城乡融合和区域协调发展，进一步缩小了城乡发展差距。全市城乡教育、医疗、环卫、公交、供气、快递物流、综合执法等实现一体化，城乡供水、供热、产业、商业、文化、绿化、污水处理、基础设施等一体化快速推进。比如，教育方面，实施“4＋11＋N”集团化办学模式，实现了师资共管、教学共研、课程共享、文化共融，被评为全国义务教育优质均衡创建先行县；医疗方面，县人民医院与和平医院开展合作建院，县中医院与市中医研究所开展合作建科，构建起县、乡、村三级联动的紧密型县域医共体，经验做法在全省进行推广交流；环卫方面，实现了城乡垃圾“日产日清”和“不落地”管理；公交方面，实现了城乡公交一体化全覆盖；供气方面，实现了城乡集中供气全覆盖；快递物流方面，构建起辐射全县的快递物流配送网络；等等。长子县一些领域的工作走在了省、市前列，也因此被列为长治市唯一的新型城镇化建设和县域内城乡融合发展试点县。

聚力“两翼齐飞”，确保提质增效

“两翼齐飞”就是“创新基层治理和加强精神文明建设”。基层治理和精神文明建设是实施乡村振兴战略的根基和灵魂，只有全面加强这两方面建设，才能真正使农村插上“两翼”，变过去的“缓步徐行”为“腾空起飞”，实现飞跃性发展；才能进一步强化党在农村的思想政治引领，不断增强广大农民群众永远听党话、始终感党恩、铁心跟党走的政治自觉。

创新基层治理，夯实振兴根基。坚持以创建国家级乡村治理体系建设试点县为总牵引，通过精心管干部队伍、精准抓综合执法、精细促网格管理“三管齐下”，全面提振基层治理效能，以“治理之翼”为乡村振兴夯实根基。一是在干部队伍管理上，灵活运用“走出去”取经、“请进来”传道、“派下去”锤炼、“选上来”激励等方式，精心打造素质全面、能力过硬的基层治理干部队伍。全县600余名重要岗位上的干部曾全部到浙江、江苏等先进地区进修培训，重点学习“千万工程”经验；邀请专家学者举办党的二十大精神轮训、农村“领头雁”培训等讲座68场次，参训人员1 600余人；凡是新提拔的35岁以下年轻干部，全部到乡、村两级任职锻炼；组织120支驻村工作队和408名队员全身心投入乡村振兴和基层治理一线；对乡村振兴中敢于担当、表现突出、群众认可的22名干部优先提拔重用，全面激活了广大干部干事创业的激情和活力。二是在乡镇综合执法上，创新推行“一支队伍执法、两份清单明责、三级平台联动、四项机制保障”的“1234”工作法，组建了11支共计276名队员的综合性行政执法队伍，坚持标准化建设、专业化培育、常态化推进，走出了一条“从无到有、从有到专、从专到精、从精到强”的综合行政执法新路径，全市乡镇综合行政执法改革现场会在长子县召开。三是在全域网格管理上，积极探索“微网格”基层治理模式，五级网格员队伍达3 934人，构建起“县—乡镇（中心）—村（社区）—微网格”四级网格机制，形成全域覆盖、“四级”贯通、同频共振、同向发力的工作格局，推动工作力量向网格下沉、治理资源向基层延伸，实现“大事全面联动、小事一格办理”“事事有人做、件件有成效”，切实打通了基层治理“末梢神经”。

加强精神文明建设，护航振兴品质。坚持以巩固全国文明城市创建成果为着力点，强化全域文明，以“文明之翼”为乡村振兴赋能助力。一是创新建立全域志愿服务体系，成功打造“丹朱管家”志愿服务品牌，成立各类志愿服务队伍1 000余支，实现“村村有志愿服务队、处处有志愿服务者、月月有志愿服务主题活动”，深度参与交通劝导、卫生整治、文明宣传等工作，真正以“志愿红”擦亮乡村振兴文明底色。二是提质开展文化主题活动，先后高标准举办首届中国·长子神话艺术节、中国彩塑论坛、潞酒文化节、仙翁山梨花文化旅游节、长治文化遗产保护利用暨长子文旅高质量发展研讨会、亮相2023“花开丰台”端午文化游园会等系列活动，以文化凝聚人心，用活动增进共识。三是实施农村意识形态阵地专项整治，推动所有行政村街巷内乱贴乱画、不规范商业广告“下墙”1.1万处，正能量宣传标语“上墙”1 500余条，牢牢占领农村宣传“主阵地”，良好家风、文明乡风、淳朴民风在长子县蔚然成风，全省新时代文明实践中心工作推进会在长子县现场观摩。

乡村建设，久久为功。长子县将进一步创新举措、提升标准，锲而不舍、持续发力，努力在全省践行“千万工程”的生动实践中走出长子路径、交出长子答卷、作出长子贡献！

强化“四个坚持” 扎实推进乡村建设

近年来，黎城县紧紧围绕长治市打造省域副中心城市目标定位，坚持以农文旅融合发展，以全域旅游示范区创建为引领，全面推进全域旅游休闲美丽宜居乡村建设，努力建设人民群众向往的美好生活环境。全县建设村庄绿化示范村100个，打造了农村人居环境整治示范村16个，省、市级美丽宜居村庄28个，建成省级特色文化试点村1个，创建乡村旅游示范村10个、休闲农业干鲜果采摘园10个，努力建设宜居、宜业、宜游、宜农的黎城田园风光。

黎城县美丽乡村——佛崖底

坚持规划先行、特色打造，美丽乡村建设实现新跨越

充分发挥黎城县自然条件、旅游资源、区位优势，结合村庄特色，连片发展、特色打造，引导推动全县美丽乡村集群式发展。一是牢固树立“规划先行”理念。坚持“因地制宜、一村一策，注重特色，保持风貌”的原则，根据黎城县总体规划，由各乡镇组织、县政府审核，以村为单位，遵循乡村发展规律，尊重群众意愿，注重集成优化土地政策，整合乡村资源要素，制定高标准、有特色、行得通的乡村规划，避免盲目投资、拆建、上项目，确保村庄规划全面合理，少走弯路。二是因地制宜，彰显特色。坚持“一村一特色、一村一景观”，根据乡村产业、村容村貌、生态特色、人本文化的不同

和创建类型，差异化、多元化、合理化确定村庄主体特色，做到既融入大环境，又彰显小气候，达到移步换景、看景辨村效果。同时结合土地整治、林地流转等其他工作，整体布局，一体推进。三是夯实基础，完善功能。本着“缺什么补什么，短什么建什么”的原则，完善乡村路、水、电、气等基础设施，实施连村公路、自来水入户、农村电气化、清洁能源、村庄庭院绿化美化等工程，办好学前教育、义务教育，建设标准化卫生室和文化活动场所，完善农村文化、体育、卫生等公共服务设施，着力打造具有黎城特色的美丽乡村。

坚持突出基建，补齐短板，努力创造高品质生活

2018年以来，黎城县坚持从微小之处做起，从群众的切身利益做起，认真贯彻落实省、市农村人居环境整治三年行动方案，持续深入开展了拆违治乱、垃圾治理、污水治理、厕所革命、卫生乡村、村庄绿化六大专项行动，全县卫生厕所普及率达81.48%，行政村生活垃圾有效治理达80%以上，完成了100个村庄绿化示范村，农村生态宜居水平得到了进一步提升。

一是深入实施清洁行动。通过广泛动员、整合资源，全面加快村容村貌提升。以治理“六乱”为切入点，重点整治屋内庭院、街道两侧和集市、农贸市场等重点区域，彻底清理死角盲区，实现村内村外干净整洁。累计清理废弃建筑和残垣断壁192处、清理“六乱”9 431处、清理农业生产废弃物848.6吨、还绿662.9亩。为保障乡村长期整洁，同步制订了村庄保洁机制，落实了门前“三包”责任制，实现了农村人居环境卫生整治长效管理。二是持续开展“厕所革命”。按照“因地制宜、因村施策、试点先行、梯次推进”的工作思路，采取“旱厕通风改良＋粪污集中处理”改厕模式，压茬分批推进，累计投资2 000余万元完成2万余座户用厕所改造，涉及10个乡镇78个村。三是深入开展垃圾分类。按照城乡一体化推进要求，全力推进农村生活垃圾无害化、减量化、资源化处理。投资1 740万元，在西井、上遥、洪井、程家山4个乡镇建成6个垃圾转运站，已全部投入运行，形成了“户分类、村收集、乡转运、县处理”的闭环处理模式，农村垃圾分类覆盖率达100%。计划再投资360万元，在黎侯、东阳关、黄崖洞等乡镇建设6个地埋式垃圾桶转运站。加强乡村保洁治理，聘用保洁人员597名，实现乡镇、村庄、乡村道路等农村保洁全覆盖，探索实施保洁员“动态管理＋网格化管理”。开展乡镇、社区、道路、河道、水库各类垃圾治理情况专项督查，乡村生活垃圾分类得到长效治理。四是积极推进污水治理。按照“村点覆盖全面、群众受益广泛、设施运行常态、治污效果良好”要求，坚持全面治理与扩面改造并重，把农

农村垃圾分类工作常态化

村生活污水治理和提升污水处理能力等一体谋划，全面推进农村生活污水治理专项行动。2022年，黎城县投资700余万元，完成西洼村、赵店村、东崖底村等8个村（社区）污水管网建设1.4万米；2023年，投资2 000余万元，实施16处生活污水收集管网改造、检查井建设，全面加大农村生活污水治理力度。

坚持突出特色、打响品牌，努力培育乡村产业新业态

黎城县把农民增收作为美丽乡村建设的根本手段，作为美丽宜居示范村创建工作的重中之重。发挥地域气候特色，大力发展连翘、芍药、菊花、党参、山茱萸、柴胡等道地中药材。充分挖掘黎城风味特色农产品，发展了25家农副土特产品加工专业合作社，做大做强“土”字文章，打造了石磨小麦面粉、“压塌楼”小米、有机小杂粮等一批特色“黎字号”产品，有效提高了农产品的附加值。通过“互联网＋节庆”“互联网＋活动”等方式，加大推介宣传力度，在烟子、金鸡寨、上遥等村连续举办了芍药赏花节、迎春花节、桑果采摘节等农事节庆活动，不断提升黎城县的知名度与影响力。围绕药茶、中药材、酿品、肉制品、粮品、干鲜果、蔬菜（食用菌）、功能保健品等产业集群，推进农产品加工优势产业集群发展，带动乡村产业发展，促进农民增收。

坚持农旅融合、一体推进，打造山区田园特色小镇

黎城县围绕“旅游促农业、农民抓旅游”的转型思路，以生态富民为

主线，把发展休闲农业与乡村旅游作为推进农业供给侧结构性改革、实施乡村振兴战略的重要抓手，将农业与旅游有机结合，走出一条从“农家乐”到“乡村旅游”再到“乡村度假”“乡村生活”转型的乡村旅游发展“特色之路”。一是做足做强石头文章，以“生态石村，错落有致”的总体规划为导向，以原有石头建筑为基本，以“石檐、石墙、石路”为主基调，精心打造“红石艺术线”“红色初心线”“养身养心线”三条旅游线路，以点带线，以线扩面，全面加大美丽乡村建设，促进农文旅全面融合发展。二是培育了石壁底、孔家峧、烟子等一批休闲农业与乡村旅游示范村，全国第十二届休闲农业总裁培训班、全市休闲农业与乡村旅游座谈会在黎城县召开。三是培育打造了北坡幽谷百合生态园、同安“果之韵”、壶山温泉度假山庄、古渡水韵等省级休闲农业与乡村旅游示范点，建设完成了同安等10个休闲农业干鲜水果采摘园和佛崖底村等10个乡村旅游示范村。四是以创建国家全域旅游示范区为契机，健全完善休闲农业与乡村旅游建设管理和服务质量标准，提升配优乡村旅游精品示范点20余个，扶持发展标准化“农家乐”40家。黎侯古城、田园牧歌、洗耳河、烟子芍药园等10个景点被列入长治市推出的25条休闲农业与乡村旅游精品线路和100个精品点中，促进了旅游与农业、文化、康养等产业深度融合。全县乡村旅游年接待人数达280万人次，营业收入达2.1亿元，农业人口人均乡村旅游收入达1 312元。

洗耳河景区

乡村建设是一项利民工程，也是一项长期的系统工程，时间跨度大，涉及范围广，黎城县将继续学好用活“千万工程”经验，持续抓好美丽乡村建设各项工作，奋力打造守得住历史记忆、留得住青山绿水、记得住乡情乡愁的美丽宜居和美乡村。

乡村蝶变美如画

春水初生，春林初盛；山峦如黛，近水含烟。武乡县关河水库迎来了成群结队的野天鹅，在平静的水面上，时而优雅地游弋，时而振翅高飞，这里得天独厚的自然环境成为天鹅驻留的人间天堂，描绘着春日里难得一见的和谐美景。漫步武乡，静谧舒适的村庄、错落有致的房舍、干净平坦的道路、勤劳朴素的村民……从北到南、自西向东，一幅“望得见山、看得见水、记得住乡愁”的生动画卷在老区大地渐次铺开……

一张蓝图——为“美”而战，向“美”而行

春日暖阳下，走进丰州镇前沟村，白墙黛瓦、溪水潺潺，挡墙上方“前沟之恋”4个字与周边景色交相辉映。村子里农房错落有致，家家户户庭院整洁……经过这几年的精雕细琢，如今的前沟村别有韵味。

“这几年，我们对村庄的环境进行整体提升，党员干部带头全力打造‘前沟之恋’，2022年我们打算做好精品示范文章，让前沟这幅‘山水田园画’更有韵味。”对于新一年的发展，驻村工作队队长张国田信心满怀。

前沟村的“蝶变”离不开党建引领，更离不开群策群力。“为‘美’而战，向‘美’而行，全力建设洁净武乡。”武乡县委书记贺思宇多次用两个递进的“美”，来激励全县广大干部群众，“作为乡村振兴的基础工程，农村人居环境一定要净起来、绿起来、美起来。”

武乡县制定了《武乡县农村人居环境“六乱”整治百日攻坚专项行动方案》，聚焦清理农村生活垃圾、清理村内塘沟、清理畜禽养殖粪污等农业生产废弃物，改变影响农村人居环境的不良习惯的“三清一改”，对全县所有村庄实行全面整治、分类管理、梯次推进，坚持环境卫生整治与绿化、美化统筹兼顾，不断由“清脏”向“治乱”“美化”拓展，实现由“一时清洁”向“常态整洁”转变，从而达到村庄环境干净、整洁、有序的目标。

实行每半月一次调度通报制度，共调度月报7次、通报2次，召开工作推进会及督查汇报会3次，组织开展观摩评比2次，编发专项整治行动工作简报信息20期。将城乡环境卫生整治经费2 500万元列入财政预算，一次性投入保洁清运设备购置费用1 100万元、工作服等日常保洁物资费用50余万元、发放以奖代补资金990万元。成立6个专项行动督查组，通过现场推

动、案例推动、通报推动、督查推动等方式，严督实导、及时反馈、跟踪问效。

“三大革命”——青山常在，绿水长流，空气常新

“咚咚咚，锵锵锵”，阵阵激越的锣鼓声在大有乡李峪垴村响起，村民们头系彩带，身着盛装，擂响了迈向新生活的战鼓。“以前是脏乱差，现在是洁净美。”村民武爱英高兴地说，“自从村里实施了‘厕所革命’，改造了全部旱厕，昔日的‘露天坑’逐渐被‘坐便器’取代，村民不用再为‘方便’的事‘头疼’，生活品质大幅提升，现在的日子过得跟城里人一样。”武乡县紧扣人民群众对美好生活的向往，深入践行“绿水青山就是金山银山”发展理念，聚焦交通沿线、村庄街巷、农户庭院、田间地头等重点区域，以点及面、以面带全，掀起了农村厕所、垃圾治理、拆违治乱“三大革命”，全力打造“清洁武乡”新名片。坚持把群众认同、群众参与、群众满意作为“厕所革命”的出发点和落脚点，“宜水则水、宜旱则旱”，因地制宜、因户施策，确保把好事办好、实事办实。如今，全县已改造厕所28 900多座。积极推进全域无垃圾创建活动，成立12个乡镇环卫站，新购环卫作业车51辆、垃圾箱500个，运营2座垃圾中转站，建设6座垃圾中转站，清理建筑垃圾和生活垃圾16 600多吨。坚持“清”“拆”先行，拆除视觉污染设施1 275处，整修坑洼路面、隔离带和绿化带889处，消除交通安全隐患461处，整治乱堆乱放、乱搭乱建、乱圈乱占、乱贴乱画13 076处，完成交通沿线绿化美化178 718平方米。

内外兼修——底气更足，笑脸更多，生活品质更高

绿树村边合，青山郭外斜。农户家的院墙上，醒目地写着村规民约、移风易俗标语；村里的公示栏，张贴着本月环境卫生红黑榜；户户门前挂着“孝老爱亲户”“清洁家庭示范户”“星级文明户”标牌……伴随着农村人居环境大幅提升，乡村发展的基础不断夯实，老区人民的生活水平提高了，精神面貌更是焕然一新。“自从我们村开展美丽乡村和农村人居环境整治工作以来，村里的面貌发生了巨大变化。”走进位于上司乡蒋家庄村的武乡县锦葵乡村旅游开发有限公司，机械轰鸣、辣香扑鼻，62岁的张晋祥正忙着配料、炒料、操控机器……“随着家乡环境越来越宜居，在外打工的大部分村民选择回乡发展，住得干净、舒服，又能挣钱，这日子给啥都不换。”蟠龙镇郭家垴村坐落于太行山脚下，在全力改善农村人居环境的同时，做大做强菊花产业，成了十里八乡有名的旅游村。“走在干净整洁的街道上，到处都是鸟语花香，

武乡县菊花花海栈道

在这儿生活的每一天都觉得神清气爽。”村民武晋芳感触颇深。俯瞰这方红色土地，像蒋家庄村、郭家垴村这样通过积极改善农村风貌成为农民“诗意栖居地”的村庄比比皆是。

以美丽“塑形”，以精神“铸魂”。宜居、宜业、宜游的农村新风貌，正是改善农村人居环境释放的“红利”。如今，老区大地呈现一幅“村村焕新、处处皆景、景景如画”的生动图景，有“颜值”，更有“气质”，已然成为推动乡村振兴、实现富民增收的强大动力。

上党区农村改厕蹚出“新路径”

上党区地处上党盆地南缘，占地面积483平方公里，辖1街道6镇3乡2区181个行政村，人口35万人，其中农业人口26.6万人，属半干旱、半湿润暖温带大陆性气候，年平均气温9.7℃。受气候条件限制，上党区春秋短、冬夏长，冬季供暖达5个月之久，同时又是山西省重要煤炭生产基地，地下水位较深。缺水和冬季时间长是当地两个重要特点，所以在农村地区想要用上像城市一样的卫生厕所，用水受限制和冬季厕所会上冻是摆在区委、区政府面前的最大问题，也是解决“厕所革命”户厕改造的最大难题，更是农村居民普遍关心的实际问题。

多年来，上党区始终把农村“厕所革命”作为农村人居环境整治的重点工作抓在手上、落实在行动中，克服气候等不利因素，科学谋划、整村推进，通过积极探索、试验示范、大胆创新、稳步推进，改厕模式经历了从“旱厕通风改良”向“内置式无害化抗冻”模式的转变，农村“厕所革命”走向高质量稳步推进阶段，累计完成农村户厕改造5万余座，涉及全区11个乡镇（街道、区）98个行政村，卫生厕所普及率达到79.9%。

政府引导，村民主体

为扎实推进全区农村“厕所革命”，上党区形成工作合力，建立上下联动、齐抓共管的长效工作机制，坚持政府规划引领、村民主体实施、整村推进，成立了由分管农业农村工作的副区长为组长，区农业农村局局长、区乡村振兴发展中心主任为副组长，相关股室负责人、相关乡镇分管农业农村工作的乡镇长及各改厕村党支部书记为成员的长治市上党区农村“厕所革命”专项行动工作领导组。改厕过程中，上党区始终把农民认同、农民参与、农民满意作为衡量改厕工作是否到位的唯一标尺和根本要求，通过发挥村级组织的主体作用，充分发挥广大农民群众改厕的积极性和主动性。改厕工作以村为主体，确定一名主要负责人，全程组织协调监督。工程施工尽量选用本土改厕专业队伍，有力地调动了群众参与改厕的主观能动性，同时也为部分农村富余劳动力和贫困家庭增加了收入。

积极探索，确定模式

为探索适合农村地区的改厕模式，上党区在前期大量调研基础上，先后到屯留区、长子县等地考察学习农村改厕模式、技术路径、改厕经验，并聘请在改厕方面经验丰富的专家进行实地指导。在充分征求广大村民意见建议的基础上，结合自身实际，琢磨出“旱厕通风改良＋粪污无害化集中处理站”的改厕模式。该模式具有简单实用、成本适中、农民群众易接受等特点。之后，选择北呈乡北张村和荫城镇琚寨村进行先行试点。试验成功后，召开了长治市上党区农村“厕所革命”推进会，改厕工作全面铺开。2019年底，在国务院组织开展的农村人居环境整治大检查中，该模式被评为山西省三条典型经验做法之一，被黄河新闻网、长治新闻网等多家媒体争相报道。

在后期使用过程中，发现该模式也存在不足之处，如：建粪污无害化集中处理站需要占用土地，而且得专人管护；农户如厕时得提水冲厕，尤其在冬季不能防冻，使用甚是不便。为了更加方便群众使用，在达到符合卫生厕所“三无、三净、三有、一处理”标准要求下，在推广“旱厕通风改良＋粪污无害化集中处理站”模式的同时，在北呈乡须村进行试验示范，旨在找出更适合全区的可复制、可推广的农村改厕技术模式，经试验示范，发现了改厕的另一种模式——内置式无害化抗冻模式。该模式具有以下优点：一是不需另建化粪池。其利用农户原厕粪坑容积大的特点，将橡胶化粪池置于坑内，对比粪污集中处理模式，避免了建化粪池占用土地问题。二是解决了防冻问题。其利用原厕坑深抗冻等优势，将储水器置于坑底，解决了冬季厕所上冻的问题。三是节水效果明显。其选用水冲装置，水压较大，用水量少，经试验，每次小便冲水不超0.5升，大便冲水不超1升。四是耐用性强。其储水器和化粪池均采用橡胶、塑料、PVC等耐腐蚀材料制成，具有耐用性强、使用寿命长等特点，彻底解决了粪坑渗漏问题，杜绝了粪池渗漏对地下水源造成污染。五是施工成本低。其较传统厕屋修建，具有施工简单（直接放置即可）、成本低（每户较传统厕屋，节省大约300元）、卫生环保（厕屋采用卫生环保材料）等优点。实践证明，该模式适合冬季气温低等气候特点，能较好解决缺水及冬季上冻的问题，也易于被广大农民群众接受。

大胆创新，稳步推进

确定改厕模式后，所有实施村坚持“开好三个会、统一质量标准、确定好两支队伍”。开好三个会，即开好群众征求意见会，打消群众疑虑，提高群众积极性；开好村“两委”会，具体研究厕改工作；开好党员、村民代表会，确定厕改相关事宜。统一质量标准，即在厕具购置过程中，由改厕村联合统一招标，使质量标准得到了保证。确定好两支队伍，即在施工过程中，成立改厕施工队伍和由村委会组织的改厕监理队伍，保质保量保进度推进工作。同时，为确保改厕工作顺利推进，改厕工作开始前，针对每户厕所基本情况，改厕村村委依据改厕标准，制定具体工程明细，设计详细的摸底表，表格不仅体现改厕内容，还要体现改厕工程量。工作人员利用摸底表逐户摸排，需要施工的，就在摸底表中写明，体现每户改厕的明细、数量，最终形成每户需改厕工程量，做到“一户一策”“一厕一方案”。确定改厕内容后，由农户和村委改厕明白人共同当场签字确认，确保精准改厕，精细施工，一次达标。2022年，在推进全区“厕所革命”过程中，上党区建立了“首厕过关，整村推进”工作机制，选择成本适中、实用好用、群众满意的改厕模式，在各改厕村做10 ~ 15户的试点示范，以点带面，试验示范，逐步推进。

强基础改习惯 “攻坚战”变“持久战”

近年来，屯留区深入贯彻习近平总书记关于改善农村人居环境重要指示精神，认真学习借鉴浙江“千村示范、万村整治”工程经验，秉持“五四三”工作法（五项推进、四个提升、三个强化），全力推动农村人居环境改善。以“一拆三清一改”为重点，从整治“脏乱差”入手，开展村庄清洁行动，从改变农民习惯入手，狠抓面上整治和群众发动。全区200多个村实现了净化、绿化、美化提升，涌现出了森林村庄老军庄村、传统文化北宋村、改厕先行西夏旺村、转型跨越石泉村等一大批各具特色的美丽村庄。这些美丽宜居乡村就像一颗颗璀璨的明珠镶嵌在麟绛广袤的田野上。

屯留区乡村环境焕新颜

“五项推进”合力攻坚

村庄清洁行动开展以来，屯留区投入资金3 900万元，强力推进拆违治乱，全区拆除违章建筑160处、残垣断壁210处。整治沿路沿街广告牌535个、卫生死角600余处、乱贴乱画1万余处、乱搭乱建92处、废旧宅基地10处，清理村庄内畜禽粪污露天堆放80处。持续推进垃圾分类，试点村扩展到110个，配备了3万多套垃圾分类收集箱，220辆各类垃圾分类专业收集车实行上门作业，“户分类、组保洁、村收集、乡转运、区处理”模式初步形成。大力推进绿化行动，植树23万株，完成40个示范村庄、800个示范户的绿化，绿化面积达54万平方米。实施1.2万亩潞安采煤沉陷区治理项目，把昔日污水横流、垃圾遍地的“沉陷区”变成了“米粮川”、“臭水坑”再造为“观光湖”，有力地改善了城乡环境面貌。梯次推进塘沟治理，分流域清理村内塘沟淤泥3 200吨，清理水域漂浮物1 200立方米，铺设污水管网2.2万米，安装污水处理设备10套。探索推进粪污处理，探索出“可腐烂垃圾、粪污沼气化处理＋绿色循环农业”模式，建设沼气综合处理站16座，沼渣沼液带动有机循环农业1万余亩，被新华社、人民日报等10余家新闻媒体采访报道，得到省领导肯定，并作出批示：精神可贵，路径可行，值得推广。同时，以城郊村、水源地保护区、乡镇政府所在地、人口稠密的村庄为重点，统筹推进农村生活污水管网建设与改厕工作，大力开展农村卫生厕所改造，农村改厕工作走在全市前列。

“四个提升”革弊立新

通过“四个提升”，改变影响农村人居环境的不良习惯。充分发动全民参与街道清理、河道清理、植树种花等净化、美化工程，建立村内卫生清洁责任制，规划形成房前屋后责任片区，提升村民保护身边环境卫生的责任感。开展乡村振兴战略规划和环保法律法规进乡村、进学校、进农家等宣传活动，提升村民维护生态宜居村庄的法制感。依托乡村文化特色，打造乡村文化馆、文化广场、彩绘文化墙等，利用群众智慧创造特色村庄花园、林荫果园、农家菜园、休闲游园，提升村民对美丽村庄的融入感。开展环境卫生星级评比、绿色家庭评选、清洁好主妇评选等活动，提升村民维护清洁环境的荣誉感。人居环境整治不仅美化了乡村的外貌，也提升了群众的文明素养。

一面面“文化墙”激活了群众共建共享的自觉性，一面面“荣誉墙”调动了群众长期参与的积极性。“向先进典型学习，建设美好家园”在农村蔚然成风，新风尚、新文化在这里得以全面弘扬，一朵朵文明之花在麟绛大地绚烂绽放。

“三个强化”长效推进

强化组织领导，成立了由区委书记、区长任双组长的屯留区农村环境集中整治三年行动工作领导组。同时，抽调区直有关单位负责人和乡镇分管领导具体抓，抓具体，层层落实任务，层层压实责任，全面铺开农村人居环境集中整治各项工作。建立了区政府牵头、部门推动、乡镇落实、村庄实施的工作机制，协调配合，齐抓共管。强化规划引领，制定出台了农村人居环境整治三年行动实施方案和村庄清洁行动分步实施方案，编制重点任务实施计划表，细化任务，强化责任，挂图作战。强化长效管护，积极推进专业化、市场化运行管护，落实有制度、有标准、有队伍、有经费、有督查“五有”标准，变“治理”为“管理”，变“攻坚战”为“持久战”，推动村庄清洁行动制度化、规范化、长效化，持续打造“一村一景、百村百貌”的美丽新屯留。

人居环境焕新颜　乡村美景入画来

公路两侧、田间地头，清运车在穿梭清理积存垃圾；村庄街巷，干部群众在拆除乱搭乱建、清理乱贴乱画、粉刷墙面；房前屋后，村民在清理煤堆料堆、栽花种草、争建美丽庭院……连日来，南里镇所有乡村的街巷里，干部群众干劲十足，为把乡村建设得更加美丽宜居贡献力量，着力打造“县城南花园”。

南里镇道路两侧得到绿化美化

走进南里镇交漳村，一幅幅美丽的田园图景在眼前次第展开，草长莺飞，百花吐蕊，良田纵横交错，村庄散落其间。房前屋后，干净整洁，路西侧1 800米花带引得蝴蝶翩翩起舞。若是一泓碧水恰好从村中绕过，小桥流水便是这幅图景中最有诗意的注脚……

交漳村这幅美景，正是南里镇持续“六乱”整治专项行动结出硕果的一个缩影。自农村人居环境“六乱”整治百日攻坚专项行动开展以来，南里镇成立了农村人居环境“六乱”整治百日攻坚专项行动领导小组，制定下发了工作方案，领导小组成员职责明确、整治任务目标清晰。镇党委书记王彦军带头，全镇70名镇、村两级干部全部与镇党委签订了军令状。整治过程中，南里镇充分用好农村大喇叭，通过悬挂横幅、标语上墙、进村入户宣传等方式营造浓厚氛围，印制5 000余份“六乱”整治及垃圾不落地倡议书发放到每家每户，做到家喻户晓、深入人心。与此同时，南里镇把五个片区划分为东西两个战区，每周开展督查，现场打分排队，在周例会上定期进行通报，拨款金额与排队结果挂钩，最大限度激发干劲。边整治边行动，镇党委、镇政府为全镇所有行政村集中采购了300个大垃圾桶，根据各村人口数量和居住密度做到合理分布，在生活垃圾处理上推行定人、定时、定点、定标准、集中清运的“四定一清运”管理办法，坚持日查周评月兑现，近五个月时间，平均每月清运垃圾1 500余桶，累计清运垃圾6 000余桶500余吨，垃圾不落地这个老大难问题在南里镇全面“落地”，也成为全县第一家。

垃圾靠风刮，脏水靠蒸发……昔日的农村面貌已经成为历史。在交漳村，干净整洁的环境让村民们惬意，“宽阔平坦的水泥路，整洁有序的村容村貌，非常干净。镇、村领导带头热火朝天地动起来，村里一天一个大变化。邻村的乡亲们晚上都来俺村路灯下乘凉看花。”阵阵微风中，78岁的老党员李金文欣喜地说出自己的切身感受。

如何尽快实现农村人居环境从“脏乱差”到“净畅美”，南里镇发挥镇党委“龙头”作用和村党支部的战斗堡垒作用，调动一切可以调动的积极因素，动员广大党员干部带头参与立标杆、做榜样，整治重点由交通沿线、田间地头向房前屋后、屋里院内延伸，每个村每周申报5户示范庭院，逐步实现以点带线、以线带面，全面落实、全面提升。

从曾经的其貌不扬，到如今的颜值刷新，南里镇各个村的变化已经成为乡村面貌的真实写照。交漳村立足本村山水资源禀赋优势，结合帮扶单位县市容环卫中心的倾力帮扶，使村容村貌焕然一新，乡村旅游项目有力推进。东林村通过粉刷《新华日报》（华北版）红色主题壁画，将弘扬红色精神和“六乱”整治有机结合起来，推动村容村貌实现质的提升。樊村坚持“切实服务群众”的导向，把实事办好、把好事办实，对南湖路（原旅游路）延伸段入镇、过镇主要道路进行修整、拓宽，并在路两旁植树，方便群众出行，得到本村、本镇及周边镇群众的一致好评。

人居环境整治不仅是一场“持久战”，更是一场“群众战役”。南里镇党委书记王彦军说：“村庄洁净了，环境变好了，村民才会更舒心。我们只有一件事情接着一件事情办，一年接着一年干，步步深入，久久为功，多措并举打好‘六乱’整治攻坚战，才能努力让美丽底色亮起来，才能让好的环境成为乡村振兴新的推动力量。”

2021年，南里镇清理交通沿线积存的建筑垃圾和生活垃圾543吨，拆除遗留、废弃的广告牌和无实际用途、有碍观瞻的视觉污染设施43处，整修坑洼路面、隔离带和绿化带60处，消除交通安全隐患41处，开展交通沿线绿化

南里镇村容村貌得到提升

美化6 000平方米；整治村庄街巷乱堆乱放、乱搭乱建、乱圈乱占、乱贴乱画300余处，整治村域内黑臭水体90处，拆除违章建筑、废弃建筑和残垣断壁、破旧裸露墙体42处，整理线缆“蜘蛛网”100余处，清理村内垃圾2 500吨、田间地头垃圾3 000吨，拆除农业生产区域内违法设施14处，复垦农田面积3亩。

千帆竞发东风劲，正是扬帆远航时。站在新的起点上，一个更加美丽宜居的南里镇，正在向世人展现其美丽和魅力，南里镇乡村振兴的画卷还在不断铺陈展开……

06 第六篇 乡村治理

XIANGCUN ZHILI

实现乡村有效治理是乡村振兴的重要内容。长治市把治理体系和治理能力建设作为主攻方向，把保障和改善农村民生、促进农村和谐稳定作为根本目的，建立健全党委领导、政府负责、社会协同、公众参与、法治保障、科技支撑的现代乡村社会治理体制，以自治增活力、以法治强保障、以德治扬正气，健全党组织领导的自治、法治、德治相结合的乡村治理体系，构建共建共治共享的社会治理格局，建设充满活力、和谐有序的乡村社会，不断增强广大农民的获得感、幸福感、安全感。

提升组织力　治理有活力

地基固则大厦坚，基层安则天下安。

党的二十大报告对“完善社会治理体系”提出了明确要求。基层治理，是实现国家治理体系和治理能力现代化的基石，也是人民群众感知公共服务效能和温度的“神经末梢”。

基层治理，关键在人、关键在干，必须有一支政治过硬、适应新时代要求、具备领导现代化建设能力的干部队伍。长治市深入学习贯彻党的二十大精神，按照省委十二届五次全会、市委十二届三次全会部署要求，坚持把纵深推进抓党建促基层治理能力提升，作为加强党的全面领导、夯实党的执政根基的重大政治任务，作为统筹城乡社区治理、实现市域治理体系和治理能力现代化的重要基础工程，构建党建引领基层治理的制度体系和工作矩阵，不断创新社会治理，提升治理效能。

“一面旗”引领“一盘棋”。依托“院校”龙头，筑牢“基地”支点，以特色课堂培根铸魂，提高基层干部党性修养和工作能力

新时代新征程，如何弘扬以伟大建党精神为源头的中国共产党人精神谱系，传承好太行精神，为走好新的赶考之路提供强大精神动力？

八路军太行纪念馆

历史是最好的教科书，中国革命历史是最好的营养剂。以红色文化启智润心、培根铸魂，赓续共产党人精神血脉，必能鼓起奋进新征程、建功新时代的精气神。

在长治红色地图上，一个个红色地标串珠成链，成为党员干部培根铸魂的重要基地。

一是树立红色丰碑，以“太行精神·基因课堂”为依托，坚定信仰信念。

“太行浩气传千古，留得清漳吐血花。”太行干部学院作为传承太行精神的重要阵地，充分发挥党员干部教育培训主渠道作用，与时俱进弘扬太行精神，传承八路军文化，让党性更坚强、能力更过硬。

“太行精神生生不息，八路军文化代代传承。”武乡县蟠龙镇工作人员贾娜说，要握紧手中的接力棒，真正成为一名为基层群众幸福生活而奋斗的建设者，第一堂课就是传承“武乡红”。

8月1—5日，省委组织部、省乡村振兴局在太行干部学院联合举办全省乡村振兴干部能力提升专题培训班（第二期），要求全体学员深化认识、学习政策、明确任务、探讨方法、提升能力。

红色歌曲萦绕耳边，革命故事历历在目。在太行干部学院学习培训的每一天，那些沉浸在炮火与硝烟中的红色历史都如老胶片放映一般呈现在眼前。革命老区武乡从历史走来，迈向新时代，早已成为锤炼党性的“大熔炉”、坚定信念的“充电器”、提升素养的“加油站”，激励着党员干部在新时代里激流勇进、奋发图强。

深思细悟，勤勉笃行。在“太行精神·基因课堂”上，基层党员干部通过太行精神这个生动教材，让信仰的种子内化于心、外化于行、接续传承。

二是讲好红色故事，以“八路军抗战·党史课堂”为抓手，践行使命担当。

山山埋忠骨，岭岭皆丰碑。莽莽苍苍的太行山，浸透了无数八路军将士和太行英雄儿女的热血。广大基层党员干部在“八路军抗战·党史课堂”上，开展党史学习教育，践行使命担当。

“太行山，英雄山，是八路军的故乡，子弟兵的摇篮。它是敌后抗日根据地，抗日斗争多激烈，这里留下了先烈的足迹和鲜血……”在武乡八路军太行纪念馆，时常能见到4名“小八路”讲解员通过快板的形式介绍八路军抗战时期的经典战役和丰功伟绩。

讲活历史故事、用活红色资源、搞活教育形式，借力“八路军抗战·党史课堂”，引导党员干部学党史、悟思想、办实事、开新局，以昂扬姿态奋力开启全面建设社会主义现代化国家新征程。

“红色江山来之不易，守好江山责任重大。我们要把学习宣传贯彻党的二十大精神，当作当前和今后一个时期的首要政治任务，学出忠诚信仰，学出责任担当。”

“一代人有一代人的使命。历史的接力棒传到我们手里，就要努力接好这一棒。”

“我们要发扬共产党人的奋斗精神，听党话、跟党走，讲好党的故事、太行故事、抗战故事，用太行精神铸魂育人，当好太行精神的践行者、传承者、弘扬者。”

三是传承红色基因，以“实操实训基地”为抓手，凝聚奋进力量。

党性更坚强，能力更过硬。“实操实训基地”紧扣抓党建促基层治理能力提升要求，让党员干部在实践中学习，在学习中实践。

专项行动开展以来，长治市精心谋划部署，创新开展“百名典型讲百场”宣传活动和“三级书记谈治理、四级书记上讲台”学习活动。全市12个县（区）委书记，近百名乡镇（街道）、社区党委书记登台授课。

各县区围绕抓党建促基层治理能力提升、发展壮大村级集体经济、深化网格化服务管理等方面设置培训课程，培训相关职能部门负责人、督导组成员、乡村两级干部等万余人。

“作为理论与实践紧密融合的一种教学方法，过程生动，效果明显，促进工作直接，越来越受到学员欢迎。”平顺县西沟村党总支书记郭雪岗说，“我们将始终听党话、跟党走，注重实践锻炼，把群众关注的烦心事、闹心事解决好，干出新业绩，建设新西沟。”

一次体验胜过千言万语，在“实操实训基地”，广大党员通过初心诵读、人物访谈、主题研讨、实践体验等环节，学习习近平新时代中国特色社会主义思想，激荡起干事创业的磅礴力量。

思想在交融，共识在凝聚，力量在传递。广大党员干部撸起袖子加油干，风雨无阻向前行。以信仰之光照亮前进之路，用如磐初心凝聚奋斗伟力，长治步伐坚定向未来。

“一根针”织就“一张网”，社区治理网格化，党群服务高效化，红色物业全域化，组织群众、宣传群众、凝聚群众、引导群众，提高基层干部为民服务能力

在抓党建促基层治理能力提升专项行动中，长治市成立市委城乡治理委员会，不断健全完善基层组织链条，推进社区物业党建联建、党群服务中心体系功能建设、社区工作者队伍建设等重点任务，实现党建、治理、服务等各类网格“多网融合”，着力提升党建引领城乡基层治理效能，切实增强了居民群众

获得感、幸福感、安全感。

一是社区治理网格化，应急处置能力实现大提升。

“麻烦来这边量一下体温，口罩要戴好。”“您有什么需要，我来想办法！”这段时间，潞城区翟店街道贾村网格员李建玲常常把这两句话挂在嘴边。

东华社区组织开展社区工作者能力提升培训会

问题在网格中解决，服务在网格中开展。按照精细化、精准化要求，全市170个社区划细划小为2 599个普通网格、828个专属网格和8 395个微网格，配备网格长331名、专职网格员2 572名、兼职网格员515名，从退休干部、老党员、楼栋长、物业人员等人员中选配8 395名网格辅助员。配套出台网格员招聘管理、网格员考核办法和网格工作事项准入清单等制度，把各类服务精准送至千家万户。

为了充分发挥党组织政治优势、组织优势，长治市加强社区网格党组织建设，以“平时之功”凝聚“应急之力”。全市建立893个社区网格党支部、3 666个网格党小组，实现网格党组织全覆盖。积极推行“党员楼长制”“党员中心户”“敲门行动”等形式，深入了解掌握社情民意，及时处理矛盾纠纷。同时，扎实推进各级领导班子成员联系基层制度，区县领导班子成员联系社区121个，街道（乡镇）领导班子联系网格2 002个，社区“两委”班子成员直接联系的楼栋3 764个。市领导带头定期到社区开展实地走访，主动参加社区组织活动，指导社区抓好各项工作，帮助解决社区居民实际困难。

二是党群服务高效化，为民服务能力有了新突破。

党群服务，阵地是基础。走进襄垣县多维融合服务中心，县党群服务中心、综治中心、政务中心、新时代文明实践中心等各类管理服务资源都在这里交汇。作为一个整合县级各领域公共服务力量而组建的综合性党群服务平台，这里建设有智慧城市数据化实战指挥平台，织密“全科智慧网格”，推动基层治理数字化、智能化、智慧化。

多元化活动，高效化利用，让党群服务中心“活”起来。近年来，长治市统筹整合综治中心、新时代文明实践中心等各类活动阵地，探索融合发展运行机制，推动场所设施共用、力量资源共享。全市18个街道党群服务中心面积均超过1 000平方米，170个社区党群服务中心面积均超过500平方米。

依托楼宇、园区、商圈、市场和较大企业，建成上党区民生大厦、襄垣县襄子老粗布等一批区域性党群服务中心。通过利用小区闲置场所、调配使用腾退办公用房、租赁等方式，建成612个小区党群服务微站，让党员、群众在家门口就能找到组织，享受便利服务。

三是红色物业全域化，社区治理能力跨上新台阶。

拆除“一堵墙”，连起万家心。改造前，15个居民区围墙林立，各个小区规模小、布局乱、环境差、管理难，仅两个小区有物业。这是潞州区英华小区曾经的状况。

针对这些问题，潞州区对15个居民区进行连片改造，引进优质物业统一接管，赢得居民群众连连称赞。“长期没人管的事儿有人管了，居民们的‘堵心墙’也没有了。”英华小区党支部书记常明立说。

“红心”点亮“民心”。长治市以党建物业联建为突破，加强小区物业服务管理，着力解决部分小区“事务无人管、企业不想干、百姓不满意”等问题。制定《长治市业主大会和业主委员会指导规则》，推动小区组建业委会(物管会)，组建率达94%，组建党组织1 291个。开展无物业小区清零行动，全市纳入清零范围的小区，通过物业企业接管、街道集中托管、社区兜底托管、业委会自管4种模式实现清零，完成率达100%，引导物业公司在党的领导下开展工作、做好服务。

与此同时，依托邮政、交通运输部门对全市快递、物流行业进行了全面摸底排查。根据党员人数，采取单独建、联合建等方式，确保党的组织应建尽建，引导新就业群体积极参与基层治理。

“一条心”拧成“一股绳”。探路“一支队伍管执法”，选优配强基层党组织书记，用好用活农村党员队伍，发展壮大村级集体经济，增强基层党组织凝聚力，提高基层干部推动发展能力

从5万元到300万元，前后不到3年，沁源县王和镇贾郭村集体收入翻了60倍。

收入直线上升，秘诀是什么？贾郭村党支部盘活闲置耕地，组建4个产业党小组，种植苦参3 000亩。村里与当地农业企业签订协议，科学种植，科学管理，苦参产量高、行情好、价格稳，销路不愁。

“村集体账上有钱了，为民办事不用再求人了。”贾郭村党支部书记王海霞眉开眼笑。全村254户，有129户因种植苦参受益。2022年，全村633名股民首次领到分红，共计10万余元。眼下，村里还启动了500亩滩涂地改建高标准农田项目，完工后将用于发展长白葱种植。

发展有方向，党支部有力量。基层党组织堡垒坚强有力，像磁铁石一样，把乡亲们紧紧地凝聚在一起，听党话，跟党走，抓产业，搞建设，美家园，奔富路。

产业兴，则乡村兴；组织强，则乡村强。长治从探路“一支队伍管执法”、建强农村基层党组织、选好村党组织书记、用好农村党员队伍、激活村级集体经济等方面发力，不断增强基层党组织活力，夯实基层治理和发展根基。

一是建强队伍，就要抓住“人”这个核心，增强基层治理牵引力。

育好人，执法有效力。乡镇“看得见管不着”，部门“管得着看不见”，县域行政执法中存在的这一矛盾，在长治有了解决方案——探路“一支队伍管执法”，执行“一顶大盖帽管全部”。

明责。长治推进乡镇综合行政执法改革，印发《深化乡镇综合行政执法工作指导意见》《执法事项清单目录》，明确38项乡镇行政执法事项，让基层执法有据可依。

赋权。全市128个乡镇（街道）全面开展“一支队伍管执法”改革，全部组建综合行政执法队伍，配备执法人员1 420名，推动职权下放、力量下沉。

扩能。实行“乡镇吹哨、部门报到”工作机制，以干代训，规范流程，提升实践能力。

选好人，发展有活力。重点选优配强党组织书记，通过本村选、外面引、上级派、公开聘等方式，加大培养选拔力度，推进实施“农村带头人队伍优化提升行动”“乡村振兴万人计划”，发挥党员、招聘到村（社区）工作大学生、网格员等作用，强基础、固基本。

管好人，干事有动力。全面推进村（社区）党组织书记星级化管理。市级制定村（社区）党组织书记星级化管理实施方案，县区完善实施细则，全市1 584名任职满一年的村（社区）党组织书记完成初次评定，让基层干部干有奔头、退有出路。

用好人，治理有合力。“积分低了，脸上挂不住。把房前屋后打扫干净，自己住得更舒服，还能得积分、兑换奖品，多好！”平顺县阳高乡老党员常进彦看着自己的积分台账说。

党员表现怎么样，积分说了算。为加强农村党员队伍管理，激发农村党员干事创业、建设家乡热情，各县区围绕履职尽责、志愿服务、发挥作用等方面，采取积分制对农村党员日常表现进行评议，用积分记录党员变化、衡量党员作用、评定党员优劣，促使党员肩上有责、争先有标、行为有尺、考核有据。

支部带党员，党员带群众，群众学党员，人心凝聚了，乡村善治步履铿锵，乡村发展步子迈得更开、更快、更稳。

二是壮大经济，抓住“钱”这个关键，增强基层治理向心力。

领导重视抓。成立长治市发展壮大村级集体经济领导小组，编制完成发展壮大新型村级集体经济专项规划，制定发展壮大农村集体经济20条举措，市级财政列支2 000万元扶持资金和1 000万元奖励资金，全力扶持农村集体经济项目。

创新平台抓。市级成立长治市农村集体经济发展有限公司、长治市农村集体经济发展协会，县乡成立平台公司，基本构建起“政府＋协会＋平台＋合作社＋农户”工作架构。

在长治市农村集体经济发展协会项目推介暨签约仪式上，总投资约10亿元的15个农村集体经济项目集体签约，涵盖中药材、乡村旅游、农产品精深加工等方面，推动各类资源互联互通，撬动农村集体经济发展壮大。

政策发力抓。从不规范合同中挖潜力，在陈年旧账中淘金子，向新增地源要效益，扎实推进农村集体资产“清化收”，村村形成合同管理、化解债权债务、新增资源收费“三个办法”，建立健全农村集体资产年度清查、农村集体资产定期报告“两个制度”，不仅摸清了村集体家底，提高了基层党组织公信力、向心力，也凝聚了民心、民力，推进了乡村治理，筑牢了乡村振兴地基。

“敞开天窗说亮话，村账晒在阳光下，既公开，又透明，让村集体资产不流失、利益不受损。”武乡县蟠龙镇大陌村党支部书记王宇鹏说。在推进农村集体资产“清化收”工作中，该村盘活了大烟自然村移民复垦土地80亩，进行统一管理；通过玉米、豆子间作，增加集体经营性收入6万元。

“以前村集体把机动地零星出租，2022年与村民调换地块后，整合成大块地，统一租赁给玉米深加工企业，村集体每年可增收4万元。同时，乡亲们还可以到企业务工增收，一举两得。”黎城县西井镇南委泉村党支部书记李海方高兴地说，“清”出了规范秩序，“化”出了发展活力，“收”获了群众满意。

田畴织锦绣，沃野好风光。项目在这里扎根，要素在这里集聚，产业在这里壮大，基层党组织创造力、凝聚力、战斗力显著增强，基层党员干部在干事创业、推动发展中提能力、炼真金。

练就过硬本领，建功伟大时代。新征程上，长治，风展红旗再起航！

文明新风劲吹希望田野

乡村之美，美在文明。党的二十大报告指出，“统筹推动文明培育、文明实践、文明创建，推进城乡精神文明建设融合发展”。乡村振兴，重在塑形，要在铸魂。加强农村精神文明建设，是全面推进乡村振兴的重要内容。长治市把加强农村精神文明建设作为全面推进乡村振兴的重要内容，出硬招、下硬功，切实提升农民精神风貌，不断提高乡村社会文明程度，推动乡风民风美起来、人居环境美起来、文化生活美起来，为全面推进乡村振兴提供坚强的思想保证、强大的精神力量、丰润的道德滋养和良好的文化条件。

浸润人心——以新时代文明实践中心（所、站）为载体，推进农村思想政治工作，领航乡村振兴

“江山就是人民，人民就是江山。中国共产党领导人民打江山、守江山，守的是人民的心。”

“党的二十大报告提出，要全面推进乡村振兴，坚持农业农村优先发展，加快建设农业强国。”宣讲员宋卫国话音未落，在场群众就开始你一言、我一语踊跃发言。一时间，潞城区潞华街道婴城社区新居锦绣园小区广场上热闹起来。

把社区广场、农家院落变成学习园地，把普通话改成方言土语，用小故事讲清大道理。“小院讲堂”的开办，进一步拓展了宣讲阵地，让党的新思

乡风民风美起来

想、新政策与群众生产生活有机融合，打造出党与群众的“同心锁”“连心桥”，激励干部群众听党话、感党恩、跟党走。

这是潞城区依托新时代文明实践中心（所、站）开展“小院讲堂”微宣讲，把党的二十大精神面对面、点对点地传递给群众的生动现场。

乡村振兴，思政筑基。长治市以新时代文明实践中心（所、站）为载体，深入开展习近平新时代中国特色社会主义思想学习教育，深入学习贯彻党的二十大精神，深入宣传党的路线方针和强农惠农富农政策，全力做好农村思想政治工作，引领乡村振兴。

面向基层，建好阵地。全市县、乡、村三级共建设12个新时代文明实践中心、128个新时代文明实践所、2 606个新时代文明实践站。依托理论宣讲、教育服务、文化服务、科技与科普服务、健身体育服务“五大平台”，统筹整合各类队伍资源、阵地资源、人才资源，初步形成了文明实践“全域覆盖”的组织体系、“8 + N”的特色志愿者队伍。

阵地有了，平台有了，队伍有了，如何把服务真正下沉到基层，让广大群众参与进来，如何让每一个平台都动起来、活起来？统筹宣传、组织、党校、讲师团等部门力量，市、县、乡、村“四级联动”，动员政工干部、理论讲师、“百姓名嘴”、乡村能人等骨干力量，围绕党的创新理论、最新政策、重点工作等，组建理论宣讲志愿服务队伍800余支，常态化开展理论宣讲活动3 000余场，形成全覆盖、多形式、立体化的宣讲格局，实现“月月有主题、天天有宣讲”。

志愿者在向群众进行文明宣讲

“竹板打、响连连，黎城人民笑开颜，惠民政策暖人心，致富别忘报党恩。小康路上手牵手，坚定信念跟党走……”每天下午，在黎城县“文苑”文明实践基地，宣讲志愿者会用快板的形式向群众宣传党的惠民政策。

“我们要抢抓乡村振兴战略机遇，村党支部把党的二十大精神吃透、摸准，广大群众甩开膀子、撸起袖子加油干，一起过上幸福生活，实现乡村振兴梦想……”武乡县石北乡石北村新时代文明实践站大讲堂内，思政老师把党的历史、农村的发展变化讲深、讲透、讲活。

理论宣讲筑同心，文明实践聚民心。一个个烙着红色印记的新时代文明实践中心（所、站）成为城乡群众的新去处。这里先后培育出了“百名典型讲百场”“小院讲堂”“思政课十进校园”“红喇叭小小讲解员”等230个特色志愿服务项目，受益群众达50万人次，有力推动了党的创新理论“飞入寻常百姓家”。

文化服务“种春风”、教育服务“育桃李”、科技科普服务“施沃土”、健身体育服务“沐阳光”……惠民活动常态化开展，城乡群众精神面貌显著改观，全市涌现出全国文明村镇28个、省级文明村镇137个，文明实践工作迸发出持续的生命力和影响力，成为滋润人心、凝聚民心的重要抓手和激励广大党员干部干事创业的精神源泉。

感召人心——以社会主义核心价值观为引领，加强农村思想道德建设，赋能乡村振兴

“星星门前挂，胜过人说话。”

太行山麓，晨光熹微。平顺县阳高乡椰树园村，“十星级文明户”陈国亮早早起床，拿起扫帚，从自家小院，到房前屋后，再到胡同街巷，一路走，一路扫，一路哼唱着。

“以前各家扫各家。现在，当上‘十星级文明户’后，我就把周边的环境卫生都承包了。”陈国亮笑着说。

家家争当“星级户”，人人都是“追星族”。这是全市开展“星级文明户”创评工作成效的一个缩影。

爱党爱国星、勤劳致富星、诚实守信星、团结友善星、孝老爱亲星、文明风尚星、遵规守法星、绿色环保星、卫生健康星、科教文体星……平顺县将“星级文明户”创评作为推进农村精神文明建设、激发基层治理活力的重要抓手，示范先行、梯次推进、全面覆盖，推动社会主义核心价值观进农村、扎深根、结硕果。

一是宣传广泛，人人“知星”，以评促行。

各镇、村利用乡村“大喇叭”、宣传栏、宣传标语、宣传海报、微信群转发和自创“明白卡”等多种形式，大力宣传“星级文明户”评选活动的重要意义和内容标准，登门入户面对面、点对点进行宣讲，做到家喻户晓、妇孺皆知。

与此同时，将“星级文明户”创评内容编排成通俗易懂的快板、小品等，进行演出宣传。

“好！”舞台上，文艺志愿者诙谐幽默；舞台下，乡亲们掌声雷动，叫好声不断。黎城县上遥镇将“星级文明户”创评内容及其意义编成小品《找回门上的这颗“星”》、快板《我们都是追“星”人》，在各村巡回演出，好评如潮，形成了以“星”为荣、争“星”晋级的良好氛围。

二是创评客观，户户“争星”，以评促改。

建立县级主导、镇级主管、村级主抓的组织框架，按照宣传发动、农户自评、小组互评、集体定评、张榜公示、嘉许授牌六个环节要求稳步推进，严格评选标准、严格评选流程，让创评活动有章可循、有规可依。

“人家十星你六星，对照看看还有哪儿做得不够，就有了上进心。”沁源县下庄村党支部副书记尤常胜说。在“星级文明户”创评中，广大群众你争我赶，向“十星级文明户”看齐，一批传播乡村正能量、展示农民新形象的“星级文明户”脱颖而出，带动民风淳、乡风新、村风良。

“‘星级文明户’牌子虽然不大，却是荣誉和肯定。俺家评上了，全家人脸上都有光。”下庄村“星级文明户”王玉斌颇为自豪。

三是激励得当，村村“追星”，以评促优。

政治上有礼遇，将“星级文明户”优先纳入入党积极分子行列，优先推荐为村民代表、党员代表、政协委员和人大代表。

精神上有荣誉，优先从“十星级文明户”中推荐“文明家庭”“道德模范”“身边好人”等，为“十星级文明户”颁发荣誉证书，举行集中授牌仪式。

经济上有待遇，采取积分兑换、发放福利，优先承包村集体的土地、鱼塘、荒山等集体经济资源，优先获得信贷支持等多种方式，对“星级文明户”给予经济奖励。

“当上‘星级文明户’，不但每月有补助金，还给推荐就业哩！”武乡县兴盛垴村党支部书记李红星说。

原来，兴盛垴村建立了“企业＋农户”结对帮扶评星机制，结合企业发展盆栽苹果项目，“星级文明户”可获得盆栽树苗，“十星级文明户”可优先被推荐就业，“孝老爱亲户”每月可领取补助金50元。

群众评，评群众，群众学，学群众。通过开展“星级文明户”创评活动，达到了选树一个、教育一片、带动一批的良好效果，勤俭节约、孝老爱亲等向上向善良好风尚得到广泛弘扬。

凝聚人心——以文化新风塑文明乡风为抓手，深化农村移风易俗工作，助力乡村振兴

“移风易俗靠大家，文明新风进万家”“喜事新办，厚养薄葬，节俭养德，文明理事”，走进长子县大堡头南小河村，映入眼帘的便是各类文明标语和推进移风易俗倡议书。

“以前村里无论办婚事、丧事，还是做寿请客，村民无形中都在互相攀比，现在办喜事，比的是节约与文明。”“是啊，自从开展移风易俗以来，大家思想观念变了，村风村貌有了很大变化。”

风成于上，俗化于下。长治市紧紧围绕乡村振兴战略实施，持续开展移风易俗工作，弘扬文明新风活动。经过文明滋养，新风正气在乡村落地生根。

一是建规立制，做文明新风的践行者。

2022年，长治市细化出台了《关于做好全面推进乡村振兴重点工作的实施方案》，结合市域实际，推出革除陈规陋习、推进殡葬和祭祀改革、加强城乡环境综合治理、修订村规民约、加强志愿服务、强化文明创评引领、强化基层治理能力、提升乡村德治水平、推进铸魂育人、弘扬时代新风10项重点工作35条举措。

以上率下，担当责任。成立了领导小组，下设专门办公室，成员单位涉及教育、公安、民政、农业等32个部门，将重点工作具体化，责任到单位，充分调动起广大干部群众广泛参与，真正形成“党委领导、政府负责、部门协同、社会参与”的工作机制。

二是三级联动，做文明新风的倡导者。

县区统领，乡镇（街道）落实，村级深化，全面加强对村规民约的备案审查，将移风易俗纳入其中，细化明确，在全市所有乡村健全完善红白事报备制度，形成了一体化落实、“一盘棋”推进局面。

强化日常监督，在全市推行“周报告、月调研、季督查、年总结”，领导小组每月针对一个突出问题开展一次调研，总结经验，鞭策后进。

三是殡葬改革，做文明新风的推动者。

逐步完善基础设施，为建设城乡公益性墓地开辟绿色通道，在土地征用、手续办理等方面予以支持。各县区的殡仪馆建设全部开工。大力鼓励推行火葬、严格土葬管理、推行文明祭祀等一系列行之有效的举措，让新风移旧俗，

乡风更文明。

四是环境治理，做文明新风的示范者。

静谧舒适的村庄、错落有致的房舍、干净平坦的道路、勤劳朴素的村民……漫步武乡，一幅幅“望得见山、看得见水、记得住乡愁”的生动画卷在老区大地渐次铺开。广袤田野风光无限，诠释了推进乡风文明、乡村振兴的生动实践。长治市聚焦城乡接合部、交通沿线、村庄街巷、农户庭院、田间地头、河流沿岸等重点区域，以县为阵、以村为体、以户为基，进一步深化农村移风易俗工作，营造人人参与、家家支持的浓厚氛围，掀起村庄清洁行动高潮。

五是价值引领，做文明新风的宣传者。

组建媒体宣传矩阵，第一时间组建“1＋2＋12”移风易俗宣传矩阵，统筹协调“学习强国”长治学习平台、长治日报社和长治广播电视台2家市直主流新闻媒体、12个县区融媒体中心，“I长治”微信公众号、“在长治”App等新媒体开辟专版专题专栏，精心策划选题，用好黄金时段，制作移风易俗倡议书、公益宣传画、公益广告，组织采写、播发专题报道，群众知晓度、参与度全面提升。

用活各类宣传载体，发挥农村“大喇叭”“小马扎”“志愿者小分队”作用，采取群众喜闻乐见的形式，用更接地气、更有温度的文艺作品、公益电影放映、音频录播等形式和手段，宣传破除陈规陋习、弘扬时代新风的政策和先进典型，用身边事教育身边人，真正让“婚事新办、丧事简办、余事不办”妇孺皆知、深入人心，使乡风民风好起来、人居环境好起来、文化生活好起来，不断提升农民精神风貌，为全面推进乡村振兴注入澎湃精神动能。

今日长治，太行劲吹文明风！

让文明乡风浸润美丽乡村

抓党建促基层治理能力提升专项行动开展以来，襄垣县广泛动员、全面推动，聚焦村（社区）基层治理，围绕革除陈规陋习、推进殡葬和祭祀改革、城乡环境综合治理、志愿服务等持续发力，营造“移旧俗、除陋习、尚科学、倡新风”的良好社会氛围，让文明乡风浸润美丽乡村，为乡村振兴凝神聚力。

以“制度”之彩，绘就文明风尚之“卷”

按照《长治市关于进一步深化农村移风易俗建设文明乡风的实施方案》要求，襄垣县制定出台详细方案，明确提出婚事新办、丧事简办“双六条”和余事不办“硬要求”。坚持党建引领推动农村移风易俗，全县229个行政村实现红白理事会、移风易俗村规民约“两个全覆盖”。以“一约四会”为重点加强自治，以“一村一法律顾问”为牵引推进法治，以“一墙两榜”为载体强化德治，注重发挥传统美德和优秀文化感召，打造东湖文化空间、新时代文明实践中心（基地）100多个，设立集社会主义核心价值观、公民道德规范、中华优秀传统文化、农村移风易俗于一体的文化墙、文化长廊200余处，持续开展“好媳妇”“好公婆”“好妯娌”“好青年”评选活动，推行德孝治村、慈孝治家，下大力气开展星级文明户创评工作，农户积极性高涨，参评率达98%以上。“现在办事，都在红白理事会大厅。特别是办白事，不用租流动碗筷和灵棚，大概能省2万～3万元。”夏店镇付村村民付占胜尝到了移风易俗的甜头。

以“榜样”之力，塑造人文环境之“骨”

紧盯三类“关键少数”，引导广大党员干部自觉当好表率，引导农村成功人士树好形象，引导乡贤模范充分发挥“头雁效应”，让人民群众事有遵循、学有榜样，汇聚正能量、倡导新风尚。

在襄垣县“移风易俗我承诺我带头”主题签名活动中，全县1.6万名党员全部签订《移风易俗承诺书》，带头严格执行婚丧事宜办理承诺、报告、标准、公示制度。同时，以身示范亲属子女引领新风尚，传播正能量。村规民约中对村“两委”干部提出“对群众平时多解难，办事只帮忙不上礼”等要求。“我们村党员干部带头做到婚事新办、崇尚节俭，丧事简办、厚养薄葬，余事不办、崇德尚礼，群众思想观念慢慢有了变化，自觉杜绝婚丧嫁娶铺张浪费。”善福村党支部书记、村委会主任魏成丕说。

将全县历届评选出的92名道德模范、当代乡贤等先进典型全部吸收到村红白理事会，同时登记加入村移风易俗志愿服务队伍，邀请段爱平、高金来等“新乡贤”模范走进村道德讲堂、理论宣传阵地，用小故事阐释大道理，用身边事感染身边人。用好新时代文明实践所、站和乡村文化广场，坚持“每月一主题”开展孝老敬亲等文明实践活动，设立善行义举榜、身边好人榜500多块，培育征集好家训家规200余篇，让群众在耳濡目染中把不良风气压下去，把新风正气树起来。

以“攻坚”之笔，勾勒美丽乡村之“形”

移风易俗工作量大面广、千头万绪。襄垣县全力打好“三场攻坚仗”，推动移风易俗各项措施落地落实。

围绕热点，打好先行仗。在全县广大农村开展丰富持久的宣传发动，通过报纸、电视、网站以及公交车电子屏等载体持续宣传，连续举办四届汉式集体婚礼等文明实践活动，组织本土人才创作编排襄垣秧歌剧《彩礼》，编制《襄垣县农村移风易俗顺口溜》，以群众喜闻乐见的艺术形式呈现新旧观念的碰撞、婚事新办的要求。以“我们的节日·清明”为重点，做大做强绿色祭祀等活动，让广大群众感悟传统美德、感受时代新风。

抓住难点，打赢攻坚仗。坚持制度约束与惠民保障共同推进，“硬环境”与“软环境”共同打造，严格遵守婚丧嫁娶新规范，逐步实现移风易俗经常

襄垣县王桥镇西山底村数字乡村治理示范平台

化、婚丧事务规范化、民间习俗文明化。投资2 970余万元新建县殡仪馆，可同时容纳600人举行悼念活动。突出殡葬事业公益性质，把逝者“入土为安”的全部费用纳入政府公共服务范畴，让老百姓真正尝到新政策的甜头。2020年以来，县城居民享受火化后殡葬全免费，仅花2 000元左右的餐费就可体面办好“身后事”，省钱省力又省事。

选树典型，打好持久仗。持续开展“文明村”“文明家庭”评选活动，通过“家家学、户户做、村村评”，让移风易俗新风深入千家万户。古韩镇大黄庄村每年举办两次村集体婚礼已成为常态，得到广大村民的拥护支持；夏店镇付村“零彩礼”娶媳妇，让婚事新办做到形式新、有意义；下良镇井背村、东岭村实行丧事百天后去柳栽、平坟头，大大提高了土地利用率。

“硬”约束“刚性十足”，“软”引导“春风化人”。襄垣县久久为功持续深化移风易俗，让“婚事新办、丧事简办、余事不办”愈加深入人心，为全方位推动襄垣县高质量发展凝聚强大精神力量。

乡村治理不靠“热情”靠“引领”

放下“组织部门抓党建”的固有思维，让党建成为基层社会治理的“定海神针”，努力摆脱治理“靠热情、靠自觉”，全力推动基层社会治理实现“有战斗堡垒可用，有先锋模范引领”。坚持将乡村民主、道德规范、法律措施转变为老百姓对自治的认可、对德治的弘扬、对法治的敬畏，进而最大限度地实现“三治融合”。始终把平安与服务紧紧联系在一起，用服务助推平安，用平安反哺服务，最终达到平安不出事、服务不缺位。

长治市学习推广“枫桥经验”现场推进会

2018年以来，潞城区运用“枫桥经验”推动基层社会治理，在干中总结提炼，在干中探索创新，走出了一条独具特色的乡村治理新路径，成为上党地区推广发展“枫桥经验”的典型样本。

小天贡村：一首红歌唱了几十年 “党建引领”历久不衰

在潞城区翟店镇小天贡村，每逢村里重要集会，除了必不可少的文化娱乐活动外，有一项仪式几十年来历久不衰，那就是：将叠放整齐的党旗庄重摊开，由党龄最小的几位党员将其抻直，村“两委”班子成员分别跟随，党员们在中心广场自觉列队迎接，齐声高唱《没有共产党就没有新中国》，让爱

潞城区翟店镇小天贡村党建宣传栏

党爱国的旗帜迎风飘扬。

“这个村子可以说是我们推广发展新时代‘枫桥经验’的党建样板。”翟店镇党委书记王振宁坦言，当下基层社会矛盾有很大一部分原因是基层党组织软弱无力，群众有事找干部，干部有事找乡镇，矛盾未先“过滤”，直接上交。结果就是群众对党员干部信任感下降，党员干部与群众越来越生分。

问题根源找到了，对症下药成了当务之急。很快，翟店镇根据潞城区扎实推进“十有十无”乡村治理先进村创建目标，开始“示范引领、典型带动”新尝试。“小天贡村就在这时进入我们的考察范畴。别看这个村子小，但它始终有一个坚强的党支部，有一批政治觉悟高的党员干部。村里有什么大事小情，干部带头，党员参与，上门服务，不等矛盾生成，就让大伙给解决了。更为重要的是，多少年来党员干部坚持把村里的大事晒出来，把老百姓的疑问解开来，让党员干部变成一把公平尺，量哪哪通透，量谁谁服气。”说起青睐小天贡的原因，王振宁看重的是这儿姓“党”为“党”。

在小天贡村，群众说起共产党员总是有“一箩筐”故事。“咱们村子矛盾少，就是共产党的牌子立得响：老党员病逝，村“两委”班子成员主持追悼会，会给大伙讲讲他的生平往事，让在场党员们的自豪感油然而生；新党员入党，会让他们先参加‘护秋’行动，体现一番先锋模范的作用，不断增强他们为民服务的意识。久而久之，大伙心里有了依靠，矛盾自然减少。”

潞城区将党建工作与学习推广新时代“枫桥经验”相结合，集中整顿农村软弱涣散党组织，向27个软弱涣散村（社区）党支部选派了驻村工作组和第一书记，从严从实进行整顿。

持续加大“全科网格”“两网融合”“党员进网格”“三官”进社区等工作力度，构建党组织服务网格，充分发挥党员和村干部的带动作用。主城区内新设立的4个社区9辖区内3 856名党员全部到社区报到，参与社区治理。全区基本形成了“党员都是网格志愿者，干部都是网格员，书记都是网格长，包村干部都是网格指导员”的良好工作局面，村级组织服务群众的能力和水平明显提高。

堡头村：“多一个讲习所，养一缕好村风”“三治融合”处处是阵地

“多一个讲习所，养一缕好春风”。在潞城区合室乡堡头村村委办公楼内，有一间屋子总是人气很旺：听听今天村里的“新乡贤”会讲哪些寓意深刻的精彩故事，看看这一期“家风家训”好榜样又有谁光荣上榜，找找自己家提供的好点子是否被采用。大伙聊得尽兴，文明之风也越吹越劲。

与讲习所一墙之隔的是村里公认的“说事拉理”好去处。“夕阳红调解室”由6位在村里有较高威望的老干部、老党员、老教师组成，运用“家族亲情、教师恩情、朋友感情”相结合的“三情”调解法，专事调解各类农村日常纠纷，努力扮演好“和事佬”的重要角色。

王满仓，一位在基层教育战线工作了几十年的老教师，退而不休，主动加入“夕阳红调解室”。“我在村里、乡里干了一辈子教师工作，不敢说桃李满天下，但学生对我敬重有加，大家都愿意在我的主持下说说委屈，谈谈出路。有了这个先天基础，我再给双方分析一下利弊得失，握手言和的概率大增。”对于自己在调解室的定位，王满仓老师心里有数。

张国林，村里德高望重的“老支书”。30多年的基层党支部书记经历，让他深知村情、民情。“村里的事，无外乎邻里纠纷、婆媳矛盾、土地争议等，遇事首先得把准脉，知道大伙想听啥，需要啥，怎样才是明理，怎样才是正道。我最大的优势就是大伙觉得我是长者，我说的话不偏不倚，这就够了！”张国林的话分量十足。

合室乡党委书记薛满春眼里的“三治融合”正在堡头村开花结果。他常说，堡头村的乡村治理范本让他明白了“枫桥经验”必须因地制宜，必须紧紧抓住社情民意这根主线，必须善于挖掘村里一切可供利用的资源，以群众的接受度为衡量指标，以百姓的满意度为推广重心，用大伙喜闻乐见的形式实现自治、德治、法治的有效融合。

潞城区以“三治融合”为大框架，注重结合村情实际，量体裁衣，既做“加法”，也做“减法”。对矛盾调解工作基础扎实的村，通过打造品牌调解室提升影响力。对有驻村企业的村，积极开展村企平安共建，在实现互利协作的同时，减少企地矛盾。与此同时，对示范创建村也提出了一系列“底线”要求，每村都要建立健全“一约四会”，做到“村务依约，议事上会”；每村

都要有一间便民服务室，干部每天轮流坐班，让群众能“找得到人，说得上话，办得了事”。

“十有十无”汇集各方智慧，乡村治理“咬定青山不放松”

潞城区推广新时代“枫桥经验”始终坚持不照搬、不玩花架子，力求踏实稳健，扎实有效。用潞城区区委常委、政法委书记牛浩刚的话说就是“尊重社情民意、尊重群众首创、汇集各方智慧、确保落地生根”。

潞城区结合实际，提出了“十有十无”的乡村治理工作方案。“十有”列出了乡村治理先进村创建的正向标准：有组织保障，有集体收入；对基层党组织建设、村集体经济发展提出了要求：有议事规则，有村规民约，有民主监督；对深化村民自治实践进行了强调：有调解机制，有便民服务，有防控体系，进一步细化了农村法治、公共服务下沉和治安防控体系建设等工作；从德治层面为乡村治理工作注入了文化动能：有村风家风，有乡贤楷模。

“十无”则根据存在的负面情况列出清单：无黑恶、无毒害、无盗骗、无赌博、无刑案，紧扣扫黑除恶专项斗争和整治“黄赌毒枪爆”等专项行动；无邪教、无非访、无脱管，突出强调反邪教、信访维稳及重点人员服务管理工作；无事故，重在防范农村地区道路交通、食品卫生、安全生产等各类重大事故；无陋习，则是农村移风易俗最直接的体现。

潞城区打造出一批各具特色的示范点，提炼出了一批好经验好做法，也初步形成了先进村创建的基本模式和运行机制。小天贡村的“矛盾不出村”，朱家川村的“村企共建”，杨庄村的“一袋盐”治村、“一桌饭”议家训，西南山村的安防监控全覆盖，南流村的“三个一”管理模式，米家村、李家村、三井村“两委”班子人人都是网格员，宋家庄的“1145 +”农村治理模式等，都成为“枫桥经验”在潞城的生动实践。

基层这样治理　群众幸福感增强

近年来，山西壶关县石坡乡不断加强乡村治理体系建设，全乡乡村治理能力和治理效能不断增强，涌现出了全省第一条“谷顶游”线路、全省第一个彩色村庄、全市第一个“飞机造型餐厅”、全县两个3A级旅游村等乡村治理示范村，为持续加强乡村治理体系和治理能力建设带来了示范效应，树立了榜样。

美丽的石坡乡风景

“党支部”主导乡村“善治”

石坡乡党委、政府在全乡推行了“五个一”治理机制。

树直一杆旗。坚持党领导一切，让党旗高高飘扬在石坡上空。工作中实行“四议两公开”，党支部提议，“两委”才要商议；党支部不提议，村委会不商议。

端平一碗水。“碗里有多少水”，群众知道；“碗里增加了多少水”，及时公开；“谁能分多少水”，规则规定；“谁有没有多喝水”，众人明白。在土地分包中，好中差结合；在贫困户评议中，“两上两下”、公开公示；在集体收益分红中，既照顾贫困户，又坚持“多劳多得”；在农家乐建设中，自主创业的优先；在移民新区分房中，随机抽取；在党员发展中，政治过硬的优先，条件不成熟的继续培养。

打通一里路。全乡健全了民事代办制度、村干部结对帮扶制度，开启了村干部坐班机制，每天开门办公，干部轮流值守，群众办事方便，把村“两委”干部的作用发挥了起来。

下活一盘棋。为发挥党员的先锋模范作用，乡党委设立了创新理论宣传岗、旧村改造拆迁岗、矛盾纠纷调解岗、治安巡逻值班岗、森林防火应急岗、垃圾清扫卫生岗、孤寡老人照顾岗等岗位，让每名党员个个肩上有担子、人人身上有责任。

严格一把尺。不管是工程发包、征地拆迁，还是宅基地审批、财务开支，乡党委、政府都放正一颗心，坚持“重大问题，听取群众意见，集思广益，民主决策”，坚持制度面前人人平等。通过制度管人管事、规范行为，实现“行事有规定、做事守规矩、差村变好村、弱村变强村”。

“好机制”加强乡村“硬治”

石坡乡党委、政府坚持“十个手指弹钢琴”，集聚整合组织、宣传、文化、农业、民政、卫生、公安、司法、广播电视等相关部门力量，对法治宣传、文化下乡、文明实践、治安调解、环境整治、安防设施、产业发展等进行统筹安排，形成最大合力。17个村普遍建立了治理机制。

针对农村普遍存在的居住环境脏乱差问题，乡党委、政府建立了环境卫生治理机制。组织开展乱搭乱建、乱堆乱放、乱扔乱倒等“六乱”行为专项整治活动。30多名乡机关干部、60多名村干部、上千名群众参加了活动，清运垃圾1 000多吨，对荫林公路、大南线2条主干公路沿线商铺、修理铺的营业执照、土地使用手续、从业人员资格证、健康码等进行检查，对不符合规章制度的商铺下达了限期整改、拆除通知书，努力推进所有村庄干净、整洁、有序，确保全乡天更蓝、水更清、土更净、村更美。

针对郭家驼、杜家岩村积存问题较多、邻里矛盾突出的问题，乡党委、政府建立了“村民事、村民议”机制，“小事每周一议、大事每月一议”，逐渐形成了村民事情商量办、村民纠纷大家断的常态机制。在支持建设、热心公益、爱护设施、尊老爱幼、邻里融洽、热情好客等方面，全乡群众的意识逐步得到加强，风俗逐渐得到改变。

针对一些烧香、看风水等旧风俗，乡党委、政府建立了思想道德引领机制，坚持教育引导、习惯养成、制度保障“三管齐下”，注重用社会主义核心价值观引导群众、武装群众，积极引导农民摒弃旧风俗，树立新风尚。在各村组建村民议事会、红白理事会等群众自治性组织，切实增强村民自我管理、自我教育、自我服务的能力，推进移风易俗，推动形成良好的文明新风尚，创建省级文明村1个、县级文明村4个。

“好典型”引导乡村“智治”

石坡乡南平头坞村是一个基层治理的好典型。该村距县城37公里，地处太行山大峡谷景区西入口。整个村庄山清水秀、天蓝地绿，白天色彩斑斓，夜晚流光溢彩。央视新闻频道等主流媒体多次对其进行宣传报道，被人民网誉为“21世纪的世外桃源”。

南平头坞村治理从规划开始，党支部立足优势，念农字经、走资源路、打旅游牌，做了“依托大峡谷、建设农家乐、玩转乡村游、石头变财富”的规划，坚持“山顶松柏戴帽，山坡连翘缠腰，山沟刺槐核桃，路边油葵含笑”，建设停车场，栽下梧桐树，引得凤凰来，发展旅游经济，打造“七彩村庄”。

在发展建设中，村里累计投资300多万元，基本实现了道路硬化、村庄绿化、路灯亮化、房屋美化、卫生洁化、治安良好的局面。村民们高兴地说：“破村变新村，吃上旅游饭。我们村跟县城一样美，家家户户吃上自来水，巷道有路灯，一到晚上，灯光一打，就是个‘小重庆’。”

2019年，任职30多年的村党支部书记、村委会主任郭志强，被国务院扶贫开发领导小组办公室授予“脱贫攻坚奋进奖”，壶关县委树立他为全县6个“农村带头人”之一，每月发放2 000元的特殊津贴，终身领取。

郭志强说：“这两年来，南平头坞村大力发展杂粮种植、农家乐、乡村旅游等产业，群众增收门路越来越宽，日子越过越好。现在，全村村民脑子活了，胆量大了，笑声多了，歌声甜了，精神爽了，心气足了。”

“好村风”引领乡村“长治”

近年来，石坡乡党委、政府开展了“孝老敬亲”活动，每年重阳节前后，借多数在外人员回家收秋之机，组织在家、回乡子女向自己的“双亲”诉衷心、表养育之恩。在孝老敬亲的基础上，全乡开展“好家庭”“好儿媳”“好子女”“好邻里”“最美家庭”“文明家庭”评选，兴起“家文化”，创新建设“党员之家”“书香之家”“农耕之家”“文化之家”“和气之家”，形成新家风家训，将传承优秀家风和弘扬文明乡风有机结合，将社会主义核心价值观落实到乡风建设中。

东黄花水村村民李书有家被评为“文明之家”。近年来，他义务为村里清扫街道，哪里都有他的身影。村党支部书记李小红说："我每天忙得没空闲，李书有就组织一些老人义务打扫卫生，每天都是如此。我们村里的环境越来越干净。他的行动，让大家都有了好心情。"

为搞好基层治理，近年来，石坡乡党委、政府不断向基层一线倾斜，充分发挥乡、村党组织在基层社会治理中的领导作用，始终坚持"党建＋治理""党建＋网格"，加强基层党组织建设，推动党组织网络延伸至基层社会治理末梢，把党组织的服务管理延伸到社会治理每个细胞，通过服务、医疗、文化、村风建设，不断提升群众的获得感、幸福感、认同感、安全感和归属感，不断增强基层治理引领力、统筹力、聚合力和驱动力。

石坡乡将围绕乡村振兴大力发展乡村旅游，全面推进乡村环境治理，通过产业大发展，带动基层大治理，让群众过上小酒常喝、小曲常哼、小舞蹈常跳，户户有产业、人人有事干，天天吃土猪肉、家家住小洋楼的美好生活！

乡村治理积分制的“麻巷实践”

沁源县沁河镇麻巷村位于县城正北，地处城郊接合部，县城新区沁北街穿村而过，交通便利，环境秀美，背山面水，鸟瞰全城，出则繁华，入则宁静。全村总人口976人，村“两委”6人，党员26人，村民代表13人，辖2个自然村5个村民小组，全村以传统种植业、太岳山黑山羊养殖业为主导产业。

近年来，麻巷村抓住乡村振兴的契机，以德治为先、法治为本，对村民产业发展、环境卫生、垃圾分类、家风遗训及参加村集体活动等推行积分制，建立了法治广场、公共法律服务室，定期开展普法宣传和法律服务，引导村民讲道德、守底线、知敬畏。通过“道德超市”实施积分奖励，激发了广大群众参与乡村治理的积极性，有效遏制了滥办酒席、攀比炫富、铺张浪费等乡村治理问题，推动了产业发展、环境治理。同时，该村一手抓德治，一手抓法治，形成了独具特色的德治与法治有效结合的乡村治理模式。

小积分撬动大道德

麻巷村是县里确定的垃圾分类示范村，为了激励村民积极参与垃圾分类，村里要求村民每日将垃圾分为干垃圾、湿垃圾、卫生间垃圾，并分类投放到门口三个小垃圾桶内，大型垃圾投放到村垃圾集中投放点的大垃圾桶内，由垃圾清运员每天清运一次，并对每户垃圾分类成果进行记录、监督打分，69分以下为较差，70～85分为良好，85分以上为优秀，优秀比例不超10%，分为一星、二星、三星实行积分管理。村民每户每月可在垃圾袋智能领取点扫码领取垃圾袋，积分可到“道德超市”换取相应物品，取得了良好效果。

看到成效后，村委会决定将积分制推广到其他方面，将民政救助、驻村帮扶工作队派出单位、社会道德人士捐赠物资全部纳入“道德超市”，制定了《沁河镇麻巷村道德超市运营管理办法》，将村民产业发展、环境卫生、垃圾分类、家风遗训及参加村集体活动等情况纳入积分制，为在村群众每户发放积分卡册。村民基础分为0分，积极发展产业记10分，家庭院落环境卫生保持整洁记5分，垃圾分类优秀记5分，与邻和睦、家庭和谐、子女孝顺记5分，主动参加村集体劳动记10分，如有与积分标准相违背，可计负分。村委会负责人兼任积分卡册管理员，负责道德积分卡册的制定、发放、管理、登记和日常积分工作；监委会负责人和包村干部兼任积分卡册监督员。每月定期开展“道德超市”积分兑换实物活动，进一步引导群众积极开展移风易俗，参与志愿服务等活动，引导广大群众弃陋习、树新风。

小广场引领大法治

“天地有正气，杂然赋流形”“立身应自修身起，守法需从学法起”。麻巷村内，一座法治文化广场引人注目，广场上设立了各种造型的法治宣传牌，内容包括法治标语、法治名言警句和与群众切身相关的法律法规等，定期开展法治宣传，村民在文化广场慢跑、健身、阅读时，潜移默化中受到法治熏陶，无形中培养了法治观念，形成了良好的法治氛围。一间公共法律服务室每天为村民敞开大门，为村民提供律师、公证、法律援助、人民调解、司法鉴定、法治宣传等公共法律服务，重点做好群众的法律咨询、排查和化解一般性矛盾纠纷，做好特殊人员的监督教育和安置帮教，开展法制宣传活动等，进一步增强了广大村民争做新时代麻巷文明人的乡风底蕴。

小规定成就新风尚

“嫁闺女、破旧俗、拒彩礼；丧事简、不铺张……”在麻巷村有一块“三字经”式的村规民约牌匾，推行丧事简办、婚事新办、余事不办。婚事新办，即：倡导零彩礼、不要车、不要房、自己家业自己创的新型婚恋观；提倡彩礼变献礼，为老人购买养老保险或与银行签订协议为老人缴纳养老储蓄、健康储蓄；倡导集体婚礼、公益婚礼等婚礼形式。丧事简办，即反对殡期冗长、

麻巷村的村规民约宣传栏

雇人哭丧、低俗表演、燃放鞭炮等行为，倡导由村里主办追思会代替传统丧礼模式。余事不办，即除婚丧事宜外，反对在满月圆锁、庆生祝寿、建房乔迁、商铺开业、百日周年等事宜上请客操办，反对收受礼金。这些村规民约的执行，有效遏制了滥办酒席、厚葬薄养、攀比炫富、铺张浪费的恶习。同时，每年的重阳节，麻巷村还组织60岁以上老人一起座谈宴会、听歌赏乐、谈心话友，在全村营造出尊老爱老、敬老孝老的良好氛围，并组织开展道德模范、文明家庭、麻巷好人等典型人物评选表彰活动。

“麻衣神韵今犹在，巷起万户读书声”。麻巷村正在自治、法治、德治“三治融合”的乡村治理体系探索中大步前进，焕发勃勃生机。

“十户联创”构建全民参与乡村治理新机制

栗家岭村位于襄垣县城北2公里处，下辖2个自然村，共124户425人，党员20名，耕地800余亩，村集体经济年收入13万元，是一个典型的城郊纯农业村庄。近年来，该村充分发挥基层党支部带头作用，从群众服务入手，积极探索以“十户联创”为载体的乡村治理模式，把服务管理下沉，调动村级社会管理人人参与，把“群众想办的”和“政府要办的”拧成一股绳，解决了联系服务群众的“最后一公里”难题，实现村民“参与有渠道、管理有资格、表达有人听”，有效激活了农村干群活力，创新了农村社会治理。

“十户联创”创出和谐乡村

栗家岭村由于离县城较近，大部分青壮年都在县城打工，村里仅剩下一部分老年人居住，给村里的管理带来很大困难。如何破解这一难题？为更大地发挥村民主动性，栗家岭村积极探索以“十户联创”为载体的乡村治理模式。将全村100多户村民划分为若干小组，每个小组10户，以党员和优秀村民为小组长，负责小组内的日常工作，主要是调解家庭和邻里矛盾、保证各户家庭环境卫生整洁、对联创户成员的非正常活动进行监督，预防民事和

“十户联创”优秀者奖励现场

治安方面的事件发生，走访调查了解村民的现实问题和需求，有计划、有步骤地为村民提供个性化、专业化、规范化服务。村里每月、每季度、每年对“十户联创”户和各小组组长进行评议，各小组交叉评分，对优秀的“联创户”发放流动红旗，对先进的小组长给予精神和物质奖励。小组内相互激励，以先进带后进；大组内评比打分，你追我赶共前进。采用联评互议激励机制，恰当地处理好大与小的关系，最终呈现出“十户联合，户户共赢，百户联创，美丽乡村”的良好风貌。

“家风评比”评出文明乡风

注重思想强农，补齐精神短板。栗家岭村积极探索“3＋3”星级家风评比机制，以爱国爱村、遵纪守法、移风易俗3项为基础项，团结互助、清洁卫生、道德奉献3项为奖励项，按户、按组、按月进行评比。每月召开评比会，通过统计各项得分，在评比栏中对每一户进行星级奖励，每季度发放一次纪念品，进一步促使村民由“要我文明”向“我要文明”转变，评选出了一批致富带头人、德能兼备的当代乡贤先进典型。建设了“家风苑”广场，将评选出的“十户联创”文明户共20户的家风故事“晒出来”，教育引导身边群众向榜样学习，向先进看齐，文明乡风、和美家风正在遍布岭上人家。例如：干净整洁、爱村如家的李安太一家是个有着8口人的大家庭，已过古稀之年的李安太不仅照顾常年卧病在床的老伴，把家里打理得井井有条，闲暇时还

“十户联创”评比栏

把村里的公共场所打扫得干干净净；失去亲人、坚强生活的李素英已经70多岁，丈夫因病去世，儿子意外死亡，家中还有一个病重的儿子需要照料，但接二连三的打击没有压垮老人，她用羸弱的身躯撑起这个家，诠释了母爱的伟大。

“村民议事”议出民主公正

依托“十户联创”小组，成立了由10名村民代表组成的村民议事会，由村民代表收集村情民意，提交村民议事会进行集中议事。商议内容包括：村集体经济项目的立项、承包，道路、广场、绿化、亮化、煤气、自来水等村级公益事业项目的实施，以及群众意见较为集中的重点、热点、难点问题等。议事通过“听”“议”“管”三步进行，“听”就是会前广泛听取群众的意见建议，通过自上而下、自下而上的两级运行机制，让党支部、村委会的决策变成群众的自觉意见，村民的想法通过村民代表反映表达，形成良性互动；“议”就是会中围绕议题充分商议，议事代表为民发声、反映民意、说清要点、为民决策，坚持民主集中制，按照少数服从多数的原则，经过集体表决形成决议；“督”就是会后及时将议事结果进行公示，由村监督委员会全程监督村“两委”按照民意要求执行议事方案，将监督贯穿于议事的整个过程，做到凡是决议的事项必须商议、商议的结果必须成为决策的重要依据。议事会每月召开一次，时间、议题提前3天公示，议事结果公开，督办和反馈及时跟进。栗家岭村多次召开村民议事会，对煤改气、旱厕改造、煤气入户、清洁取暖等重大事项进行了民主决策。经过长时间的运行，议事制度在促进干群关系融洽、基层和谐稳定、服务经济发展方面取得了较好效果，激发了群众参政议政的积极性，使协商民主破解发展难题成为一种新常态。

同时，根据村里留守妇女多、老年人多、农闲时无事做的人多的现状，组织部分村民成立了“栗家岭农民舞蹈队”，鼓励村民参加村公共社会事业，让他们既锻炼了身体，增加了娱乐方式，也凝聚了乡村正能量。

内心认同才能自觉践行，春风化雨方可润物无声。相比以前，栗家岭村的乡风民风发生了彻底转变，生气打架、邻里不和、赌博等现象已全部禁绝，婚丧嫁娶大操大办现象也得到了有效遏止，孝敬老人、尊老爱幼、邻里互助、婚事新办、丧事简办等蔚然成风。

筑清廉村居　绘清风画卷

一山一水，青砖灰瓦，廉政墙绘，宣传展板，徜徉在平顺县虹梯关乡虹霓村，河水叮咚让人流连忘返，廉洁清风沁人心脾。虹霓村依托深厚的历史文化底蕴、丰富的非遗传承资源、优越的自然生态环境等优势，以清廉村居建设为目标，在完善基层治理体系、公开权力运行、挖掘本土传统文化、打造廉旅融合发展等方面多点发力，推进美丽乡村建设，为乡村振兴护航。

强化党建引领，夯实清廉村居之基

虹霓村党建活动场所

虹霓村成立以村党支部书记为组长的清廉村居工作领导小组，狠抓党风廉政建设，定期开展廉政提醒谈话、组织生活会和主题党日等活动，充分发挥基层党组织党员先锋模范作用。以党员带头为抓手，组建党员先锋队、党员突击队、党员服务队，引导广大群众转变生活陋习。每天都有一名党员或村“两委”干部轮流在村内主要街道巡查，发现问题，及时整改，通过引领党员干部作表率，促进干群关系亲和融洽。

强化村务监督，筑牢清廉村居之本

结合“三员合一”工作，率先开展规范化村务监督委员会建设，落实办公场所，明确监督职责和重点，完善监督制度，推选一批德高望重的廉情监督员，对党务、村务和财务等进行民主监督，形成全方位、常态化的监管机制。严格落实“四议两公开”工作机制，认真执行“三资”流程化管理规定，让村干部和村中大小事务时时处处都处于群众监督下。同时创建村务管理微信群，在群内实时推送惠民政策落实等内容，广泛接受群众监督，让村民对村干部的信任度越来越高，对集体事业越来越支持。

强化旅游带动，筑牢清廉村居之业

依托丰富的旅游资源，村集体以闲置资源入股的方式，充分发挥毗邻通天峡景区的辐射溢出效应，与虹霓翠锦策划管理有限公司合作，进行专业管理、集约运营。同时，依托网络赋能，积极开展“新农人”电商培训，鼓励党员群众争做网红达人，将手机变“农具”、直播变“农活”，带动花椒、粉条等家乡农产品增加销售量。“新农人”还开发新课题，积极构建村企联动体系，定期组织开展导游服务、事故应急、直播带货等培训，带动网络周边开发与销售。

虹霓村村居

强化廉洁文化，筑牢清廉村居之魂

传统古村落虹霓村山清水秀，风景秀丽，文化底蕴深厚，旅游资源丰富。虹霓村将廉洁文化融入当地民居特色，结合民居特色绘制廉洁文化墙，制作宣传版面、标语。

在党员干部门前悬挂家训牌，推动党员干部以家风助廉、党员代表以家风助德、普通群众以家风助勤。同时，组建由村“两委”干部、志愿者、网格员为成员的志愿服务队伍，在崇尚文明、移风易俗等方面广泛宣传，引导村民崇德向善，营造村风清朗、民风淳朴的浓厚氛围。

虹霓村以基层组织建设为纲，以清廉建设为纬线，串起基层社会治理、廉洁文化建设等经线，纲举目张，建清廉班子、育清廉干部、推清廉村务、扬清廉民风，使集体经济持续壮大，人居环境明显改善，干群关系亲和融洽，绘就出一幅干部清正、村务清爽、民风清朗的乡村振兴清廉画卷。

07 第七篇 人才振兴

RENCAI ZHENXING

乡村振兴，关键在人。近年来，长治市将打造一支懂农业、爱农村、爱农民的干部队伍作为“三农”工作的努力方向，多举措、全方位建设一支数量充足、结构合理、素质优良的乡村振兴人才队伍，培养造就一批扎根农业农村的专业技术干部、“土专家”“田秀才”“领头雁”和农业职业经理人，激励各类人才在农村广阔天地大展才华，为全市农业农村发展打下深厚的根基，为全面推进乡村振兴提供坚强的人才支撑。

大力培育乡村人才　助推农业高质发展

近年来，长治市深入学习贯彻习近平总书记视察山西重要讲话重要指示精神，认真落实关于乡村人才振兴的部署要求，大力培育乡村科技人才队伍，引导各类人才参与和推动乡村振兴，培养造就了一大批懂技术、善经营、会管理的乡村科技人才，走出了一条以人才振兴赋能农业高质量发展的路子，为发展农业现代化注入了新活力。全市共培训高素质农民9.3万人次，师资队伍700多人，市、县农业农村部门引进硕士研究生31人，建立健全专业技术人员人才库，培育农村实用人才4.1万人，引进推广农业新品种、新技术、新成果1 000余项。

长治市乡村振兴带头人培训班

政策引领，加大育才引才力度

2018年，长治市出台全省第一个《关于全面推进乡村人才振兴的实施意见》，实施乡村人才振兴十项计划，建设四支乡村人才队伍，完善乡村人才培育和引进政策服务。近年来，市、县两级财政拿出4 000万元用于培训以高素质农民为主的“新农人”，以玉米、谷子、蔬菜、中药材、食用菌、水果、畜禽养殖等十三大产业链条为主线，以龙头企业、农产品优势区为服务载体，以产业集群、产业联合体为示范引领，通过统筹示范、分层实施具体措施，全市共培训农业经理人、新型农业经营主体带头人、双创带头人、技能服务型等高素质农民9.3万人次，其中新型农业经营主体带头人3.45万人次，专业技能型和社会服务型人才5.85万人次。打造省、市级农民培育示范基地39个，师资队伍700多人。加大人才引进力度，按照全市人才引进服务政策，市、县两级农业农村部门共引进急需紧缺专业高校硕士研究生31人，充实年轻农业科技人才后备力量。同时，结合市、县机构改革，对乡村振兴专家人才库、专业技术人员人才库进行更新完善，农业系列高级职称人才和市、县、乡三级农技人员全部入库。目前，在库专家116名，在库专业技术人才1 499人，涵盖种植、畜牧、农机、农经等多个农业技术领域，为有效支撑乡村科技人才振兴打下了良好的基础。

机制发力，创新培养锻炼模式

一是“走出去”学。结合基层农技人员培训和高素质农民培训，走出去延伸教学，培训各类农技人员、师资和新型经营主体带头人3 530余人。先后与农业农村部管理干部学院、中国农业大学、浙江大学、西北农林科技大学、山西农业大学等全国知名院校联合办班，采取理论授课、延伸教学、现场实践、研讨交流等方式，培训市、县、乡村企业各级各类农技人员、“乡土专家”等800余人次。二是“请进来”育。聘请了一批全国、全省知名农业专家、教授，如中国农业科学院郭连成研究员、中国农业大学张文教授、山西农业大学王娟玲副校长等，通过专家的传帮带教，培育了一大批基层农技人员、乡村产业带头人和农村实用人才，目前各类乡土人才和实用人才已达4.1万人。屯留区民康中药材开发有限公司的贾忠汉、平顺县麦丰农业电子商务有限公司的梁余妮、长子县小蚯蚓种植专业合作社的李强，在专家们的帮助指导下，成为当地名副其实、担当作为的农业科技带头人、特色产业乡土专家、农业科技“二传手”。三是“沉下去”炼。依托农业科技试验示范基地、现代农业科技示范园，采取“新型经营主体+农业专家+技术人员+示范户”的农业科技推广模式，与小农户深度融合，在干中学、学中干，全市农技人员专业技能和服务水平得到明显提升。屯留区西贾乡原农技站长冯斌学习积极、踏实肯干、刻苦钻研，坚持服务于民，每年对全乡的辣椒种植户培训800余人次，田间指导165天，解答问题300余条，由于业务工作能力突出，被提拔为西贾乡副乡长。武乡县农技员王步奇，荣获了全国“互联网+农技推广”科技之星和农牧渔业丰收奖贡献奖双项荣誉。

平台赋能，促进科技成果转化

积极搭建产学研合作服务平台，建强科技特派员队伍，以科技创新和成果转化示范为主要内容，下派市级农村科技特派员1 530人，引进推广农业新品种、新技术、新成果1 000余项，初步形成了市、县、乡、基地四级科技特派员管理服务网络，促进农业科技成果转化。通过建立专家工作站、共建产业研究院、博士工作站等多种方式，变人才资源为经济效益，助力农业高质量发展。沁州黄小米公司与江南大学签订技术服务协议，开展小米新产品研发；山西郭氏食品有限公司与山西农业大学食品学院组建科技创新省级专家工作站，在羊肉制品领域进行持续开发；朱有勇院士与振东集团围绕潞党参种植产业签订合作协议，一大批合作项目落地见效，为乡村产业振兴提供了创新科技引擎。在全省率先开展农业职业经理人培训试点，组建成立长治市农业产业化龙头企业协会。经过多年持续培育，全市规模以上农业产业化龙头企业达309家，其中，国家级6家，省级58家。组织开展返乡入乡创新创业培训，组织企业参加“三晋新农人”创业创新竞赛活动、全国大众创业万众创新活动周主题展示项目等，培育一批大众创业万众创新典型。

长治市坚持问题导向、目标导向、结果导向，以科技为引领、以人才为支撑、以项目为抓手、以体制机制创新为突破，持续壮大乡村科技人才力量。一是坚持创新引领。大力推进农业科技自主创新，完善有利于科技成果转化的体制机制，强化各类农业科技主体的分工协作，建立协同机制，加大科研资金的投入力度，推动产学研用、农科教企紧密结合，加快提升农业科技自主创新能力。构建适应和引领转变农业发展方式的科技资源配置体系，促进粮经饲、农林牧、种养加等各产业、各环节科技资源合理配置、协调发展。二是加强人才培育。加强农业领军人才培养和创新团队建设，继续加大引才引智工作力度，增强企业和主体科技创新能力。大力扶持农业科技社会化服务组织，壮大农技推广队伍。依托高素质农民培训、基层农技推广培养实用型乡村科技人才，通过项目推动、专家带动、企业拉动，开辟多元化乡村科技人才培养渠道。三是完善政策体系。重点在农业科技人才资源的合理配置上下功夫，鼓励农业科技人员在企业和科研院所、高等院校之间双向兼职和流动，鼓励科研人才与市场相结合，支持他们创新创业，调动农业科技人员推动科技成果转化积极性。引导和鼓励农业企业对科研院所、高等院校科技创新进行直接资助，鼓励产学研结合。

锻造农业执法铁军　护航全市农业高质量发展

长治市农业农村局被农业农村部命名为全国农业综合行政执法示范单位。长治市农业执法队紧紧围绕全市“三农”工作大局，持续加强执法队伍建设，充分发挥执法监管职能，强化违法违规案件查处，不断提升农业执法效能，在加快推进全市农业农村现代化发展的新征程上，充分发挥了农业执法队伍的服务保障作用。

推进农业执法改革，构建依法护农新格局

市农业农村局牵头抓总全面落实部、省关于深化农业综合行政执法改革部署，市农业执法队按照上级要求，建强执法队伍，提升执法能力，牢牢扛起依法护农、法治兴农的重任。一是高质量推进执法改革。全市共设置了9个农业综合行政执法机构，组建起9支农业综合行政执法队伍，核定编制数303名，转隶人员230人，全市农业执法从分散到集中、从履职到尽责、从规范到示范，全面落实了机构设置、三定印发、人员划转、执法保障“四个到位”，构建起权责明晰、上下贯通、指挥顺畅、运行高效、保障有力的执法体系，实现了全市农业领域“一支队伍管执法”的改革目标。二是规范化加强队伍建设。认真贯彻落实《山西省农业综合行政执法人员依法履职管理实施

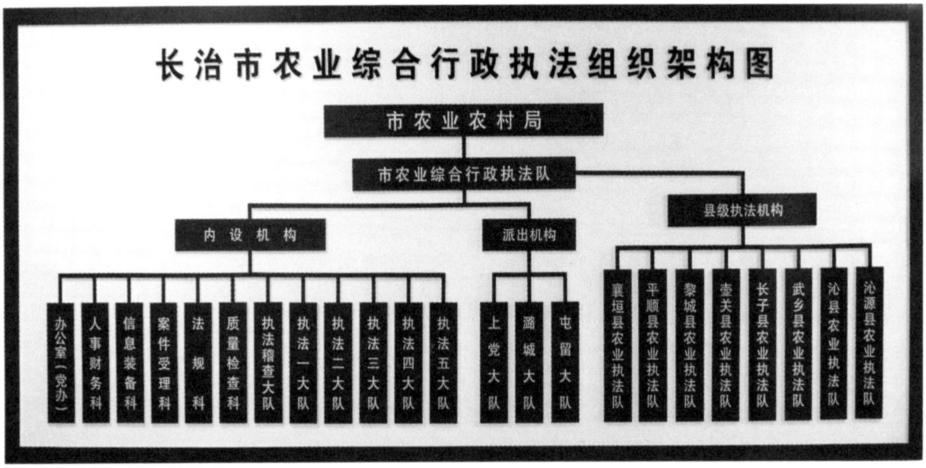

长治市农业综合行政执法组织架构图

办法》，严格落实执法责任，规范行政执法行为，有效防范执法风险。抓实全国农业综合行政执法示范单位创建，持续推进农业执法队伍规范化建设，步入了制度完善、程序规范、场所固定、装备齐全的规范化轨道。全市230名执法人员从执法新兵成长为一支敢办案、会办案、善办案的执法铁军。三是全领域开展农业执法。全市农业执法机构坚持把保障粮食和重要农产品稳定安全供给作为执法工作的头等大事，编制《农业执法作战图》《执法工作矩阵图》《专项行动部署图》，明确执法事项、执法区域、执法时间，做到年有目标、季有行动、月有检查，执法效能大幅提升。市农业执法队被省人力资源和社会保障厅、省农业农村厅表彰为全省农产品质量安全工作先进集体，农业执法队党支部被市直工委表彰为“两优一先”先进基层党组织和“四强”党支部。

建立执法制度体系，加强执法队伍管理

坚持用制度管人管事，着力构建长效机制，落实执法责任，强化作风建设，不断提升执法队伍运转效能和工作水平。一是夯实内部管理基础。制定出台了《执法车辆管理制度》《收发文管理制度》《财务管理制度》《执法证件管理制度》《着装管理规定》《执法装备管理规定》等相关制度，基本形成内容完整、流程清晰的内部管理制度，从严加强日常管理，严格执法绩效考核，确保工作规范有序运行。二是规范执法办案管理。制定了《执法行动管理制度》《农业行政处罚案件审核制度》《投诉举报管理制度》《罚没财物管理制度》《典型案例公布制度》等制度，提升执法效能，规范执法行为。2023年制定出台了《推进农业执法“五个规范”实施方案》，聚焦支部建设、执法检查、办案程序、普法教育、队伍建设五个重点，提出“五个规范”的要求，纵深推进全市农业执法队伍规范化建设。三是加强干部教育监督。严格执行农业执法“六不准”规定，出台《规范执法行为“二十条禁令”》作为全市执法人员执法行为刚性约束，进一步扎紧制度“铁篱”。扎实推进清廉机关建设，印制发放了《廉洁执法手册》，组织全体执法人员签订了《廉洁执法承诺书》，为全体干部职工建立了《廉政档案》和《作风集中整治问题台账》，各科室按季度定时召开“廉政风险防控会”，增强对岗位风险的防范意识，确保执法人员依法行政、秉公执法、廉洁办案。

忠诚履行执法职责，保障农业生产安全

全市农业执法机构牢牢把握执法护农的工作定位，按季节特点挂图作战，按行业分布建立矩阵，深入实施农业执法专项行动，严查涉农违法违规行为，

全面护航农业高质量发展。从“护奥运保春耕”行动到“平安农机”专项执法再到“晋剑护农”行动，从开展动物卫生监督执法到“渔政亮剑”专项执法再到“治违禁控药残，促提升三年行动”，从开展种业执法监管到农资打假专项治理再到“稳粮保供”专项行动，一场硬仗接着一场硬仗打，打出了声威，打出了成效。2020年至今，全市累计出动执法人员2.73万余人次，检查各类生产经营主体1.35万余家次，开展执法抽样取证近200批次，参与行业部门监督抽检600余批次，累计查办农业行政处罚案件1 345件，罚没款总额293.63万元，获评农业农村部优案卷2卷，获评山西省优案卷27卷，执法办案数量、优秀案卷数量连年稳居全省第一，机构平均办案数量是全省唯一超过全国平均水平的地市，成为全省农业执法战线的领跑者。2023年打掉“农资忽悠商”4个，为农民群众挽回经济损失410余万元，依法向公安部门移送案件3起。全市有2例案例入选全国农业综合行政执法“稳粮保供”十大典型案例，即北京中农某化肥贸易有限公司销售未取得登记证号的肥料产品案、贾某某未取得农药登记证和农药生产经营许可证生产假农药案。央视《新闻联播》《农民日报》《山西日报》《长治日报》等中央、省、市主流媒体多次报道了长治市农业执法工作相关经验做法，进一步提升了农业执法的权威和公信力。

长治市农业执法队培训练兵

加强执法能力建设，提升队伍执法水平

坚持把练兵培训作为提升执法队伍战斗力、专业素养和实战本领的重要

途径，同时强化装备保障，提高执法科技支撑。一是内强素质夯实执法功底。认真贯彻落实《全省农业综合行政执法人员培训方案（2021—2023年）》要求，按照培训大纲，分时分段开展培训学习。组织全市执法人员参加了农业综合行政执法能力提升培训公益课堂，累计培训1 200余人次。开展了农业综合行政执法“送训下乡”活动，有力提升了市、县、乡550余名农业执法人员能力素质。开展了全市农业综合行政执法大培训大练兵大比武活动，全市110名执法骨干同堂学习，12支代表队同台竞技，取得了“以比促学、以学促干”的预期效果，进一步提升了全市农业综合行政执法队伍的整体素质和能力水平，充分展现了农业执法铁军忠诚、实干、担当的精神风貌。3年多来，长治市紧扣执法能力提升主题培训练兵累计达1 600余人次，通过政治练兵铸忠魂、军训练兵强作风、专业练兵提素质、实战练兵树形象、比武练兵造氛围，全市农业行政执法能力实现新提升，培养和涌现出50余名市级“执法尖兵”和“办案能手”，长治市农业执法队1名队员成功入选山西省代表队，在全国农业综合行政执法大比武活动中取得团体二等奖的佳绩。二是外树形象强化执法保障。2022年9月19日，长治市举行了全市农业执法队伍统一着装仪式，标志着农业执法队伍法治化、规范化、标准化建设迈上了新台阶。购置配备执法车辆6辆，执法记录仪、对讲机人手1台，装备智能管理柜1套、执法专用无人机1架及各类执法装备共计50项880余件，单兵执法装备配置全覆盖，落实询问室、案卷室、罚没物品库等规范标准的执法辅助用房建设，全面提升了长治市农业执法队规范化、精准化、效能化执法水平。长治市代表全省迎检了农业农村部农业执法改革跨省交叉互评，代表市级农业执法队伍拍摄了全省农业执法队伍风采宣传片，充分展示了全市农业执法队伍的良好形象。

落实执法普法责任，践行普法惠民初心

坚持深学细悟笃行习近平法治思想，不断提高运用法治思维与法治方式开展工作的能力。认真落实“谁执法谁普法”工作责任制，以普法推动执法，以执法促进普法，切实提高人民群众的满意度。一是加强学法用法。建立了“五个一”工作法制度，通过“每周学一法”“每周一案例”“每周一队策”等载体，对涉农法律法规进行认真学习研读，推动法律条文入脑入心，做到了学法成常态、执法有状态，不断提升为农民群众普法服务的能力和水平。二是开展精准普法。将实施农业行政处罚依据的《种子法》《畜牧法》《农产品质量安全法》等70余部法律法规及条例办法全部纳入普法清单，依据不同对象和类型，开展精准普法，将主动告知、答疑解惑、释法说理等普法融入执法全过程，引导广大农民群众自觉守法、遇事找法、解决问题靠法。强化

普法宣传，充分利用放心农资下乡宣传周、农民丰收节、国家宪法日等节点，深入乡村、贴近群众，开展普法宣传服务48场次，受益群众1.2万余人次。三是开展“我为群众办实事”活动。为市农业执法队辖区的23家重点农业经营主体制作信息公示上墙版面，为全市300余家重点农业生产经营主体制作“消费者普法提示牌”，把惠民生、暖民心、顺民意的工作做到群众心坎上。坚持处罚与教育相结合，推行柔性执法，自新《行政处罚法》实施以来，全市共办理“首违不罚”案件18起，承办12345政务服务便民热线工单8起，依法处置投诉举报210余起，稳妥成功处置了因壶关县疑似发生“农资忽悠团(商)”坑农害农所引发的舆情，迅速核查处置了平顺县因疑似假冒伪劣种子所引发的网络舆情，正确引导了舆论导向，维护和保障了农民群众的切身利益,彰显了农业执法的公平正义。

全市农业执法队伍将进一步学习贯彻落实习近平总书记关于“三农”工作的重要论述和习近平法治思想，忠诚践行“执法为民，服务‘三农’”的宗旨，不断增强执法履职本领，增强服务群众本领，增强防范化解风险本领，坚持依法治农、依法兴农、依法护农相结合，以法治方式维护公平正义，以法治手段优化营商环境，以法治能量护航农业高质量发展，在加快建设农业强市的新征程上再立新功。

强化人才培育　助力乡村振兴

强国必先强农，强农必先育才。多年来，长治市各级农业广播电视学校（简称农广校）认真贯彻落实中央、省、市农村工作会议精神，紧紧围绕“聚焦主责主业、深耕农民培育、服务农民发展、助力乡村振兴”的总体目标，坚持把强化精准培育、赋能乡村人才振兴作为推动乡村人才培育高质量发展的重要抓手，持续推进中等职业教育改革创新，提升培养质量效果，提高办学吸引力，在农业增效、农民增收和乡村建设中发挥了重要作用。

学历教育铸牢理论之基

农广校是承担农民教育培训任务的主体，多年来充分发挥农民教育主阵地作用，持续推动广大农民接受学历教育、继续教育，奠定农民专业技术理论基础。全市农广校从2013年至今，共招收中专生5 415人，涉及家庭农场经营、动物疫病、农民合作社运营管理、农业企业经营管理、农村信息技术应用等9个专业，毕业5 013人。与国家开放大学（原名中央广播电视大学，2012年更名）、西安交通大学、东北农业大学等高校合作办学，培育了1 200余名函授本科、专科学员，为提升学员自身的专业理论素养奠定了良好的基础。

一是创新联合办学新模式。充分发挥各级农广校、农技站、村委会三级联合办学的模式，通过在手机移动端推送通知、新闻媒体开辟专栏、印发宣传资料、出动宣传车、农村大喇叭广播等全方位立体式招生举措，层层动员、联动发力、全域宣传，做到了农广校成人中专招生的优惠政策家喻户晓，在全市营造了普及农广校中等职业教育的浓厚氛围。屯留区农广校2019年还创新与组织部以乡村三主干为主要招生对象的联合招生模式，招收中专生184人。

二是学历教育与园区建设相结合。中专学历教育旨在培养农村特色人才，而农业科技园区立足区域优势、技术优势，突出地方特色，按照优质化、专业化、规模化的发展思路，促进和带动当地主导产业的发展。长治市农广校以长子县生贵式移动大棚示范园区为载体，在大李村设立设施蔬菜种植教学班，学员全部来自园区的蔬菜种植户，围绕蔬菜标准化生产开展培训。由于招生对象明确，培训进村入户，教学针对性强，大大提高了学员报名积极性。

三是学历教育与特色农产品规模发展相结合。在选择教学基地时，紧扣特色农产品规模发展这个主题，选择有产业特色和产品优势的乡村作为中专教学基地，使中专教育与特色农产品规模发展相辅相成，互相促进，实现共赢。黎城县农广校结合“一村一品”专业村，结合农村经济结构调整、美丽乡村建设的需求，以区域经济为依托，在程家山乡设置教学点和实训基地，讲授以花椒、柿树、核桃种植为主的知识和操作技能；在李庄村、后庄村设置教学点和实训基地，讲授以养猪、养鸡为主的知识和技能。这些培训将学员分成若干小组，在不同农户家中进行现场实践、总结和示范，通过现场教学带给学员以生动直观的感受，激发了学员的学习兴趣，真正体现了开展学历教育的意义。

人才培训强化生产经营技能

农村实用人才开发的重心在培养应用型人才，是助推“三农”工作各项硬任务落实落地的有力抓手。

一是持续开展“三送”服务。组织农业产业技术体系专家、农业技术推广人员紧扣农业生产重要时节、关键环节，围绕各地主导产业扎实开展政策引导、技术指导、集中培训等服务，以进村入户到田等多种形式手把手、面对面、点对点地进行线下技术指导和培训，现场讲解演示新品种、新技术、新装备，帮助农民掌握农业实用技术。全市冬春农民大培训行动累计举办培训班800余期，发放技术资料40万余份，累计培训农民近9万人次，提供咨询服务300余次。

二是开展实用技能培训。根据全市主导产业、特色产业及产业人才需求，开设粮食、蔬菜、果树、中药材等多种实用技能培训课程，让农民不断学习新技能，掌握新本领，提高就业能力，为产业发展提供人才支撑，助推地方经济高质量发展。屯留区按照“一园三基地”现代农业发展思路，强力推进以“万亩辣椒基地”为重点的种植业结构调整，辣椒产业不断发展壮大，成为县域经济的支柱产业之一。为进一步提高经营主体、种植户的辣椒标准化种植水平，屯留区农广校举办了100人的辣椒种植经理人培训班，就科学施肥、合理用药、田间管理、标准化生产等技术进行培训，培养了一批辣椒产业发展的领军人才，为“屯留辣椒”产业提供了技术支撑。

三是壮大乡村人才队伍。在全省率先开展中级新型职业农民认定工作，市、县两级农广校作为全市农民教育培训培养的主力军、主渠道和主阵地，积极作为，勇于担当，共承担培训任务1万余人，认定初级、中级职业农民

1 460人。积极推进中级职业农民素质提升培训工作，采取“请进来”与“走出去”相结合、“专题讲座与互动交流”相结合、现场观摩与实践教学相结合的方式，选择的外出实践教学基地对日常农业生产实践有很强的针对性和实用性，内容充实、形式多样，培养和壮大了高素质农民队伍，为促进全市农民教育培训事业高质量发展、推进乡村振兴和全面建成小康社会做出了积极贡献。

创新教学方式确保培训效果

新冠疫情暴发以后，市农广校积极调整培训方式，大力开展线上培训，针对春季作物生长特性，选择了多种早春需要重点关注的作物，拍摄了《春季果树预防冻害主要措施》《春季果园管理技巧》《梨树如何提质增效》等30余个农技短视频在“长治三农”公众号、“长治智农”小程序、“央视频”等媒体平台及学员微信群中发布，收到非常好的社会效应。

市农广校联合市广播电视台组织有关专家在壶关县店上镇就大豆玉米带状复合种植技术进行线上现场直播，音视频收听收看人数达1万余人次。长子县农广校通过“大美长子”App、当地农技推广体系、农业社会化服务体系、高素质农民培训体系等渠道的微信群向全县民众推介7期各种农技知识课程，浏览量达8 891次。

市、县两级农广校积极引导广大农民充分运用中国农村远程教育网在线学习平台、“云上智农”App、山西省农广校公众号和农科讲堂公众号等多种信息化和数字化学习资源优势参加学习，充分满足了农民教育培训多样化的学习需求，大大提高了培训的覆盖面，有力推动了农业技术的普及。近3年来，市、县两级农广校采用“线上＋线下”模式共培训农民4万人次，为农业生产提供了有力保障。

乡村人才成为乡村振兴的“新动能”

多年来，全市不断优化乡村人才政策环境，畅通乡村人才成长路径。

一是通过加大带头人培育力度，凝聚乡村产业发展“新力量”。在大力实施新型职业农民培育工程、实用技术人才培训、冬春科技大培训等多种培训过程中，坚持以家庭农场、农民专业合作社、种植大户等新型经营主体为培育重点，不断提升“土专家”“田秀才”抓生产、促发展的能力素质，有效提升了“强雁”人才的思想意识，帮助他们开阔了视野、学到了真经、丰富了思路、找到了办法、明确了方向，使他们带领百姓共同富裕的劲头更足，更快实现了从“技能型”到“复合型”的蝶变，为乡村产业发展凝聚了更多

"新力量"，有力地推动了乡村产业高质量发展。

二是通过加大培训师资力量，强化乡村产业发展人才支撑。积极举办了全市新型职业农民培育教学能手大赛，组织推荐4名专兼职教师参与全国农业创业和农业经理人领域师资试点项目，30余名既有扎实理论知识、又有丰富农业生产实践经验的资深高级农艺师参加了全国师资库优质资源库评选，为高质量服务"三农"提供了乡村人才支撑。

三是持续加强宣传和评选力度，扩大乡村产业发展示范影响。认定了55所省级农民田间学校，占到全省的1/4；从2020年开始，全市共有2个农民职业教育成功经验和做法、1所农民田间学校、2名基层农广校校长、1名农民教育培训教学管理人员和1所高素质农民培育学校成功入选了全国农民教育培训宣介活动；报送的7名优秀教师、11名优秀学员、6所先进典型农民田间学校，在省级媒体得到广泛宣传，进一步宣传展示了农广校学员发挥的传帮带作用，以及农广校体系推动高素质农民教育培训的亮点做法和明显成效。

职业农民的风采

据统计，在这些参加过农广校教育培训的农民中，既包括能创新、敢创业的"新农"，又包括爱农业、有经验的"老农"，还包括高学历、有情怀的"知农"和"领头雁"，一大批大学生、返乡人员和退伍军人带着对农业的满腔热情返乡创业，投身新时代高素质农民阵营，既深耕沃土，又弄潮商海，学习运用现代农业领域新知识，推动发展特色农业、生态种养、绿色食品、农村电商……一大批爱农业、懂技术、善经营的高素质农民，为乡村振兴注入了新鲜血液，活跃在发展现代农业的主战场，成为实施乡村振兴战略的重要力量。

屯留县民康中药材开发有限公司的贾忠汉，通过与农户形成稳定的购销合作关系，不仅将自己的企业由一个名不见经传的小公司打造成全市中药材种植开发的龙头企业，而且还带动了屯留区及周边地区11个乡镇34个行政村的1 800多户农户发展中药材种植，直接为农民增加收入1 000多万元。为了答好让贫困人口脱贫这道2020年全面建成小康社会的"必答题"，贾忠汉又通过带资入企、连翘基地管护产品回收、劳务扶贫、基地委托管理产品回收4种产业扶贫模式深入推进扶贫工作。在他的引领下，200余名贫困人口具有了自我脱贫的能力，掌握了新技术，实现了稳定脱贫。

上党区荫城镇琚寨村的杨伟兵将培训中学到的知识运用到实践中，确定了"以牧促农，种养结合"的思路，开发畜禽粪污循环利用体系，用羊粪肥田壮苗，切实促进了玉米、谷子各类农作物丰产丰收，实现了有机循环生产，成为全市有机旱作典型。其带头成立的凤凰岭种养殖专业合作社年销售收入达400多万元，解决了本村周边120多人就业问题，带动了本村及周边群众增收致富。为加速推进乡村振兴，杨伟兵认真贯彻“乡村振兴既要塑形，也要铸魂”这一思想，不仅带领琚寨村“两委”与广大村民改善琚寨村村容村貌，而且还共同招商引资，努力打造“琚寨福乡”古村落文化，深入推动传统文化与现代文明相结合，有效带动全民创业，有力推进了琚寨村、万里荫城古镇，乃至上党区旅游文化产业的发展。

长子县生贵大棚技术推广有限公司的李强，在父亲多年研究青椒种植技术的熏陶下，扎根农村，不断进行大棚改良、种植模式试验示范、大棚技术推广应用，2014—2016年流转土地1 000亩，投资1 500万元，最终实现了蔬菜的标准化生产和科学化管理，使示范区蔬菜产品达到绿色标准，不仅提高了菜农的收入，更满足了市场对高品质农产品的需求。不仅如此，他拓展的两个总规模达1 700亩的教学培训基地，在2018年被山西省农业广播电视学校评为省级农民田间学校，年培训技术人员5 000多人次。李强也实现了从一名普通农民到现代农业引领者的华丽转身。

平顺县麦丰农业电子商务有限公司总经理梁余妮，原本有着人人羡慕的“铁饭碗”，但出于对农业的热爱，在所有人的不解和反对声中，她辞去工作回到农村，成为一位现代“新农人”。如今她在山西省的阳曲、武乡、壶关、长子、泽州、高平等地均建起了种植基地，农产品远销福建、广东、河北、河南、湖北、安徽、湖南、北京等地。她带动3个乡镇29个村656户农户从事

长治市职业农民素质提升培训班开班仪式

蔬菜种植，亩均收入6 500元；近几年，每年通过“电商＋传统”销售相结合的模式向广州、湖南、河南等地销售辣椒约5 000吨、西红柿约1 000吨、架豆王约1 000吨。为了提高基地智能化管理水平，她在自己的种植基地构筑了水肥一体化工程，利用新兴科技加快推动本地农业现代化进程。

这个日渐壮大的群体，用新技术、新知识重塑了农民形象，为农业现代化进程注入了新动力，为加快实施乡村振兴战略、激发农村创业创新活力提供了坚实的人力基础和保障。他们正在成为助推全市农业走向现代化的主导力量。相信在党中央的决策引导下，借力现代科技与创新产品，更多扎根农村、深耕农业的高素质农民将如雨后春笋般涌现，不断成长壮大，为擘画“环境美、生活美、产业美、人文美”的美丽乡村画卷涂上浓墨重彩的一笔！

广开“才”路 激活人才机制 不断夯实乡村振兴人才基础

近年来，长子县广开“才”路，紧紧围绕“育才、聚才、树才、用才，不断夯实乡村振兴的人才基础”的工作思路，科学谋划、精心组织，培养了一批肯吃苦、懂技术、善服务和带动力强的新型农技队伍和农村实用人才队伍。

长子县高素质农民培训班

“培”和“育”结合，贯通农村实用人才培养渠道

长子县是一个农业大县，同时也是一个蔬菜产业大县，广大农民朋友对产业技术需求旺盛。长子县把培训和培育结合起来，努力贯通农村实用人才培养渠道。以加快培养农业生产经营人才和生产技能、生产服务型高素质农民队伍为目标，把“培”和“育”有机融合，在突出抓好家庭农场经营者、农民合作社带头人培训的同时，完善项目支持、生产指导、质量管理、对接市场等服务。以宣传到位、组织到位、服务到位、督查到位“四个到位”为抓手，以培训内容与农民需求相结合、培训形式以课堂教学实训观摩线上线下相结合、培训工作与政策宣讲相结合、跟踪服务与产业发展农民增

收相结合的“四结合”为结合点，努力提升广大农民参加培训的积极性，达到了学员选择精准、课程设置实用、服务保障到位、培训效果明显的可喜成效。2021年，完成高素质农民培训2 510人，颁发技能证书2 496人（其中获高级技能证书428人、中级技能证书930人、初级技能证书1 138人），颁证率达99.4%。

“招”“聘”“引”并举，多渠道聚集人才队伍

在“招”上，得益于县委、县委组织部的大力支持，通过引进全日制硕士研究生、公开招考、大学生村官转岗等方式为县农业农村局引进全日制硕士研究生7名，公开招考本科大学生4名，大学生村官转岗6名，充实了县级农技推广队伍，在壮大队伍、输送新鲜血液的同时使专业学科人才更全面。在“聘”上，为了寻求更高层次的人才、技术支撑，依托农技推广体系补助项目，选聘山西农业大学专家教授、长治市农业农村局高级农艺师担任全县首席专家、产业首席顾问等。在“引”上，积极向上争取人才政策，2022年、2023年连续两年出台的强农惠农扶持项目中将人才引进使用列入其中。2022年强农惠农政策中“对当年引进本科以上且签订正式劳动合同的农业企业，每人一次性补助5 000元”；2023年强农惠农政策中“对聘用的青（尖）椒技术人员且群众认可度高的，给予每人5 000 ～ 20 000元的奖励”。向省厅积极争取公费“农科生”定向培训试点县，2年来共有6名学生被录为公费“农科生”。借“省校合作”东风与中国农业大学签订合作服务协议，与山西农业大学功能食品学院、园艺学院开展了多项科研试验推广，多项成果落地长子。

“管”与“扶”并重，激活机制不断完善人才队伍

完善农业科技创新体制机制，破除产学研用深度融合体制机制障碍，营造农业科技人才成长的“软环境”，这是更大激发农村和人才创新活力的必然要求。推进农业科技成果产权制度改革，坚持以知识价值为导向的收入分配政策，提升科研人员收入待遇，有效激发创新活力。实践证明，只要坚持在“放”上下功夫，在“活”上见真章，打破一些不合理的条条框框，为人才“松绑”，为“农村”赋能，就能让创新活力充分涌流。2020年，《长子县农技推广体系改革创新试点实施方案》和《长子县关于推进农技推广体系改革创新的实施意见》中，明确规定了农技人员离岗创新创业、在岗创新创业和激励社会化农技人员创新创业方面的政策措施，破除了原有体制机制上的壁垒，为农技人员创新创业提供了强有力的政策支持。在强农惠农

扶持政策中，就激励农技人员创新创业方面给予了大力扶持，比如，对当年新建的智慧农业园区、农业创业创新基地、博士工作站，给予奖补10万元；对机制体制比较完善、运行情况较好、带动效果明显的行业协会等社会化服务组织，提供必要的办公场所及办公经费（最高不超过3万元）。筛选6名技术全面、社会认可度高的高级农艺师、高级兽医师，让他们自主选择企业，县农业农村局以派驻形式与企业签订服务协议，在开展增值服务合理取酬上进行有效探索，先后涌现出张琳、郭亚静等一批优秀的创新创业人才。

“选”与“用”同步，人才队伍硕果丰

通过培训培育，乡土人才、乡土专家不断涌现，青椒产业创始人、乡土专家李生贵被评选为全国劳动模范，致富带头人、香菇种植土专家崔丽枝当选为第十四届全国人民代表大会代表，80后返乡创业青年郭亚静当选为长治市第十五届人民代表大会代表，乡土专家李强、王书玲当选为长子县人大常委。培育高端人才，激活内生动力。对引进的7名全日制硕士研究生，先后选派其赴中国农业大学、山西农业大学、西北农林科技大学等高等学府进行专题培训，不断提升服务能力；通过轮岗学习使他们全面了解全县农情，明白不同岗位农技人员的职责所在；让其融入“三队包联”“农技人员进村入户”专家团队队伍和建立的粮食、蔬菜、畜牧、林业、水果、农机6个产业技术服务团队，并承担指导2 ～ 3个科技示范主体任务，他们扎实的理论功底与老同志的实践经验形成互补，使他们迅速成为科室的骨干力量。

在省校合作上，中国农业大学胡跃高、王小芬教授团队将全域有机农业建设融入全县“三农”工作大局。积极协助申报“山西省长子县农业面源污染综合治理项目”，参与实施“化肥减量增效项目”，协助山西一田农业开发有限公司（简称一田农业）、长子县生贵大棚技术推广有限公司、长子县鑫绿畜禽养殖有限公司等申报“山西省有机旱作农业和现代农业领域科技项目”；试验示范推广成效初显，在一田农业开展的有机肥生产试验初步完成，有机育苗试验取得初步成效；在长子县丹西龙鑫农业科技有限公司实施的有机种植试点有序推进；在长子县新拓养殖有限公司进行的“沼液＋酵素”青椒种植试验成效显现。中国农业大学全域有机农业协作组在长子县开展全域有机农业、有机旱作生产技术、资源转化利用等讲座与培训，中国农业大学4名专家融入高素质农民培育师资库，优化了农民培训师资队伍。2022年，中国农业大学实习实训基地和高校成果转化基地在长子县挂牌

成立。

2020年5月20日，山西农业大学功能食品学院博士工作站（长子县农业唯一一家）、科技试验示范基地在长子县班泽食用菌公司正式挂牌成立，省校合作4个项目成效喜人。2019年，基地借力山西农业大学功能食品研究院的科研实力和学科优势，成功将羊肚菌高效栽培技术落地，该项目在当地已起到引领示范作用，亩产稳产达千斤；2020年，夏季设施专用小果型西瓜非特异性区域促早熟栽培技术（红小玉、京阑、黄晶一号、黑美人）培育成功；2021年，山西（红肉）灵芝新物种的发现、驯化及产业化研究等在该基地进行成果转化；2022年，基地与研究所共同开展《灵芝全产业链功能性产品的开发与推广》技术课题，成功申报为功能食品体系长治基地——山西省现代农业产业功能食品技术体系长治试验站，这是山西农业大学首次在全省开展的从菌种研发、种植栽培、科学采收到产品加工、营销推广的全产业链功能性产品完整闭环推广课题，目前该课题已推进至设备投入阶段。

以产业振兴带动乡村振兴的领路人

——平顺县麦丰农业电子商务有限公司　梁余妮

梁余妮，女，汉族，1984年4月生，山西晋城人，本科学历，中共党员，平顺县麦丰农业电子商务有限公司总经理。曾获得全国青年致富带头人、十佳青年脱贫攻坚带头人、扶贫产业带头人、增收致富带头人、脱贫致富带头人、全国农村青年致富带头人、山西省劳动模范、山西省脱贫攻坚奖奉献奖、山西省巾帼建功标兵、长治市特级劳模、长治市科技特派员和长治市优秀共产党员等荣誉。

想群众所想

梁余妮从小在农村长大，对农村有特殊的亲近感。参加工作后，她参与了长治市团市委组织的“十万青年出太行”等大型活动，加入志愿者队伍，北上南下、不辞劳苦、牵线搭桥，帮助各县（市、区）的农村青年找工作、找岗位。

“带领百姓致富，为百姓办好每一件事。”这是梁余妮常挂在嘴边的一句话。近年来，她通过自己不断的努力，大力发展蔬菜种植、加工、育苗、冷链、物流、电商等为一体的全产业链，在全市3个县区建成生产基地1 600余亩、标准化智能育苗基地50余亩（年育苗6 000万株）、连栋大棚7座、网棚50余座及全市最大的仓储保鲜冷链物流园2.9万立方米。与省内3市11县1万余户种植户签署协议，年产蔬菜4.5万余吨，产值1亿元，与福建、湖南、广州等省份8家大型农贸市场签订协议，销售面积2万余亩，带动脱贫户3 000余户，成为远近闻名的群众增收致富带头人。

2013年，梁余妮辞掉城里工作回农村创办企业，来到了平顺县北社乡东青北村，她本着“做给农民看、带着农民干、帮着农民销、实现农民富”的目标，以发展旱地蔬菜为引擎，成立平顺县麦丰农业电子商务有限公司。如今的东青北村在梁余妮的带动下蹚出了一条特色乡村振兴之路，成功打造了集蔬菜种植、农产品仓储冷链物流、种苗育苗、观光、采摘、休闲娱乐为一体的现代农业产业园，并举办了四届平顺县农民丰收节。老百姓富了，生活更有滋味了。对这位全国农村青年致富带头人，当地百姓无不信服，无不认可。

供群众所需

梁余妮刚进村开始办企业、搞蔬菜种植的时候，村民们也是持观望态度，因为他们大多缺资金、缺技术，也怕遇到自然灾害影响产量、影响收入。梁余妮为了打消农民的顾虑，提出了“三供”政策，即供苗、供肥、供技术；除此之外，她还为种植户垫付种苗、犁地、地膜、肥料等费用，到产品产出后，企业用保底价实行包销，当市场价高于保底价时，按市场价收购。在老百姓得到实惠的同时，她又出台“每销售1斤奖励1角钱”的激励政策，农户最高可得奖励5 000余元，以此来鼓励种植户种植。很多村民看到这样零风险、零投入的模式做得很不错，也跟着一起搞起了蔬菜种植。

随着种植户的不断加入，蔬菜种植面积也在不断扩大，为了保障蔬菜产量和品质，梁余妮不断地往全国各地蔬菜种植基地跑，找方法、学技术，拉订单。种了几年蔬菜后，她发现有些蔬菜品种很受市场欢迎，而有些品种不适合长治的餐饮习惯。经过市场的筛选后，她最终确定发展以辣椒种植为特色的旱地蔬菜产业。通过多次考察，她从湖南引进了抗旱抗逆优良品种，并长期雇用留守妇女及老人在基地务工就业。农忙时节，育苗基地每天的出苗量达几百万株，她带领大家一干就到了后半夜，同时还要运营好各县区间种植户的种苗配送。在种苗定植前后，她又开始忙碌地为大家配送原厂直购的优质有机肥、水溶肥等农资，并派出企业科技特派员定期监管农户对肥料的用法、用量，严把农产品质量关。虽然协议种植面积不断扩大，但农户们在蔬菜病虫害防治方面还是缺乏经验，于是她又想方设法积极筹备成立了统防统治植物保护站，以更好地为大家提供技术帮扶。她引进了先进的植保无人机，使得病虫害防治效果大幅提高，并节约了50%的农药使用量和90%的用水量，在很大程度上降低了农业资源成本。

在发展有机旱作农业的同时，梁余妮还不忘积极推广水肥一体化技术，改变传统种植模式。“用了水肥一体化技术后，由于水肥能直达根系，蔬菜长势良好，出现黄叶现象明显减少。”说起这项现代农业节水技术带来的好处，东青北村的种植户刘大爷赞不绝口，更让他称赞的是，原来10亩地的灌溉和施肥需要4个人干一整天，现在只需要一个人操作水肥一体化设备，2小时内即可完成，每亩地每年至少能节省各项费用300元。

销群众所有

建立田头市场，优化服务。为了保障农户收入，减少中间环节，梁余妮四处找资金，想办法筹建田间农贸市场。市场建成后，大大缩短了“菜篮子”

从田间到餐桌的距离和成本，之后每年蔬菜上市后，大家不用出村就可以以满意的价格把菜卖掉，年底还可以享受二次分红。“我们没有三轮车，小梁就让员工开车来家里收，农忙时也是如此，挨家挨户地为不方便运输的种植户上门收菜。有时候这些收菜的90后半夜还在崎岖不平的山路上赶往下一个农户家。”65岁的李秋英满怀感激地说道。

延伸链条，融合发展。近年来，随着产业的发展壮大，梁余妮又有了新想法。为了能抢占市场先机、把控风险，她联合平顺县13家合作社共同实施农产品冷链仓储物流项目，冷库容积达17 000立方米，日打冷蔬菜1 500吨。在长子县投入建设冷库12 000立方米，该项目的实施更好地保障了农产品的品质及安全，同时也有利于调剂产销，均衡上市；通过优产优质优价来增加农民收入，也为周边地区创造了众多就业岗位，并辐射带动区域内的一二三产业融合发展。

做优品质，做强品牌。为了做到标准化生产和加工，提高农产品品质，增强产品竞争力，提高农民收入，梁余妮又动起了脑筋。她通过不断攻坚克难和技术改良，成功申报绿色食品蔬菜种类6个，获得国际质量管理体系认证蔬菜2种，同时也加大了农业科技研发投入力度，成功申请实用新型技术专利8项。“麦丰牌”蔬菜成功入选山西特优农产品品牌目录库，企业入选全国巾帼建功先进集体、全国巾帼脱贫示范基地（农业基地）、三晋巾帼脱贫示范基地、省级龙头企业、山西省扶贫龙头企业、市级扶贫基地等。

诚信经营，做大市场。品牌的另一半是诚信。先以诚信施诸于人，才能取信于人。梁余妮始终坚守诚信经营企业，积极履行社会责任，把依法管理、恪守信誉作为通往宽广道路的尚方宝剑，靠守法诚信在激烈的竞争中立足，靠守法诚信赢得更多的客户，靠守法诚信发展公司、拓展市场，成功与福建、湖南、广东等多省份的大型农贸市场及企业签订种植、销售协议，为农户的增收提供了可靠保障。

帮群众所难

作为一名共产党员、人大代表，梁余妮在认真履职的同时，还时刻心系百姓，勇担社会责任，常年带领公司团队积极参加各类扶贫济困、捐资助学等社会公益活动。在多年前的一次下乡服务过程中，梁余妮发现集林村残疾贫困户牛大爷老两口生活较为困难。为了能让老两口有一份稳定的收入，她主动出资帮助牛大爷购买鸡苗，常年帮扶牛大爷销售土鸡蛋。她还在多个村资助贫困儿童生活和学习费用直至他们大学毕业。哪里有需要，她就向哪里伸出援助之手，新冠疫情、河南水灾、平顺冰雹、村里孝老敬亲等她都慷慨解囊。尤其是2022年夏天的冰雹灾害后，在自身企业生产基地遭受严重损失的情况下，梁余妮依然向灾区献爱心，累计捐物捐款达十余万元。“能够尽自己的绵薄之力帮助更多需要帮助的人，是我觉得最有意义的事情。”梁余妮如是说。

“东青北村变漂亮了，老百姓的口袋也富起来了。”梁余妮坦言，“农村是让我成长最快的地方，只要肯想肯干，大家一起努力，乡村就一定会变美，老百姓也一定能在家门口致富。”梁余妮表示，她将继续加倍努力，牢记代表使命，不负韶华，为乡村振兴贡献力量。

乡村产业振兴领路人——梁余妮

富而不忘本　心中有乡亲

——屯留源达农资有限公司　刘建红

他是一个把理想写在农村大地上的行者，一个用激情带领家乡百姓致富的智者。

他是赫赫有名的屯留“辣椒王”、稳扎稳打的致富带头人、创业创新的基层实践者。

他立足区域优势，发展传统产业，创建“麟绛红”辣椒品牌；深耕产业模式，拓展销售渠道，托起当地百姓致富梦想。

他情系农业、心系乡亲，成功创业，华丽转身成为高素质农民，带领大家一起兴产业、拓富路，托起了百姓致富梦。

白手起家靠勤奋

刘建红是地道的屯留人。他出身贫苦，白手起家，早早就步入社会，承担起了家庭重担。他摆摊设点，卖过副食、衣服，做过苦力。

那一年，屯留化肥厂倒闭，全县农民购买化肥成了一大难题。刘建红瞅准商机，不顾家人反对，四处借贷，筹集资金80万元购入化肥2 000吨，并运到全县各个乡镇，微利销售，在一举解决了农民购肥难题的同时，也赚到了人生的“第一桶金”，受到屯留县委、县政府和广大农民的一致好评。

大胆转型靠诚信

2005年，刘建红投资300万元创办了屯留源达农资有限公司（简称源达公司），主要经营销售化肥、种子、农药等多种产品，极大地丰富了全县农资市场，方便了农民就近购买农资。由于他的公司经营有方、农资品种齐全、货真价实，深受百姓信赖。

“源达公司诚信经营、童叟无欺，农资齐全、价格合理。”源达公司在广大农民朋友中有口皆碑。

不仅如此，谁家要是手头紧，刘建红还会把农资赊给他，等他手头宽裕了，或者来年卖了玉米再付农资款。这里面有双方长期以来的信任，更凝结着刘建红对农民的深厚感情。

刘建红年轻有为，胸怀大志。他深知，自己富不算富，大家富才算富。

在事业蒸蒸日上、越做越大、逐渐步入正轨的时候，他又大胆转型，从经营农资开始，广泛涉猎农业种植、生产、加工、销售各个环节。

如今，源达公司注册资金5 000万元，集农资销售、粮食收购、冷库仓储、蔬菜销售、辣椒酱加工等于一体，拥有农资仓储中心1万平方米、检测中心1 000平方米、农资配送中心2个，配送车辆20余辆，建立销售网点126个，销售业务遍及屯留、沁县、长子、襄垣等地，年销售额达5 400余万元，拥有蔬菜物流配送中心2万平方米、蔬菜交易场所9 800平方米、蔬菜种植基地3万余亩，销售额1.5亿元，成为长治本土最大的辣椒生产加工基地。

源达公司设有技术科研部、市场销售部、产品检测部、仓储配送中心、财务部等部门，现有员工75人、高级农艺师2名、农艺师3名、初级农艺师1名、专业技术人员20名，资金和技术力量雄厚。

增收富民靠担当

2012年，刘建红小试牛刀，在路村乡刘村流转土地1 000亩，开始尝试蔬菜种植。

乡村要振兴，产业必先行。从2017年开始，刘建红积极响应县委、县政府调产富民、建设“一园三基地”号召，放开手脚，大展拳脚，采用“公司＋合作社＋农户”的模式，当年种植“印加红”辣椒2 000亩，年收益120万元，解决季节性用工380余人，使他们人均增收8 000余元。

“立足‘三农’，以科技为支撑，以市场为导向，以效益为目标，切实带动农业增效、农村发展、农民增收，这是我公司的经营理念。”刘建红在武乡太行干部学院为学员讲授《现代农业发展与思考》课时说。

刘建红非常善于学习，不仅自己带头参加学习培训，还经常组织员工赴山东寿光等地参观考察，培养了一大批蔬菜种植方面的“土专家”“田秀才”，并与山西农业大学、山西省及市蔬菜研究所等多家院校、科研单位建立了长期合作关系，为产业发展提供了强有力的技术支撑。

2020年，源达公司承担了“第十批国家农业标准化示范区”辣椒种植项目。在实施标准化种植、规模化发展的同时，刘建红更加注重新技术的引进和应用，积极推广应用五合一机械栽培、水肥一体化浇灌技术，病虫害防治采用灭虫灯、粘虫板生物防控，使得示范基地辣椒亩增产300千克，亩均增收900余元，有力推动了当地经济发展。

2021年，种植“千金红”辣椒3万余亩，种植其他蔬菜5 000余亩，解决季节性用工800余人，人均年收益25 000余元；投资1 000万元建设了占地

蔬菜产业带头人——刘建红

3 000平方米的辣椒酱标准化加工厂，实现富余辣椒就地转化，延伸了辣椒产业链，增加了附加值；年加工辣椒12万吨，安排剩余劳动力80余人，人均增收3万余元。辣椒从半成品到成品，从鲜椒到辣椒酱，销售模式从线下发展到线上线下相结合。

“过去，农民辛辛苦苦劳作一年，除去各种投资，经营一亩土地赚500元，如果把人工费计入成本的话，一年下来几乎没有多少利润。如今，农民把土地经营权转让给公司，每亩地获得700元的纯收入，其他时间还可以到园区和蔬菜大棚里打工，平均每月收入3 000元，年底还可以参与公司分红，真正实现了农户‘三收’。”刘建红扳着指头细算起了农户收入账。

公司负责生产投资、技术指导，产品统一收购、分级处理、集中调运，合作社抓经营管理，农户负责栽培管理，收益按净利润的2 ∶ 3 ∶ 5分配，刘建红最大限度让利于民，不仅大大调动了合作社和农户的积极性，而且从农资、农技、收购等方面给予了农民实实在在的帮助与支持，有力促进了农业增效、农民增收、农村发展。

路村乡刘村的刘建刚把自家的20亩土地流转给源达公司后，获得流转费14 000元。一家5口在源达公司打工，他和两个哥哥是管理人员，每人月工资4 500元；嫂子、妻子每人月工资3 000元，一家人守家在地、工作稳定、收入颇丰，日子过得红红火火。“有刘建红这样的农村致富带头人，我们生活有盼头，更有奔头。”刘建刚信心满满地说。

春华秋实，岁物丰成。以前屯留当地老百姓都是种玉米的，6年来，蔬菜种植规模逐步成为调整农业产业结构、助力农业高质量发展、带动农民增收致富的重要产业。源达公司也历经坎坷，步履铿锵，一步步做大做强。

作为长治市人大代表，刘建红主动承担社会责任，大力发展蔬菜产业，带动400余户贫困群众如期脱贫。他积极支持新冠疫情防控，连续两年资助老军庄小学贫困学生，看望慰问路村乡常东村高龄老人，公司员工遇到困难他也总会慷慨相助。

刘建红的事业接地气，聚人气，越做越大，得到多方肯定和好评。源达公司获得第二届山西省农村创业创新项目创意大赛三等奖、全市“十佳”农业社会化服务组织、市级龙头企业、守合同重信用企业、新网工程建设先进单位、优秀经销商、转型发展贡献奖等荣誉。刘建红本人也获评全省2021年助推高质量发展典范人物、农村脱贫致富带头人、大众创业万众创新带头人、长治市劳动模范并记二等功、十佳辣椒CEO，被选为长治市人大代表、屯留蔬菜协会会长等。

未来蓝图靠科技

目前，屯留区路村乡老军庄现代农业产业园已建成日光智能温室大棚50余座，是源达公司的产业核心，全部采用水肥一体化节水灌溉技术和绿色蔬菜种植技术，带动周边设施农业共同发展，预计年产高品质蔬菜2 000余吨，培育优质蔬菜秧苗5 000万株，产值800余万元，带动农民就业300余人。

屯留区渔泽镇岗上村现代农业产业园的9个日光智能温室大棚宽16米、长236米，1个棚占地近5亩，堪称“棚王”。同时，棚内土地经深耕、消毒，从山东寿光引进种植羊肚菌，长势良好，预计年销售收入达600万元，可带动就业90人。

刘建红像个陀螺一样，闲不下来。他的六大现代农业产业园已建成日光智能温室大棚200余座。未来5年，他将瞄准“省级农业龙头企业”目标定位，致力于打造集观光、旅游、采摘、产供销加于一体的现代农业示范园。

返乡创业天地宽

——屯留禾泽田农业开发有限公司　杨建军

47岁的杨建军，是屯留区河神庙乡苗儿沟村人，现任屯留禾泽田农业开发有限公司总经理。他出生农家，倾心农业，敢为人先，率先在家乡引进辣椒布点进行旱地栽培试种，经过3年试验成功打破了屯留西部山区旱地不能种辣椒的僵局，带动当地农户种植辣椒成为创收的主导产业。

“我从事蔬菜种植和管理十余年，参加国家和省、市、区举办的各类农民技术培训班20余次，正是这一次次的系统培训和外出参观学习，提升了我的专业技术水平，开阔了我的眼界思路，为进一步扩大规模、加快发展增添了信心。”曾获评全省百佳高素质农民的杨建军感激地说。

全省百佳高素质农民——杨建军

宝剑锋从磨砺出　梅花香自苦寒来

十年磨一剑。2008年，怀揣在农村的广阔舞台闯出一片新天地的梦想与追求，杨建军走出大山，开始了他的农业梦想之旅，先后参与了长子县方兴现代农业有限公司、沁源县沁河缘农林牧开发有限公司、屯留县祥麟农业开发有限公司和长治县炎农种植专业合作社的建设与发展，掌握了一整套蔬菜种植技术，积累了丰富的经营管理经验，迅速从一名农民成长为一位蔬菜种植管理专家。

近年来，屯留区委、区政府高度重视“三农”工作，倾心倾力支持服务“三农”工作，无论是政策扶持，还是资金投入可谓是力度空前，前所未有，先后出台了《屯留县创建绿色农业标准化示范区实施意见》《屯留县万亩辣椒种植基地扶持办法》《长治市屯留区辣椒产业扶持办法》和《长治市屯留区千座日光大棚补贴办法》，拿出真金白银，大力度支持一产高质量发展。这也是屯留区辣椒产业得以一步步发展壮大、农民收入稳步增加的关键所在。

栽好梧桐树，引得凤凰栖。2016年，杨建军志在回馈家乡，在麟绛镇西藕村通过土地流转，整合农业优势资源，组建了蔬菜种植技术团队，成立了禾泽田农业开发有限公司（简称禾泽田公司）。公司占地300余亩，现有各类大棚70余个，主要以蔬菜育苗、新品种新技术引进与推广、新模式创新为主，产前为农民提供物资供应、产中提供技术服务、产后提供销售服务，市场辐射周边所有县区，并延伸至临汾、大同等地，累计培育各类种苗2亿株以上，引进蔬菜新品种50多个，创新种植模式6个，承担县区级农业培训和公司自主培训100余次，惠及5 000多人次。

农业一枝花　技术来当家

“近年来，我公司因地制宜，摸索出了‘三拱五膜一张纸’的育苗新技术，有效抵御了倒春寒，起到了提温保温的效果，并在全区广泛应用，为夺取辣椒丰产丰收打下了坚实基础……”杨建军应邀为学员讲起辣椒育苗，讲者头头是道，听者津津有味。他作为乡土专家登上讲台，为全区高素质农民分享种植技术与经验、提供技术支持与服务，成为屯留区高素质农民培训工作的一大亮点。

杨建军先后参加农业农村部新型职业农民培训、北京市数字农业高级研修班、山西省职业农民技能培训、三区人才技能提升专题培训等技术培训，获得了“新型职业农民”中级职称和“新农商”“特色农业产业”中级技能证书。

在国家惠农政策的引导下，他不仅自己带头参加各类培训，还积极发挥传帮带作用。他和他的技术团队从露地蔬菜到设施大棚、田间地头、农户家中，把课堂上学到的知识和实践经验结合到一起，一点一滴传播到全区蔬菜种植的角角落落。

扎根农业谋发展　情系群众天地宽

屯留的辣椒基地从1万亩扩展到2021年的9万亩。2021年，杨建军在基地试验示范辣椒品种30余个，并承担了16 000亩辣椒的育苗工作。为圆满完成这一光荣任务，他和工人同吃、同住、同劳动，几乎天天泡在育苗棚里，严格规范程序，严把质量关，成功培育了6 400万株辣椒苗。

“禾泽田公司培育的苗壮、抗病性好，增产效果明显。”种植户有口皆碑，形成了品牌效应，在市场上占据了一席之地。

禾泽田公司不仅连续5年承担育苗工作，还负责全区辣椒的种植管理技术指导。被山西省农广校评为全省“优秀农民田间学校”，杨建军本人被聘为“长治市科技特派员”。

建设无公害蔬菜生产示范基地、申请无公害产地认证、建立生产档案、实行产地取样检测、建设质量安全可追溯体系……在蔬菜标准化种植管理方面，杨建军下足了功夫。

禾泽田公司凭借在蔬菜新品种、新技术上的突出成就，先后被评为山西省科普服务示范站、山西省蔬菜示范标准园、长治市优秀科普示范基地、长治市特色示范产业园。

“自己干好不算什么，能带动一方百姓共同致富才是一名企业家应有的担当。”杨建军是这样说的也是这样做的。从建立公司开始，他便将自己引进的新品种、新技术毫无保留地推广给周边农户。

“种子我们提供，技术指导我们来做，销路我们找，我们为农民提供的是‘保姆式’的服务！”杨建军非常自豪地说。

几年来，禾泽田公司与种业企业合作，引进新品种后，首先在基地进行试验示范，成功后再推而广之，带动了周边2 000余户农户种植设施蔬菜。1万余亩露地蔬菜生产，为农民带来不菲的收益。同时，公司采取“公司+合作社+农户+基地”的经营模式，与当地农户签订种植合同，积极支持农户发展蔬菜规模化种植，有效带动农民增收致富。

越来越多的懂农业、爱农村、善经营的返乡创业人员成为高素质农民，他们在乡村振兴的舞台上闪亮登场，逐渐成为屯留蔬菜产业的领舞者。

脱下绿军装　投身新农业

——壶关县飞雄农业科技有限公司　靳飞雄

靳飞雄，男，汉族，1987年5月出生于长治壶关，中共党员，大学本科学历，壶关县飞雄农业科技有限公司总经理。2006年，靳飞雄如愿入伍，成为一名侦察兵，2008年考入解放军国际关系学院航空侦察系无人机专业，服役期间曾参加过2008年北京奥运会的安保工作、2009年新中国成立60周年首都国庆阅兵（无人机方队）、2015年纪念中国人民抗日战争暨世界反法西斯战争胜利70周年阅兵及其他重大演习任务，获三等功1次、嘉奖3次。虽然军营生活艰苦朴素，但靳飞雄依然坚持了12年。在部队艰苦训练的闲暇时间里，他通过学习了解到，实施乡村振兴战略，是党的十九大作出的重大决策部署，是决战全面建成小康社会、全面建设社会主义现代化国家的重大历史任务，是新时代“三农”工作的总抓手。他便有了退役创业的想法，打算投身农业，贡献自己最大的力量去为国家做点事情。

新农人——靳飞雄

通过学习，靳飞雄发现现在农村人口老龄化趋势日益凸显，农业生产面临的压力不断增大，农业无人机等智能农业装备已经成为满足农业需求变化、推动农业向前发展的利器，发展智慧农业、推进农业生产托管迫在眉睫。2018年，他在退役回家后的第三天便注册成立了壶关县飞雄农业科技有限公司，主要开展农业生产托管、农林有害生物防治、飞播造林、农林测绘、智能农机、农业物联网等现代农业科技服务。

经过近5年的不断积累和成长，公司有了坚实的基础，已然是长治市农林服务业的排头兵。在农业方面，打造了富有特色的现代农业服务平台和数据资源聚集地，为农业“互联网＋”开辟了新路径，线上线下深度融合发展，积极推动传统农业向数字化和产业化的现代智慧农业转型，取得了显著成绩。在林业方面，无人机飞播、林业有害生物防治技术水平全省领先，取得了长足的进步和发展。

创新服务模式，开展农业生产托管

为了解决“谁来种地、怎么种地”的问题，实现服务标准化、全程化、规模化，把小农户生产引入现代农业发展轨道上，靳飞雄带领公司不断创新农业生产托管服务模式，采用“公司＋合作社（或村集体）＋农户”模式，在山西、河南、甘肃、新疆、内蒙古等省份，为玉米、小麦、高粱、谷子等粮食作物以及旱地西红柿、辣椒、苹果、棉花等20余种经济作物提供了病虫草害防治托管服务，服务面积达500万亩次；与全市12个县区89个合作社及农户签订技术服务协议，帮助农户解决种植过程中遇到的各种技术难题；在8个县区与13个农业企业共建农作物病虫害绿色防控与统防统治融合示范基地，推进农作物病虫害绿色防控与统防统治融合发展，集成示范绿色防控技术模式，农药化肥用量降低20%，有效防治率超过97%，提高了资源利用效率，有效减少了农业面源污染，推动了农业绿色可持续发展。

发展智慧农业，助力乡村振兴战略

精准农业。利用农业无人机、农业无人车、农机自驾仪等高智能农业装备开展服务。降低劳动力成本，减少农药使用量，促进农业产业降本增效，提高了农产品质量、产量，服务面积超过50万亩次。除此之外，利用无人机远程超低量喷洒肥料作业，具有速度快、省劳力、投入少、成本低、不受地形限制等独有特点和优势，2021年在黎城县黄土高原水土流失综合治理工程中飞播造林5 000亩、在壶关县林业有害生物防治6 000亩，2022年在太原市创建国家森林城市古交市、阳曲县项目中分别飞播造林8 000亩、1.8万亩，有效提高了实施区域林草植被覆盖率，控制了水土流失，改善了生态环境，提升了森林景观水平，增加了生物多样性，推进了林草共建共融共生，筑就了绿水青山。

数字农业。打造“太行农服”现代农业服务平台，线上主要以解决规模化生产用工需求、农资交易、农机优化配置、农技咨询等为主，实现农户和经营主体在手机上就可以雇佣工、买农资、用农机、问专家、看农田，一键搞定。贯穿农业生产中的耕、种、管、收、销全环节，打通供需信息，对接生产产前、产中、产后，有效提高了生产效率、降低了生产成本，促进农业增产、帮助农民增收。累计吸引300家农资店、800家农业生产企业、80名机手“飞手”、20名农技专家入驻平台，各类主体快速集聚，形成了“载体—平台—应用”的现代农业生产服务功能体系。线下实施“百千万”计划，即在全市100个乡镇，推动“一镇一站”（每个乡镇建设1个农业生产服务站）；每年培训退伍军人、大学毕业生、农村青年及种植农户1 000名；确保每站年服务面积达1万亩以上。

智慧农业。建设集农事记录仪、土壤传感器、农田气象站、温湿度计等多种智能监控与感知设备，实时精确记录农作物生长的每一个细节，采集高清农田图像、气象土壤数据，帮助农户更加高效、便捷地监管农田，迅速应对农情变化，作出最优农事决策，打造智慧农业服务平台，推动物联网、大数据、智能控制、卫星定位导航等信息技术应用于生产管理、农机作业。在壶关县的6个乡镇建设了11套系统，实现了11个农业生产企业农产品全程追溯，总溯源面积达8 000余亩，保障了农产品安全优质生产，使农产品有了能看得见的“身份证”。

强化技能培训，提升就业创业能力

与山西唯美诺中小企业创业基地签订了联合办学协议，开展全市退役军人职业技能——农业无人机操作员培训，培训持证操作员100余人；开展退役军人适应性培训，进行就业创业辅导，培训1 200余人；开展校企合作，与华北机电学校无人机专业和长治市职业技术学院合作开展集中授课、田间教学、实操演练等多种形式的培训，为全市统防统治、农林植保、病虫害防治、现代农业服务培养更多的后备人才，培训1 000余人次。积极制定技能培训、就业创业、智能农机销售、农业技术指导服务等一系列拥军措施，进行就业创业辅导，帮助退役军人提升就业创业竞争能力。公司优先录用无人机操作员培训合格的退役军人，积极组织农技专家为从事农业生产的返乡创业退役军人提供无偿的果蔬种植、病虫害绿色防控管理等技术指导服务，帮助退役军人提升就业创业竞争能力，实现社会角色转变。

热心公益事业，饮水思源反哺社会

投身脱贫攻坚战场。2019—2020年，对贫困户、五保户免除作业费，惠及200余户。积极吸收有创业意愿的贫困人员加入团队，利用新农机服务新农业，并结合公司业务特点，搭建贫困户与专业合作社、种植大户沟通的桥梁，不仅解决了他们用工难的问题，而且更大程度上帮助了30余名贫困人口实现就业。

全力阻击新冠疫情。2020年新冠疫情期间，有序开展无人机义务消杀防疫行动，进行防疫喷洒作业，涉及潞州区、潞城区等4个县区，防疫面积达12万余平方米，进一步防止和阻断了病菌滋生蔓延，降低了传播风险。

开展爱国卫生运动。从2021年5月开始，在长治市委市政府、市政务大厅和广播电视台的公共区域和重点部位进行消毒，开展定期病媒防治工作，有效预防和降低了各类病媒生物诱发传染疾病的发生。

自觉履行国防义务。组织公司退役军人加入民兵预备役，同时将公司的无人机编入预备役，由公司20名员工编成无人机侦察排，其中有9名中共党员、15名退役军人，靳飞雄被任命为排长。靳飞雄按战斗力标准和要求严管细训，以高度的责任感履职尽责，进一步加强民兵组织建设，为国防事业添砖加瓦。

公司将进一步创新服务机制，围绕“互联网＋公司＋合作社＋农户＋生产托管＋产品销售”的服务模式，开展托管服务。现已建成1个县级农业生产托管服务中心，下一步计划在10个乡镇各建1个乡级农业生产托管服务站，健全专业服务网络，与服务平台在市场信息、业务培训、技术指导、托管服务等方面有效衔接，整合基层农业服务资源，扩大服务面积，实现由粮食作物向经济作物延伸，由点面向全市延伸，由环节托管向全程托管延伸。

作为有着15年党龄的老兵，靳飞雄时刻不忘组织的教诲和部队的培养，不忘发展现代智慧农业的初心，砥砺奋进，努力创业，推动现代农业高质量发展，为全面推进乡村振兴、加快农业农村现代化注入新的活力。

第八篇 农村改革

NONGCUN GAIGE

全面深化农村改革是加快农业强国建设的根本动力，是促进农民增收的有效途径。深化农村改革涉及面广、综合性强。长治市认真落实农村改革部署要求，整体谋划，系统推进，充分释放农村改革综合效应，不断激活农业农村发展活力，最大限度让农民分享改革红利，全市农业现代化水平、农民收入水平、农村发展水平大幅提升，为实现全市打赢脱贫攻坚战、建成小康社会目标和全面推进乡村振兴战略提供了有力支撑。

“三到位”“五部曲” 谱写改革篇章

近年来，长治市深入实施乡村振兴战略，积极推进农村集体产权制度改革试点，探索在市场经济条件下农村集体经济的有效组织形式和发展机制。长治市农村集体产权制度改革涉及12个县区、155个乡镇（街道、办事处）、3 478个集体经济组织。从2015年开始，潞城区、襄垣县、屯留区分批被确定为全国试点县（区），上党区被确定为全省试点县（区）。四县区均按照时间节点要求圆满完成改革任务。襄垣县、屯留区先后被评为第一批（全国20个）、第二批（全国60个）全国农村集体产权制度改革试点典型单位。2020年，全市3 478个集体经济组织全部完成了清产核资、成员身份确认，成立了(股份）经济合作社，均赋码登记并登记发证到村，完成率为100%。长治市改革试点经验“‘三个到位’保障农村集体产权制度改革全面展开”在农业农村部《农村集体产权制度改革情况》第14期简报刊发。

长治市农村集体产权制度改革工作动员会现场

“五部曲”探索改革试点

一是公平公开厘清资产。按照“因村制宜、尊重民意、规范操作、公开透明”的原则，对集体经营性、非经营性、资源性资产进行全面清查核实，逐一梳理，公示确认。各县区因地制宜开展清产核资工作，其中288个村集体聘请有资质的第三方中介机构进行资产清查。如上党区东掌村是资源型村，成立有山西长治羊头岭东掌煤业有限公司、山西太行山农产品物流园区、山西锦东企业管理咨询有限公司和山西秦皇台旅游开发有限公司。该村在清产核资工作中，引入具有资质的第三方机构（长治宏信会计师事务所）对村集体资产、资源进行权属界定，对村集体全部资产进行了清查核实，资产总额为2.82亿元，新增资产总额2.27亿元，核减负债1.28亿元，核销呆账死账17万元，为村集体发展厘清了资产权属。2017年底，全市集体经济组织账面资产总额229.34亿元，其中用于经营的房屋、门面、店铺等经营性资产总额25.54亿元。通过清产核资，核实资产总额245.52亿元，其中用于经营的房屋、门面、店铺等经营性资产总额39.55亿元。

二是因地制宜确定成员。本着“有法依法、无法依规、无规依民”原则，各县区均出台《农村集体经济组织成员身份确认指导意见》，明确成员资格取得、保留、丧失等21种情况，调查摸底248.36万人，已确认成员236.58万人。成员界定不搞一刀切，鼓励结合当地实际，一村一策。比如，上党区探索出“一公告、二摸底、三分类、四民主、五公开”的“五步工作法”，制定了成员资格确认应同时具备的3种条件、取得成员资格的7种情形、保留成员资格的5种情形、丧失成员资格的6种情形，把其他情形的选择权交给了农民，共确定集体成员30.466 3万名。潞城区在改革试点中探索出“有户有地，正常登记；只占一头，申请登记；两头不占，不予登记；群众接纳，表决登记”四句口诀，群众易于接受，干部容易理解。潞城区黄沙岭村共有村民338名，通过改革确认集体经济组织成员353名，其中15名成员的户口已迁入城镇或成为企业人员，但该村通过村民会议、张榜公示等环节，一致同意接纳这部分人员为集体经济组织成员。

三是合理配设股权股份。坚持因地制宜量化股权配置，以成员股为主，提倡不设集体股。坚持静态管理，减少变动。坚持由集体成员商定设股与股值，以成员满意为标准。比如，潞城区成员股设置主要实行“保障股、贡献股、特色股＋”模式，保障股设原始老户股、土地基本股，贡献股设村龄股、劳龄股，特色股设计生奖励股、扶贫股等；襄垣县、上党区股份设置时，采用“两分法”，以人口股和农龄股为主，还设有以独生子女为奖励的计生股等特色股。

四是发挥经济组织功能。下发《关于做好农村集体经济组织登记赋码工作的通知》，指导各县区开展工作。全市3 478个集体经济组织通过制定章程，选举出成员代表、理事会、监事会，并悬挂“(股份）经济合作社”牌子，其中成立股份经济合作社2 843个、经济合作社635个。各县区农经部门为村集体经济组织赋码发放《农村集体经济组织登记证》。指导村集体经济组织在农业银行、农村信用社等金融部门开户2 420个，占比70%。为规范运行，在潞城区开展了行政村撤并后农村集体资产管理和农村集体经济组织运行方式试点工作，制定《长治市潞城区关于开展村民委员会与村级集体经济组织分账管理工作指导意见》《长治市潞城区村级党支部、村（居）委会、集体经济组织三账分设工作实施办法》，指导村集体经济组织实行村民委员会事务和集体经济事务分离，发挥农村集体经济组织功能作用。

五是积极发展集体经济。在改革的基础上，积极通过“一平台”“一协会”“两文件”，探索农业生产托管服务、“合作社+”等模式，不断壮大农村集体经济。“一平台”：12个县区全部建立了农村产权流转交易平台，成立了农村产权流转交易市场监督委员会，通过平台实现信息发布、业务管理、网络竞价交易等核心功能。襄垣县夏店村在产改中，对村集体的经济合同进行了全面整治清理，利用平台对明显不合理、不公平的合同重新进行了调整和修订完善，增加集体收入14万元。“一协会”：成立长治市农民合作社联合会，打造全国首个农合区域公用品牌“长治神谷”，发挥带动作用，增加贫困户收入。“两文件”：先后出台《长治市发展壮大村集体经济专项行动实施方案》《长治市发展壮大村级集体经济若干措施》，从2017年开始，在7个县228个村开展扶持壮大集体经济试点工作，累计拨付中央、省、市资金1.44亿元，取得良好示范作用。各县区还积极拓宽发展壮大集体经济途径，屯留区开展农业生产托管服务与集体经济发展相结合的做法在中央电视台播放；上党区40余个经济薄弱村，坚持从村级经济基础、资源条件等出发，逐村制定“消薄计划”，采取资源盘活、产业带动、服务创收等模式发展壮大农村集体经济。

“三个到位”保障改革全面开展

一是建立领导机构。领导重视，安排部署到位。2018年成立了由时任市委书记孙大军任组长、市长杨勤荣任常务副组长，20家职能部门为领导组成员单位的“长治市农村集体产权制度改革工作领导组”，下设领导组办公室，同时成立了市农村集体资产清产核资工作小组。全市12个县区155个乡镇相继组建改革领导小组和清产核资工作小组，各试点村成立领导小组和工作班子，形成“四级书记”抓改革，“一级抓一级、层层抓落实”的工作格局。2019年市委将“全面推进农村集体产权制度改革”列为20个重点改革发展课题之一。时任市委书记孙大军、市长杨勤荣、副书记唐立浩、副市长部双庆等市领导多次深入试点县区进行专题调研，2018年3月23日市政府第30次政府常务会、9月29日市委第21次常委会、2019年6月5日市政府第61次政府常务会、6月11日市委第13次常委会、7月24日市委第16次常委会都对改革工作进行了专题研究。

二是强化政策指导。研究制定《长治市推进农村集体产权制度改革实施方案》《长治市农村集体产权制度改革整市试点工作方案》《关于扎实推进全面开展农村集体资产清产核资工作的通知》《关于做好农村集体经济组织登记赋码工作的通知》《关于加强农村集体产权制度改革档案工作的通知》《关于在农村集体产权制度改革中切实维护妇女合法权益的通知》等文件，对农村集体产权制度改革程序提出了明确要求，指导村集体经济组织开展工作。12个县区均出台了产权制度改革实施方案等文件，并制定清查移交办法。全市以党委、政府名义印发产权制度改革文件36个，为全市农村集体产权制度改革工作提供政策指导。

三是保障工作落实。按照省委、省政府晋发〔2017〕55号文件要求，做到“三保障”，确保工作落到实处。设立专门办公场所：领导组办公室设在市农经局，协调安排专门办公场所14间，集中办公，抽调专人负责。领导组办公室内设综合、宣传、业务、督查等4个小组，从各县区抽调工作人员9人，专职负责产改工作。安排专项经费：2018年市政府统筹安排农村集体产权制度改革专项预算200万元，2019年安排180万元，2020年安排100万元。各县区累计抽调人员76人，协调办公场所46间，投入资金2 825.46万元，实现了“办公场所有保障、人员有保障、经费有保障”，保障改革顺利推进。

四是专题会议推进。注重培训，业务指导到位。2018年4月召开了全市农村集体产权制度改革动员会，启动全市农村集体产权制度改革工作。先后组织召开全市农村集体产权制度改革培训会暨清产核资推进会、全市农村集体产权制度改革推进培训会、全市农村集体经济组织登记颁证暨农村产权流转交易中心启动会议、全市农村集体资产清产核资验收工作会议等专题培训会。每次会议，时任市委副书记唐立浩、副市长部双庆都如期出席，组织各县区委书记、副书记、分管副县长、乡镇书记、乡镇长及市领导组成员单位主要负责人进行学习，对农村集体产权制度改革和清产核资工作及时进行安排部署。

五是广泛宣传发动。编印了《长治市农村集体产权制度改革工作资料汇编》《全国部分试点县农村集体经济组织成员身份确认指导意见汇编》等资料，制作了“长治市农村集体产权制度改革工作流程图”，发放至县、乡、村。全市以“五个一”（致农民朋友的一封信、一本学习资料、一张宣传标语、一块宣传版面、一张工作流程图）的宣传形式向全市农民宣传改革精神。通过新闻媒体、微信工作群、悬挂横幅、发放公开信等方式，广泛宣传发动，使各级党员干部和广大人民群众熟知改革、相信改革、接受改革。

六是强化业务培训。借智借力，邀请农业农村部、省财政厅、华中师范大学等单位专家对市、县、乡人员进行培训，为各县区、乡镇主要领导进行政策解读和工作指导。建立了市、县联动培训机制，全市累计召开培训会285次，培训人员2.7万余人次。先后组织各级业务骨干到河北、重庆、贵州、福建、江苏等10省份专题考察，学习先进，借鉴经验。

七是实行辅导员包县制。建章立制，工作措施到位。选派市农经局工作人员和借调人员共12人，作为辅导员各联系一个县区进行工作督促和指导，具体指导示范点工作，掌握工作进度，收集工作资料。

八是实行业务指导制。建立日常督导、重点督导、联合督导制度，及时开展专项督导检查，发现问题、提出意见、及时整改，督任务、督进度、督成效。2019年9月，市委政研室、财政局、水利局等10个单位各一名副处级领导，同市、县农经局的业务骨干组成市农村集体资产清产核资验收组，随机抽取全市12个县区、155个乡镇和708个集体经济组织进行了验收，对发现的问题督促整改。安排专人分两组沉在基层，不间断指导，及时帮助解决基层遇到的问题，督促工作进度，发现好的经验和做法，就及时在《山西日报》《长治日报》等媒体宣传推广，促进改革工作顺利进行。

九是实行通报制度。每周报告工作动态，每月填报工作进度表，每季度报告工作进展，将通报发送至市县主要领导和改革领导组成员。及时掌握工作动态，挂图作战，倒排工期，压茬推进。各县区也建立了相应制度，如上党区建立了“周排名、半月通报、月推进”制度。这些制度都加快推进了各县区工作进度。

改革成效初步显现

一是促进新产业发展。在依法依规的前提下，充分盘活用好集体所有的闲置房屋和山林等资源，结合各地历史人文等区域特色，积极发展新产业新业态，促进集体资源向集体资产进而向集体资本转变。如壶关县集店乡岭东村入股壶关县凤凰山庄乡村旅游专业合作社实施旅游扶贫，岭东村将集体山林、道路、村民旧居等资源、资产折股400万元入股，开发建设了接待楼、环形跑马场、多功能马厩、热气球升降场、鸽子广场、停车场、农家乐等休闲旅游设施，实现了农旅对接，每年按收益分红，增加了集体经济收入。这样不仅促进了传统农业转型升级，而且将农业现代化推向新高度，开辟了农村集体经济发展新路径，显著增强了农村集体经济实力。

二是促进农民就业增收。充分挖掘现代农业的潜在优势，培育发展多元化产业，为农民提供就业机会，拓展增收空间。如武乡县郑峪村通过改革，成立了武乡县佳郑建材有限公司，生产免烧水泥制品，带动就业30余人，年收益达20万元，村民每人年增收5 000元以上。

三是促进新型集体经济发展。在清产核资的基础上，将集体经营性资产以股份或份额的形式量化到本集体成员，发展多种形式的股份合作，能够使农民作为集体资产所有者、管理者、受益者的权益得到切实体现。如潞州区霍家沟村，由原村办集体企业长治市郊区霍家工业总公司成功改制，创立了长治市霍家工业有限公司，变集体制为股份制，变村民为股民，变家庭为股东，村民个人股份占到总资产的80%，20%留为村集体经济股份，村民就业率达100%，年人均纯收入达5万元，跨入了“全国文明村镇”行列。

四是促进乡村治理能力提升。通过清产核资、成员身份确认、股权量化、成立合作社等过程，村民代表、群众积极参与，提升了农民参与基层治理的意识与能力，丰富了基层协商民主的有效实现形式，促进了乡风文明，提升了乡村治理水平。

五是促进党的基层领导。通过农村集体产权制度改革，发展壮大集体经济组织，增加集体经济收入，2019年全市80%以上的村集体收入达5万元，村集体办成了以前办不成的事情，凝聚了群众，巩固了基层党组织的执政地位；已成立的（股份）经济合作社的80%由村支部书记担任理事长，在发挥农村基层党组织领导核心作用的同时，健全了党组织领导的自治、法治、德治相结合的乡村基层治理体系，形成了农村集体产权制度改革与党的基层组织建设之间相互促进、良性循环的关系。

集成创新促发展

发展新型农村集体经济是促进农民持续增收、实现农业农村现代化的重要途径。党的二十大报告提出“巩固和完善农村基本经营制度，发展新型农村集体经济”。2023年中央1号文件明确提出“探索资源发包、物业出租、居间服务、资产参股等多样化途径发展新型农村集体经济”。近年来，长治市紧紧围绕实施乡村振兴战略，立足“集体文化底蕴深、农村改革基础好”的两大发展优势，利用革命老区资源优势，高位推进新型农村集体经济提质增效行动，以增强农村集体经济造血功能为主攻方向，坚持“富村”与“强村”并行、“造血”与“输血”并重，创新构建了“政府+协会+平台公司+村集体经济组织+农户”的工作架构，探索了“政策集成、模式集成、效果集成”的三大集成路径，有效推动新型农村集体经济提档升级。

长治市农村集体经济发展协会挂牌

两大优势，发展提速有根基

长治市位于山西省东南部，地处太行山之巅，辖4区8县和1个国家级高新技术开发区，有2 436个行政村、3 478个集体经济组织，农村户籍人口132.1万人，耕地面积约556.07万亩。长治市农业资源丰富、集体文化底蕴深，农村改革基础好，是全国第一个农业综合标准化示范市、全国休闲农业示范市、国家现代农业示范区，也是中国农村集体经济发展的先发之地。

一是集体文化底蕴深。长期以来，长治积极探索农村集体经济发展之路。长治是革命老区，抗战时期，老一辈革命家在此建立了太行、太岳革命根据地。1943年，为响应党组织关于“组织起来”的号召，李顺达等6户农民商议成立了农业生产互助合作组织——李顺达互助组，这是抗日战争时期全国成立的第一个农业生产互助合作组织，成为中国农村改革的一个标志性事件。1951年，李顺达在互助组的基础上，组织26户农民创办西沟农林牧生产合作社。1954年，该合作社扩大到246户，改名为西沟金星农林牧生产合作社，实现了农业合作化由初级向高级的过渡，毛主席曾对其给予高度评价。继此之后全国最早的“十个老社”涌现，为我国农村合作经营作出贡献，开启了农村集体经济发展的探索与实践之路。

二是农村改革基础好。改革开放以来，长治市先后承担了农村税费、农村集体产权制度、农业社会化服务等13项关键领域的全国改革试点工作，深化改革的一系列成果持续赋能农村集体经济发展。2019年5月8日，长治市被确定为全国农村集体产权制度改革试点单位，改革任务涉及12个县区、155个乡镇（街道、办事处）、3 478个集体经济组织。改革完成后，全市成立了2 843个股份经济合作社和635个经济合作社。在政策强力推动下，长治市集体经济发展成效显著。2021年，长治市农村集体资产339亿元，村均139万元。村级集体经济总收入16.2亿元，村均66万元，集体经济空壳村实现“清零”。全市行政村集体收入全部超过5万元，涌现出上党区南宋乡永丰村等一批集体经济强村。截至2022年底，全市村级集体经济收入全部突破10万元，30万元以上村占比达56%，为农村集体经济高质量发展奠定了坚实基础。

三大集成，巩固发展有办法

长治市把发展新型农村集体经济作为实现乡村善治、促进农民增收的重要切入点，抓战略、强规划、出政策、稳存量、促增量、挖潜力，创新探索集体经济发展新路径、新模式，有力促进了农村集体经济总量增长、效益提高、实力增强。

一是政策集成。

周密部署，组织有力。长治市委、市政府高度重视农村集体经济发展，市县均成立了发展壮大村级集体经济领导小组，明确了县委书记、县长齐抓共管的“双组长”机制。出台《长治市发展壮大村级集体经济若干措施》《全市发展壮大新型农村集体经济重点任务清单（2022年）》等文件。组建集体经济工作专班，编制《长治市发展壮大新型村级集体经济专项规划》《长治市发展壮大新型村级集体经济三年行动方案》，做到市县有规划、乡镇有方案、村村有项目。全面开展“清化收”工作，从不规范合同中挖潜力，在陈年旧账中淘金子，向新增地源要效益，村村形成了合同管理、化解债权债务和新增地源收费三个办法，建立健全农村集体资产年度清查和农村集体资产定期报告两个制度，规范集体经济组织运营机制。

多管齐下，架构健全。2022年，长治市先后成立了市级农村集体经济发展有限公司、农村集体经济发展协会，12个县区和62个乡镇也成立了平台公司，形成“政府＋协会＋平台公司＋村集体经济组织＋农户”的工作矩阵，农村集体经济发展迈入“系统集成、协同高效”新阶段。围绕项目筛选、项目融资、股权投资、委托经营、市场运营等，逐渐构建起政府产业引导、协会抱团聚力、公司市场拓展、集体经济组织牵头抓总、农户主体参与的合作生态。建立联动机制，采取组团、联盟、联合等形式，实行村企联营，推动产业相近、产业互补的村集体经济组织成立联合体，实现抱团发展。先后组建了8个电商产业园、18个产业联合体、62个联合党组织、78家农民专业联合社，带动832个村集体经济在项目规划、生产经营、产品销售等环节取得突破。

创新引领，要素集聚。全面梳理各类政策，引导和撬动工商社会资本、土地、人才、科技等要素加速汇聚，集体经济发展的“洼地”效应显现。2022年，市级新增专项资金2 000万元，奖励资金1 000万元，一产高质量发展资金8 000万元。县级新增专项资金1.21亿元、奖励资金3 100万元，一产高质量发展资金4.8亿元。乡村振兴重点帮扶县还将整合资金的20%以上用于发展村集体产业项目。全面实施了“本土人才回归工程”“乡村振兴万人计划”“新农人培训计划”等，采取创业补贴、金融扶持、发放补助等系列措施，20.4亿元社会资本注入3 572个村集体经济项目，5 246名致富能手、返乡人员等进入村“两委”班子，1 356名机关事业单位干部和大学毕业生到村任职和工作，激活了农村发展潜能。

二是模式集成。

资源资产开发型。农村集体经济组织对集体闲置的建设用地、机动地、四荒地等资源，房屋、校舍、机械设备和公共服务设施设备等资产，以及集体兴办的厂房、仓储设备、商业门面等，采取拍卖租赁、承包经营、股份合作等方式开发利用，增加村集体收入，即发展“资源经济”和“物业经济”。这种发展模式具有操作简单、收益稳定、市场风险较低、易于村民参与和监督等优势。壶关县岭东村作为移民搬迁村，搬迁后将集体山林、道路、村民旧居等资源折股400万元入股凤凰山庄乡村旅游专业合作社，建成了吃住行游购娱为一体的休闲娱乐项目，成为远近闻名的网红“打卡地”，带动村集体年增收20万元；屯留区西街村投资4 900余万元建设西街商贸楼，租赁给浙江客都商贸集团，村集体每年可得租金355万元。

居间服务创收型。农村集体经济组织领创办各类服务实体，为企业、合作社、个人提供农机作业、冷库仓储、产品加工运输、基础设施建设、家政、物业等服务。目前主要包括两类：生产托管类，为农户提供耕、种、防、收等农业社会化服务；生活服务类，为村民提供保洁保安保育、加工销售咨询等日常服务，增加村集体收入。黎城县晋福村采用“1＋6＋N”托管模式

（1，即村集体经济合作社为服务载体；6，即提供全托管、半托管六个套餐服务；N，即实现地块N种作物轮作），托管服务由1个村扩大到11个村，服务农户1 130余户，托管面积由996亩扩大到1.1万亩，集体年增收15万元；襄垣县东周村为农贸市场提供环卫保洁和物业管理服务，集体年增收10万元。

产业发展引领型。利用本地中药材、小杂粮、食用菌等特色产业优势，结合农村土地、山水、田园等自然资源和生态环境优势，采取“龙头企业/合作社＋村集体＋农户”等合作方式，发展种植养殖、设施大棚、农产品加工、手工艺品制作等农业产业，开发农家乐、民宿、休闲农业等新业态，增加村集体收入。潞城区史回镇将产业相近的小常、楼后等8个村的300万元闲散资金和200亩土地，打包入股建立食用菌产业园，村集体年增收45万元。沁县走马岭村，修复茶马古道380米、红色地道1 600米，建设休闲度假村，年增加集体收入30万元。

抱团致富创新型。整合各类资源，引导村集体、企业、社会组织多方合作，打通融资、销售、项目、人才对接通道，以强强联合、以强带弱、抱团取暖等方式，形成企业与村集体产业链上优势互补、分工合作、共同发展的格局，实现“1＋1＞2”的效果。潞城区黄牛蹄乡股份经济联合总社、微子镇股份经济合作联合总社带动30个村级股份经济合作社，发展1.9万亩高粱种植，通过农资集中采购、农机调配使用，为农户提供耕种防收等托管服务，有效降低劳作成本，亩均收益2 000元，带动村级集体经济增收 3 800万元，平均每个村集体增收125万元。乡镇联合社除留下10万元生产基金外，其余收益全部按照高粱交易量和村级股份经济合作社所占股份返还各村级集体经济组织，实现了大村带小村，抱团共致富。

三是效果集成。

点燃干部激情。长治市大力选拔年轻干部，建立考核激励机制，市、县分别制定《发展壮大村级集体经济考核奖励办法》，考核结果实行“三挂钩”：与县乡书记抓党建促进基层治理成效挂钩；与党支部评先评优、评星定级挂钩；与村干部岗位报酬挂钩。特别是对工作不力、成效不明显的县乡党委书记实行“一票否优”，达到了“实干看得见、不干就出汗”的效果。黎城县大胆使用培养潜力大、条件比较成熟的年轻干部，在全县8个镇建立人才服务驿站，鼓励有志之士返乡创业，选拔4名85后担任乡镇党政正职，配备29名35岁以下乡镇班子成员，全日制大学以上班子成员28名，占比32%。襄垣县设立村党组织书记发展集体经济奖，新增5万元以下的奖励当年增加经营性收入的5%，新增5万元及以上的奖励当年增加经营性收入的10%，极大激发了村干部干事创业的热情。

增强干事本领。长治市将提升发展经济能力作为村“两委”干部培训的必修课，实施农村“带头人”队伍优化提升行动，采取课堂教学、现场观摩等方式，组织“领头雁”培训班、专项行动能力提升班、新型职业农民培训班等，帮助村干部学习先进发展理念。上党区按照“五有三化”（有实训场所、有课程教材、有师资队伍、有经费保障、有考核机制，教材本土化、需求定制化、培训调度化）标准，打造了东贾、西申家庄、东掌、振兴和长乐社区5个实训基地，探索出“领导干部＋党校教师＋乡土人才＋基地＋案例”融合实训模式，真正让基层干部听得懂、学得会、用得上。

营造赶超氛围。长治市依据自然条件、资源禀赋、产业现状等发展实际，将全市村集体经济组织分为197个重点帮扶村、1 487个整体推进村、752个先行示范村三个类别，编写《百村百例》，推出一批集体经济发展观摩学习基地，其中全市11个典型村发展模式入选省级案例，营造了学有标杆、做有示范、干有榜样、赶有目标的浓厚氛围。黎城县确定了17个重点村、24个示范村先行先试，做出样子，创出经验，辐射带动，113个同步推进村积极行动，跳起来摘桃子，努力实现建成一批重点村、壮大一批一般村、提升一批薄弱村的目的。

实现农民增收。在政策和模式的加持下，不断拓宽农村集体经济增收渠道，农民收入持续增长。根据长治市2016—2022年国民经济和社会发展统计公报，长治市农村居民人均可支配收入从2016年的11 863元持续增加到2022年的19 437元，增长了63.85%，年均增速8.58%。城乡居民人均收入比从2016年的2.37降至2022年的2.12，低于2022年全国城乡居民人均收入比2.45的水平，农民增收成效显著。沁源县郭道镇在“十三五”期间近50%的村集体经济收入在10万元以下，伴随着集体经济的大力发展，2022年该镇农村集体经济收入超10万元的达100%。

四大经验，长治样本有启发

长治市持续巩固提升农村集体经济发展成果，强组织、搭架构、聚要素，探索了资源资产开发型、居间服务创收型、产业发展引领型、抱团致富创新型等发展模式，点燃了干部激情，增强了干事本领，营造了赶超氛围，实现了农民增收。这些成效主要得益于四个重要经验。

一是坚持党建引领，人才是根本。强劲有力的农村基层党组织和优秀人才资源，是确保集体经济依法依规运行、逐步实现共同富裕的先决条件。长治市坚持农村基层党组织的领导核心地位不动摇，充分发挥集中力量办大事的制度优势、组织优势，既不越位，也不缺位，围绕巩固党在农村的执政基础谋划和实施集体经济发展，整合政府帮扶资金、引入社会资本、联合各类主体，发展村民、组织村民、带领村民，不断提高集体经济发展的平衡性、协调性、包容性。建立健全人才选拔、使用工作制度，搭建沟通实践平台，充分利用“岗位大练兵”、现场观摩会、知识竞赛等方式，加强人才培养力度，打造一支胜任本职岗位、认真履职尽责的乡村振兴人才队伍。

二是强化内引外联，聚力是方向。“有为的政府”和“有效的市场”是打破要素流动壁垒、激发多元主体活力、优化农村营商环境、促进集体经济健康运行的必备条件。长治市坚持内引外联，妥善处理政府和市场关系，持续发挥政府“立规矩”“定标准”“抓实施”的优势，破除束缚集体经济发展的体制机制障碍，激发集体经济发展的持久动力。发挥协会中会员单位的人才、龙头、品牌、资金、人脉优势，帮助农村集体经济组织对接社会资本、参股龙头企业、共建农业产业园等，实现一体化服务、市场化运作、产业化引领、项目化推进、规范化发展。发挥平台公司孵化龙头企业、扶持优质项目的优势，通过借款、参股、奖补、招股等方式，为集体经济组织提供项目资金整合、包装建设、法律咨询、公司管理、电商服务、技能培训等综合服务，推动集体经济提质增效。

三是激活集体意识，民主是关键。集体的力量来自成员的共同目标和团结协作，村集体的组织动员力、号召力和凝聚力在农村集体经济发展中表现得淋漓尽致。强有力的村“两委”班子、运行机制健全的集体经济组织和高度自治的成员群体共同唤醒了集体意识，催生了强大的集体荣誉感和使命感，集体经济组织负责人铆足干劲，以村为业、以村为傲，因地制宜谋划发展项目，探索发展新思路；集体成员自我管理、自我约束，积极参与集体管理监督，通过入股、托管等方式与集体建立了紧密的利益联结机制。集体尊重成员意志，成员尊重集体决策，两者构建了紧密的荣誉共同体、责任共同体、命运共同体，共商共治，同谋发展。

四是坚持抱团共富，共享是未来。抱团是手段，共富是目的，共享是未来。抱团发展是突破资源约束、力量限制，顺应时代，实现优势互补、共同发展的现实选择。长治市在发展集体经济过程中，聚焦缩小发展差距，坚持“先富帮后富，强村带弱村”，探索建立村企联手共建、弱村抱团聚力的发展格局，在促进集体资产保值增值的同时，保障成员财产权益，实现集体与成员共享共富共荣。始终以“抱团发展、百花齐放”为切入点，主动打破农村地域、行业领域、行政隶属等限制，因村制宜，集零为整，引导村庄围绕飞地抱团、农房盘活、产业联结等方面，创新机制，互联共建，资源共享，推动实现群体共富、城乡共富、区域共富。

坚持党建引领　聚焦提质增效
推动全市农村集体经济发展壮大

按照全省抓党建促基层治理能力提升专项行动要求，长治市以强党建为引领、以创平台为抓手、以因村施策为路径，推动村集体经济提质增效。

全市壮大村级集体经济助力乡村振兴推进会

以强党建为引领，提升组织带动能力

一是党政同责“勇担当”。明确了市委出题、县委答题的“双破题”机制，明确了领导小组统筹协调、工作专班具体承办的“双运行”机制，明确了县委书记、县长齐抓共管的“双组长”机制，制定《重点任务清单》，出台《专项规划和三年行动方案》，达到四级联动、市县有规划、乡镇有方案、村庄有项目的效果。二是选优配强“领头雁”。村支部书记、村委会主任、合作社理事长“一肩挑”比例达95%，用好到村工作大学生，依托校地合作乡村振兴服务站，做到有岗有责、有名有实全覆盖。三是擂台比武“亮晒评”。举办首届新型农村集体经济展览会，开展“践行四敢，共富有道”乡村党组织书记擂台赛和“亮晒评”活动，形成以赛促干、以比增智、建功一线的浓厚氛围。

发挥平台支撑作用，强化组织服务功能

一是聚焦要素激活力。围绕村集体经济发展资金、项目等要素，搭建市级平台公司、发展协会、乡镇联合社“三大平台”，形成了“政府＋协会＋平台＋合作社＋农户”工作矩阵，充分发挥项目培育、人才引育、兜底保障作用，整合7.3亿元资金，扶持项目1 057个。举办项目推介暨签约活动，签约15个项目，撬动社会资本投资10亿元。二是推动交易引活水。推动农村集体“三资”监管平台和产权交易平台建设，市场交易整体溢价率超过30%。推进“清化收”，新增地源25万亩，新增资源收费8 643万元，所有新增交易均被纳入平台管理。金融部门向集体经济组织授信36.1亿元。三是共建共联促发展。推动市场主体通过组团、联盟、联合等形式，先后组建8个电商产业园、18个产业联合体、78家联合社，带动832个村集体经济在生产经营、产品销售等环节取得突破，推动经营性收入增加2.28亿元。

坚持因村施策推动，激发经济发展动能

一是在发展方式上分“三种类别”施策。将全市村集体经济组织分为示范村、提升村、薄弱村三个类别，根据集体经济收入总量、结构、增幅划分，以技术支持、项目倾斜、兜底服务等方式同步推动村级集体经济发展壮大。2022年，全市197个薄弱村全部实现收入突破10万元，其中，30万元以上村占比达58.2%，50万元以上村占比24.5%，100万元以上村占比10.6%，力争2023年达到70%。二是在发展途径上以“六种模式”推广。探索形成了六种发展模式，即资源开发利用、产业发展带动、生产生活服务、物业经济租赁、文旅融合引领、联合发展创新。根据自然条件、资源禀赋、产业现状等明确发展路径，在实践中鼓励长板、锻造新板。这六种模式覆盖全市83%的行政村，带动群众大力发展富民产业，推动集体经济收入新增4亿元。三是在稳健运行上以“两个机制”保障。健全完善村集体经济分红机制和风险防控机制。把分红率和分红占比纳入典型选树、评优评先、专项考核，有力推动集体创收，全市村集体分红1.47亿元，分红村536个，户均财产性收入增加900元，让村民共享村集体经济发展成果。通过设立到村工作大学生担任报账员制度、开展村级集体经济保险试点、村干部任期经济责任追究办法等一系列制度，完善风险防控机制，确保风险有预判、防控有措施、止损有保障。

厘清“家底” 盘活“资源” 做大“家业”

按照省委抓党建促基层治理能力提升专项行动的安排部署和市委、市政府具体要求，自2022年2月开始，长治市集中开展以农村集体经济合同专项清理、村级债务化解、新增地源收费为内容的“清化收”工作，从不规范合同中挖潜力，在陈年旧账中淘金子，向新增地源要效益，为村级集体经济发展增加积累，为全面推进乡村振兴奠定了坚实基础。全市2 436个行政村全部完成“清化收”工作，排查合同7.6万份，清理整改5.3万份不规范合同，通过清理合同增加集体收入2亿元；清收债权37亿元，化解率达62%；化解债务33亿元，化解率达39%；新增各类地源25万亩，新增地源收费7 431万元。同时，涌现出了一批各具特色的典型，形成了一批行之有效的工作新机制，呈现出一批规范有序的工作新成果，达到预期效果，取得明显成绩。

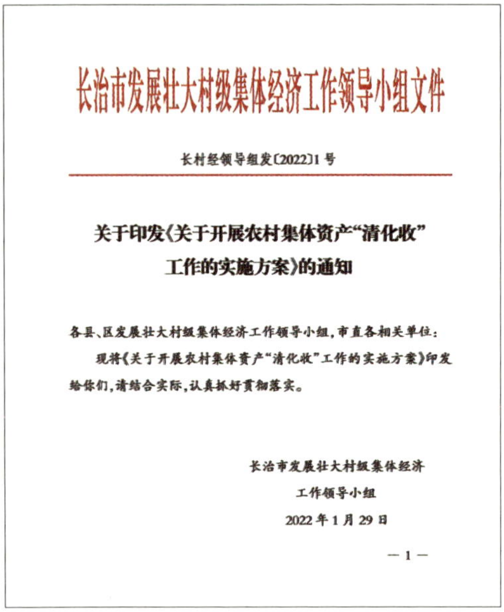

长治市发展壮大村级集体经济工作领导小组文件

长村经领导组发〔2022〕1号

关于印发《关于开展农村集体资产“清化收”工作的实施方案》的通知

各县、区发展壮大村级集体经济工作领导小组，市直各相关单位：

现将《关于开展农村集体资产“清化收”工作的实施方案》印发给你们，请结合实际，认真抓好贯彻落实。

长治市发展壮大村级集体经济工作领导小组

2022年1月29日

－1－

长治市印发《关于开展农村集体资产“清化收”工作的实施方案》

合同清理

全市围绕摸排情况、决策程序、合同文本、资金收缴、备案管理五个方面，采取逐村逐份清、逐乡逐镇过的方式，对村集体所有的各类经济合同进行了全过程查验评估。通过摸排清理，3 478个村股份经济合作社建立了合同台账，列出了2万余个问题清单，整改了5.3万份不规范合同。其中完善修订合同4万余份，依法收回合同2 000余份，依法解除或撤销合同2 000余份，重新签订规范合同7 000余份，依法提交司法程序合同1 000余份。通过合同清理，全市2 436个行政村平均增收8.4万元，成为当年村集体收入的重要增长点。

按照“小问题不出村、大问题不出镇、难问题不出县”分级处置要求，各县区都成立了疑难问题研判处置小组，抽调纪委、组织、公安、检察、法院、司法等业务骨干及会计师、律师等专业人员共同对提级办理的问题研判处置，共提级处理113个。襄垣县解决了自然资源局新复垦土地与私人林权证范围重叠和古韩镇与善福镇指界不清、权属不明的问题。平顺县青羊镇出台了《农村集体资产“清化收”工作各村可能存在的问题及处置办法》，打通了合同清理的痛点难点堵点，确保合同清理整改工作扎实有效。

按照建立长效机制的要求，各县区以合同管理、农村财务管理、工程项目管理等为重点，建立健全了《村集体资金资产资源管理制度》《农村集体资产年度清查和定期报告制度》《农村集体经济组织收益分配办法》等。潞城区制定了《农村集体经济合同统一编码规则》《村集体工程项目管理办法》。武乡县在解决“四荒地”拍卖问题上制定了《关于规范化管理的指导意见》等细则，进一步规范了村集体资产资源管理。黎城县黎侯镇实行电子化备案，对所有合同在统一编号后，全部存入乡农村集体经济合同信息库，防止纸质版合同因时间长久和各种意外丢失、损毁、篡改等而造成信息丢失的情况发生。同时，积极推进新增合同、到期合同的资产资源交易进入农村产权交易中心工作。襄垣县制定了《襄垣县农村产权交易平台升级及运营方案》，设立了产权交易平台，规范产权交易工作。全市农村产权交易1 115宗，交易金额达1 963万元，有效推动了集体资产保值增值。

债权债务化解

12个县区成立了债权债务化解小组，研究具体的清收办法和偿还办法，乡村制定了实施方案，2 436个村建立了6 956套债权债务台账，实行动态管理，做到了“四清”，即债权债务人的姓名、职业、住址清，债权债务单位名称清，债权债务形成时间及原因清，约定利率、清偿期限清。

各县区以村会计账簿为依据，采取账内、账外相结合的方法，对所有债权债务与债权债务人进行核对，并全部张榜公示。尤其对群众反映强烈的突出问题进行了重点清查，并采取综合运用市场手段、法治手段和行政手段，加大清欠工作力度，依法清收。黎城县晋福村通过民主决策，推出“321”工作办法，即在1个月内，前10日主动缴费的减免债权总额的30%，10—20日主动缴费的减免20%，后10日主动缴费的减免10%。对脱贫户、低保户、五保户等困难群体实行减免30%。该办法推行后不到1个月，172 户缴清欠款10.2万元，占到欠账户的 86%。沁县福村实行“党旗下交地”，党支部组织全体党员学习“清化收”文件和先进典型，集体宣誓后，面对党旗交地，使集体原有10多年未收过任何承包费的238.3亩耕地全部收回。平顺河东村将债务化解与村级公益岗聘用、积分争星和“星级文明户”评定有机结合，化解村民债务5 203元。该村村民曹某拖欠集体562元，偿还较为困难，通过安排其到环境卫生员岗位，以工代偿偿还了债务。

收取新增地源费

各县区统一制定了集体土地等资源收费标准指导价，乡镇（街道）严格按照指导价确定了地力等级，各村按质定价，通过村民代表会确定本村的收费标准。壶关县根据地理位置、土地肥沃等情况，确定了7个等次的指导价，最高是龙泉镇建设用地指导价每亩2 000元，最低是树掌镇荒山荒坡指导价每亩40元。

各县区下发农村集体机动地、建设用地、集体林地图纸1 676余幅，每块地勾勒得清清楚楚，村集体以地找人、以人找地，实现了人、地、合同相匹配，实现了家底清、群众明、无纠纷。潞州区南垂村，委托第三方机构出具土地勘界报告，绘制了《南垂村资产资源分布图》，依据图斑以地找人找合同，梳理出合同129份，涉及土地569亩，分七大类（商业网点、集体果园、集体场地、企业租地、养殖用地、原村办企业场地、“四荒”地）统计后建档建台账，理清了全村每个地块的土地性质、使用面积、现状情况。

对找出来的地源发包全部进行公开竞价和招投标，“阳光操作”。资源发包方案经代表会讨论、乡镇审核批准，发包过程、发包结果和合同履行情况及时在村内进行公示，接受群众监督。新增的7 431万元地源收费全部实现了专户管理，纳入集体经济账内核算。

通过开展“清化收”工作，全市基层治理能力明显提升，集体资产经营管理能力得到加强，集体经济组织运行进一步规范，树立了正气，凝聚了人心，提高了基层组织的领导能力，夯实了集体经济基础，为建设宜居宜业的和美乡村奠定了良好的基础。

整合要素创新机制　合力提升托管效益

长治市屯留区有13个乡镇（区）209个行政村，耕地71.8万亩，其中粮食作物56万亩，主要以玉米种植为主。2017年以来，屯留区探索总结出适合当地农业生产托管发展的“保姆式”全托管、“菜单式”半托管模式，推出“三套餐”“六服务”的服务模式，实现了协会、金融、保险合力撬动农业社会化服务完整链条生产托管“屯留模式”。全区托管面积达60万亩，服务小农户4.87万户，占全区家庭承包经营户的84.5%，实现粮食每亩节本增收500元，服务主体收入增长23%，农机手单季作业增收1万元，释放全区劳动力80%以上。

屯留区生产托管耕作现场

建立“五动机制”，构建玉米全产业链托管服务体系

屯留区按照“市场先行、项目引导、探索创新、持续发展”的工作思路，依托屯留区农业生产托管服务协会、屯留区粮食行业协会和邮储银行的资金保障，围绕玉米生产建立了民间发动、规模带动、服务牵动、技术驱动、资金撬动的“五动机制”，提供了产前、产中、产后全链条农业生产托管服务。

社会推动，搭建平台。2018年2月，屯留区成立了全国首家县级农业生产托管服务中心。服务中心主任由所有服务主体推荐产生，由屯留县晋园绿色农林科技开发有限公司负责人呼建军担任。服务中心牵头组织35个农民合作社、2个龙头企业，成立了农田服务组、农技服务组和生防服务组3个分工明确的服务团队。2020年5月，服务中心成立长治市屯留区农业生产托管服务协会和长治市屯留区粮食行业协会。两个协会的会长分别为屯留县北宋杜村永达农业机械服务专业合作社郭文红、屯留县赵梓博玉米种植专业合作社负责人赵新红。屯留区农经中心作为业务主管单位与中国邮政储蓄银行（简称邮储银行）屯留区支行、山西省农担公司达成战略合作协议，两个协会的成立以及邮储银行的资金注入，实现了强强联合，打造了农业生产托管产前、产中、产后全链条一体化的服务平台。

规模带动，整村推进。积极发动村“两委”与农户沟通，签订集中连片作业托管服务合同。这种工作方式得到了农户的信任，加快了整村推进的步伐。2020年，试点村已增加至160个，占全区行政村总数的76.5%，其中东部8个平川区域乡镇156个行政村实现农业生产托管服务全覆盖。

服务牵动，接好地气。创新推出“六核心服务”和“三环节套餐”的托管服务菜单，有效满足了农户的各种需求。“六核心服务”包括机播、机收、秸秆还田、深松深耕、旋地、烘干服务。“三环节套餐”，一是在平原乡镇推行以玉米机收、秸秆还田、深松深耕为主的全套作业环节；二是在丘陵、山区乡镇推行秸秆还田、深松深耕、旋耕等部分核心作业环节；三是推行以玉米机械化烘干为主，包含测土配方施肥、收储等服务环节的多样化服务。

技术驱动，提质增效。建立农业生产托管大数据管理平台，将服务主体纳入管理系统进行有效监管，通过可视化统计分析，直观展示农业生产托管情况，让数字化农业生产托管成为现实。针对全区农业生产技术推广滞后的现状，以农业生产托管服务为载体，全力推行秸秆还田、深耕深松、种肥同播、统防统治等农业技术，有效提高了土壤有机质含量，实现了农作物优质高产。2021年全面与中国农服平台对接，安装农机作业终端设备，上传托管作业数据至农服平台。

资金撬动，激发活力。在财政补贴资金分配上，充分发挥“四两拨千斤”的作用，按照服务主体与小农户互惠互利的原则实行“二八分配”的资金分配方式，在实际操作过程中采取服务主体少收农户服务费的方式让利农户，让利比例达财政补助资金的100%，有效调动了广大农户和服务主体双方的积极性。

行业协会、金融保险齐发力，为生产托管保驾护航

充分发挥行业协会的功能。屯留区农业生产托管服务协会为农户提供种子、化肥等农资的统一采购，降低农业生产成本，助力服务主体完成农业机械装备的提档升级，提高作业效率。长治市屯留区粮食行业协会开展粮食收购、储藏、烘干运输、销售的一体化建设，解决了农户赊欠服务费、服务组织服务费回笼难的问题，促进了服务组织的健康发展。

创新金融保险支持，健全风险防控机制。为加大金融支持，屯留区农经中心、邮储银行及山西省农业信贷融资担保有限公司（以下简称省农担公司）三方达成战略协议，由省农担公司为农业生产托管服务主体提供担保，满足服务主体在农机、农资购买、粮食收购等方面的资金需求。被担保的托管服务主体享受邮储银行年息3.75%的最低贷款利率，同时最高可获得200万元的授信额度，解决了发展资金不足和贷款成本高的问题。开展托管高产示范田成本保险试点工作，积极运用市场化手段防范和化解风险，保费82元/亩，由太平洋保险公司减免50%，剩余50%中由地方财政补贴21%（17.5元/亩）、服务主体或农户只需承担29%（23.5元/亩），每亩可最高享受500千克（900元）的保险。2021年将玉米产量提升至650千克，服务主体或农户承担的保费保持不变，地方财政保费仅增加2元/亩（19.5元/亩）。同时增加“高粱完全成本险”，服务主体或农户承担保费30.5元/亩，保额800元/亩。

2021年，屯留区农业生产托管加大金融支持力度，建行山西省分行安排资金不低于20亿元的农业生产托管服务融资额度，用以支持保障全省农业生产托管领域的融资需求，屯留区作为首批试点县享受到最低利息的金融支持。同时，为解决部分服务主体农业生产托管过程中资金短缺的燃眉之急，协会与农商银行屯留分行达成协议，注入快捷、便利的短期融资，资金最高上限可达500万～800万元。

“屯留模式”紧紧围绕适度规模经营，通过生产托管解决种地难题，推进当地农业现代化发展，取得了良好的经济、社会、生态效益。

经济效益。粮食实现稳定增产。秸秆还田、深松50厘米，玉米主根系扎根2.5米，粮食亩产由托管前传统种植的400～600千克提升至800～900千克，2020年托管高产示范田亩产达到900～1 000千克。农户平均每亩可至少实现节本增收500元。其中，统一购买农资可节支30元/亩，种肥同播可节省化肥40千克（即60元/亩），机收、秸秆还田、深松深耕、旋地等6个环节可减支60元/亩；增产150～250千克/亩，增产部分可增收350～500元/亩。

屯留区生产托管谷子种植基地

社会效益。青壮年劳动力可安心在外打工，释放的劳动力80%发展第三产业，在确保承包地收入不变甚至增加的情况下，人均可额外增加收入达2万～5万元/年。社会化服务组织发展壮大，服务主体由11家增加至42家。在服务实力上，1 804马力[①]以上的大型拖拉机由零增加至30余台，农机作业效率提高3～5倍，有力促进农业适度规模经营，加速了屯留区农业现代化步伐。

生态效益。推广种肥同播、深松深耕（深松≥50厘米、深耕≥30厘米），重点解决秸秆还田薄弱环节，减少了秸秆焚烧带来的环境污染，通过秸秆还田改良了土壤团粒结构，提高了土壤肥力。推行农药统购、统供、统配、统施“四统一”模式，合理使用化肥、农药比例，减少了化肥、农药对环境的污染，提高了农作物品质。

① 马力为非法定计量单位，1马力≈0.735千瓦。——编者注

“四种类型15种模式”
蹚出发展壮大村级集体经济黎城新路径

2022年以来，黎城县，以抓党建促基层治理能力提升专项行动为抓手，积极探索发展壮大村级集体经济的四种类型15种模式，搭建“1 + 8”平台，育龙头、延产业，多措并举推进村级集体经济提质增效。全县村集体总收入5 285万元，经营性收入占比近70%。收入30万元以上的村达121个，收入10万元以下的村实现全部清零。

党建引领，强化组织领导

县委、县政府高度重视发展壮大村集体经济工作。一是领导重视，健全机制。多次召开常委会专题研究部署，专门成立由县委书记、县长任“双组长”的领导小组，县委常委会、县委农村工作领导小组先后32次召开会议专题研究相关工作；成立22个工作专班，进一步强化组织领导，理清工作任务，全面压实责任。科学编制《黎城县2022—2025年壮大村集体经济专项规划》，精心制定“一方案、两办法”（《黎城县发展壮大村级集体经济实施方案》《黎城县扶持壮大村级集体经济支持和奖励办法》《黎城县发展壮大村级集体经济督导考核办法》）等一系列保障制度，党建赋能，组织保障，确保发展壮大村集体经济各项工作走实走深。二是因地制宜，摸索前进。坚持党建引领、农民主体、示范带动，探索形成四种类型15种模式的“黎城方案”，17个重点村、24个示范村先行先试，做出样子，创出经验，辐射带动；113个同步推进村积极行动，跳起来摘桃子，努力达到建成一批重点村、壮大一批一般村、提升一批薄弱村的目标。推进过程中，县委通过季观摩、季评比等方式，以奖代补，形成比学赶超、争做标杆的浓厚氛围，确保收入10万元以下的村全部清零，为全面推进乡村振兴、加快农业农村现代化提供有力支撑。三是双向考核，激励担当。创新“双向考核、上下挂钩”考核机制。将市对县、县对乡的乡村振兴考核与四套班子领导年度考核、评先评优相挂钩，年度考核全县排名倒数的乡镇和县直部门，其包联和分管县四套班子领导否决评优，实现县四套班子领导和乡镇部门工作捆绑、责任捆绑、奖惩捆绑，形成全县上下唯旗必夺、唯先必争、干在实处、走在前列的鲜明导向。

产业兴旺，助力强村富民

以建设经济技术开发区和现代农业产业园“两大园区”为载体，注重“硬环境”和“软环境”双向发力，积极创优营商环境，滚动开展“三个一批”，全年共谋划实施重点项目109个，总投资285亿元，年计划投资59亿元。其中产业类项目71个，总投资246亿元。在工业项目上，有效带动先进装备制造、光伏、固废节能环保、新材料等战略性新兴产业上规模、延链条、成集群。在农业项目上，按照“1＋8”架构成立黎城县古黎农村集体经济发展有限公司，下设8个分公司，投资2.2亿元，实施56个村集体经济项目。投资9 100万元，用于现代农业产业园基础设施及综合配套建设。支持山西鑫农奥利种业有限公司、山西潞玉种业股份有限公司开展新品种选育、种子繁育，建设奥利制种基地1.1万亩、潞玉育种基地3 000亩，研发系列品种20余个，年产良种3 800吨，积极创建种业大县。初步形成“百（万只旱鸭）十（万只蛋鸡）万（亩干鲜水果和中药材花卉种植基地）千（亩设施农业）”特色农业产业格局。在旅游项目上，推出红色文化初心游、绿色生态山水游、特色乡村休闲游“三色旅游”，以农促旅，以旅富农，推动一二三产业融合发展。

要素保障，确保政策落实

一是四套班子以上率下提供组织保障。落实省委“三个带头”要求，坚持一线工作法，县委常委带头开展常态化“大走访”活动，党政班子成员，特别是“一把手”每年至少48天开展入村调研。县包镇领导每年到所包镇走访不少于24次，每季度遍访所包镇所有村1次，带动带领全县驻村干部、镇村两级干部、网格员深入农户，形成上下贯通、配合有力、一抓到底的工作格局。二是优化“三农”队伍结构提供人才保障。大胆使用培养潜力大、条件比较成熟的年轻干部，在全县8个镇均建立了人才服务驿站，鼓励有志之士返乡创业，选拔15名“五类人员”进入乡镇领导班子，选拔4名85后担任乡镇党政正职，配备29名35岁以下乡镇班子成员。全日制大学以上班子成员28名，占比32%。选拔懂发展、善治理、有干劲的优秀人才进入村“两委”班子，45周岁以下占比55%，平均年龄43岁，下降6岁。大专及以上学历占比44%，提高了23%，实现了“一降一升”。实施“乡村振兴万人计划”，村村配备大学生，全县乡、村两级班子结构进一步优化，活力进一步增强。三是激发市场主体提供政策保障。出台《黎城县强化市场主体倍增要素服务保障十条措施》，对返乡创业、农机购买、规模种养殖、企业创办、金融贷款、地理标志认证等10方面加大政策和资金支持力度，全流程“真金白银”扶持，发放创业担保贷款1 411万元，58家创业创新实体入驻“双创”孵化基地，实现创业增收1.2亿元，成为“市级创业孵化示范基地”。投资3 000万元建成全市首家省级标准公共资源交易中心、第一家远程开评标县级交易中心。设置“企业开办专区”“工程建设项目专区”，推行71项“证照分离”改革，优化升级企业开办全程网上办理平台，办理审批事项3 400余件、便民服务事项2.6万余件。全县市场主体净增2 493户，同比增速244%。

严格监管，“三资”监管有力

一是健全制度，严格监督。出台农村集体资产“三资”管理制度、农村集体资产年度清查和定期报告制度等10项配套制度。加大对村集体经济项目建设、资金使用及收益分配的监管力度，严格把关做好集体经济发展项目扶持资金拨付、使用、审计。持续加大行政村财务支出监管力度，通过“四议两公开两监督”工作法，广泛接受广大党员干部群众的监督，确保每笔开支和投入公开透明，有效使用资金和降低资金的投资风险。二是搭建平台，数字赋能。投资220万元，建设数字化农业生产托管服务平台项目，以村为单位对农村集体资产进行电子化备案，实现农业产业信息化、品牌化和智慧物联网。实行动态管理，进一步规范了农村“三资”管理。三是创新“136”，试点“清化收”。作为全市的“清化收”试点县，成立以书记和县长为双组长的领导组，组建4个“清化收”工作专班，以村为单位建立台账，对全县农村集体经济合同进行“大清查、大起底”，创新一把尺子丈量到底、三步研判精准认定、六种路径处置到底的“136”机制进行精准处置。处置不规范合同2 091份，收回债权9 109.74万元，化解债务5 216.14万元。新增地源3 187.2亩，新增地源收费65.6万元。及时将工作中的好做法、新经验提炼成可复制、可推广的工作模板，为全市开展“清化收”工作提供黎城经验。

聚焦集群发展，产业联动挖潜力

围绕不同产业形态和同一形态的不同环节，实施多边化、多维度合作，实现产业联动集群化发展。一是产业外纵向联动。走一二三产业协同发展之路，以农业项目为主，联动发展加工业和服务业。以经济开发区、现代农业产业园“两大园区”发展带动周边村集体大力发展劳务服务、经纪服务等第三产业，为村集体增加收入拓宽渠道。二是产业内横向联动。走产业内生产环节联动发展之路，延伸产业链，形成产业群。延伸形成百万旱鸭、核桃、小麦面粉、水果中草药、玉米制种、金海菇业、康禾桑果“种养加销”纵向产业链条，为带动村集体经济注活力。三是环产业联动。以美丽乡村、全域旅游、休闲观光、产业集群等政策扶持为契机，村集体提供房产租赁、土地流转、接待服务等，增加集体收入水平，实现产业联动发展。

聚焦市场运作，公司联盟添动力

在全市率先成立“1＋8”平台公司的基础上，重点引导8个分公司发挥资源禀赋、聚集产业优势、赋能产业发展，由分公司牵头，实施村集体项目，以龙头企业和专业合作社为主体，采取“分类推进、一村一策”的发展思路，立足优势，因地制宜，深入挖掘村集体土地、山水、田园等特色自然资源，结合实际大力发展设施农业、特色种植、特色养殖、休闲观光农业、绿色低碳产业等村级产业项目，积极培育特色专业镇，每个镇打造2～3个专业村，全县创建1个市级专业镇，实现“一业带一镇、一镇带一方、一方促全盘”。

聚焦资源整合，项目联带激活力

充分发挥行业协会、合作联合社的作用，整合全县种植类、养殖类、农机类、加工类、农产品销售类、文创类、乡村旅游类、红色资源类、电商类等不同规模的合作社及家庭农场，将特色资源、特色产业进行分类整合，包装成县域特色项目，以项目带动实现共同发展。加快推进黎侯乡村e镇项目正式运营，健全电商要素保障，培养本土电商人才，构建“产业＋电商＋配套”的电商生态体系，通过直播带货等方式拓展线上市场，发展线上经济，促进特色农业、乡村旅游与农村电商融合发展，统筹推动乡村服务站（点）全覆盖，切实打通工业品下乡、农产品进城的“最后一公里”，用数字赋能高质量发展。

聚焦合作共赢，村企联结聚合力

将24个有企业驻地的村确定为村企互促型，推动村企合作，实现发展共谋、和谐共创。积极创建种业大县，建设玉米制种基地1万亩，支持村集体经济组织在种、管、收等环节统一提供劳务服务增加收入。依托百万旱鸭，在东阳关镇和上遥镇两个养殖基地附近建立村级养鸭合作社，集中建设旱鸭养殖大棚，由公司提供种鸭苗、养殖技术服务和成品回购销售，增加村集体收入。延伸农业托管“晋福模式”，成立农业托管公司，吸收更多村集体入股，扩大托管规模，形成农业托管联合体，实现村集体经济稳定增长。

通过集群发展、产业联动、市场运作、公司联盟、资源整合、项目联带、合作共赢、村企联结等方式，推动全县集体经济真正融入市场、适应市场、创造市场，同时按照县委出题、部门领题、镇村两级答题的工作模式，把更多的资产利用起来、更多的资金吸引进来、更多项目推动起来，实现村集体经济活起来、强起来。

“强村九式”打出发展壮大集体经济组合拳

潞州区堠北庄街道位于潞州区西南角，辖区面积44.6平方公里，人口5万余人，下辖22个村、1个社区。地处城郊接合区、采煤沉陷区、滨湖管控区“三区合一”的特殊区域，存在农业发展耕地少、地下采空建设难、商贸服务客流少等“老大难”问题。街道党工委通过领题调研、包片访民、下沉一线找准工作方向，提出打造主城区休闲后花园、精品微粮仓、后勤服务商的发展目标，紧紧围绕资源发包、物业出租、居间服务、资产参股四条发展路径，初步形成适合本辖区发展壮大村集体经济的九种模式。

堠北庄街道利用闲置民房开展“庭院经济”

资源拓展式

深挖辖区内各类资源，通过全方位拓展，做到物尽其用、能收尽收。探索“废地经济”，店上村等4个村利用采煤塌陷区开展特色种植，村集体年增收100万元；发展“屋顶经济”，23个村利用闲置屋顶引进太阳能光伏项目，村集体年增收3万元；打造“庭院经济”，蒋村等8个村利用闲置民房打造“庭院经济”，村集体年增收3万元。

资产盘活式

乘着“清化收”的东风，全街23个集体经济组织盘活“四荒地”等资源，新增地源5 500余亩，通过公开招标等方式增收640万元。

组合开发式

整合各类资源，走出“延链抱团”新型集体经济发展道路。余庄村打造占地500余亩，集产、学、研于一体的党群共建示范农业园区，举办长治市农产品展销节、丰收节等活动。沿湖8个村通过生产居间服务流转1 000亩耕地，引进专业合作社，将各村分散的土地、人力、技术等生产要素整合起来实行统一耕种销售，实现农业节本增效。

文旅带动式

深挖张果老故里、二贤庄等文旅资源，打造张祖村“八仙小镇”、暴马村二贤庄文旅园等项目，同步打造堠北庄便民市场“夜”经济，使集体年增收30万元。

商贸物流式

发挥临城近郊、交通便利的区位优势，制定“一园两带多节点”物流产业发展规划，依托南寨福星物流园，打造沿太焦铁路，G55、S326公路经济带，贯通100余家小散物流节点，形成辐射带动效应。沿线8个村集体年增收200余万元，辖区物流产业带动周边村3 000余人就业。

特色发展式

突出“精、融、全”，因地制宜发展项目。开展精品种植，引进专业合作社种植精品果蔬、杂粮。湛上村开发农旅融合项目，打造170余亩集采摘、休闲等为一体的都市休闲农业园区，预计增收300余万元。全季利用，推行小麦、大豆、玉米的套种复合种植和冬谷、油菜的轮换种植。积极探索“假日经济”“露营经济”，做到“冬闲人不闲”，全面发挥土地效益。

劳务合作式

根据辖区大企业多的特点，开展劳务居间服务，实现农户、村集体、市场主体的“三赢”。杨暴村成立长治市丰圣劳务服务有限公司，承接物业管理、电厂道路保洁等项目，解决剩余劳动力80余人，使集体年增收30余万元。

电子商务式

用好数据“新农资”，玩转手机“新农具”，干好直播“新农活”。堠西庄村与长治电子商务协会合作，投资10万元打造“电商小镇”，培育农民主播

500余人，带货网红团子、老汉茶面等100余种土特产，带动老村长地锅鸡、璞园等成为“网红打卡地”。堠西庄电商小镇线上推广项目获得“邯长聊濮安”五市青年乡村振兴专项赛“我为家乡代言”网络推广组二等奖（银奖）。

村民线上直播销售农产品

城改推进式

随着城市化进程不断推进，堠北庄街道在符合条件的村进行城中村改造，实现集体增收、村民受益。湛上村做好城改后半篇文章，开展物业出租，多种形式出租小区门面房、写字楼3 500平方米，集体年收益340万元，每户年平均分红1.08万元。

通过“强村九式”，堠北庄街道23个村（社区）实现集体经济收入2 380万元，较2020年提升53%，其中经营性收入2 038万元，提升71%，村民分红720万元。堠北庄街道在推动村集体经济发展中有教训、有思考、有启示。

启示一：必须“聚合力”，只有采取党工委“搭台”创环境、支部“唱戏”谋项目、党员干部“摆摊”带头干、乡土能人“赶集”共发展的方式，大力弘扬“四敢”精神，才能凝聚发展合力。

启示二：必须“广调研”，只有深入群众听取群众所需所盼，问需于民、问策于民，汲取群众智慧，充分保障集体成员的知情权、参与权、经营权，才能找到问题症结，找准破解良方。

启示三：必须“重实干”，“空谈误国，实干兴邦”。只有带领党员干部心心念念抓好党的建设，心心念念抓好经济发展，扑下身子干实事，蹋下心来求实效，才能攻坚克难、梦想成真。

启示四：必须“建机制”，在发展的过程中，必须逐步建立起产权关系明晰、治理架构科学、经营方式稳健、收益分配合理的运行机制，才能做到行稳致远。

黎城“432”点餐托管[1]的晋福效应

黎城县黎侯镇晋福村位于县城西北部，现有住户326户，人口1 246人，总耕地面积1 665亩，粮食播种面积1 300亩，其中小麦200亩、玉米1 100亩，粮食亩产500千克以上。2003年，全县最大的民营企业太行钢铁有限公司落户进村，虽然大部分村民在家门口能务工、能挣钱，但同时也带来土地撂荒和上班种地难以两头兼顾的尴尬。为有效化解村民务工务农不能两兼顾

晋福村农业生产托管烘储基地

---

① “432”点餐托管的具体内容为：

四统一：以统一农资采购、统一服务价格、统一实施标准、统一产品销售的“四统一”为目标，立足实际，因地制宜。

三菜单：农资服务菜单，即由服务组织以“团购价”统一配送化肥、有机肥、种子、农药等农业生产资料，并采用无人机喷洒等方式提供病虫害统防统治服务，验收达效后付费，民众可根据需要从农资菜单上订购种子、化肥等。农机服务菜单，根据规模化耕作服务的成本优势，形成涵盖旋耕、播种、除草、防病、机收等整个产业种植周期的“农机服务项目价格表”。在签订农业生产托管服务合同时，农户既可全托管，也可自愿点选服务项目。农产品优惠菜单，引导服务组织优势互补，出台“绿色有机农产品价格表”，包括“全托管”农户可将自己的结算粮款以低于市场价10%～25%的“优惠价”，用于购买合作社生产的小米、豆类、薯类等绿色有机农产品，满足农户需求。

两套餐：全托管、半托管两个套餐。全托管，即从种植到出售整个周期全流程服务。半托管，即从整地、种植到收获，将农作物送到院子里为止，农民自行售卖，农资和服务打包付费，同时根据各家的土地情况和种植要求设计科学合理的种植方案，努力达到增产增收。

这一转型期矛盾，从2019年起，晋福村在县农经中心的悉心指导下，参与全县“432”点餐式农业生产托管服务试点项目，走出一条产业转型、农民增收、全面小康的新路子。

强化组织引领导向，形成同心同举之势

火车跑得快，全凭车头带。晋福村将农业生产托管试点项目作为发展壮大村级集体经济的重要举措来抓，成立了以党支部书记、村委主任为组长，支部副书记、村“两委”主干以及平均工作年限超过20年的村干部为成员的农业生产托管试点项目领导组，明确田间管理、档案整理、项目监督等工作具体负责人，健全组织机构，强化工作措施，层层压实责任，任务落实到人，有力确保了农业生产托管服务试点工作落地生根、开花结果。

强化“432”模式嫁接，构筑工农融合之桥

晋福村“两委”经过细致研究、民主决策，一致认为，在新形势下，群众既要务工挣钱，又不能将土地撂荒，就必须找到一种“工农融合”的乡村振兴之路。在黎城县农经中心和乡镇党委、政府帮助支持下，村“两委”先后赴屯留、曲沃等地实地考察学习，立足实际，因地制宜寻求破解小农户与现代农业对接之道，结合实际制定了项目实施方案，确定了项目实施目标和托管服务模式、范围、标准、农作物等，试行以村集体为服务组织，成功将“432点餐式”农业生产托管新模式落地本村，建立起农业综合服务平台，为实施农业生产托管试点项目搭建起总体框架和“工农融合”的桥梁，在推动农业结构调整、提高农业综合效益上走出了一条规模化、集约化、标准化、绿色化的高效现代农业生产新路径。

强化生产要素配置，达成互促共赢之利

晋福村在具体运行“432”点餐式托管实践中，确立了统一农资采购、统一服务价格、统一实施标准、统一产品销售的“四统一”目标和农业生产托管项目“三菜单、两套餐”，即农资服务菜单、农机服务菜单、农产品优惠菜单和全托管、半托管套餐。同时，按照托管服务规模化、标准化要求，晋福村通过提前调研、公开遴选，择优选定黎城县农博士病虫害防治公司和山西鑫农奥利种业有限公司为农资供应商，保证农资按时进村入户，通过分户统计，对托管服务区域的农户所需的种子、化肥、农药等农资产品进行登记，摸清具体需求种类和数量，定制全托管、半托管的A、B、C、D四个套餐，以优质的农资保障、先进的耕作技术、专业的农业机械装备、高效的作业能

力，从源头上最大限度满足群众多元化需求，免除了后顾之忧。

晋福村作为农村集体经济组织开展规模种植及连片作业试点，开创了村集体经济组织参与农业生产托管服务的先河，在参与农业生产托管服务中发挥村级集体经济组织的巨大优势，呈现出统、降、惠、促、壮“五位一体”的共赢局面。

统：初步形成规模。晋福村充分发挥“统”的作用，将本村外出务工、不愿种地的小农户和贫困户的土地、闲散撂荒的土地统一组织利用起来，对一家一户办不了、办不好或办了不划算的生产环节集中进行托管，努力挖掘农业内部潜力，增加耕作面积，改进农业生产方式，实现集中连片耕种。

降：降低投入成本。降低了农资费用和机械作业成本，农民种植产量有了多重保障。过去每亩玉米的种植费用约为340元，在享受农业生产托管补贴后每亩玉米的种植费用约为286元，其中购买种子、化肥等生产资料每种分别能节省4 ～ 5元。农业生产托管实施后，每亩农田少投入50 ～ 100元。

惠：惠及全体村民。项目实施以来，全村签订合同的农户达129户，机播面积达997.64亩，其中全托管49户、面积为193.83亩，半托管80户、面积为803.81亩。主要粮食作物的综合机械化水平达90.7%，机播环节出苗率98%，长势良好，农户满意度达100%。

促：促进绿色发展。农业生产托管服务的实施，一方面减少了综合防治农药用量、化肥用量，是有序引导分散农户自愿加入托管组织的发力点。另一方面，农业生产托管促进种肥同播、病虫统防统治，提高了肥效和药效。通过先进技术，推广应用深松整地、统防统治、有机肥替代化肥等绿色高效技术，助力实现农业绿色生态可持续发展。

壮：壮大集体经济。通过开展农业生产托管服务，村集体经济年收入达3.2万元，进一步巩固和完善了统分结合的农村基本经营制度，推进了规模化、集约化、标准化、信息化的绿色高效现代农业生产方式，有效提升了基层党组织的组织力和凝聚力。

黎城县“432”点餐式农业生产托管在晋福村的成功实践，仅是黎城县全面推广农业生产托管的一个缩影。随着乡村振兴战略的深入实施，下一步工作中，黎城县将不断探索农业生产托管的新方法、新模式、新路径，不断满足广大农民对农业生产服务的多元化需求，加快补齐现代农业的服务短板，为乡村振兴注入新的活力。

壮大村集体经济　赋能高质量发展

潞州区老顶山街道南垂村是一个地理位置优越、土地资源丰富、文化底蕴深厚的千年古村，全村辖12个村民小组1 740户5 320人，村“两委”干部共6人，其中交叉任职4人，全部为党员，支部共有党员134名。全村耕地面积6 200亩，流转承包地2 400亩。辖区有长治市驾驶员教考中心、长治市车辆管理所等3家行政事业单位，长治汽车运输集团、南垂驾校等3家国有企业，达晟二手车交易市场、庞大汽贸等20余家民营企业。村民主要收入来源以个体经营为主，2022年村集体经济收入815万元。

南垂村村貌

村集体经济收入的新变化

一是资产租赁收入大幅提升。在摸清全村资产资源底数基础上，南垂村对无偿占用村集体土地、改变土地用途、长期欠缴租金等行为进行集中整治，通过协商化解一批、倒逼处置一批、行政执法一批、专班研判一批、诉讼解决一批的“五个一批”举措，为村集体收回集体资产资源44处，增加收入200余万元。

二是经营性收入比重加大。借助村集体新增地源，南垂村分别谋划了南垂5G农业产业园和南垂智慧物流园两个集体经济项目，通过土地入股、委托经营等多种方式，为村集体增加经营性收入210万元，推动村集体经营性收入比重逐年提高。

三是分配方式逐步规范。南垂村整合利用村集体收益，出资1 350万元设立南垂村养老基金专户，60岁以上老人每年可领取分红2 400元。2022年向每名股份经济合作社成员分红600元，分配方式及分配金额逐步规范。

村集体经济发展的新做法

一是破“旧思想”立“新思维”。长久以来，村民对村庄发展参与度不高、主人翁意识不强，南垂村借助农村集体产权制度改革发力，通过组建股份经济合作社、定期召开成员代表大会、实行现金分红等手段，增强村民的“股民”意识，提升村民参与基层治理的认可度和参与度。由村集体股份经济合作社出资，组建山西耕读阁文旅发展有限公司，实施南垂5G农业产业园项目。同时，南垂村立足古镇文化资源，大力发展庭院经济，做大“栗记团子”“黑蛋豆腐”等庭院经济品牌，带动村民增收。充分挖掘人力资源，打造君丽劳务队、盛泽建筑安装队等一批本土劳务团队，在壮大村集体经济的同时带动村民增收致富。

二是破“小利益”立“大格局”。制定《南垂村农村集体资产“清化收”实施方案》，抓住“清化收”工作契机，坚持因地、因事、因人制宜，分类施策清理合同。对情况较为明朗易行的，村集体下达通知书依法收回或补充条款；对南垂车队、晋玉峰煤场等情况特殊的，运用司法手段处理。通过清理不规范合同，村集体经济收入增加200余万元。多措并举化解债务，采取剥离、抵顶等多种方式分类处理，先后化解了南垂小区40余户村民未缴纳房款、282户历史村民往来欠款等债务问题，收回欠款420余万元。动真碰硬增地源，绘制《南垂村资产资源图》，在重点自查五个“是否”基础上，坚持动真碰硬，争取街道、综合执法、自然资源等部门支持，依法拆除腾退不合理使用集体土地44个地块，新增地源410余亩。

三是破“旧做法”立“新规矩”。破除租赁乱象，创新出台《南垂村村级集体土地公开招租管理办法》，全面推行公开竞价招租机制。按地块确定公开招租标段，通过村级公开栏、58同城、微信群等多种方式发布招租公告，公告期满后组织召开竞价大会；竞价大会由村委委员主持，党员、村民代表、律师团队全程参与、全程录像，街道纪工委、经管站全程监督。先后开展3次公开竞价招租，公开招租面积49亩，参与竞价招租单位或个人16家，通过认真清理、竞价发包，长运地块年租金由2.4万元增加至30万元，村北场地年租金由6 000元增加至15万元，南垂车队年租金由1万元增加至12万元，真正实现了集体资产利益最大化。

村集体经济壮大的新思考

一是有一个好的带头人。一个村的发展，带头人很重要。选好人，配能人，组建好村“两委”班子，特别是选配好一个敢作为的村支部书记，一个有思想、有意愿、有能力、敢担当、时刻想着为村民办实事谋福利的“领头羊”，定能为村里的各项事业发展闯出一条新路来。南垂村党支部书记、村委主任崔民，1978年出生，大学本科学历。2018年10月，他临危受命担任村党支部书记。他敢于出击，敢战能胜；面对大是大非，敢于亮剑，勇于担当；面对歪风邪气，敢于坚决斗争，坚决抵制。上任后，他将100余万元不合理负债进行了核销，对44处强占集体土地或改变用途的建筑进行了拆除或收回，并督促282户上缴欠款420余万元。通过解决南垂村级乱象，重塑了班子形象，巩固了党在基层执政基础。

二是以人民为中心。要时刻想着人民，以人民为中心，以可持续发展为前提，为群众谋长远谋幸福。“不能吃光卖尽，把子孙的饭都吃了，应留有后路，考虑子孙后代的吃饭问题，考虑全体村民的长远生活生存问题。”这是南垂村党支部书记、村委主任崔民说的一段话。围绕这一思路，在新城镇发展中，南垂村2019年5月全面启动供水管网升级改造工程，不仅更新了原有管网，还使每个用户用上了智能水表，实现了全村节约、安全、均衡用水。南垂村现有60岁以上人口近千人，“老有所养”是关系每个家庭的问题，结合村集体实际情况，本着“量入为出”原则，南垂村将筹集到的1 300余万元资金用于村民养老补贴专项资金，成立了资金管理委员会，制定资金筹集管理办法，以每月200元生活补贴的形式向本村60周岁以上老人发放；每年重阳节，支部和村委都会举行座谈会倾听老人的心声，了解老人的困难，发放慰问金、慰问品，形成“敬老爱老”的新风尚，融洽了家庭关系，起到了家庭和社会“稳定器”的作用。

三是抓好产业发展。南垂村积极探索集体经济参与城市规划和建设思路，优化村集体经济产业结构，重点发展劳动教育、菜园认领、中苏友好农场等特色农业产业，挖掘炎帝文化、耕读文化、公社文化、赛社文化等资源发展休闲农业和乡村旅游产业，打造中小学生综合实践基地、艺术小镇等教育培训基地，争取拥有更多的发展机会。同时，利用优质资产，通过引导、整合和合并等方式，积极探索“党支部＋企业（合作社、基地、公司）＋群众＋N”发展模式，实现资源共享和共同发展，推进集体经济规模壮大，助推村级集体经济提质增效。

四是盘活存量资源。南垂村利用村集体收回的280亩土地，投资1 600余万元启动南垂农业产业园建设，实施了园区基础设施、苗木花卉园、农业工坊等项目。如今的南垂村，家家户户都接上了集中供暖、天然气和污水管网，用上了卫生厕所，60岁以上老人每个月可领取200元养老金，每户每年享受集体收益分红2 400元，群众的日子越过越红火。

09 第九篇 未来探索

WEILAI TANSUO

浙江省“千村示范、万村整治”工程，是推动美丽中国建设的伟大创举，是加快城乡融合发展步伐的成功实践，也是全面推进乡村振兴的遵循之道。2023年以来，长治市深入学习运用浙江“千万工程”经验案例，牢牢把握其精髓要义和理念方法，大兴调查之风，开展全市乡村发展建设、村庄分类指标体系、全域乡村分类布局等研究，破解发展瓶颈，锲而不舍，久久为功，致力探索建设宜居宜业和美乡村、推进乡村全面振兴和建设农业强市的新路径。

长治市乡村发展建设思路研究

党的二十大报告提出“全面推进乡村振兴”，强调“建设宜居宜业和美乡村”，2023年中央1号文件对扎实推进宜居宜业和美乡村建设作出重点部署。建设宜居宜业和美乡村，寄托着广大农民对美好家园、美好生活的期盼。2023年，长治市聚焦全市农业产业发展、农村基础设施、公共服务、人居环境、乡村治理等方面，通过调查问卷、进村入户走访等方式，对当前全市乡村建设现状进行深入调研，在此基础上全面分析存在差距和问题，并结合实际提出推进乡村振兴、建设宜居宜业和美乡村的发展思路、建设重点和保障措施。

一、全市乡村发展建设现状

全市有110个乡镇、18个街道办事处，2 436个行政村，乡村户籍人口132.1万人，农村常住人口138.5万人。近年来，市委、市政府以实施乡村振兴战略为抓手，以农民增收为核心，聚力打造特色优势产业集群，实施农村人居环境整治三年行动，开展宜居宜业美丽乡村建设，全市优质小米、道地药材、特色蔬菜等特优产业初具规模，农村生产生活条件得到明显改善，乡村面貌焕然一新。

1.农业特优产业情况

2022年，全市粮食种植面积达383.7万亩，总产量124.23吨。蔬菜种植面积46万亩，总产量130万余吨。水果种植面积14.65万亩，总产量11.78万吨。中药材种植和野生抚育面积152万亩，总产量5万吨以上。生猪出栏99.2万头，牛出栏4.75万头，羊出栏58.4万只，家禽出栏3 472万羽，肉、蛋、奶产量分别为19.8万吨、12.8万吨和1.26万吨。渔业养殖面积3 206公顷，产量5 710.4吨。全市耕地面积556.07万亩，累计建成高标准农田230万亩，农业综合机械化率达77.6%，农作物秸秆综合利用率稳定在90%以上。全市粮食亩均产量323.69千克，高出全省16.83千克，低于全国53.11千克，粮食单产还有较大提升空间。全市特优产业谷子种植面积21.58万亩，与内蒙古敖汉旗相比，规模还太小。特优产业设施蔬菜，亩均种植效益1.5万～3万元，与山东寿光相比，效益还较低；全市农村居民人均可支配收入达19 437元，高于全省3 114元，低于全国696元，低于上海市20 292元，低于浙江省18 128元，农民持续增收压力还很大。

2.农村基础设施情况

全市累计新改建乡村公路7 954公里，襄垣县、长子县被评为“四好农村路”全国示范县，具备条件的建制村全部实现通硬化路和客车，达到了全省、全国水平，但是与江苏省相比，还有较大差距。全市累计实施水利提升工程2 354个村，农村自来水普及率达96%，高于全省、全国，规模化供水工程覆盖农村人口比例达40%，高于全省，但是低于全国12个百分点。实施农村电网改造升级工程，新建及改造10千伏线路3 146公里、低压线路1 877公里、行政村通电率100%。先后实施六批电信普遍服务试点项目，行政村实现4G网络、100M光纤宽带全覆盖，5G网络覆盖1 500余个行政村。建设了武乡、壶关、平顺、沁源4个电子商务进农村示范县，建成乡村电商服务站780个、村级电商网点2 700个，投入运营县级物流仓储配送中心11个、乡镇商贸中心103个、快递服务点206个、村级便民服务站2 299个，基本实现行政村全覆盖，达到了全国农村电商和快递物流行政村覆盖率90%的水平。总体来看，全市农村路、水、电、网、物流等基本公共基础设施实现全覆盖，但是还处于较低水平。

3.乡村公共服务情况

实施义务教育改薄工程，381所农村寄宿制学校标准化改造全面完成。实施新一轮学前教育行动计划，新改扩建标准化公办幼儿园37所。132个乡镇卫生院完成标准化改造，至少配备了1 ～ 2名全科医生，提高了乡镇卫生院的医疗服务能力。2 940个村卫生室全部达标，实现了诊断室、治疗室、药房、公共卫生室“四室分开”，听诊器、血压计、体温计、血糖仪、出诊箱、诊查床、健康档案柜、药品柜8件基本设备齐全。配备村医3 127名，每个村卫生室至少有1名合格村医。补齐农村养老服务短板，453家农村日间照料中心运行经费列入县本级财政预算，实行医养结合“五同”工作法，日间照料中心与卫生室融合发展签约率均达100%。城乡居民基本养老保险实现“应保尽保”，全市实际参保人数156.71万人，参保率100%。实施“五个一批”文化惠民工程，建成市级文化场馆3个、县级文化馆分馆58个、乡镇综合文化站128个、村（社区）综合文化服务中心2 595个，市、县、乡、村四级文化场馆实现全覆盖。挖掘保护传承非物质文化遗产，申报国家、省、市非遗项目470个，建成乡村文化记忆馆234个。全市农村教育、医疗、文化、养老等公共服务水平进一步提升。

4.农村人居环境情况

实施“百村示范、千村整治”工程，先后创建潞州区南村、屯留区岗上村等117个省级、310个市级人居环境示范村，创建沁源县朱鹤沟村等96个乡村振兴示范村、壶关县岭东村等23个旅游振兴示范村，美丽乡村覆盖率不到20%，与浙江、山东相比还有较大差距。常态化开展“六清”、整治“六乱”村庄清洁行动，农村垃圾处理转运体系自然村覆盖率达94%，高于全省、全国。垃圾处理率为70%～75%，高于全省，但低于全国东部地区。屯留区荣获“全国村庄清洁行动先进县”，生活垃圾沼气资源化利用的做法在全省推广。长子县构建起城乡生活垃圾清扫保洁体系和收集转运体系，城乡面貌明显改善。累计完成379个农村污水治理项目，建设污水处理设施138座，全市对污水进行处理的行政村比例达15%，低于全省，与全国相差13个百分点。潞州区杨暴村将户厕改造与生活污水、黑臭水体治理结合，有效改善浊漳河南源杨暴流域河水水质。累计完成户厕改造23.9万座，卫生厕所普及率达76.2%，高于全省，低于全国，上党区改厕模式在2019年底的国务院人居环境大督查中被列为典型经验。实施太行、太岳“两山”生态防护林和沁河、浊漳河“两河”水源涵养林等造林工程，累计完成造林110余万亩，四旁植树6 000余万株，全市森林面积562.4万亩，森林覆盖率达26.85%，高于全省、全国。沁源县、屯留区、黎城县先后实施中央农村人居环境整治项目，壶关县成为全省农林文旅康产业融合试点县，南平头坞村入选全国乡村旅游重点村。

5.乡村治理情况

实施“乡村振兴万人计划”，招聘2 442人到村工作，选派337名机关事业单位干部到村（社区）任职，派驻第一书记891人、工作队员1 946名，实现所有行政村全覆盖。完善农村自治体系，全市2 436个行政村均建有村级综合服务站，所有行政村按照每百户30平方米的标准进行完善和配建。选优配强“两委”干部，一肩挑比例达95.1%，高中以上学历的干部占98.4%，致富能手、外出务工经商返乡人员、本乡本土大学生、退役军人等乡村人才占比达63.17%。制定出台《中共长治市委长治市人民政府关于推进农村移风易俗的意见》，推行婚事新办、丧事简办、余事不办，有效遏制了天价彩礼、大操大办、薄养厚葬等歪风陋习，村规民约行政村全覆盖，村民议事会、道德评议会、红白理事会、禁赌禁毒会等覆盖了85%以上的行政村。加强农村精神文明建设，县级以上文明乡镇占比达93.84%，县级以上文明村占比达74.14%，35%以上的农户达到“星级文明户”标准。开展乡村治理试点示范，长子县被列入全国乡村治理体系试点县，其“多元调解带来乡村治理的‘四降两升’”典型做法入选全国乡村治理典型案例。上党区振兴村、襄垣县栗家岭村、沁源县麻巷村等6个村荣获全国乡村治理示范村，襄垣县栗家岭村“十户联创”构建全民参与乡村治理新机制，有效激活农村干群活力。壶关县岭东村整村搬迁，对旧村闲置资产折价入股凤凰山庄，大力发展乡村旅游，把资源优势化为经济优势。总体来看，全市乡村治理还处在试点示范阶段，与浙江宁波全域乡村治理还有不小差距。

二、存在问题

1.特优产业发展缺乏韧性

长治市农业尚处于传统农业向现代农业转型升级阶段，农业产业规模小、链条短，特色高效农业发展缓慢，农业自然风险、市场风险和病虫害防范形势严峻，优质农产品整体难以摆脱质优量不大、质优无品牌、质优价不高、质优销不畅、质优信用低、质优上桌难等发展困境。农产品加工水平不高，全市仅有50%的杂粮经过以分拣、包装为主的初加工，其余均以原粮形式流入市场。80%的中药材以原药形式销往省外。发展规模不大，肉制品、中药材、酿品产业集群产值分别为58亿元、20亿元、25亿元，而同行业的河南双汇投资发展股份有限公司、吉林修正药业集团股份有限公司、山西杏花村汾酒集团有限公司产值分别达500亿元、50亿元、200亿元，四川五粮液集团有限公司产值甚至已超千亿元。品牌打造不亮，虽然当地产品品质优良、营养丰富，但由于缺少营销包装，没有形成整体性、区域性品牌，在市场上的知名度较低，出现了“质优价廉”现象。农业基础设施比较滞后，农业抵御自然风险能力不高。平川、丘陵、山地分别占总面积的15.9%、33.4%和50.7%，山地丘陵多、平川少，土地破碎，零星分散，实施机械化作业难，严重制约了乡村产业规模化经营。

2.城乡基础设施建设差距逐步拉大

村庄规划编制滞后，存在覆盖率偏低、约束力不强等现象。据统计，全市完成“多规合一”实用性村庄规划编制的行政村仅有351个，占比不足15%。十几年前实施的“村村通、户户通”水泥路工程年久失修，农村道路路面损毁严重，3.5米宽的路已经不能满足农村快速发展的需要。农村自来水保障不及时，仍有部分村实行定点供水，不能全天候供应。农村“煤改电”“煤改气”取暖成本高，效果不理想，据调查，一个取暖季平均费用达5 000元以上，但室内温度不到16℃。这些已成为农村人口持续流失的主要原因。

3.乡村公共服务水平有待提升

农村学校教学设施和师资配备与城镇差距较大。调研发现，乡村中小学教师老龄化严重并结构性短缺，音体美和英语教师严重缺乏，同时乡村学校留人难问题突出，住教分离导致优秀骨干教师外流多，造成乡村学校师资积弱化，更加剧了生源流失。据壶关县百尺镇调查显示，全镇幼儿园学前教育和小学阶段，适龄儿童分别为883人、2 068人，但在乡镇和县城就读的占75%以上，在本村就读的分别只有132人、667人，分别占15%、32%左右。初中阶段，在县城和乡镇就读的占82%，本村就读的不足4%。农村医疗方面，虽然乡镇卫生院和村卫生室都进行了标准化改造提升，但医疗水平整体偏低，造成设施闲置现象。农村养老方面，已建成的日间照料中心由于运行成本高，村集体负担较重，有相当一部分闲置。部分村虽有体育健身器材，但数量少，而且损坏率较高，后续管理也跟不上，不能满足群众对公共服务的需求。

4.农村人居环境有待进一步改善

现有村庄污水处理设施覆盖率低，仅占行政村的15.5%。通过对建成的农村污水设施使用情况调查，部分项目村由于农村常住人口较少，生活污水形不成径流，设施难以运行。农村垃圾收集点设置不够合理，仍然存在垃圾乱倒现象。农村厕所改造，大部分采用通风改良式，大多数没有与污水治理同步进行，粪污无害化处理难度很大。据统计，粪污与生活污水协同处理的村仅有179个，占比仅7.3%。村容村貌比较好的村，多为各级财政支持过的示范村，没有享受过财政支持的村庄村容村貌建设差距较大。农村人居环境整治长效机制不健全，整治反弹严重。

5.乡村治理效能有待加强

村庄“空心化”比较严重，根据“七普”数据，常住人口不足户籍人口50%的村庄大概占村庄总数的30%左右，也就是说有30%左右的村庄为“空心村”。农村人口“老龄化”程度加深，全市65岁以上农村人口比重达15.3%，远超人口老龄化7%的判断标准，使乡村治理与发展缺乏“主心骨”“生力军”。集体经济“弱”，截至2022年底，全市村集体收入全部达到10万元以上，仅有47.5%的村集体收入达30万元，多数村级运营对财政转移支付依赖大，乡村治理财力支撑明显不足。攀比消费“浓”，具体表现在农民之间比着盖大房子、买轿车，收“天价彩礼”“天价人情”等，对农村地区原本稀缺的资本产生“挤出效应”，影响乡村产业发展。干部队伍“缺”，大部分村干部平均年龄偏大，年轻后备干部不足。乡村经营管理人才缺乏，管理水平不高。选派的第一书记和选调的大学生村官流动性较大，稳定性不够。

三、发展思路

建设宜居宜业和美乡村是农业强国的应有之义。中央1号文件对建设宜居宜业和美乡村进行了全面部署，提出了明确要求，要把建设宜居宜业和美乡村作为顺应人民美好生活向往的关键举措，科学把握建设的本质要求、乡村特色和建设时序，找准切入点和突破口。

1.建设宜居宜业和美乡村应以具备基本现代生活条件为主攻目标

在资金投入、要素配置、基本公共服务、人才配备等方面优先保障宜居宜业和美乡村建设发展，通过大力改善农村基础设施、优化乡村治理体系、丰富农民物质文化生活、开发乡村多元价值，让农民过上和城里人一样的幸福生活。

2.建设宜居宜业和美乡村应以为农民而建、让农民幸福为出发点和落脚点

要尊重农民意愿，建设成什么样，怎么建，要农民说了算，以满足农民的物质精神需求为出发点，以宜居宜业和美为标准，让农民过上满意的幸福生活。同时，注重农民参与，无论在规划设计，还是项目实施、后期管护等各个环节，号召大量的农民尤其是年轻人积极参与建设乡村，创造良好的基础设施和人文条件，促进更多农村居民勤劳致富，向共同富裕迈出坚实步伐，持续激发乡村发展的内生动力。

3.建设宜居宜业和美乡村要突出乡味、体现乡韵

建设宜居宜业和美乡村不能简单照搬城市做法，不能千村一面。需要立足乡村地域特征，与自然生态融为一体，统筹考虑产业发展、人口布局、公共服务、土地利用、生态保护等，科学合理规划农村生产生活的空间布局和设施建设。需要保留优秀传统乡土文化，赓续红色文化，传承农耕文明，保留民族特色等，发掘乡村多元价值，推动乡村自然资源增值，促进传统乡土文化与现代文明融合发展，让乡村文明展现出独特魅力和时代风采。

4.建设宜居宜业和美乡村要统筹推进、分类施策

要坚持顶层设计和统筹推进，整体谋划农村经济建设、政治建设、文化建设、社会建设、生态文明建设和党的建设，扎实推动乡村产业、人才、文化、生态、组织振兴。坚持上下衔接和分层推进。乡村建设是个系统工程，要做好顶层设计落实落细落地，分层分解责任，确定任务分工、发展目标、重点任务和保障机制等，形成上下联动、分级建设的良好局面。坚持因地制宜和分类推进，科学把握农业农村发展的差异性，要分类指导、稳扎稳打、久久为功，推进不同地区、不同发展阶段的宜居宜业和美乡村建设。

5.建设宜居宜业和美乡村要循序渐进、注重质量

乡村建设是个长期过程，既要保持足够的历史耐心，做到循序渐进，从容推进；又要以时不我待的状态、勤奋认真的作风，有序推进宜居宜业和美乡村建设。坚持数量服从质量、进度服从实效，做到遵循规律、注重质量。

坚持以发展的眼光建设宜居宜业和美乡村，在乡村建设历史实践中不断总结经验、开拓创新。

四、建设重点

建设宜居宜业和美乡村，要重点聚焦六个关键领域。

1.加强乡村规划管理，绘好宜居宜业和美乡村的蓝图

深入开展全域乡村分类布局和规划设计，推进村庄实用性规划全覆盖。分区分类推进四类村庄建设，发挥规划指导约束作用，确保各项建设依规有序开展。坚持县域统筹乡村布局和村庄建设，因村制宜编制实用性村庄规划。加快村庄分类布局和规划编制，推进长治市乡村规划建设管理村庄布局分类和推进路径典型示范研究，科学确定村庄布局、发展方向和推进路径。严格保护农业生产空间和乡村生态空间，牢牢守住耕地保护红线。到2025年，实现规划管理全覆盖，有条件、有需求的村庄实现村庄规划应编尽编。在环漳泽湖、太行一号旅游公路沿线和重点景区周边集中打造连片美丽乡村示范片区，规划建设100个宜居宜业和美乡村。

2.发展特优产业，夯实宜居宜业和美乡村的基石

要立足县域统筹规划产业发展，促进乡村一二三产业融合发展，让农业经营有效益，成为有奔头的产业，让农民增收致富，成为有吸引力的职业，让农村留得住人，成为安居乐业的美好家园。全力抓好粮食和重要农产品稳产保供。全面落实粮食安全党政同责，确保粮食播种面积稳定在385万亩以上，力争粮食产能提升1亿斤。持续对设施农业进行补贴，新增设施农业1万亩，力争5年内达到15万亩。大力发展屯留尖椒、长子大青椒、壶关旱地西红柿等蔬菜优势单品，确保蔬菜播种面积稳定在45万亩以上。扩大中药材种植和野生抚育规模，中药材面积达到150万亩。促进生猪产能提升，生猪年出栏稳定在99.2万头。支持65个畜禽规模养殖场标准化建设，力争家禽出栏4 155万羽。引导畜禽屠宰加工业升级改造，保障肉、蛋、奶等畜产品稳定供给。强化农业科技支撑。统筹推进高标准农田和水浇地建设，新建高标准农田16万亩，改造提升10万亩。推进种业振兴行动，布局建设万亩玉米制种、万亩马铃薯良种繁育和沁州黄谷子良种繁育基地，潞城种猪、黎城种鸭、沁源乾和源种羊等良种扩繁基地，构建畜禽育种体系。推进农机农艺融合发展，推广粮食产地烘干、秸秆还田离田、农机深松整地和免少耕播种等保护性机械化耕作技术，农作物综合机械化率达78%。推进实施化肥农药减量增效、农膜回收、秸秆综合利用、畜禽粪污资源化利用“四大”行动，推进农业绿色发展。推动乡村产业高质量发展。要聚焦中药材、粮品、果蔬食品、肉制

品、酿品五个百亿产业集群，推进农产品加工业集群发展。加快推进山西（长治）中药材商贸平台建设运营，全面建设完成神农中药材会展中心、中医药加工产业园，筹备举办山西省中药材交易大会，扩大道地中药材品牌影响力和知名度。培育乡村新业态。加快建设县乡村电子商务和快递物流配送体系，实施“数商兴农”工程，提升农产品电商化水平。依托太行文旅资源，推动“旅游＋”“＋旅游”，加快文旅康养融合发展，提升现代乡村服务业水平。

3.强化基础设施建设，铺好宜居宜业和美乡村的底色

坚持城乡共建共享、融合发展，大力推进公共基础设施往自然村（组）覆盖、往户延伸，不断缩小城乡之间公共基础设施发展差距。实施农村道路安全畅通工程。继续推动“四好农村路”高质量发展，重点实施农村公路路网延伸、农村公路提档升级、旅游公路建设提速、农村公路消危平安等工程，推动农村公路路网向进村入户倾斜，向自然村延伸，与景区道路、农村街巷、农田水利设施有效衔接，进一步提高农村公路通达深度与覆盖广度。到2025年，全市农村交通条件和出行环境得到根本改善，基本建成“布局合理、通村畅乡、安全便捷、服务优质、绿色经济”的农村公路网络，实现较大人口规模（30户及以上）自然村100%通硬化路，具备条件的乡镇100%通三级及以上公路。进一步强化乡村公路管护，优良路率进一步提升。强化农村供水保障工程。推进城乡供水一体化和农村供水规模化发展，实施农村饮水安全巩固工程，实施158处农村供水改造提升工程，健全水质检测监测体系，保障农村供水水质安全。到2025年，全市农村规模化供水工程服务人口比例达到45%。实施乡村清洁能源建设工程。开展农村电网巩固提升工程，重点围绕乡村振兴重点帮扶县，进一步完善农村电网网架，提升农村电网供电能力。到2025年，农网供电可靠率达到99.86%，农网电压合格率达到99.9%。发展太阳能、风能、水能、地热能、生物质能等清洁能源，在条件适宜地区探索建设多能互补的分布式低碳综合能源网络。在农村危房改造过程中注重节能改造，鼓励使用节能材料。巩固清洁取暖改造成果，进一步优化路径，提高使用率。到2025年，基本实现农村平原地区散煤清零、具备条件的村庄清洁取暖全覆盖的总体目标。实施数字乡村建设发展工程。加强农村信息基础设施建设，加快农村地区光纤宽带、移动通信网络普及与升级。分类开展农村千兆网络建设和5G网络覆盖工程，到2025年实现5G网络重点行政村全覆盖。大力推进乡村e镇培育，以产业为基础，深度融合电子商务，完善配套服务，形成“产业＋电商＋配套”的可持续发展电商生态体系。推动农业农村数据库建设，加快农业生产数字化改造和智慧农业技术创新。发展智慧农业，

推动农村资源要素数字化管理。促进乡村公共服务、社会治理数字化智能化。持续加强农民数字素养与技能培训，深入推进市级数字乡村试点工作。加强农产品仓储保鲜和冷链物流设施建设。实施农产品产地冷藏保鲜设施建设工程，鼓励物流设施共建共享共用。在蔬菜、水果等特色农产品产地建设50个左右产地冷藏保鲜设施，2025年前新增冷藏保鲜能力达到5万吨以上。建立完善以县城为中心、乡镇为重点、村为基础的农村商业体系。完善县、乡、村三级电子商务和快递物流配送体系，构建布局合理、功能完善的乡镇综合服务站点体系。到2025年，力争实现全市乡镇商贸中心、区域性仓储物流集散中心和快递村村通全覆盖。

4.完善便民公共服务，提升宜居宜业和美乡村的成色

聚焦教育、医疗、养老、社会保障等基础性、兜底性、普惠性公共服务事项，进一步优化投入、夯实基础、补齐短板，持续推进城乡基本公共服务均等化。加快义务教育优质均衡发展和城乡一体化。深入推进县城义务教育改善与能力提升计划，建设改造寄宿制学校45所，创新学校办学机制，保障偏远山区学前及低龄学段学生基础教育就近入学，每个乡镇至少办好1所普惠性幼儿园，开展城区优质学校与乡镇中小学校“手拉手”结对帮扶，提升乡村学校教学水平。健全乡村医疗卫生服务体系。每个县（区）重点建设1～3所中心乡镇卫生院，合理规划村卫生室设置，加强乡村医生队伍专业化规范化建设。健全农村老年人、残疾人、孤儿、留守儿童社会保障制度和关爱服务体系，持续抓好各项兜底保障政策落实。补上农村养老短板。支持乡镇特困人员供养服务设施改扩建为区域养老服务中心、残疾人托养服务机构，因地制宜实现农村有意愿的特困老年人集中供养。发展互助型养老，加强县（区）未成年人救助保护中心和乡镇未成年人保护工作站建设。提升村级综合服务设施。加强村级综合服务设施建设，进一步提高设施覆盖率，推进“一站式”便民服务，畅通服务群众“最后一米”。加强农村全民健身场地设施建设，推进公共照明设施与村内道路、公共场所一体规划建设。因地制宜建设农村应急避难场所，开展农村公共服务设施无障碍建设和改造。

5.改善农村人居环境，增添宜居宜业和美乡村的亮色

坚持“有序推进、分类推进、因地制宜推进”原则，分区域、分步骤、分阶段地开展农村“厕所革命”、生活污水垃圾治理、村容村貌提升。扎实推进农村人居环境整治提升。因地制宜推进农村“厕所革命”，科学选择改厕模式，积极推进粪污无害化处理与资源化利用，到2025年全市农村卫生厕所普及率达到85%左右。分区分类推进农村生活污水治理，到2025年农村生活污水治理率达到25%，有序开展农村黑臭水体整治，基本消除较大面积农村黑

臭水体。全面提升农村生活垃圾治理水平，优化收运处置体系，积极推进农村生活垃圾分类减量，到2025年全市农村生活垃圾收运处置体系覆盖自然村比例达到98%以上。巩固提升屯留、黎城、沁源3个农村人居环境整治整县推进项目成效，加快推进平顺、沁县2个项目开工建设、投产达效。积极推进农业生产废弃物资源化利用，建设一批区域农村有机废弃物综合处置利用设施。深入推进村庄清洁行动，持续巩固乱搭乱建、乱堆乱放、乱扔乱倒整治成果，整治残垣断壁。开展村庄电力线、通信线、广播电视线“三线”维护梳理。加强乡村风貌引导，建设彰显上党特色的美丽乡村。实施农房质量安全提升工程。继续实施农村危房改造和农房抗震改造，健全农村六类低收入群体等重点对象住房安全动态监测机制。以农村经营性自建房为重点，深入开展农村房屋安全隐患排查整治，消除房屋安全隐患。推进传统村落集中连片保护利用五年行动，提升传统建筑的防火防震防垮塌能力，保护传统民居、文物古迹、农业遗迹、民俗风貌，促进历史文化名镇名村、传统村落永续发展和利用。持续开展示范乡村创建。持续改善农民生产生活环境，开展美丽乡村示范创建活动。按照先整治、后提升、点上梯度创建、面上连片打造的思路，依托各县区资源禀赋、特色优势，积极打造不同类型的特色示范，擦亮长治宜居宜业和美乡村示范创建特色名片。支持各县区以村庄项目建设为载体，建设村庄美、村民富、村风好，有持续自我发展能力的宜居宜业和美乡村。

6.推进乡村有效治理，稳固宜居宜业和美乡村的本色

充分发挥农村基层党组织在农村基层工作的核心力量，在创建宜居宜业和美乡村过程中，健全党组织领导的自治、法治、德治相结合的乡村治理体系。加强农村基层组织建设。深入推进抓党建促乡村振兴，充分发挥农村基层党组织领导作用和党员先锋模范作用。贯彻落实“三晋强基”工程，大力开展乡村振兴、乡村治理主题培训，做实“领头雁”培训，分级分类抓好乡、村两级干部培训。采取“县编乡用”等方式推进县直单位编制资源向乡镇倾斜，充实乡镇工作力量。推进农村“带头人”队伍优化提升，选优配强村党组织书记，实施“乡村振兴万人计划”，用乡镇（街道）事业编制招聘大学生到村工作，选好用好驻村第一书记和工作队。常态化整顿软弱涣散村党组织，县、乡党委“一村一策”研究制定整顿方案，限期解决问题。加强网格员队伍建设，推行网格化服务管理，做到精准化、精细化。发展新型农村集体经济。完善“政府＋协会＋平台＋合作社＋农户”工作构架，建立健全农村集体经济发展项目库，探索产业融合、资产租赁、资本收益、劳务转移等多样化途径发展新型农村集体经济，夯实乡村建设经济基础。深入开展农村集体

“三资”管理贪腐问题专项整治，持续巩固“清化收”成果，健全农村集体资产监管体系。充分保障妇女在集体经济组织中的合法权益。推进乡风文明建设。弘扬和践行社会主义核心价值观，深化新时代文明实践中心建设，打通宣传群众、教育群众、关心群众、服务群众的“最后一公里”，推动社会主义核心价值观深入人心。健全文明家庭激励机制，广泛推进积分制、文明超市等做法，对婚事新办、丧事简办、余事不办的家庭给予奖励。推动家庭家教家风建设，教育和引导群众以德治家、文明立家、平安保家、勤俭持家、和谐兴家。广泛开展县级文明户创评，深入推进移风易俗，引导群众自觉抵制大操大办、攀比浪费、封建迷信等不正之风，树立文明、节俭新风尚。

五、保障措施

1.市级层面建立统筹推进宜居宜业和美乡村协作机制

宜居宜业和美乡村建设涵盖经济建设、政治建设、文化建设、社会建设、生态文明建设。为更好统筹推进该项工作，建议在市级层面建立联席会议机制，根据工作需要不定期召开全体或部分单位联络员会议，加强各成员单位之间的沟通、协作、交流，以及对重大问题和重要事项共同进行研究解决，以形成分工负责、相互配合、交流沟通、协调一致的工作格局。

2.设立宜居宜业和美乡村建设专项

把宜居宜业和美乡村建设作为公共财政投入重点，探索支农资金统筹使用、土地出让收益计提、建立宜居宜业和美乡村建设基金等政策。在资金来源上，采取市、县财政切出一块，现有项目明确一定比例资金等方式给予筹集。发挥公共财政在管护投入中的主导作用。同时，增加财政贴息，扩大政策性贷款规模，加强对宜居宜业和美乡村建设金融支持。充分发挥市场机制作用，引导民间资本投入宜居宜业和美乡村建设，推进经营性基础设施建设项目进行市场融资，吸引更多社会资金参与乡村基础设施管护。

长治市村庄分类指标体系和标准研究

为了更加科学合理地确定长治市村庄分类标准，优化村庄布局，更好地指导未来乡村建设行动，全面推进乡村振兴，长治市会同同济大学采取隶属度判定法，开展村庄分类指标体系和标准研究。

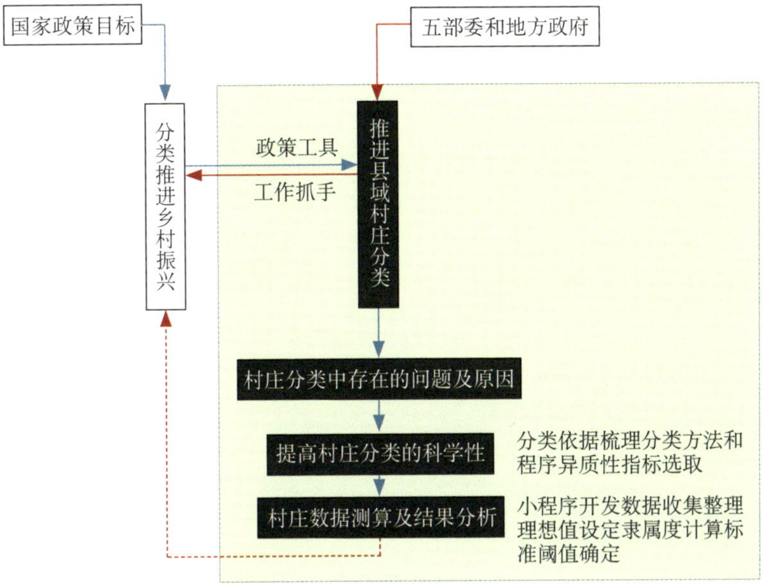

技术路线

一是提出四大类村庄异质性的二级指标。集聚提升类村庄，设置村庄定位、土地规模、人口规模、经济规模和集聚能力5项准则12项二级指标。城郊融合类村庄，设置区位交通条件、城镇延展能力和村庄承接能力3项准则8项二级指标。特色保护类村庄，设置特色资源等级和丰度、特色资源开发利用、保护紧迫性和可行性4项准则8项二级指标。搬迁撤并类村庄，设置生存环境条件、人口流失情况和搬迁撤并动力3项准则8项二级指标。

二是设定四类村庄二级指标的理想值，即构建理想村。实际研究过程中，在分析整理长治市村庄基础数据的基础上，对二级指标极值进行了取整的形式处理，如村集体经济收入最大值为953万元，向上取整为1 000万元，这样既方便宣传贯彻，又为村集体经济收入发展壮大设定了提升空间。

三是确定隶属度的计算方法并分析测算，提出四类村庄分等阈值建议。课题组以行政村为分类单元，设计了村庄问卷调查表，开发了乡村信息云服务平台，收集到2 436个行政村基础数据信息19万余条。通过对村庄基础数据整理分析，完成村庄隶属度计算，提出村庄类型判定标准，并对全市2 436个行政村提出主体类型及等级建议，为长治市开展村庄分类及布局优化工作提供决策参考（表1）。

表1　长治市2 436个村主体类型统计结果

主体类型	村庄数量／个	占比／%
集聚提升（一等）	56	2.30
集聚提升（二等）	265	10.88
集聚提升（三等）	449	18.43
集聚提升（四等）	377	15.48
小计	1 147	47.09
城郊融合（一等）	40	1.64
城郊融合（二等）	124	5.09
城郊融合（三等）	80	3.28
城郊融合（四等）	134	5.50
小计	378	15.52
特色保护（一等）	15	0.62
特色保护（二等）	40	1.64
特色保护（三等）	34	1.40
特色保护（四等）	31	1.27
小计	120	4.93
搬迁撤并（一等）	14	0.57
搬迁撤并（二等）	161	6.61
搬迁撤并（三等）	232	9.52
搬迁撤并（四等）	345	14.16
小计	752	30.87
暂不分类	39	1.60

乡村信息云服务平台

乡村信息云服务平台分为基础数据采集、数据查询、数据统计及可视化、村庄分类四个模块。

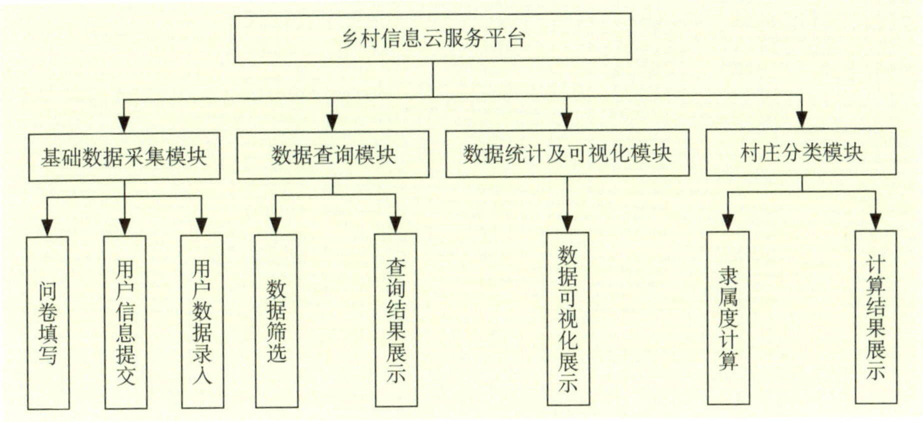

乡村信息云服务平台功能模块图

基础数据采集模块。模块设计目的是摸清长治市农业农村发展现状，提供了友好的用户界面，用户能够便捷、迅速地填写问卷并提交。在调查问卷设计中，设立了村庄人口、产业发展、村集体经济收入、农民收入、土地、公共服务、基础设施配套等80余项统计指标，为精准确定村庄分类提供依据。

数据查询模块。模块设计目的是查询及展示已填报的村庄基础数据。采用了直观友好的用户界面设计，简化了用户的操作流程，提供了高效、灵活和安全的数据查询和展示功能，帮助用户快速准确地找到所需信息，为村庄分类工作提供了实时查询和访问数据的功能。工作人员可以及时获取最新数据，确保数据准确性和实时性。同时，还可以用于监测村庄分类工作的实施效果和评估工作的成果。通过反复查询和比对数据，可以追踪和衡量不同指标的变化和趋势，对工作的效果进行定量评估并及时调整工作策略和措施。

数据统计及可视化模块。可基于服务器数据进行可视化展示，旨在提供直观的信息呈现、支持决策制定、促进沟通和共享，为村庄分类工作带来更高效、准确和可持续的发展。通过图表、图形等形式呈现数据，能够实时获取服务器数据，并在相应图表中动态呈现最新的数据变化。同时，模块还设置了导航栏对各个指标的可视化图表分类，通过图表、图形等展示方式，将抽象的数据转化为直观的视觉形式，使村庄分类工作的相关数据和信息可以更加清晰地展现给相关人员，帮助他们更好地理解和分析。同时，村庄分类工作的执行者、决策者和相关专业人员可以更加直观地进行交流，并基于共享的数据视图进行讨论和合作。

strCounty1	strRural2	strVlg_Name3	strFiller4	strTel5	strExp_Type6	isCentral_Village7
黎城县	程家山镇	八泄村	王金海	13546659318	暂未定	0
黎城县	程家山镇	暴家脚村	杨琳	18703550401	暂未定	0
黎城县	程家山镇	北流村	李庆方	13835587717	暂未定	0
黎城县	程家山镇	程家山村	程山洪	13209858238	融入城镇类	1
黎城县	程家山镇	东下庄村	李建国	18334571385	暂未定	0
黎城县	程家山镇	段家庄村	崔海忠	15835529480	暂未定	0
黎城县	程家山镇	范家庄村	李艳军	13994623241	暂未定	0
黎城县	程家山镇	风子驼村	王晋忠	18335510388	集聚提升类	0
黎城县	程家山镇	隆旺村	张耀清	13453502469	暂未定	0
黎城县	程家山镇	路堡村	路宪龙	16635518801	集聚提升类	1
黎城县	程家山镇	南堡村	何林涛	13393559831	集聚提升类	1
黎城县	程家山镇	宋家庄村	张青燕	15534522301	暂未定	0
黎城县	程家山镇	岩井村	吴彩霞	13546662269	集聚提升类	0
黎城县	程家山镇	岩南村	杨娜娜	15534052427	集聚提升类	0
黎城县	程家山镇	张家山村	张令芬	15935522351	集聚提升类	0
黎城县	东阳关镇	狄子峪村	李亚明	18735563385	特色保护类	1
黎城县	东阳关镇	东黄须村	范明亚	13835521550	暂未定	1
黎城县	东阳关镇	东阳关村	(Null)	13835538828	集聚提升类	1
黎城县	东阳关镇	东庄村	张立新	157355869281	暂未定	0
黎城县	东阳关镇	火巷道村	刘景兰	15536170676	暂未定	1
黎城县	东阳关镇	聚龙村	刘良军	15035570649	集聚提升类	0
黎城县	东阳关镇	岭西村	李亚民	15835518509	暂未定	0
黎城县	东阳关镇	龙王庙村	张学良	15203455216	搬迁撤并类	1
黎城县	东阳关镇	马家峪村	申爱国	18735561909	搬迁撤并类	0
黎城县	东阳关镇	秋树垣村	赵玉柱	13935536010	暂未定	0
黎城县	东阳关镇	善业村	姚宣正	18035105004	特色保护类	0
黎城县	东阳关镇	上湾村	常海叶	18534456653	暂未定	1
黎城县	东阳关镇	苏家峧村	傅金保	15934347786	暂未定	0
黎城县	东阳关镇	西庄村	郭国良	15135510597	暂未定	0
黎城县	东阳关镇	下湾村	任令波	15934366210	暂未定	1
黎城县	东阳关镇	小口村	申彦红	15536143286	集聚提升类	0
黎城县	东阳关镇	辛村	徐保荣	13593260184	暂未定	1
黎城县	东阳关镇	枣畔村	王孝斌	18735572679	暂未定	0
黎城县	东阳关镇	枣镇村	郑保超	13934544827	特色保护类	0
黎城县	东阳关镇	长宁村	李军栋	13333459558	暂未定	1

云平台数据库部分数据展示

村庄分类模块。核心功能为计算四类隶属度村庄的隶属度值，最终得到各个分类指标的评级。村庄分类一共分为四个一级类别，即集聚提升、城郊融合、特色保护及拆迁撤并。在每个一级类别中存在一个二级分类指标，二级分类指标一共分为一等至四等4个等级，其中隶属度由高到低排序为一等至四等。最终村庄隶属度等级类别将作为村庄的分类结果。

长治市全域乡村分类布局研究

为实现“创建高质量现代农业·缔造均等化和美城乡”总体发展目标，在村庄精准分类基础上，长治市与同济大学合作开展长治市全域乡村分类布局研究，重点从产业发展角度对四大类村庄细分，并对各类村庄的发展路径、生产生活配套设施进行引导，旨在实现产业发展导向下的村庄分类布局优化和未来村庄生产生活配套设施的合理布局。

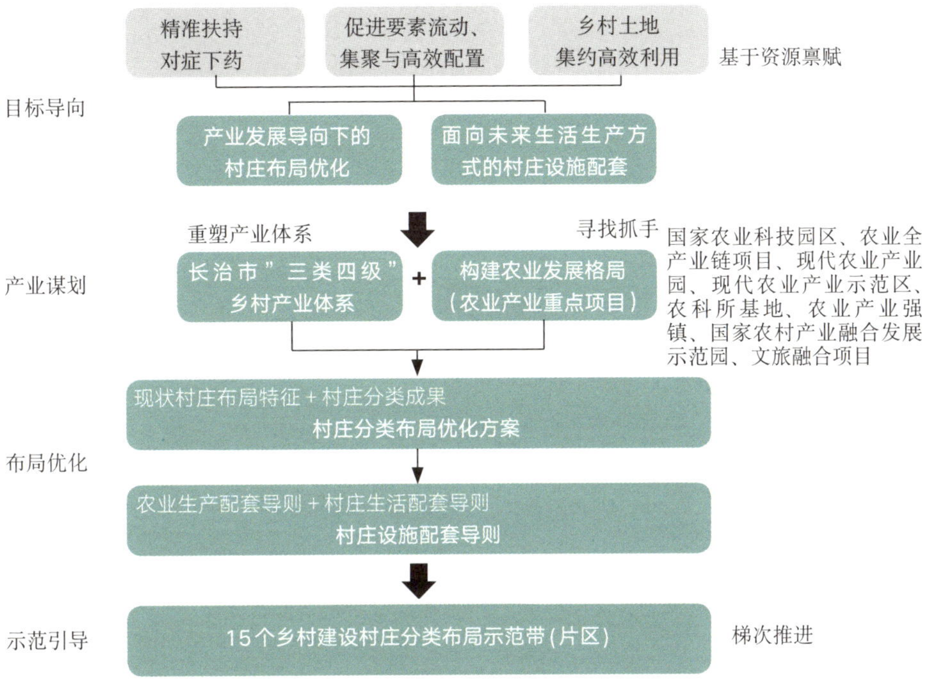

研究技术路线图

一、现状村庄布局特征分析

1.地形影响下村庄圈层分布

长治市地形地貌特征。长治市位于山西省东南部，东倚太行山，西屏太岳山，共有两种地貌单元——中部长治盆地、东西山区，四种地貌类型——山地、丘陵、盆地、河谷，整体呈现“两山夹一盆”特征，包括武乡—襄垣—潞城—壶关以东的中山区、襄垣—长子县之间的长治盆地和武乡—沁县—屯留—长子县以西的低中山区。

长治市村庄概况。长治市现有110个乡镇、18个街道办事处、2 436个行政村。其中500人以下小规模村有574个，占23.5%；500 ～ 1 000人中等规模的村996个，占40.8%；1 001 ～ 2 000人较大规模的村634个，占26%，2 000人以上大规模村232个，占9.5%。

村庄分布密度与地形地貌密切相关。盆地内的村庄密度最高，丘陵的次之，山地的最少，整体呈现“盆地—丘陵—山地：最密集—密集—稀少”的圈层布局。

2.功能节点对村庄引力不同

市（县）中心城区对村庄的吸引力强。市区及县城所在乡镇的人口总量和人口密度明显高于周边乡镇，这在一定程度上反映了村庄人口在向市（县）中心城区集聚。偏远乡镇的人口外流现象越突出，流入本县城的人口占比就越高，就近城镇化特征明显。市区对平顺县村庄人口的吸引力强于平顺县城。

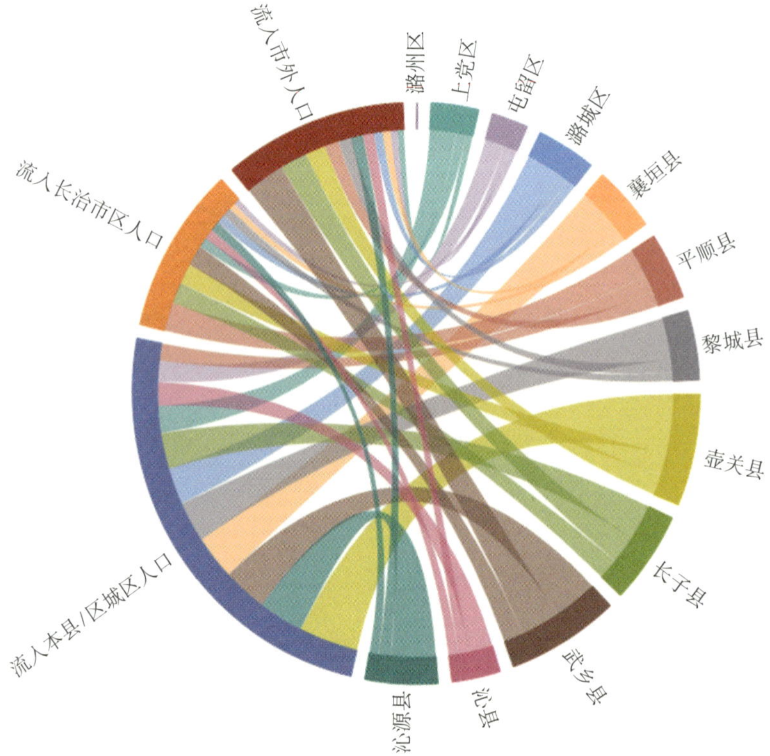

各区县流出人口情况分布弦图

注：基于2021年人口数据。

流入市外的人口与流入长治市区的人口数量相当。

矿业企业对村庄有微弱的集聚和带动效应——呈南北线形集聚。长治市煤矿资源呈两条南北线形分布：一条主要沿浊漳河、洪水河，另一条在沁源县境内，沿太岳山脚。村庄分布特征与煤矿资源分布有一定的相关性，两条矿产资源分布带沿线的村庄密度高于外围临近区域。

旅游节点对周边村庄的带动作用不强。景区景点与村庄分布没有明显的相关性，长治市景区景点整体开发程度相对低，影响力和辐射带动能力不足；历史文化名镇名村、中国传统古村落主要集中分布在平顺、上党、壶关、黎城的偏远山区。

3.交通沿线村庄分布更密集

道路交通是城乡要素流动的重要载体，对村庄分布的影响至关重要。依据现状道路线形，GIS分析市域国道、省道沿线500米、1 000米、3 000米、5 000米的缓冲区覆盖范围，根据缓冲区面积和其中的村庄个数，可计算出国道、省道沿线500米、1 000米、3 000米、5 000米范围内的村庄密度分布情况。通过对数据进行可视化处理，省道沿线的村庄密集度高于国道，且距离道路越近，村庄分布越密集。

4.乡村生产性设施布局特点

全市现状乡村生产性设施主要有农业创新研发、农产品加工企业、商贸市场、循环农业设施、物流集散设施、旅游集散服务中心、田园综合体7类。农业创新研发类设施较缺乏，主要集中在市区及紧邻区县。农产品加工类设施最多，主要分布在平原地区，相对集中分布在南北两大片区，其中北部集中在沁县、武乡县交界附近，南部集中在市区及周边区县。商贸市场、物流集散分布较均衡，多分布在交通便利的乡镇。旅游集散中心主要分布在景区景点所在乡镇。田园综合体主要分布在市区周边。

5.乡村生活性设施布局特点

政策导向下乡村基础教育设施因人口向县城集中而逐步减少，幼儿园紧缺。大多数村庄的幼儿入园和儿童入小学，主要地点不是本村，或者说，本村的贡献率很低，大量的在园幼儿与在校小学生入学集中在县城，反映了农村人口向县城流动的实际情况。

乡村医疗设施仅满足基础就医需求，养老、体育设施不足。所有行政村均有卫生室，卫生室均配备有村医，仅满足最基本的就医需求。轻度病痛需到乡镇卫生院，大病重病需去县医院或省、市级医院。所有村都设有体育健身器材，但数量少，而且损坏率较高，后续管理也跟不上，不能满足群众对体育公共服务的需求。

乡村水、路、电、网、环卫基础设施较完善，污水处理设施缺乏。道路基本畅通，部分山区自然村道路条件差。村村通自来水，大部分村的水质较好，存在部分村冬季供水困难、管道失修情况。群众冬季供暖是集中供暖、煤改电、煤改气和火炉取暖的方式，但普遍存在煤改电、煤改气费用高，群众使用程度不高、满意度差的问题。村庄垃圾集中收集、转运、处理。大部分村生活污水无法处理，村内无污水处理设备和设施。

二、村庄分类布局优化思路

根据现状村庄分布特征以及产业发展导向对城郊融合类、特色保护类、集聚提升类、搬迁撤并类四大类村庄进行细分，明确各类村庄的划分依据，结合乡镇边界叠加各类村庄细分要素，确定11小类村庄类型。

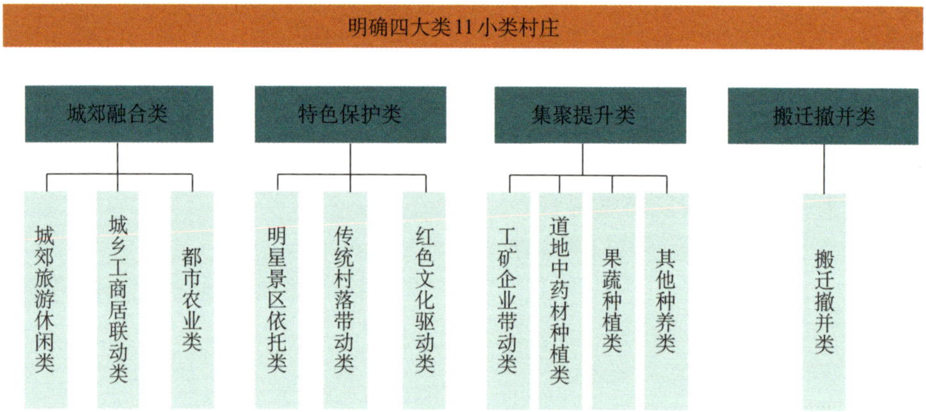

村庄分类布局优化思路框架图

1.城郊融合类村庄：指位于距市区30分钟、区县城区15分钟交通圈范围内的所有村庄，此类村庄应加强与市区、县城区的交通和经济联系，强调农业服务城乡人口和城乡联动发展。根据村庄发展现状特征，细分为城郊旅游休闲类、城乡工商居联动类、都市农业类三小类。

2.特色保护类村庄：根据依托资源类型，细分为明星景区依托类、传统村落带动型、红色文化驱动类三小类。其中：以4A级以上景区主要出入口为圆心、以10千米为半径范围内覆盖的村庄，划为明星景区依托类；传统村落、历史文化名村或位于传统村落、历史文化名村密布片区的村庄以及历史文化名镇所在的行政村，划分为传统村落带动类；4A级以上景区中属于红色文化资源区的以10千米为半径范围内覆盖的村庄以及国家文化保护单位中红色资源所在村，划为红色文化驱动类。

3.集聚提升类村庄：根据村庄一、二产业发展特征细分为工矿企业带动类、道地中药材种植类、果蔬种植类、其他种养类四小类。其中：将两条工矿企业分布带沿线30～60分钟交通圈覆盖范围内的村庄划分为工矿企业带动类。

4.搬迁撤并类村庄：鉴于此类村庄各方面优势不太明显，此处不作细分。

三、村庄分类布局优化方案

1.城郊融合类——城郊旅游休闲类、城乡工商居联动类、都市农业类

城郊旅游休闲类：依托村庄优越的自然生态、文化、景区景点等资源，为都市人群提供周末、节假日旅游休闲度假场所，如上党区振兴小镇、屯留区小南村、潞州区滴谷寺村等。

城乡工商居联动类：利用近郊优势和闲散土地资源，承担城市功能外溢，如加工业、市场物流、居住生活、商业服务等。疏解城市功能，如黎城县晋福村、潞州区鹿家庄村等。

都市农业类：以低碳、绿色、环保为原则，以打造中国都市有机农业品牌为目标，以现代科技为手段，以满足都市群体有机农产品需求和引领带动传统农区发展为重点，打造市县区重要的农产品供应地、"菜篮子"以及优质农产品生产、加工及流通的集散地，如潞州区余庄、上党区东庄村和东、西贾村等。

2.特色保护类——明星景区依托类、传统村落带动类、红色文化驱动类

明星景区依托类：利用紧邻5A级、4A级等明星景区的区位优势，整合村庄历史文化、自然景观等资源，差异化配置乡土风情和乡土特色的旅游产品，完善旅游服务设施，重点发展旅游服务产业和文化创意产业，如壶关县大峡谷镇桥上村、黎城县黄崖洞镇下赤峪村等。

传统村落带动类：利用丰富的历史文化、民俗文化、红色文化等资源，充分挖掘村庄旅游价值，变"资源"为"资本"，发展主题文化旅游、文化博览、文化创意、影视研学等，植入剧本杀、密室逃脱、古村探险、真人CS等新兴业态，构建长治市乡村文化基因库新载体，塑造"文化+""智慧+""旅游+"乡村旅游新标杆，如平顺县岳家寨、壶关县芳岱村等。

红色文化驱动类：充分挖掘红色文化资源及其内涵，深度开发红色旅游产品，通过植入红色主题的功能、节点空间、线路，策划红色主题文化活动，发挥红色资源的物质和非物质价值，构建长治市乡村红色文化基因库，如武乡县韩北乡王家峪村等。

3.集聚提升类——工矿企业带动类、道地中药材种植类、果蔬种植类、其他种养类

工矿企业带动类：以加强与工矿企业的交通、经济联系为核心，产业发展上应强调工业反哺农业，重点发展物流运输、工矿企业配套服务、农产品加工和数字农业等，如沁源县郭道镇朱合沟村等。

道地中药材种植类、果蔬种植类、其他种养类：主要以种植业和养殖业为主，产业发展应聚焦现状农业主导产业，以延伸农业产业链为目标导向，重点提高种植养殖规模和效益。

4.搬迁撤并类

近期以保持村庄整洁、满足村民基本生产生活需求为主，尽可能维持现状，不进行大规模开发建设。

四、村庄分类发展路径引导

（一）城郊融合类

1.城郊旅游休闲类

做好城镇“后花园”角色。以城镇及其周边地区为主要目标市场，对接城市居民需要，借助自身良好的生态与景观，发展乡村旅游，同步推进餐饮、民宿等相关产业发展。

打造都市假日游目的地。充分利用与城市接壤的良好区位优势，以本地都市游客为主要服务群体，完善以“吃、住、行、游、购、娱”为核心吸引的配套保障和以“商、学、养、闲、情、奇”为特色服务的特色休闲体验系统，丰富旅游业态，打造全方位、立体化覆盖“文旅＋农旅＋康旅”的都市周边特色旅游目的地。

2.城乡工商居联动类

城乡工业联动型村庄。应聚焦产业链延伸，加强与城镇企业合作，差异化布局产业门类，进一步打造产业集聚区，推动工业型新型乡村发展。可聚焦特色工业型产业，重点向以生产加工中心为主的工业型、以物流集散中心为主的集贸型、以综合服务及研发中心为主的智造型村庄转型发展。填补农产品加工空缺，延伸农业产业链条。研究全市农产品加工产业链条，针对产业空缺进行补位，健全农产品加工产业链。顺应长治市“十四五”农业产业发展趋势，精准把握农业产业发展方向和发展模式，评价长治市产业转移与农村产业建设价值关系，推动农业产业园区建设。充分发挥城郊村庄比较优势，把企业发展与村庄特色、原料种植基地、工业园区和城镇建设有机结合起来，协调整体发展。促进资源向优势产区集聚，建设一批集群式农业生产

基地。按照产业集群模式建设农业产业园，采取产业链招商方式，完善农业产业集群上下游链条。在园区或基地建立农业产业集群协调机构，制定产业集群发展规划，加强集群内企业合作，搭建集群信息平台。

城乡商业联动型村庄。充分利用村庄土地的低地租优势，释放租赁产权使用价值，引入可嫁接乡村元素和乡村场景的都市消费业态，构建针对年轻人尤其是亲子家庭的常态化消费空间，满足城乡居民高品质商业服务需求，逐步形成商圈型新型乡村。部分区域可以实现“办公空间+商业空间+休闲空间”的有机融合。

城乡居住联动型村庄。顺应城市居民选择安居城郊乡村空间的时代大趋势，以田园理想与社区建设为出发点，让乡村变社区，民宿变居所，游客变创客、变居民。紧抓集体用地租赁试点政策，通过提供自有物业和租房的永居形式，打造城郊社区型新型乡村。同时对户型进行更新、配置智能设施以适应城市人群居住习惯。

3.都市农业类

坚持目标导向，构建农业全产业链发展。以打造中国都市有机农业品牌，向都市人群提供安全、天然、健康的有机农产品为第一目标。借助市、县城区农业创新中心、农科所基地、农技中心等平台，利用现代技术构建集种植、加工、销售、配送、观光旅游为一体的现代农业生产体系。

聚焦生鲜电商，创新农业商业模式。创新农业销售模式，重点发展垂直电商、线下超市、供应商直销、社区O2O、农场直销等商业模式，积极发展高端定制农业、订单农业、智慧农业等新型农业模式。借助互联网、大数据平台等提高产品影响力，宣传产品特色与优势，打造地方特色品牌。

加强农企联合，发展合同制联合模式。将市场组织作为主体，通过合同或契约，联合市场中的其他参与者，以某一或多个农业产品为中心，形成“公司+农户”“合作社+农户”及其衍生的其他农产品生产、加工、销售一体化经营模式。优化龙头企业、合作社与农户之间的利益联结机制，实现企业或者合作社与农户的共赢。

4.设施建设引导

强调公共服务设施共建共享。统筹建设公共服务设施（中小学、幼儿园、养老设施、医疗卫生、体育设施等），原则上就近在市区、县城进行统筹配置，不建议大规模新建。

保障市政基础设施一体化。积极融入城区半小时、1小时交通圈，与主要交通路网和城市道路衔接，实现城乡道路交通一体化建设。市政管网应考虑并入城市管网，进行一体化设计。自来水厂、污水厂、垃圾处理厂等设施规模应考虑村庄入口，避免重复建设。

利用现代技术推动农业基础设施建设。借助现代技术建设农业基础设施，推动构建现代化农业生产体系，提高农业生产力。

完善村庄相关政策和体制机制建设。提高村庄投资软环境整体水平，获取资金和技术支持。积极推广农业科技成果，举办农业技术、政策培训班，为农村培养现代化从业人才。积极引进和推广适宜项目和技术，并组织提供无偿咨询服务。

5.景观风貌营造

统一建筑风貌，增强村庄辨识。在尊重地方特色基础上，根据周边环境协调空间布局与建筑风貌。重点对主要道路沿线、城市重要视廊和观景点位置的村庄进行景观风貌设计引导，保障与城区风貌协调统一。新建建筑应注重建筑立面、屋瓦韵律等风格与周边建筑一致。城郊旅游休闲类村庄应考虑村庄整体风貌统一性和辨识度，有条件的村庄可开展村庄风貌设计引导或专题研究。

设计节点空间，形成村庄招牌。重点对村庄入口空间、重要公共服务设施、公共活动场所、开放式绿地广场等节点空间进行规划设计，强化村庄文化共识性，增强村民归属感和认同感，加深外来人群对村庄第一印象。节点空间要突出主题，融入村庄地域特色，营造丰富的空间序列和景观层次，保证尺度适宜且收放有致。

（二）特色保护类

1.明星景区依托类

旅游产品，错位发展。聚焦景区与乡村差异化特征，错位发展旅游产品。村庄旅游产品应强调乡土风情，包括野趣生活、游居野行、诗意栖居等。田园体验，包括田园观光、乡村氛围体验、农耕体验、果蔬采摘、有机产品品鉴等。民俗风情，包括红白喜事礼仪风俗、歌舞戏曲、历史人文、民俗学习等。加强节事活动策划，打造特色景村旅游品牌。联动周边景区景点策划多样的四季节事活动与营销宣传活动，增强村庄知名度与影响力。提升村庄旅游景点的观赏性与趣味性，打造特色景村联动旅游品牌。

配套设施，完善服务。聚焦景区游客需求，为游客提供旅游生活必需品。结合农业种植为游客提供有机农产品、特色农家菜等餐饮服务，包括传统农家宴、生态餐厅、特色小吃街以及餐馆、茶馆、咖啡馆、酒吧等餐饮业态。聚焦不同客户群，提供不同类型不同层次住宿设施，涵盖高消费水平的度假村、野奢酒店，到中等消费的特色民宿、精品酒店，再到大众消费的农家乐，以及特色的露营基地、房车营地等住宿设施。为满足游客购买旅游纪念品、特色农产品、文化创意产品等需求，配置创意集市、有机市场、花海周边、亲子商超等商业服务设施。

交通链接，便捷联系。加强景区与村庄间内部交通联系。景区摆渡车补充增设村庄站点，将景区游览动线延伸至村庄。完善景区与村庄间私家车、自行车、慢行道路，强化自驾游与慢行交通联系。加强景区与村庄的对外交通联系。将景区与村庄作为一个整体，统筹考虑设立城市公交、旅游巴士公交站点以及旅游停车场等设施。

景村联动，合作运营。以景区与村集体合作化运营为引领，积极引入银行、投资机构等，组建合作运营团队。将村庄建设与景点打造同规划、共发展，统筹确定规划目标、定位，协调制定发展路径。借鉴经营景区的理念经营乡村，用创造企业收入的视角创造乡村收益，强化乡村发展能力，促进招商引资，实现产品产业更新发展，形成可复制可推广的“强村富民”共赢共利机制，提升经济效益、管理效率与服务质量。

2.传统村落带动类

创新运营模式。参考城投模式，在开发村落的筹建期，成立“城市乡村建设投资公司”运营管理平台，整合“乡投”、村集体、农户及“X”多方运营力量，“X”即企业、金融机构、市场资金等市场力量。整合乡村资产使用权、资金等多方资源入股运营平台。建立运营管理体系，产品业态、规划策划、建设施工、品牌推广等统筹运营，梳理制定村落标准化运营管理流程，提供项目开发建设资本、模式、产品支持，保障各区域拳头项目落地，保障各专业板块运营工作推进，争取经济效益、管理效率与服务质量最大化，激活传统村落乡村振兴的内生动力。

打造拳头产品。复兴传统工艺，通过培养和提升新生代传承人、设立传统工艺工作站、工坊等推进产业升级，引导传统工艺从劳动密集型的制造业，转变为带有较高附加值的特色文化产业，带动乡村群众创新创业，共同致富。拓展传统工艺文化，植入工艺体验、文创DIY、大师工坊等新文化体验形式。对村落文化进行提炼，以文化创意产业为载体不断优化村落资源。活化历史景观，将整体环境与景观创意融合。传承建筑文化，将建筑形式与技艺进行传统与创新碰撞。提炼村落文化符号，不断完善并衍生相关文化产品与消费。延续节庆民俗，开展多种创意活动。立足地域文化开发丰富的具有特色的文创产品。积极引入高校、社会群体等设计力量，共同设计乡村卡通形象，为村落特色农产品、文旅产品打造品牌标志及IP形象，促进文化设计与产业融合。积极拓展当下深受年轻人欢迎的文创表情包、文化衫、购物袋、手账贴纸等文创产品，向市场输出传统文化LOGO。积极展示传统民间剪纸工艺和传统竹编工艺，开发装饰品、家居用品等系列产品，结合网红场景搭建，讲好文创产品故事。

培育衍生产业。围绕农业、文创等乡村产业，寻求与传媒跨界合作，培育影视、研学等衍生产业。挖掘村落故事、产业故事，制定产品策略，研究内容方案，发掘产品优势价值，积极探索影视文化、特色农业与电商业态融合发展新模式。在品牌建设、产品研发、内容创作、直播运营等领域开展深度合作。以影视IP衍生品、农产品等供应链为核心，帮助当地企业布局内容电商，助力产品推广和销售。积极拓展与中小学生、企事业单位等团体合作开展课外研学活动，让学生、民众在游历中感受祖国大好河山、中华传统美德和醇厚传统历史文化。

植入智慧服务。建设“智慧村落”，将智慧服务引入公共服务设施体系，打造智慧交通、智慧洗手间、智慧医疗、智慧救援等服务设施。在乡村旅游体验过程中融入声光电技术，并通过智慧技术赋能，提供VR、MR等多样化旅游体验方式。智能科技融合传统工艺，助力建立传统工艺美术数据资产库和知识图谱，建立和训练传统工艺的生成算法模型，借助AI等技术进一步创作、建立如智能绘画、智能织造系统的智能衍生作品。

创新经营业态。业态创新是乡村振兴的重要动力源，开展互动体验项目，增加乡村旅游趣味性。参考农业“认养”模式，线上建立都市游客与在地资源间的日常联系；引入热门游戏IP开展线上线下游戏交互活动，如精灵宝可梦；打造古村主题的剧本杀、结合古村历史人文故事的沉浸式体验剧场；植入古村探险、真人CS等新型经营业态，焕发传统村落新活力。

3.红色文化驱动类

深度开发红色旅游产品。通过市场机制，引进文化旅游公司，参与当地红色旅游资源开发，制作红色历史舞台剧、微电影等系列红色文化影视作品，吸引游客眼球。对红色文化资源进行创造性转化和创新性发展，开发形式多样的红色旅游工艺品、红色旅游纪念品，以及设计具有红色文化元素的海报、日历等，将红色文化与人们日常用品有机结合起来，使无形的红色文化有形化，在传播红色文化的同时带来可观经济效益。打造“重走革命足迹”类红色主题休闲体验项目，寓教于乐。

完善配套服务设施。加强与交通运输管理部门和汽运公司合作，增设公交路线或开通红色景点的红色旅游专线大巴。完善游客餐饮设施，如具有革命意义的大锅饭、百家饭、野果野菜等主题餐饮，红色文化主题旅馆及休闲娱乐设施等。

加强人才培养。建立健全红色讲解员队伍建设机制，设立红色文化资源保护与开发利用专项资金并纳入地方财政预算，确保红色讲解员队伍的选拔、引进和培养有充足经费保障。除招聘社会人员担任讲解员外，积极与省内外高校合作，联合培养大学生红色讲解员。积极发动革命先烈后代担任讲解员，增强他们参与红色文化资源开发利用的积极性、荣誉感和使命感。

创新宣传方式。革命纪念馆在以传统图文展示和橱窗式文物陈列基础上，建立红色景观线上展示平台，运用全景观展技术，采取多媒体互动叠加图文、音频和视频等形式，对革命纪念馆现场进行360度全景展示。拍摄革命题材的微电影、短视频，讲好革命故事，依托公众号、视频号、抖音等媒体平台广泛宣传。加强与地方、省级和国家级新闻媒体合作，在各级新闻报纸、电视台宣传红色文化。策划红色主题文化活动，如“唱响长治红”红歌大赛、“网拍长治红”摄影比赛、“低吟长治红”诗歌朗诵等。

（三）集聚提升类

1.工矿企业带动类

坚持工业反哺农业。通过“企业带动”“产业服务”、资金和股金扶持村庄产业发展，形成可复制、可推广经验模式。实施道路、雨污水一体化建设，提高村庄交通可达性和环境宜居性。充分利用工矿企业的工业余热为周边村庄提供电力、热力、燃气，满足村庄基本生活需求，提高村民生活质量。工矿企业配套服务设施，如餐饮、商业、文化休闲等设施的配置，适当考虑周边村民需求，提高公共服务设施使用频率和效率。工矿企业未来或面临资源枯竭困境，应积极谋求产业转型发展，联合周边村庄共建转型项目，如田园综合体、特色农业观光园等，提高工矿企业和农业发展韧性，实现联合共赢。

聚焦乡村产业发展。对有闲置土地或建筑的村庄，重点发展工矿企业配套服务产业，完善商业餐饮设施、市场、停车场、租赁式住宅等设施。对交通便利且有运输技术能人的村庄，重点发展物流运输业，发动周边村民从事煤矿产品、农产品运输，同时完善专业市场、冷链仓储、停车场等设施。对有乡村电商产业基础的村庄，重点发展数字农业，联合企业推进“互联网+”产业发展，推动智慧电商平台、智能化温室、高科技养殖场、4G农业产业园等项目建设。

争取政府政策扶持。紧抓国家对农业产业扶持的政策趋势，积极创建相关农业产业项目，争取资金扶持。同时，当地政府应放宽农村土地流转和入市政策，为企业创建农业产业项目提供政策支持。

创新运营管理模式。村集体、农户、工矿企业联合组建“企业+村+家庭农场”模式，启动家庭农场集聚区和示范区建设，打造独具魅力的企业和村庄联合共建转型项目。成立开发运营平台公司，分工负责共建项目的营销宣传、项目管理、乡村旅游培训等内容。

2.道地中药材种植类、果蔬种植类、其他种养类

种植业包括中药材种植、粮品种植、果蔬种植、油料种植等。种植规模化：根据不同农产品自然特征和经济属性，最大限度地实现规模化经营。发展特色化：重点培育由商品异质性带来的竞争优势，走差异化发展道路，形成特色化发展路径。功能多元化：将农业功能从生产供给拓展至生态建设、生活休闲服务、生物技术载体等多元化领域，向农业的广度和深度进军。形态集群化：通过打造产业集群，促进特色产业区（或产业基地）建设和产业结构调整，避免过度竞争与产业同构现象。

养殖业包括家禽养殖，猪、羊等小牲畜养殖，牛、驴等大牲畜养殖。生态养殖：依托沼气循环利用技术，实现多元养殖增收节支，打造高效益、零污染的生态养殖产业。旅游植入：开展以家禽养殖为特色的乡村体验游，重点形成集家禽养殖观光、家禽土特产购物等为一体的乡村旅游产业链体系。寓教于乐：科普家禽养殖知识，增加青少年畜禽乐园，打造集家禽互动娱乐、科普体验等功能于一体的家禽科普型主题乐园。萌宠IP：设计畜禽萌态形象，打造萌宠IP，增强村庄标志性，如台湾桃米村的青蛙IP、日本熊本县的熊本熊。

（四）搬迁撤并类

此类村庄或地处生存条件恶劣、生态环境脆弱、自然灾害频发等地区，或因重大项目建设需要搬迁，或人口规模过小。坚持村庄搬迁撤并与新型城镇化、农业现代化相结合，依托移民新村、小城镇、产业园区、旅游景区、乡村旅游区等适宜区域进行安置，避免新建孤立的村落式移民社区。发展路径主要有以下两种：

一是采用集中上楼形式安置，且不保留村民土地和村集体经济形态。搬迁撤并后的村庄原址，因地制宜还田还林还草还湿，增加乡村生态空间。

二是搬迁至临近村庄、新村或园区等，需保留村民土地和村集体经济形态。可利用闲置的村庄原址建筑，发展农产品加工、电商直播、旅游休闲、艺术文创、未来创业等新型乡村产业。

五、未来推进乡村建设思路及对策

（一）重点打造“两环三廊”产业带

依托上党盆地区位优势和长治太行太岳山体景观、红色文化等资源禀赋特征，以推进城镇化和县域内城乡融合发展为目标，重点打造“两环三廊”

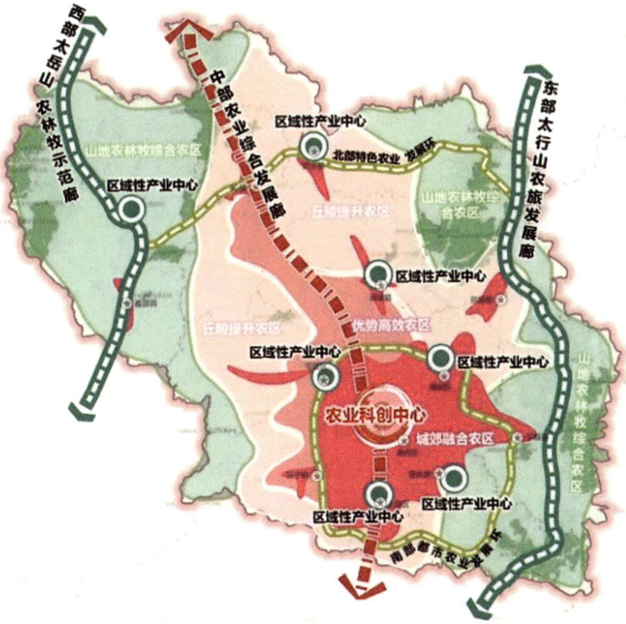

农业功能结构示意图

产业带。

1.两环：南部近郊农业发展环、北部特色农业发展环

（1）南部近郊农业发展环

依托现状G309、S222和规划S364以及串联东井岭乡、龙溪镇、西沟乡的省道，借助长治市建设全国资源型城市转型升级示范区和晋东南城镇圈高质量发展先行区的战略契机，以新兴产业与乡村振兴融合发展为目标定位，聚焦沿线1公里范围内的村庄，积极对接市区县产业项目，集聚创新资源，以农业产业重点项目为抓手，壮大乡村特色新兴产业，奋力打造富有创新产业活力和乡村田园魅力的南部近郊农业发展环。另外，上党区和壶关县南部传统村落密集分布，环线南段聚焦传统村落景观和文化资源，深挖乡村文化内涵，打造富有乡村人文魅力，集康养体验、文化休闲、近郊旅游于一体的南部近郊农业发展环。

设施先行，建设产城景村共融的快进漫游通道。完善串联慈林镇、色头镇、八义镇、南宋乡、荫城镇的道路，长度约25公里；串联东井岭乡、龙溪镇、西沟乡的道路，长度约22公里，并将道路等级提升至省道级别。完善沿线服务驿站等配套系统建设，打造市郊路、城乡融合路、创新路和致富路。

产业集聚，建设科技创新引领的引擎示范环线。重点建设区县级农业创新中心、农产品加工中心、游客集散中心、农旅游客集散中心。建设区县级农科研发基地、专业化市场。聚焦中药材全产业链发展，重点对平顺县国家现代农业产业园进行提质升级，联动周边乡镇积极发展中药材产业，扩大长治中药材品牌影响力。依托麦丰农业电子商务有限公司，以平顺县北社乡为核心，联动潞城区东部村庄，建设以果蔬产业为主导的全产业链项目片区。依托屯留区长清生物科技有限公司，聚焦粮油产品生产、加工、流通等产业，建设粮油全产业链项目片区。重点对西沟乡、宋村镇国家农业产业强镇进行提质升级，并积极创建史回镇、北社乡、路村乡、店上镇、张店镇等省级农业产业强镇。重点对荫城镇中国历史文化名镇进行更新规划，打造南陈康体疗养小镇、龊山康养小镇以及小南村旅游村、西天贡村田园综合体。重点建设上党区宜居宜游示范带、长子县大堡头特色小城镇和丹朱镇青椒小镇乡村振兴经济示范带，以及平顺县龙溪镇潞党参种植一条沟等和美乡村集群示范片区。

村貌提升，建设美丽宜居的示范村庄。环线沿线1公里范围内行政村全部达到人居环境整治三星级以上标准。围绕传统村落集中连片保护利用、支持美丽乡村建设试点PPP项目、乡村振兴示范创建、清浊漳河污水治理、村庄基础设施提升等项目，以镇区所在地和人口集聚村（常住人口2 000人以上）为重点，建成30个左右乡村振兴示范村。以“3456”工程所在村、中国传统村落、历史文化名村、生态旅游重点村、特色产业专业村为重点，重点建设丹朱片区、荫城片区等历史文化片区，建成一批美丽乡村示范村。

（2）北部特色农业发展环

依托S322和洪水镇至西井镇段的规划省道，聚焦沿线1公里范围的村庄，以小米产业和畜牧养殖产业为主导，充分发挥沿线龙头企业带动作用，链接省、市农业类高校和农业类科研院所，以产业链前后两端为重点，集聚农业创新中心、农科研发基地、农产品加工中心、专业化市场和游客集散中心，打造展现北方山地农牧旅产业和生活风貌的北部特色农业发展环。

东西连通，四县联动。提升改造洪水镇至西井镇段30公里道路等级为省道，与S322共同构成串联沁源县、沁县、武乡县、黎城县4县的交通及产业骨架。完善驿站等配套系统建设，将该环线打造成生态路、观光路和山区特色路。发挥武乡、黎城等县区丰富的红色文化资源优势，打造环线上的重要节点，联动太行板山风景区、黄崖洞文化旅游区、洗耳河景区、八路军文化园、八路军总部旧址、沁县大云院等景区景点，沿环线建设武乡县美丽乡村示范廊带、沁源韩洪乡特色种养与休闲观光示范带和美乡村集群示范片区，并连接至源泉河谷示范片区。

农旅主导，三产互融。在全市农业产业布局指导下，积极在沁源县、沁县、武乡县、黎城县建设中药材种植基地，共建上党中药材中国特色农产品优势区。结合沁县、武乡县的谷子生产基地，建设沁州黄小米中国特色农产品优势区和太行有机小米省级特色农产品优势区。集聚农业创新和科研资源，建设沁源县、沁县、武乡县3个县级农业创新中心、农科研发基地。延伸农业产业链，建设3个县级农产品加工中心，提高农产品附加值。在沁县建设1处县级专业化市场，作为长治市北部区域农产品交易中心。强调农业与旅游业融合发展，建设县级（农旅）游客集散中心、蟠龙镇（红色主题）、李峪村(魔术小镇)、太行丹泉小镇等特色小镇。

龙企引领，中心集聚。依托国家级粮品类农产品加工龙头企业山西沁州黄小米集团、省级粮品类龙头企业北方水城食品科技、聚生元、太行沃土、晋昇源农牧、潞宝金和生以及省级肉制品类龙头企业绿农农牧等[①]，建设小米全产业链项目，培育创建沁县册村镇以羊、肉鸡全产业链为主导的国家级农业产业强镇，黎城县西井镇以养殖、白酒产业为主导，沁源县郭道镇以种养循环农业为主导的省级农业产业强镇。

2.三廊：中部农业综合发展廊、东部太行山农旅发展廊和西部太岳山农林牧示范廊

（1）中部农业综合发展廊

廊道沿线水系贯通、水库较多、基本农田丰富，且密集分布着以中药材和粮品类为主的国家级、省级农产品加工龙头企业，有省委、省政府部署的重要项目——山西（长治）中药材商贸平台，要发挥山水田资源优势，建设以中药材、粮品、果蔬产业为主导的高效农业发展廊道。

中药材主导，巩固中药材特色农产品优势区。践行省委、省政府中医药强省战略以及长治市落实省委“东药材”的战略部署，规模种植中药材，依托沿线中药材龙头企业建设上党区中药材全产业链项目、上党区特色农科所基地，重点创建以中药材产业为主的上党区省级农业现代化示范区。

多中心集聚，构建农业全产业链发展强载体。建设1个市级、2个区县级（上党区和沁县）综合农科所基地、农业创新中心、农产品加工中心、（农旅）游客集散中心、专业化市场。依托国家级龙头企业沁州黄小米、长清生物科

① 文中的北方水城食品科技即为山西北方水城食品科技有限公司，聚生元即为山西聚生元特产开发有限公司，晋昇源农牧即为武乡县晋昇源农牧发展有限公司，潞宝金和生即为潞宝金和生农牧开发有限公司。

技、晋汾高粱和宋村国家农业产业强镇，建设沁州黄小米、屯留粮油、沁县酿品和长子蔬菜4个全产业链项目，重点创建以小米产业为主导的沁县国家现代农业产业园、以蔬菜产业为主导的长子县国家级农业现代化示范区和以粮品产业为主导的屯留区国家农业现代化示范区。积极培育创建4个省级农业产业强镇——上党区郝家庄镇（果蔬）、屯留区路村乡（辣椒）、襄垣县夏店镇（养殖）、沁县故县镇（蔬菜）。

“旅游+”融合，建设高品质和美乡村示范片。建设陶清河体育小镇、虒亭镇旅游小镇、沁州黄小米文化小镇3个特色小镇。建设屯留区环漳泽湖旅游示范带、襄垣县“文旅休闲·水岸印象”和“产业振兴·香菇联动”示范带3个和美乡村集群示范片区。

（2）东部太行山农旅发展廊

围绕长治市全面建成现代化太行山水名城总目标，依托太行山国家旅游风景道（G207），充分利用沿线壮美的太行山景观、优良的生态本底和丰富的文化资源，联动沿线壶关太行山大峡谷等10个国家4A级景区，发挥沿线历史文化名村和传统村落文化魅力，带动农业产业发展，打造体现长治山水壮美景观、文化地域魅力的集休闲农业、民宿经济、农耕文化体验、健康养老等功能于一体的东部太行山农旅融合发展廊。

明星景区引领，建设山水康养文旅度假廊带。在5A级景区八泉峡和太行山大峡谷、天脊山、通天峡、太行水乡、黄崖洞、四方山等景区引领下，重点建设黄崖洞镇（红色旅游）、石城镇（文化旅游）、阳高乡（旅游度假）、东寺头乡（生态旅游）、大峡谷镇（山水旅游度假）5个特色小镇，树掌镇1个省级历史文化名镇，黎侯村、仙居村2个旅游村。重点建设树掌片区、石城片区2个传统聚落聚集片区，建成以历史文化名村、传统村落为重点的30个文化旅游示范村。建设源泉河谷示范片区、壶关县太行一号沿线示范带2个和美乡村集群示范片区。

农业产业延伸，带动沿线乡村农业产业发展。强调一产向二产、三产延伸和融合，在黎城县建设1个县级农产品加工中心、1个专业化市场、1个（农旅）游客集散中心，并依托潞玉种业和鑫农奥利建设1个以粮品为主导的全产业链项目。

（3）西部太岳山农林牧示范廊

西部太岳山山区山林密布，生态优良，利用人工商品林地、疏林地、灌木林地等各类适宜的非耕地国土资源，因地制宜建设红枣、核桃基地，在适宜林地内积极发展林下种植、林下养殖，推动空间复合利用。在西侧太岳山区的富硒重点区域，建设生态富硒农产品生产基地。同时强调工业反哺农业，积极探索山区农业高效发展路径，打造一条以生态保护为基、林业牧业共发展的西部太岳山农林牧示范廊。

生态为基，种养结合。建设1处以种养循环农业为主的特色农科所基地，建成1处县级农业创新中心，建设1个县级的农产品加工中心、1个以草莓为主导的全产业链项目。积极培育创建王陶镇（畜牧养殖）、郭道镇（种养循环农业）2个省级农业产业强镇。建设昶苑农业生态示范园、“水漾年华”田园综合体2个田园综合体项目。

文化铸魂，农游融合。建设1个县级（农旅）游客集散中心。建设太岳军区司令部旧址一级魅力节点、菩提山风景名胜区和沁源围困战纪念馆2个二级魅力节点。建设古寨片区1个传统聚落聚集片区。

（二）先行启动“3456”四部曲

1.和美乡村“进行曲”

以“文化乡韵·和美画卷”为主题，打造水美乡村、绿美乡村、文美乡村“三美”乡村，延续和美乡村进行曲。通过“三美”乡村建设，长治乡村未来可实现“一村一景”，各美其美，美美与共，描绘出一幅充满文化乡韵的和美画卷。

水美乡村：聚焦清漳河、浊漳河沿线和漳泽湖及其他大型水库周边的村庄，充分利用水资源、发挥水价值、做足水文章，争取到2025年，沿线每个区县分类打造5～10个独具地域特色的水美乡村。

绿美乡村：聚焦田园风光优美、林草植被丰富、村庄绿化景观基础较好的村庄，以农村人居环境整治为核心，通过村庄改建“边角料”为“小三园”等措施，争取到2025年，每个区县打造5个绿美乡村。

文美乡村：聚焦红色文化、传统文化、古建筑古村落资源丰富的村庄，以文为魂，植入新型文化体验空间，凝练村庄魅力文化要素，融入特色文化标识系统，争取到2025年，每个区县打造5～10个不同文化主题的文美乡村。

2.四类民宿“协奏曲”

落实山西省“康养山西、夏养山西”战略，借助全国康养产业发展大会东风，充分挖掘培育避暑消夏、度假养老等旅游业态，发挥沁源、壶关、沁县等“深呼吸小城”“北方水城”天然优势，打造“太行山水、太岳风情、曲艺长治、红色长治”四大品牌，结合八泉峡、太行大峡谷、通天峡、黄崖洞等4A级及以上景区和全国森林康养基地建设，在市域内选取康养资源丰富的100个村落，聚焦康养功能，因地制宜，推进“水乡、林园、文院、红坊”四大主题系列民宿，打造一批内部设施齐全、住宿体验舒适、独具长治特色的村落。

3.五化工程“交响曲”

优化乡村人才政策。大力推动校企合作、产教融合，支持学校到农业企业、示范园区生产一线设立教学点。建立市、县、乡、村四级人才培养服务体系，市级主要侧重教学、科研方面的人才培养，县、乡、村三级主要侧重技能培训、技术推广、为人才提供服务等。在基层组建一支专业化水平与综合素质较高的师资团队，参与现代农业技术培训，培育有文化、懂技术、善经营、会管理的高素质农民队伍。

孵化乡村新型产业。积极开展全域乡村产业发展5年计划，每年确定乡村建设目标，从产业发展角度建设100个左右示范村，优先将有基础、产业发展较好的村庄列入建设与示范，未列入建设、示范的村庄同步开展乡村产业孵化工作。规划在5年内，建成100个左右乡村新型产业示范强村，且城郊融合类、特色保护类和集聚提升类村庄每类不少于30个。

美化乡村人居环境。加快清漳河、浊漳河和沁河两岸沿线农村生活污水治理示范带同步实施“改污、改水”工程。到2025年，三河沿线村庄全部完成生活污水集中收集处理，建设污水处理和管网设施的村庄占比达到20%以上，农村生活污水收集率达到40%以上。全面推行垃圾分类，完善垃圾清运和垃圾处理服务，到2025年，至少200个行政村开展生活垃圾减量试点工作，农村生活垃圾清运率达到90%，农村生活垃圾无害化处理率达到100%。开展道路、街巷、庭院、环村绿化和公共绿地建设，到2025年，打造100个美丽宜居示范村，建成50个以上森林乡村。

活化乡村文化资源。将乡村文化与时下流行的文创形式结合，如河南博物院发挥文物资源优势，频频上新文创产品，其中的考古盲盒就是把文物与盲盒形式融合，将青铜器、元宝、铜佛等微缩文物藏进土中，该文创产品入选“中国服务”·旅游产品创意案例。到2025年，全市成立一支专业的乡村文创团队，旨在融合乡村文化元素开发新型文创产品，每年至少开发1款具有长治地域特色的文创产品。逐步建立长治市乡村文化资源档案，并绘制长治市乡村文化节点数字化地图，每个区县应建成1处以上文化主题特色小镇。

强化乡村设施条件。完善道路交通设施，推动“四好农村路”“美丽农村路”建设，推进太行一号旅游公路、太行山国家旅游道、太行山森林步道和重点村庄连接线建设。提升公共服务能力，推进学前教育规范化建设和义务教育标准化建设，加强卫生院和卫生室标准化建设，推行乡镇敬老院和农村幸福大院建设，推进居家养老服务，补齐和完善文化体育设施，打通文化体育设施“最后一公里”。推动城乡供水设施和管网规划建设，加强饮用水水源地保护，优化农村给水管网布置。实施农村电网提升工程，推进村级光伏电站建设。推进冬季清洁取暖“煤改气”“煤改电”，集中供热供气向周边村庄延伸覆盖。加快5G网络基础设施建设，构建信息通信基础网络，加快光纤到村入户。

4.六区六镇“奏鸣曲”

每个区县建设1个示范片区或精品特色小镇。6个示范片区包括黎城县源泉河谷示范带、沁源县韩洪乡特色种养与休闲观光示范带、襄垣县“文旅休闲·水岸印象”示范带、平顺县龙溪镇潞党参种植一条沟示范带、潞州区乡村振兴连片建设示范带（老顶山段）和潞城区神农漳河人家辛安泉乡村振兴经济示范带。6个精品特色小镇包括壶关县大峡谷山水旅游度假小镇、长子县大堡头特色小城镇、沁县沁州黄小米文化小镇、屯留区嶷山森林康养小镇、上党区陶清河体育小镇和武乡县蟠龙红色主题小镇。

后　记

本书的顺利出版得到长治市乡村振兴领导小组成员单位和各县区农业农村部门工作人员的大力支持，为我们收集、提供了相关资料和案例文稿。

为提高本书的学术价值，我们节选、收录了农业农村部农村经济研究中心调研组和同济大学乡村振兴研究课题组部分专家、老师关于我市农村集体经济和乡村建设分类布局的研究成果和重要文章。

本书在编撰过程中，还精选、转载了《长治日报》和县区融媒体部分记者对长治市、县、乡、村深入调研采访，围绕乡村振兴从不同方面、不同角度形成的一批精品力作。

历经一年有余，本书即将付梓出版，衷心感谢为本书出版付出劳动做出贡献的各界人士。由于种种原因，书中未对文章和图片的作者逐一进行标注，撰稿、资料提供者名录中可能有所遗漏，在此表示诚挚的歉意。

编写本书，既是对以往乡村振兴工作的总结延伸，也是提升未来乡村产业发展、乡村建设和乡村治理的一种探索形式，更是思想认识上对“三农”工作的升华。由于水平有限，书中不妥之处欢迎读者批评指正。

编　者

2024年1月

撰稿及资料提供者名录

（以姓氏笔画为序）

王　宏　王　伟　王静波　王建军　牛　惠　石玉成
平书卫　申雯靖　冯　波　司　敏　江　瑛　邢永红
朱海云　任志忠　刘婷婷　孙　媛　李　宁　李　楠
李志江　杨　锐　杨　瑾　宋　杰　陈晓红　陈虎斌
杨建伟　张　乐　张　海　张国平　张旭峰　张都锁
张瑞英　赵平珊　赵雪岗　赵海鹏　侯一洋　贺文斌
贾志敏　原晨红　徐　姗　徐　翔　崔　晶　崔前军
常珍珍　梁建娥

图书在版编目（CIP）数据

乡村振兴的长治足迹/长治市农业农村局编．北京：中国农业出版社，2024.3．—ISBN 978-7-109-32036-9

Ⅰ．F327.253

中国国家版本馆CIP数据核字第2024M6A479号

中国农业出版社出版
地址：北京市朝阳区麦子店街18号楼
邮编：100125
责任编辑：张丽四
版式设计：王　晨　　责任校对：周丽芳
印刷：北京缤索印刷有限公司
版次：2024年3月第1版
印次：2024年3月北京第1次印刷
发行：新华书店北京发行所
开本：700mm×1000mm　1/16
印张：22.75
字数：380千字
定价：138.00元